Os intelectuais do antiliberalismo

Organizadores
Flávio Limoncic
Francisco Carlos Palomanes Martinho

Os intelectuais do antiliberalismo

Projetos e políticas para outras modernidades

Rio de Janeiro
2010

Copyright © Flávio Limoncic e Francisco Carlos Palomanes Martinho, 2010

PROJETO GRÁFICO DE MIOLO
Evelyn Grumach e João de Souza Leite

DIAGRAMAÇÃO DE MIOLO
Editoriarte

CAPA
Sérgio Campante

CIP-BRASIL. CATALOGAÇÃO-NA-FONTE
SINDICATO NACIONAL DOS EDITORES DE LIVROS, RJ

I48

Intelectuais do antiliberalismo: alternativas à modernidade capitalista / Flávio Limoncic e Francisco Carlos Palomanes Martinho, organizadores. – Rio de Janeiro: Civilização Brasileira, 2010.

ISBN 978-85-200-0872-0

1. Liberalismo – História – Século XX. 2. Intelectuais. 3. Capitalismo. 4. História social. I. Limoncic, Flávio. II. Martinho, Francisco Carlos Palomanes

10-3663

CDD: 320.51
CDU: 32

EDITORA AFILIADA

Todos os direitos reservados. Proibida a reprodução, armazenamento ou transmissão de partes deste livro, através de quaisquer meios, sem prévia autorização por escrito.

Texto revisado segundo o novo Acordo Ortográfico da Língua Portuguesa.

Direitos desta edição adquiridos pela
EDITORA CIVILIZAÇÃO BRASILEIRA
Um selo da
EDITORA JOSÉ OLYMPIO LTDA.
Rua Argentina 171 – 20921-380 – Rio de Janeiro, RJ – Tel.: 2585-2000

Seja um leitor preferencial Record.
Cadastre-se e receba informações sobre nossos lançamentos e nossas promoções.

Atendimento e venda direta ao leitor:
mdireto@record.com.br ou (21) 2585-2002

Impresso no Brasil
2010

Sumário

APRESENTAÇÃO *9*

PARTE I
Intelectuais *11*

CAPÍTULO 1
Liberdade e regulação em uma sociedade de mercado: semelhanças de
família em Durkheim e Polanyi *13*
Osvaldo Iazzetta

CAPÍTULO 2
Modernidade contra a democracia? O nacionalismo místico de
Fernando Pessoa *49*
António Costa Pinto

CAPÍTULO 3
Perguntas radicais e problemas últimos: a polêmica de Carl Schmitt
contra o liberalismo *71*
Bernardo Ferreira

CAPÍTULO 4
Lênin e o leninismo *105*
Vladimir Palmeira

CAPÍTULO 5
Keynes: o liberalismo econômico como mito *139*
Pedro Cezar Dutra Fonseca

CAPÍTULO 6

Marcello Caetano e o sentido do antiliberalismo no pensamento político português *169*
Francisco Carlos Palomanes Martinho

CAPÍTULO 7

Oliveira Vianna: o Brasil do insolidarismo ao corporativismo *201*
Angela de Castro Gomes

PARTE II

Movimentos e correntes intelectuais *233*

CAPÍTULO 8

Intelectuais da guerra moderna: a *intelligentsia* militar alemã e o conceito de guerra total *235*
Luís Edmundo de Souza Moraes

CAPÍTULO 9

Antiliberalismo como convicção: teoria e ação política em Francisco Campos *263*
Helena Bomeny

CAPÍTULO 10

Os projetos de modernidades alternativas na Rússia/URSS: as reconstruções da memória (séculos XIX e XX) *317*
Daniel Aarão Reis Filho

CAPÍTULO 11

O constitucionalismo e o regime fascista *347*
Goffredo Adinolfi

CAPÍTULO 12

A historiografia vai à guerra: a derivação *Voëlkisch* e o nazismo *377*
Francisco Carlos Teixeira da Silva

CAPÍTULO 13

Um salazarista francês: Jacques Ploncard d'Assac   *411*
Olivier Dard

CAPÍTULO 14

O pensamento antiliberal espanhol: intelectuais e políticos antiliberais
na Espanha do primeiro terço do século XX   *439*
Miguel Ángel Perfecto García

CAPÍTULO 15

Uniformismo político e diversidade ideológica no regime
franquista   *477*
Glicerio Sánchez Recio

CAPÍTULO 16

Liberalismo e contratação do trabalho nos Estados Unidos da Era
Progressista   *501*
Flávio Limoncic

CAPÍTULO 17

A direita nacionalista na América Latina: personagens, práticas e
ideologia   *529*
José Luis Bendicho Beired

Apresentação

Em novembro de 1918 a Grande Guerra chegava ao fim, fazendo crer a muitos homens da época a vitória do liberalismo, tanto em sua matriz política quanto econômica. Os antigos impérios, nomeadamente o austro-húngaro, o otomano e o alemão, por muitos considerados heranças anacrônicas de um passado longínquo — com seus traços de Antigo Regime, autoritarismo e conservadorismo —, ruíram sob a força superior de regimes liberais, como o americano, o inglês e o francês.

O otimismo de 1918 iria se revelar excessivo, para não dizer abertamente equivocado. A Rússia soviética já construía, desde 1917, uma política não só alternativa ao liberalismo, mas desafiadora de seus pressupostos e valores. Nos anos seguintes, na Itália, Mussolini marcharia sobre Roma; na Alemanha, aqueles que se apresentavam como os representantes do *volk* organizavam-se para solapar a República de Weimar e substituí-la por um regime que, até hoje, é de difícil conceituação; mesmo nos Estados Unidos, país que, na sua própria forma de ver as coisas, havia nascido sob a égide das ideias de igualdade e liberdade, de democracia representativa e contratualismo privado, a crise econômica iniciada em 1929 vinha colocar em xeque os princípios do *laissez-faire*, fortemente atacados pelo New Deal de Franklin Roosevelt.

O otimismo de 1918, no entanto, não era uma unanimidade. Possivelmente evidenciava tanto a esperança quanto a soberba dos vitoriosos. Porque, dentro de suas próprias fileiras, era já abundante a crítica ao liberalismo, assim como não menos abundantes eram as propostas para sua superação. A rigor, desde o século XIX, como aponta Peter Gay em *O cultivo do ódio*,[1] a visão do mercado autorregulável e do indivíduo como matriz de organização da sociedade vinha sendo crescentemente questionada, tanto entre os que viriam a ser os vitoriosos quanto entre os derrotados de 1918, e tanto à direita quanto à esquerda do espectro político. A crítica antiliberal, portanto, era já uma tradição no imediato pós-guerra, vindo a aprofundar-se nas décadas seguintes.

O presente livro trata, justamente, dessa tradição que, de uma forma ou de outra, preparou o terreno, política, cultural, social e economicamente, para a construção das alternativas ao liberalismo que se tornaram política pública em praticamente todos os países capitalistas a partir da década de 1930, até pelo menos a década de 1980.

O livro está organizado em duas partes. Na primeira são discutidos autores que, pela importância de sua contribuição, deram as grandes balizas para a crítica ao liberalismo. O perfil dos autores tratados é variado, desde acadêmicos a militantes e artistas. Na segunda parte são discutidos movimentos políticos e correntes intelectuais que, de uma forma ou de outra, incorporaram as balizas acima referidas. Buscou-se também a maior amplitude possível em termos de experiências nacionais, de modo a evidenciar que a crítica ao liberalismo nas primeiras décadas do século XX não foi um fenômeno restrito às experiências políticas autoritárias, como muitas vezes se quer fazer crer.

Espera-se com isso que, muito embora cada artigo tenha sua dinâmica interna, eles apresentem em conjunto um amplo painel do pensamento antiliberal na primeira metade do século XX.

Os organizadores

NOTA

1. Peter Gay, *O cultivo do ódio. A experiência burguesa da rainha Vitória a Freud,* São Paulo, Companhia das Letras, 1995.

PARTE I Intelectuais

CAPÍTULO 1 # Liberdade e regulação em uma sociedade de mercado: semelhanças de família em Durkheim e Polanyi*

Osvaldo Iazzetta**

---

* Texto traduzido do espanhol por Maria Alzira Brum Lemos.
**Doutor em Ciências Sociais pela Faculdade Latino-Americana de Ciências Sociais e Universidade de Brasília, docente da Faculdade de Ciência Política e Relações Internacionais e pesquisador do Conselho de Pesquisas da Universidade Nacional de Rosário (Argentina).

O propósito deste trabalho é examinar criticamente as obras de Émile Durkheim e Karl Polanyi centrando-nos nas convergências que ambos manifestam ao perceber e, de certo modo, antecipar os limites do mercado para apoiar uma ordem social. Embora situados em diferentes contextos históricos e expressando tradições teóricas divergentes, os dois compartilham uma atitude crítica frente à suposta autossuficiência dos mercados autorregulados, pondo a nu os dilemas de uma *sociedade de mercado*.

Com matizes, coincidem ao sugerir que liberdade não equivale a desregulação e que a afirmação da individualidade não deve ser confundida com ausência de regulação. Suas obras podem ser lidas como tentativas de fundamentar a necessidade de uma instância de coordenação, propondo uma conexão entre indivíduo, mercado e Estado que ainda hoje resulta fecunda para considerar esse complexo vínculo. Cada um, à sua maneira, articulou respostas alternativas frente aos riscos de um mercado desregulado, apelando para o amparo à sociedade como um recurso para rebater os efeitos de um mercado exacerbado. Nos dois autores encontram-se também uma dimensão moral — provavelmente mais acentuada em Durkheim, movido por seu afã de criar uma "ciência da moral"[1] — e uma dimensão propositiva, que confia à sociedade a tarefa de conter os efeitos desorganizadores do mercado. Esse último aspecto é relevante, pois ambos contribuíram para fundamentar a ideia do Estado Providência, com a particularidade de que para Polanyi a gestação desse é apresentada como uma forma de "autodefesa" da sociedade frente ao avanço da economia de mercado. Com seus matizes, os dois autores percebem a necessidade de novas formas de amparo social que ofereçam resposta à insegurança instalada por uma época que já não é apenas uma *sociedade de indivíduos* largados à sua sorte, é também uma *sociedade de mercado* que associa a ideia de liberdade com desregulação.

As análises de Durkheim sobre a iniquidade que encerram os contratos entre particulares antecipam os argumentos que algumas décadas depois sustentarão o Estado Providência como um poder moderador que, ao prover direitos sociais, repara as assimetrias não reconhecidas por aqueles. A expansão do individualismo no marco de uma *sociedade de mercado* representa um fenômeno novo e inquietante que, segundo Durkheim, ainda não dispõe de uma institucionalidade capaz de processá-lo e contê-lo.

Se em Durkheim ainda subsiste certa ambiguidade com respeito ao papel integrador do mercado,[2] em Polanyi, por outro lado, a ideia de um mercado autorregulado é uma utopia insustentável que empurrou a humanidade para um cataclismo social. Como sugere Dumont (1987, p. 31), Polanyi deve ser considerado como um "pós-liberal contemporâneo", uma caracterização que também é válida para Durkheim, só que nele essa posição não se limita à sua interpretação do vínculo entre mercado e regulação, mas se traduz também num original desenho institucional que combina a representação política do liberalismo clássico com uma nova forma de intermediação apoiada nas associações profissionais. A postura sustentada por Durkheim o situa mais dentro do pensamento pós-liberal do que do antiliberal, como impulsionador dos ajustes institucionais que são próprios do neocorporativismo contemporâneo.[3]

Ambos alertaram cedo sobre as derivações de uma sociedade de mercado: em Durkheim, essa percepção se reflete na desorganização moral que implica a *anomia*, bem como o constante estado de insatisfação e desencanto promovido pela sociedade moderna (o "mal do infinito"); em Polanyi se condensa na instrutiva experiência do fascismo, entendida como uma desesperada busca de equilíbrio que enfrenta os efeitos desestabilizadores desencadeados pelo mercado à custa das liberdades democráticas. Essa interpretação de Polanyi representa um giro copernicano na análise da gênese do fascismo, bem como uma nova valoração dos efeitos sociais provocados pelo reinado do liberalismo econômico.[4] Os fascismos (da mesma forma que as experiências socialistas e o *New Deal*) foram processos de "autoproteção" que irromperam na sociedade de mercado para manter a integração social. Em suma, trata-se de uma autodefesa da sociedade frente à ameaça expressa pela ação do mercado autorregulado.

SEMELHANÇAS DE FAMÍLIA

Não somos originais ao nos interessar pelas semelhanças de família entre ambos. Diversos autores já destacaram os pontos de contato que existem entre suas obras, e é comum considerar muitas das formulações expostas por Polanyi nos anos 40 como tributárias da sociologia política durkheimiana.[5]

De fato, os dois autores expressam contextos históricos diferentes. Durkheim (1858-1917), que morreu durante o transcurso da Primeira Guerra Mundial, contou com menos evidências históricas que Polanyi (1886-1964) para perceber os limites e implicações do liberalismo de mercado. Se os textos decisivos de Durkheim provêm da última década do século XIX (*A divisão do trabalho social*, 1893, e *O suicídio*, 1897), Polanyi publica seu livro mais consagrado meio século depois (*A grande transformação*, de 1944), quando a Segunda Guerra está chegando ao fim.[6] Durkheim morre em novembro de 1917 — pouco depois de registrar a revolução russa — e, por conseguinte, não chegou a ser testemunha da grande crise econômica dos 30, do fascismo que percorreu a Europa dos anos 20 e da Segunda Guerra que abalou o mundo. Esses acontecimentos cruciais do século XX — que Durkheim não chegou a presenciar — marcaram fortemente a interpretação de Polanyi sobre o papel do mercado e seus limites em uma sociedade complexa.[7]

OS INTELECTUAIS DO ANTILIBERALISMO

Essa distância temporal também explica algumas diferenças conceituais entre suas obras, pois cada uma delas reflete inevitavelmente os limites do seu tempo. Durkheim concebe as sociedades contidas territorialmente dentro do Estado nacional, e seu enfoque carece de uma perspectiva internacional que, por sua vez, está muito presente nos temas abordados por Polanyi. Em seu principal livro, *A grande transformação* (1944), escrito no início da Guerra Fria, desenvolve uma das críticas mais agudas ao liberalismo de mercado e à crença de que tanto as sociedades nacionais quanto a economia global podem e devem se organizar mediante negociações autorreguladas. Essa crítica explica a sobrevivência desse livro, tornando-o indispensável para compreender os dilemas que a sociedade global enfrenta no início do século XXI.[8] Essa mesma impressão é compartilhada hoje por autores que encontram na obra de Polanyi uma antecipação do atual triunfo do capitalismo de mercado em escala global. Como bem interroga Miado (2006, p. 178): temos certeza de que a era global em que vivemos não representa um novo, dramático — mas fascinante — capítulo da "grande transformação" anunciada por Polanyi?

Embora expressem climas de época diferentes, suas obras estiveram animadas por um constante diálogo crítico com expoentes do liberalismo econômico de seu tempo: Durkheim terá como principal interlocutor Herbert Spencer[9], enquanto Polanyi manterá um permanente contraponto com Ludwig von Mises e Friedrich Hayek, dois reconhecidos promotores do liberalismo de mercado que, de maneira direta, inspiraram seguidores tão influentes dessa corrente quanto Milton Friedman.[10]

Durkheim é, de certo modo, expressão de um círculo intelectual comprometido com a garantia dos ideais laicistas e democráticos da Terceira República francesa, mas experimenta forte nostalgia e melancolia pelo passado.[11] Esse sentimento se traduz em uma sobrevaloração da dimensão moral (na acepção saint-simoniana) e na crença em que a questão social é primordialmente uma questão moral. A reconstrução moral da sociedade moderna é necessária e ao mesmo tempo dificultada pela existência de dois fatores que se potencializam mutuamente: por um lado, a irremediável natureza egoísta do homem; por outro, a *sociedade de mercado* como um âmbito singular que exacerba os impulsos egocêntricos daquele (o mal da aspiração infinita ou o conhecido "mal do infinito" inspirado em Goethe).[12] Ocupa indubitavelmente um lugar destacado entre os pais fundadores da sociologia e sua obra continua representando uma referência obrigatória para essa disciplina, bem como para a antropologia e a sociologia da educação.

Por sua vez, Polanyi cresceu em Budapest (Hungria) e desenvolveu estudos e tarefas de difusão de suas ideias em Viena (Áustria). *A grande transformação* foi publicado pela primeira vez em Nova York em 1944 e um ano depois foi editado em Londres. Seus trabalhos são representativos daquilo que se passou a chamar escola substantivista de antropologia econômica, da qual foi fundador.[13] Também é mostrado como expoente — juntamente com Weber e Durkheim — de um novo campo de conhecimento, a sociologia econômica, um antecedente da "nova sociologia econômica", que hoje procura integrar as teorias sociológicas e econômicas apoiando-se na ideia de que economia e sociedade estão mutuamente "enraizadas".[14]

VARIAÇÕES SOBRE TEMAS COMUNS

Ambos os autores oferecem respostas sugestivas e originais ao abordar a complexa relação entre mercado, indivíduos e regulação estatal em uma sociedade moderna. Nesse sentido, nos centraremos em dois eixos que eles compartilham e que permitirão cotejar suas obras. São estes: *liberdade e regulação*, em primeiro lugar; e *mercado e sociedade*, em segundo.

Liberdade e regulação

Frente a uma concepção liberal extrema que sacraliza a liberdade como produto da desregulação social, Durkheim e Polanyi contrapõem a ideia de que ela só é possível a partir da regulação:[15] a liberdade é filha de um poder regulador.

Para Durkheim é falso que qualquer regulamentação seja sinônimo de coação, pelo contrário, "...a própria liberdade é produto da regulamentação". Essa interpretação reaparece algumas décadas depois em Polanyi quando as implicações da *sociedade de mercado* já são mais notórias. Ainda soam atuais os parágrafos nos quais Polanyi adverte sobre a ilusão de fundar uma ordem social livre e justa unicamente sobre os desejos dos indivíduos, sem contar com instituições que os regulem. Tal expectativa já não é possível em uma "sociedade complexa", pois a "regulamentação é o único modo de estender e reforçar a liberdade",[16] ela restringe e estende ao mesmo tempo a liberdade. Como Durkheim, Polanyi também não aceita que a liberdade irrestrita, guiada apenas por nossos desejos, possa sustentar uma ordem e, em todo caso, se alguma liberdade ainda for possível, ela só poderá ser obtida a partir da regulação.[17]

Em sua discussão com Spencer, Durkheim não vê conflito entre a expansão da liberdade e a regulação coletiva: o desenvolvimento dessa última — contrariamente ao que sugere a primeira — não significa que a esfera de atividade individual fique menor: "É preciso não esquecer, com efeito, que, se houver mais vida regulamentada, haverá também mais vida em geral", conclui o sociólogo francês.[18]

A compatibilidade entre esses impulsos é coerente com o marcado pessimismo antropológico que subjaz em sua obra e que não é alheio ao clássico "problema da ordem" exposto por Hobbes em meados do século XVII. Alguns elementos dessa concepção podem ser reconhecidos em diversas passagens, em especial aquelas nas quais mantém um diálogo crítico com Spencer. Se para esse último a solidariedade social não seria outra coisa senão o acordo espontâneo dos interesses individuais expressos nos contratos, Durkheim vê nessa atitude uma redução das relações sociais a simples relações econômicas livres de toda regulamentação e abandonadas inteiramente à iniciativa das partes:

> Ali onde o interesse reina sozinho, como nada existe que refreie os egoísmos em presença, cada eu se encontra frente ao outro em pé de guerra, e toda trégua neste eterno antagonismo não deverá ser de mui-

to longa duração. O interesse, em efeito, é o que há de menos constante no mundo. Hoje é útil eu me unir a você; amanhã, um motivo idêntico fará de mim seu inimigo. Uma causa semelhante não pode, pois, dar origem senão a aproximações passageiras e a associações de um dia.[19]

Embora mais atenuada do que em Hobbes, essa imagem nos lembra a impossibilidade de edificar uma ordem a partir do interesse individual, empurrando-nos a uma autodestrutiva e desgastante luta de todos contra todos. Da mesma forma que aquele, Durkheim entende que a natureza egoísta do homem exige um poder superior que atue como um freio externo frente a suas ambições ilimitadas.[20] Ambos reconhecem um ponto de partida comum — ou seja, o pessimismo sobre a natureza humana —, mas a resolução do problema difere em cada caso: se no clássico da teoria política inglesa esse diagnóstico desemboca na necessidade de uma coação física corporizada no monopólio da violência do Estado absoluto, em Durkheim a coação adota um caráter moral encarnado no poder modelador que a sociedade exerce sobre os indivíduos, não para oprimi-los — ou diminuí-los — mas para humanizá-los — e engrandecê-los.[21]

Cabe esclarecer finalmente que o tempo que transcorre entre a proposta de Hobbes e a de Durkheim não é indiferente. Esse último está situado num cenário social que não tinha amadurecido plenamente nos tempos do primeiro. Se Hobbes se esforça para dar resposta ao dilema gerado por uma *sociedade de indivíduos* deixados à sua sorte e despojados dos amparos de proximidade existentes no passado,[22] Durkheim se vê forçado a atualizar esse diagnóstico, pois os indivíduos agora se movem em uma *sociedade de mercado* que excita sua natureza egoísta, ao mesmo tempo que celebra como um signo de "progresso" a ausência de toda regulação que ponha limite a suas ambições.

Mercado e sociedade

Com seus matizes, os dois autores coincidem ao entender que a *sociedade moderna* é primordialmente uma *sociedade de mercado*. Durkheim é considerado — com Weber — um dos primeiros pensadores a iniciar o estudo sociológico do mercado concebendo-o como uma construção social. Se Durkheim contribui para ressaltar o caráter social da relação mercantil, Polanyi indaga as mudanças do mercado segundo seu "arraigamento" ou "desarraigamento" dentro da trama social.[23] Em ambos os pensadores, o mercado é muito mais do que uma simples categoria que delimita as relações econômicas, sendo concebido dentro do conjunto das práticas sociais. Em Polanyi — de maneira mais explícita que em Durkheim — a tensão central não está expressa na dupla Estado-mercado — tal como aparece no debate das últimas décadas — e sim no complexo e instável equilíbrio de forças representado pela equação sociedade-mercado.

A CRÍTICA DE DURKHEIM

Apesar de reservar um lugar destacado ao mercado — que considera como uma das instituições-chaves da vida moderna —, Durkheim não consegue precisar o que realmente entende por "mercado".[24] Não obstante, seus textos oferecem amplas evidências a respeito dos limites dos mercados para fundar uma ordem e essas críticas estão estreitamente relacionadas com suas considerações a respeito das relações contratuais no marco de uma sociedade de mercado.

Em seus textos convivem duas atitudes conflitantes: por um lado é possível reconhecer neles o crítico dos economistas manchesterianos que denuncia a anomia gerada pelo mercado; por outro, o autor esperançoso na latente integração que pode emergir das trocas realizados nesse espaço.[25]

Neste trabalho nos centraremos na vertente crítica de seu pensamento, distinguindo sua atitude frente à concepção contratualista do vínculo social, tal como aparece no individualista e utilitarista Spencer; sua inquietação frente à "anomia econômica" como principal mal-estar da sociedade moderna derivado da desregulação do mercado; e, por último, suas propostas para recriar os laços sociais em um mundo complexo que não consegue felicidade no trabalho e que exige proteções para aqueles que se encontram em desvantagem nas relações contratuais.

Nem tudo é contratual no contrato

Esse tom crítico adquire maior intensidade ao abordar as derivações que assumem os contratos entre indivíduos desiguais que o liberalismo econômico e os utilitaristas de seu tempo celebram como a panaceia e defendem como uma conquista frente às interferências do Estado. São essas condições contratuais que o levam a supor que a divisão do trabalho — e o mercado moderno — não promovem autonomamente solidariedade e fazem parte dos desajustes que subsistem na sociedade industrial (divisão forçada do trabalho, anomia aguda, entre os mais importantes), impedindo-a de recriar os laços sociais em um contexto de maior diferenciação.

Durkheim admite que na sociedade moderna a maior parte das relações que mantemos com outros é de natureza contratual. No entanto, sua interpretação a respeito dessas relações adquire traços originais ao destacar os aspectos "não contratuais do contrato", isto é, certos elementos culturais e normativos que provêm da sociedade e são anteriores e exteriores aos acordos que contraem as partes intervenientes. Consequentemente, com a premissa do "fato social" que organiza o conjunto de sua obra, para Durkheim existe uma regulamentação social alheia aos indivíduos que é um "resumo de experiências numerosas e variadas" que "nos é imposta, embora não seja nossa obra, e sim obra da sociedade e da tradição", e nos submete a obrigações que não contratamos porque "...não pensamos nelas, e às vezes nem sequer podemos nos antecipar a elas".[26]

Essa regulação social externa ao próprio contrato não só "nos é imposta" como é de "natureza eminentemente positiva". Na discussão com Spencer,[27] Durkheim reprova naquele uma concepção do contrato livre limitada à ideia de uma simples "troca" entre as partes que considera negativa a ação reguladora da sociedade, reservando a essa a tarefa de fazer executar passivamente os contratos: "O contrato", diz Spencer, "tem por objeto garantir ao trabalhador a equivalência ao gasto que lhe causou seu trabalho". "Se essa for verdadeiramente a função do contrato" — responde Durkheim —, "não poderá jamais satisfazê-la, a não ser com a condição de ser regulamentado com muito mais minúcia do que o é hoje em dia; seria um verdadeiro milagre que se bastasse por si só para produzir com exatidão essa equivalência". Por conseguinte, a intervenção da sociedade, sob suas diferentes formas, "é de natureza eminentemente positiva, posto que tem como efeito determinar a maneira como devemos cooperar (...) a troca, conforme vimos, não é todo o contrato; há também a boa harmonia das funções acordadas". A natureza das funções econômicas não admite que "possam estar livres de toda influência reguladora...".[28]

Inquieta Durkheim que os contratos entregues às oportunidades e aos recursos desiguais com que as partes iniciam o acordo convertam-se em uma fonte de frustração e infelicidade para o indivíduo moderno. A necessidade de uma intervenção social fica claramente refletida em algumas passagens de seu livro póstumo *Lições de sociologia* (2003, p. 272):

> Reprovamos qualquer contrato leonino, ou seja, todo contrato que favoreça indevidamente uma parte em detrimento da outra; por conseguinte, julgamos que a sociedade não está obrigada a fazê-lo respeitar, ou pelo menos não deve fazê-lo respeitar no mesmo grau em que o faria no caso de um contrato equitativo, pela simples razão de que não é respeitável na mesma medida (...) por diversas razões, que é inútil pesquisar, essa forma especial de exploração abusiva indignou mais rapidamente e mais fortemente a consciência moral (...) Mas, fora do contrato de usura, todas as regras que tendem a introduzir-se no direito industrial, e que têm por objeto impedir que o patrão abuse de sua situação para obter o trabalho do operário em condições muitos desvantajosas para esse último, ou seja, muito inferiores ao seu verdadeiro valor, testemunham a mesma necessidade.

LIBERDADE E REGULAÇÃO EM UMA SOCIEDADE DE MERCADO

Daí as propostas, fundadas ou não, de fixar uma remuneração mínima para os assalariados. Elas garantem que nem todo contrato consentido, mesmo quando não existiu violência efetiva, é um contrato válido e justo.

É evidente o contraste dessa atitude com o contratualismo de Spencer, tão pouco disposto a reconhecer as assimetrias que precedem e se ocultam sob a aparente paridade contratual. A irritação de Durkheim se reflete neste parágrafo em que refuta Spencer:

> Cada vez mais, acreditam que os verdadeiros preços das coisas trocadas são fixados antes dos contratos, longe de resultar deles (...). Nessa exploração de um homem por outro, mesmo se é consentida por quem a sofre — ou seja, quando não é imposta por uma coerção propriamente dita —, há algo que nos ofende e nos indigna.[29]

Não está sugerindo — como esclarece Portantiero (1997) — que o contrato desapareça na sociedade moderna, mas que se devem indagar os "aspectos não contratuais do contrato", ou seja, os elementos culturais e normativos que são prévios a ele e o regulam socialmente. Ao centrar-se nas assimetrias do contrato e lembrar as condições sociais que o cercam, Durkheim está denunciando certa forma particular de anomia associada ao estado de indeterminação jurídica que ainda regia as relações entre capital e trabalho.[30]

Como destaca Castel (2004, p. 53-54), Durkheim nos lembra que "uma sociedade não pode apoiar-se exclusivamente em um conjunto de relações contratuais entre indivíduos livres e iguais, pois assim exclui todos aqueles cujas condições de existência não conseguem assegurar a independência social necessária para entrar em paridade em uma ordem contratual, e em primeiro lugar os trabalhadores". "Nem tudo é contratual no contrato", como tão bem percebeu Durkheim, testemunha particularmente lúcida de fins do século XIX da quebra da modernidade liberal e que fundou a sociologia, ou a "tomada de consciência da força dos coletivos", precisamente para dar resposta a essa situação.

A anomia econômica como fonte de mal-estar na sociedade moderna

Ao centrar seu diagnóstico na anomia, Durkheim percebeu bem o risco de dissociação no momento em que se instalava a sociedade industrial, notando o perigo de desfiliação gerado pelas disfunções da organização do trabalho. A anomia, no fim do século XIX, significava — segundo Castel (2003, p. 56) — que os indivíduos não estavam inscritos em regulações coletivas, desprovidos de suportes e sem encontrar remédio para suas carências.

Se o mercado funcionasse como dizem os liberais — aponta Durkheim —, promoveria apenas uma "solidariedade precária", apoiada em uma relação social mercantil superficial, conflituosa e instável. Em *Lições de sociologia* (2003, p. 73-76), aponta os limites do mercado autorregulado para sustentar uma ordem:

> ...o economicismo sustenta que o jogo das forças econômicas regular-se-ia a si próprio e tenderia automaticamente ao equilíbrio sem que fosse necessário nem possível submetê-lo a um poder moderador (...) É impossível que uma função social exista sem disciplina moral. Porque, de outro modo, não há mais que apetites individuais — que são naturalmente infinitos, insaciáveis — e, se nada regulá-los, não podem regular-se a si próprios. E daí provém, precisamente, a crise que sofrem as sociedades europeias. A vida econômica adquiriu, há séculos, um desenvolvimento que nunca tinha alcançado; de função secundária que era, desprezada, abandonada às classes inferiores, passou ao primeiro lugar (...) Uma forma de atividade que passou a ocupar tal lugar no conjunto da sociedade não pode estar desprovida de qualquer regulamentação moral especial, sem que disso resulte uma verdadeira anarquia. As forças que foram desatadas já não sabem qual é seu desenvolvimento normal, dado que nada indica onde devem deter-se (...) É da maior importância, então, que a vida econômica seja regulada, que se moralize para que os conflitos que a perturbam desapareçam e para que os indivíduos deixem de viver no seio de um vazio moral no qual sua própria moralidade individual se debilita.

LIBERDADE E REGULAÇÃO EM UMA SOCIEDADE DE MERCADO

Em suma, Durkheim considera o âmbito econômico como o mais afetado pelo fenômeno de *anomia* e pela falta de instituições capazes de regulá-lo. Essa ideia — condensada em *O suicídio* (1897) e retomada no prefácio da segunda edição de *A divisão do trabalho social* — destaca a situação paradoxal que atravessa a sociedade moderna, pois, ao mesmo tempo que as funções industriais se apoderam de um lugar central e absorvem as energias da maioria dos cidadãos, carecem de instituições que as regulem. Nesses textos Durkheim ressalta "o triste espetáculo" que oferece o mundo econômico pela falta de regulação jurídica e moral em que se encontra.[31] Aponta o âmbito econômico ("o mundo do comércio e da indústria") como aquele especialmente afetado pela ausência de regulação: "Há um século, com efeito, o progresso econômico consistiu principalmente em liberar as relações industriais de toda regulamentação", em parte pelo declive da religião e da família como poderes morais com capacidade para discipliná-los. Durkheim lamenta que o papel cumprido no passado por ambas as instituições tampouco possa ser ocupado na sociedade moderna pelo Estado, pois esse, "em vez de ser o regulador da vida econômica, transformou-se em seu instrumento e seu servidor", e as mais contrárias correntes, dos economistas ortodoxos aos socialistas extremos, advogam reduzi-lo a um simples "intermediário, mais ou menos passivo, entre as diferentes funções sociais". Os primeiros querem simplesmente convertê-lo em "guardião dos contratos individuais", enquanto que os segundos lhe atribuem a tarefa de conduzir "a contabilidade coletiva", mas, definitivamente, ambos lhe negam "capacidade para subordinar os outros órgãos sociais e fazê-los convergir para um fim que os domine".[32]

Recriar o laço social mediante proteções sociais

O tema de Durkheim é a reconstrução dos laços de solidariedade nas condições de uma sociedade crescentemente complexa. Como lembra Castel (2003, p. 48), Durkheim faz parte de uma geração de intelectuais que promovia a intervenção do Estado para nivelar as assimetrias que atravessavam a sociedade industrial no final do século XIX. Essa ideologia da Terceira República — que hoje pode nos parecer tímida — conseguiu impor a ideia de que o Estado "...tinha um direito de intervenção no domínio social contra os princípios do liberalismo, que defendia a ideia de uma sociedade regida por contratos estabelecidos entre indivíduos". Não é por acaso — acrescenta Castel — que Durkheim e a sociologia tenham tido um lugar preponderante nesse debate. Afirmar a preeminência da sociedade é expor que o indivíduo só pode existir em um coletivo, e que ele possui direitos e deveres para com o coletivo, representado nas sociedades modernas pelo Estado. Aqui se encontra o fundamento da noção de um direito social, ou seja, de que um indivíduo tem direito de solicitar à coletividade algo que essa lhe deve. O que ele demanda não é uma esmola, uma caridade facultativa, mas a contrapartida efetiva de sua implicação no trabalho coletivo, por meio do qual a sociedade se constitui e se transforma.

Em suas *Lições de sociologia* (2003, p. 272), ao denunciar a "exploração abusiva" e os "contratos leoninos" que ferem a consciência moral da sociedade moderna, reclama regras no direito industrial que impeçam "...que o patrão abuse de sua situação para obter o trabalho do operário em condições muitos desvantajosas para esse último, ou seja, muito inferiores ao seu verdadeiro valor...". Daí a razoabilidade que Durkheim vê nas propostas que objetivam fixar "uma remuneração mínima para os assalariados".

Em suma, expõe o risco de dissociação social causada pela ausência de amparo na sociedade moderna e pela impotência dos princípios do liberalismo para fundar uma sociedade estável e integrada. Essa resposta, aponta Castel (2004, p. 54) "...passa pela constituição dos direitos sociais e pela implicação crescente do Estado em um rol social, em que o direito e o Estado representam a instância do coletivo por excelência". A inscrição ou reinscrição dos indivíduos no seio de sistemas de organização coletiva é a resposta aos riscos de dissociação social que a modernidade implica.

Seu otimismo em relação à função integradora da divisão do trabalho na sociedade moderna convive com um acentuado pessimismo originado nas "disfuncionalidades" que subsistem na economia de mercado.

LIBERDADE E REGULAÇÃO EM UMA SOCIEDADE DE MERCADO

Em seus textos existe um profundo desencanto que se reflete no tom crítico de alguns parágrafos sobre divisão do trabalho social: "...o trabalho" — aponta — "não é ainda, para a maior parte dos homens, nada mais do que um castigo e uma carga" e "...são ainda relativamente escassos aqueles que encontram seu prazer em um trabalho regular e persistente. Para a maior parte dos homens, essa ainda é uma virtude insuportável; a ociosidade dos tempos primitivos não perdeu para eles seus antigos atrativos".[33] Embora sem chegar aos termos do jovem Marx, que em seus *Manuscritos econômicos e filosóficos* (1844) falava da alienação originada na propriedade privada ("o homem foge do trabalho como da peste"), Durkheim coincide com aquele ao reconhecer que o homem já não se realiza como tal em seu trabalho. Não é por acaso que, depois de apresentar um modelo normativo sobre a função integradora da divisão do trabalho na sociedade moderna, dedique-se em seguida ao problema da "felicidade", oferecendo uma interpretação desencantada sobre as possibilidades de alcançá-la sob essas condições contratuais. Em suas reflexões sobre "os progressos da divisão do trabalho e da felicidade", Durkheim constata decepcionado que o progresso não nos conduz necessariamente a uma maior felicidade, antecipando nessas páginas algumas de sua hipótese relativas ao "suicídio triste" que se propaga de "...forma endêmica nos povos civilizados".[34]

POLANYI, O DESARRAIGAMENTO DO MERCADO E O DUPLO MOVIMENTO

Quando, nos debates das últimas três décadas, ressurgiu a ideia de que a economia é uma esfera autônoma, separada do resto da sociedade e provida de uma dinâmica própria, foi inevitável não voltar nosso olhar para os textos que Polanyi elaborou em meados do século XX. Neles descreveu com lucidez ímpar os inquietantes efeitos que o desenvolvimento de uma civilização apoiada no mecanismo do mercado autorregulador desatou no século XIX. Embora, segundo Polanyi, o mercado já existisse nas sociedades do final da Idade de Pedra, seu papel sempre tinha sido secundário, constituindo uma simples função da organização social. As relações sociais englobavam a economia, e os mercados não passavam de uma dimensão acessória dentro de um marco institucional que a autoridade social controlava e regulamentava. O século XIX deu lugar a um tipo completamente novo de economia, caracterizado por uma ingerência crescente e dominante dos mercados sobre a sociedade humana. Disso não só se derivou uma economia de mercado como também uma sociedade de mercado, posto que aquela só pode funcionar submetendo a sociedade às suas exigências. Essa inovação provocou, segundo Polanyi, duas rupturas decisivas: por um lado, estabeleceu uma separação institucional da sociedade em uma esfera econômica e uma política; por outro, subordinou o trabalho e a terra — ou seja, os seres humanos e seu meio natural — às leis do mercado, provocando uma "avalanche de deslocamentos sociais".[35]

Por conseguinte, para Polanyi uma *sociedade de mercado* é muito mais do que uma simples *economia de mercado,* pois indica uma sociedade histórica singular que impõe uma forma de sociabilidade regulada pelo mercado. Ela resulta de um processo histórico pelo qual esse, antes parte inseparável das relações sociais, separa-se delas impondo sua lógica ao conjunto da trama social. Desse modo, Polanyi destaca a excepcionalidade histórica que esse predomínio do mercado representa na sociedade moderna, desmentindo que se trate de um simples fenômeno "natural", como o pensamento liberal tentou apresentá-lo. Trata-se de uma construção promovida deliberadamente no século XIX sob o império das ideias liberais, carregada de uma "artificialidade" que ameaça a integração social. No entanto, a pretensão de "economizar" a sociedade gerou contramovimentos defensivos por parte dessa, que se refletem nas diferentes respostas que irrompem na primeira metade do século XX para restabelecer o equilíbrio social rompido pela hegemonia do mercado (as experiências socialistas, o *New Deal* e o fascismo). Se o "desarraigamento" do mercado — ou seja, sua autonomização das relações sociais — representa o primeiro movimento a que a sociedade moderna assiste, o segundo que Polanyi percebe pode ser reconhecido nessas respostas defensivas geradas pela sociedade para evitar o cataclismo social a que conduz o mercado autorregulador.

LIBERDADE E REGULAÇÃO EM UMA SOCIEDADE DE MERCADO

Arraigamento e desarraigamento

Como expressa Block (2006, p. 26-27), o conceito de "arraigamento" é a principal contribuição de Polanyi ao pensamento social. Esse conceito nos lembra que a economia não é autônoma, mas sim subordinada à política, à religião e às relações sociais. Desse modo, destaca que antes do século XIX a economia humana se arraigava sempre na sociedade. Entretanto, esse patrão histórico, que subordinava a economia à sociedade, inverteu-se com a instauração do sistema de mercados autorregulados submetendo a sociedade à sua lógica.

Em vez de a economia ser emoldurada pelas relações sociais, são essas as que se veem enquadradas no interior do sistema econômico. Polanyi aponta que:

> É justamente nesse sentido que deve ser entendida a conhecida afirmação de que uma economia de mercado só pode funcionar em uma sociedade de mercado (...) A passagem dos mercados isolados para uma economia de mercado e a dos mercados regulados para um mercado autorregulador são realmente de uma importância capital. O século XIX — que saudou esse fato como se fosse a cúpula da civilização ou o vituperou considerando-o uma excrescência cancerosa — imaginou ingenuamente que essa evolução era o resultado natural da expansão dos mercados, sem perceber que a transformação dos mercados em um sistema autorregulador, dotado de um poder inimaginável, não resultava de uma tendência de proliferação por parte dos mercados, mas era principalmente o efeito da administração, no interior do corpo social, de estimulantes enormemente artificiais, a fim de responder a uma situação criada pelo fenômeno não menos artificial do maquinismo (1997, p. 105).

Desse processo derivam duas importantes consequências: em primeiro lugar, o mercado, que até então só representava *uma parte da sociedade*, transformou essa em uma de suas partes; em segundo lugar — e contrariamente ao que afirma o liberalismo econômico —, esse processo nada teve de "natural" e espontâneo; pelo contrário, "foi a consequência de uma intervenção consciente e muitas vezes violenta do Estado",[36] enfraquecendo uma ordem social que reservava ao mercado um lugar subordinado dentro da sociedade. "O sistema econômico" — afirma Polanyi — "estava então submerso nas relações sociais gerais. Os mercados não eram mais do que uma dimensão acessória de um marco institucional que a autoridade social controlava e regulamentava mais do que nunca" (1997, p. 119).

Louis Dumont (1999, p. 17) destacou a contribuição de Polanyi ao fundamentar o caráter excepcional da era moderna na história da humanidade:

> O "liberalismo" que dominou o século XIX e as primeiras décadas do XX, ou seja, essencialmente a doutrina do papel sacrossanto do mercado e seus concomitantes, repousa sobre uma inovação sem precedentes: a separação radical dos aspectos econômicos da malha social e sua construção em um domínio autônomo.

Polanyi — da mesma forma que tinha feito antes Marcel Mauss — constatou que a civilização moderna difere radicalmente das demais civilizações e culturas e que, em oposição a nós, as outras sociedades não segregaram os aspectos econômicos, que nelas se encontram apenas misturados ou embutidos (*embedded*) na malha social. Em todos os outros casos, aquilo a que chamamos fatos econômicos se encontra inserido na malha social; unicamente nós, os modernos, os extraímos dela ao erigi-los como um sistema distinto. Em suma, para Polanyi, a modernidade, sob a forma de liberalismo econômico, situa-se nas antípodas de todas as sociedades anteriores.[37]

Para isso realizou estudos etnográficos que lhe permitiram perceber que nas comunidades anteriores às sociedades de mercado as paixões humanas — boas ou más — estavam simplesmente orientadas para fins não econômicos. Nelas observou que o lucro não era o único móvel do interesse e que não existia o princípio do trabalho remunerado nem qualquer instituição separada e diferente fundada sobre móveis econômicos. Nessas sociedades o sistema econômico é uma simples função da organização social e não entra em jogo qualquer necessidade de móvel econômico individual. No caso de uma sociedade tribal, por exemplo, o interesse econômico do indivíduo triunfa raramente, pois a comunidade evita que seus membros morram de fome. Se o indivíduo não observar o código estabelecido de honra ou de generosidade, é afastado da comunidade e se transforma num pária. Essa situação exerce sem dúvida uma contínua pressão sobre cada indivíduo para que elimine de sua consciência o interesse econômico pessoal. "A verdadeira crítica que se pode formular à sociedade de mercado não é que se funde no econômico — em certo sentido, toda sociedade, qualquer sociedade, o faz — mas sim que sua economia repouse no interesse pessoal."[38]

Polanyi (1997, p. 83) admite que "nenhuma sociedade poderia sobreviver, inclusive por pouco tempo, sem possuir uma economia, seja esta de um tipo ou de outro. Mas até nossa época, nenhuma economia das que existiram esteve, nem sequer minimamente, sob a dependência do mercado".

Pierre Bourdieu reivindicou esse enfoque de Polanyi — que se assemelha ao de Weber[39] — porque permite desmentir a naturalização que o discurso econômico predominante fez sobre o móvel econômico e o afã de lucro. Essa visão a-histórica da ciência econômica — *uma amnésia da gênese* — ignora que:

> ...só muito progressivamente as transações econômicas deixaram de ser concebidas segundo o modelo das trocas domésticas, governadas portanto pelas obrigações familiares ("nos negócios não há sentimentos") ou sociais; e só muito progressivamente o cálculo das lucros individuais, e por conseguinte do interesse econômico, impôs-se como princípio de visão dominante, se não exclusivo, contra a repressão coletivamente aplicada e controlada das inclinações calculistas que se associava à economia doméstica.[40]

O *duplo movimento*

No pensamento de Polanyi, seu ceticismo extremo sobre o desarraigamento da economia é também a origem de sua potente ideia sobre o "duplo movimento". Dada a resistência que despertam as tentativas de desarraigar a economia da sociedade, Polanyi distingue dois movimentos opostos: primeiro, o de *laissez-faire*, que permitiu a ascensão do mercado, e em seguida o contramovimento protetor para frear sua expansão. Em outros termos, o movimento para uma economia de *laissez-faire* gera seu oposto, o contramovimento, para criar estabilidade.[41]

Segundo Cohen e Arato (2000, p. 155-156), Polanyi percebeu que o mercado autorregulado produz uma "economização" da sociedade contra a qual surge, em fins do século XIX, um programa de autodefesa para evitar suas tendências destrutivas. Essas respostas — que continuaram durante o século XX — foram manifestações de *"autodefesa" da sociedade contra a economia*.[42] O avanço do mercado autorregulado

> ...chocou-se tão violentamente com a sociedade que, quase imediatamente e sem que se vissem precedidas pela menor mudança na opinião pública, surgiram também poderosas reações de proteção. Estes "contramovimentos" se desenvolveram durante o período entre 1879 e 1929 até restaurar "a primazia da sociedade sobre esse sistema [econômico]. Esta evolução pode se dar adotando diferentes formas, democráticas e aristocráticas, constitucionais e autoritárias, pode inclusive surgir uma forma totalmente imprevista" (1997, p. 343-392).

As diferentes respostas elaboradas depois da crise dos 1930 são tentativas de regular a expansão dos mercados e de limitar seu domínio. O fascismo, primeiro, e, depois, a Segunda Guerra Mundial acabaram por convencer as sociedades europeias de que o capitalismo do *laissez-faire* tinha fracassado como experiência. Para Polanyi (1997, p. 389), a desintegração da civilização do século XIX é o "...resultado de um conjunto de causas muito diferentes: medidas adotadas pela sociedade para não ver-se aniquilada pela ação do mercado autorregulador".

A artificialidade da sociedade de mercado constituía ao mesmo tempo sua principal fonte de vulnerabilidade, de modo que a dissolução desse sistema durante o transcurso do século XX não fez mais do que pôr em evidência seus irremediáveis limites internos: "A debilidade congênita da sociedade do século XIX" — aponta Polanyi — "não radica em que ela fosse industrial, e sim em ser uma sociedade de mercado. A civilização industrial continuará existindo quando a experiência utópica de um mercado autorregulador já não seja mais que uma lembrança". Na mesma direção aponta que "a civilização do século XIX não foi destruída por um ataque exterior ou interior dos bárbaros; sua vitalidade não se viu minada nem pelas devastações da Primeira Guerra Mundial, nem pela rebelião de um proletariado socialista ou de uma pequena burguesia fascista. Seu fracasso não foi consequência de supostas leis da economia, como a baixa tendencial da taxa de lucros, do subconsumo ou da superprodução. Sua desintegração foi, antes de mais nada, o resultado de um conjunto de causas muito diferentes: medidas adotadas pela sociedade para não se ver aniquilada pela ação do mercado autorregulador" (1997, p. 389-391).

Por último, é conveniente destacar que, quando Polanyi descreve o "duplo movimento", as tensões registradas nessa articulação giram em torno do eixo sociedade-negociação. Tanto ao retratar a passagem do "arraigamento" para o "desarraigamento" da economia de mercado quanto ao descrever os movimentos de oposição ao mercado que demandam o amparo da sociedade, o singular é que os termos polares que se digladiam nesses movimentos não são mercado e Estado — como expõe o debate que se inicia nos anos 70 — mas é a sociedade que se contrapõe ao mercado, como bem percebem diferentes autores.[43]

BREVES CONCLUSÕES

Embora os escritos de Durkheim e Polanyi nos ilustrem sobre um pensamento que na primeira metade do século XX pôs em dúvida as ilusões depositadas pelo liberalismo econômico no mercado autorregulado, eles recuperaram especial vigência depois das tentativas recentes do neoliberalismo para novamente trazer à tona essa ideia. Frente a suas pretensões de eliminar toda regulação e recolocar o mercado no centro de nossas sociedades (com a novidade de que agora se trata de "mercados globais")[44], as dúvidas e prevenções que nos legaram esses clássicos ainda soam atuais. O chamado a "domesticar o mercado" que Castel (2007) lança em nossos dias invocando Polanyi e a revalorização que aquele mesmo autor faz de Durkheim (Castel, 2003) como um dos precursores do Estado Providência — hoje em xeque pela retirada do Estado e pelos efeitos da globalização — revelam a atualidade de seus pensamentos e suas potencialidades para orientar nossas respostas aos principais problemas deste tempo.

Ambos são expressão do pós-liberalismo contemporâneo, pois coincidem em postular um vínculo entre liberdade e regulação que concilia a defesa das liberdades democráticas e a regulação estatal. Essa ideia os conduz a aceitar que não há individualidade possível em uma sociedade de mercado sem suportes institucionais que lhe deem apoio. Isso os converte em fonte de inspiração das ideias que tomarão corpo com o Estado Providência e se condensarão em uma teoria da cidadania que inclui os direitos sociais aliados aos civis e políticos.

Para Durkheim, a ordem estatal é a *condição da liberdade dos sujeitos* afirmando que o indivíduo é "...desde certo ponto de vista, o próprio produto do Estado...".[45] Em seus escritos achamos uma nova interpretação sobre o tenso vínculo que esses elementos mantêm, aceitando que é possível combinar fins coletivos, um Estado forte e maior liberdade individual. Desse modo, Durkheim rompe com uma imagem de soma zero entre interesses privados e interesse geral que resulta superadora dos enfoques antagônicos predominantes em seu tempo.[46]

Essa fórmula combina a defesa da individualidade e a necessidade de um poder arbitral que repare as assimetrias que a livre contratação impõe em uma sociedade de mercado. Durkheim não é, portanto, antiliberal; ele reivindica a individualidade e a conjuga com a necessária

LIBERDADE E REGULAÇÃO EM UMA SOCIEDADE DE MERCADO

intervenção de um poder regulador que equilibre essas desvantagens. Sua postura em favor do "individualismo moral" — que distingue do utilitarismo egoísta — e do papel do Estado como produtor de individualidade antecipa — segundo Sidicaro (2003, p. 17) — as modernas teorias da cidadania que amadurecerão em meados do século XX.

Essa leitura é reforçada pelas reflexões de Castel (1997, p. 2003) que o associam à geração de intelectuais franceses que, no final do século XIX, contribuiu para forjar a ideia de "propriedade social" concebendo-a como um amparo social — sob a forma de direitos garantidos estatalmente — que contribuísse para reduzir os riscos em uma sociedade que não assegurava o acesso igualitário à propriedade privada. Durkheim — junto a outros pensadores de sua geração, como Fouillée e Bourgeois, por exemplo — deu as bases de um novo sistema de amparos que constitui a armação daquilo que depois seria o Estado Providência. Essa via "reformista", que ensaia um caminho intermediário entre a propriedade privada e a coletiva, responde a essa ideologia "solidarista", que imagina uma nova forma de obter segurança sem ser proprietário. A propriedade social — esclarece Castel — não é a propriedade privada, mas cumpre a mesma função de "apoio" para os não proprietários.

Tanto as contribuições de Durkheim — avançando para novas formas de proteção social que proporcionem um "suporte" ao indivíduo por "carência" — quanto a ideia de um contramovimento protetor da sociedade, ressaltado por Polanyi como resistência ao desarraigamento da economia, contribuíram para desenhar alternativas frente ao deslocamento provocado pela economia de mercado. Como sugere Calafati (2004), Polanyi foi um extraordinário intérprete do processo que conduziu à afirmação do Estado de bem-estar, como uma resposta ao desejo de reduzir e compensar os custos sociais da expansão do mercado.[47]

Polanyi tem uma interessante interpretação da necessidade de gerar suportes institucionais para garantir os direitos cidadãos e aponta a necessidade de avançar — em uma linha muito similar àquela que, de maneira mais refinada, oferecerá Marshall — para uma nova geração de direitos sociais:

OS INTELECTUAIS DO ANTILIBERALISMO

É necessário que a lei faça efetivos e aplicáveis os direitos cidadãos (...) Uma simples declaração de direitos não basta, são necessárias instituições que permitam que os direitos se tornem realidade. O *habeas corpus* não deve ser o último dos dispositivos constitucionais em virtude dos quais a liberdade pessoal fique ancorada no direito. Outros direitos cidadãos, que até agora não tinham sido reconhecidos, devem ser acrescentados ao *Bill of Rights* (...) Desse modo, às antigas liberdades e aos antigos direitos cívicos se acrescentarão novas liberdades para todos e engendradas pelo ócio e pela segurança. A sociedade industrial pode permitir-se ser ao mesmo tempo livre e justa (1997, p. 398-400).

É inevitável não comparar essas reflexões com as ideias de Marshall (1998) em relação à expansão da cidadania social e à necessidade de garantir amparo social a todos os cidadãos pelo simples fato de participar de uma comunidade de semelhantes.

Polanyi não ignora que essa atribuição de novos direitos implica uma redistribuição de poder que não se pode conseguir sem a intervenção de poderes públicos que regulem as cargas. Essa tarefa dificilmente pode ser confiada à espontaneidade dos mais favorecidos, que vivem essa regulação estatal como uma intromissão destinada a

escravizá-los às classes médias, gozam da liberdade que lhes proporciona o ócio em segurança e, em consequência, interessam-se logicamente menos por estender a liberdade na sociedade do que aquelas outras classes, que, por carecer de meios, devem contentar-se com um mínimo de liberdade. Isto se manifesta claramente do momento em que surge a ideia segundo a qual, mediante imposições, poderiam estar mais equitativamente divididas as rendas, as distrações e a segurança. Embora as restrições se apliquem a todos, os privilegiados têm a tendência a recebê-las mal, como se unicamente fossem dirigidas contra eles. Falam de escravidão quando na realidade do que se trata é de estender a toda a população a liberdade adquirida da qual só eles desfrutam (1997, p. 396-397).

Em suma, interroga-se sobre o que significa a liberdade em uma sociedade complexa, insistindo em que esta já não pode ser entendida sem aquela inevitável regulação. O que põe em evidência é a enorme dificuldade de combinar individualismo e autoridade no nosso tempo. A breve história da sociedade de mercado ensina que essas relações nunca foram lineares nem harmoniosas e que, embora o indivíduo seja por um lado todo-poderoso — o "novo sagrado" a que aludia Durkheim —, está irremediavelmente ameaçado pelo seu contrário. O desenvolvimento dos valores individualistas desencadeou uma dialética que deu lugar a combinações nas quais aquela tendência se mescla sutilmente com seus opostos. Como aponta Dumont (1987, p. 90),[48] esse assunto ficou bem mais claro graças a Polanyi; ele percebeu que a aplicação do princípio individualista — o liberalismo — nos obrigou a adotar medidas de proteção social e desembocou finalmente no que poderíamos denominar "pós-liberalismo" contemporâneo.

Frente à inevitável perda de atualidade em seus detalhes — em especial pela mudança de escala provocada pela globalização e a revolução nas tecnologias informacionais e comunicacionais — os dois autores retrataram com lucidez as principais tensões desencadeadas pela sociedade de mercado, dentro da qual continuamos nos movendo. Talvez isso represente um mérito suficiente para assegurar sua perdurabilidade e vigência em nossos dias.

NOTAS

1. Ver Renato Ortiz (2004, p. 98).
2. Ver a respeito a hipótese sugerida por Hirschman (1989).
3. O tipo de conexão que Durkheim sugere entre o Estado e as associações profissionais o converteria em defensor de uma concepção que hoje chamaríamos "corporativista da democracia" (De Ípola, 1998, p. 7), de modo que abrirá caminho para um desenvolvimento muito atual da teoria política, que marca a passagem do contratualismo clássico, individualista, para o neocorporativismo apoiado no pacto entre Estado e organizações sociais (ver Portantiero e De Ípola, 1987, p. 19-20).

OS INTELECTUAIS DO ANTILIBERALISMO

4. Ver a respeito o "Prólogo" de Fernando Alvarez-Uría e Julia Varela (1997, p. 11) a uma das edições em espanhol de *A grande transformação*.

5. Louis Dumont (1987) e Elisa Reis (1999), apenas para citar alguns. Esta última (1999, p. 66-67) apontou que "...eles têm pontos de contato bastante óbvios. Já nos anos 40, as formulações que aparecem no livro *A grande transformação* e no *Trade and Market in Early Empires* que [Polanyi] coeditou abrem espaço para um enquadramento de preocupações características de uma sociologia política, questões que confluem em grande parte com o que poderia constituir uma sociologia política durkheimiana".

6. Vale esclarecer, não obstante, que o redescobrimento de Polanyi se registrou várias décadas depois do aparecimento do livro em inglês. Louis Dumont (1987, p. 18) menciona sua edição em francês em 1983, que conta com um prefácio dele (*La Grand Transformation*, Paris, Gallimard). Marramao (2006, p. 156), por outro lado, destaca o atraso da primeira tradução para o italiano (em 1974), três décadas depois do aparecimento e apenas uma década antes da edição francesa. Marramao lembra também que sua recuperação coincidiu na Itália com o debate em torno do "neocorporativismo" e do "pluralismo corporativo".

7. Como lembra Fred Block (2006, p. 23), Polanyi trabalhou como chefe de redação de um semanário econômico e financeiro da Europa central (*Der Österreichische Volkswirt*), no qual registrava o desmoronamento do mercado acionário americano de 1929, o fracasso da Kreditanstal de Viena em 1931, que precipitou a Grande Depressão de 1931, e a ascensão do nazismo.

8. Ver Block (2006, p. 21).

9. Em sua análise sobre a divisão do trabalho, Durkheim discutirá com Spencer e os economistas marginalistas sua visão de uma sociedade organizada com base no contrato mercantil (Raud-Mattedi, 2005, p. 6).

10. Como lembra Block (2006, p. 23), "...já desde os anos 20 Polanyi desafiava diretamente os argumentos de Mises, e a crítica aos liberais de mercado continuou sendo sua preocupação teórica central".

11. Sobre o contexto histórico que envolveu Durkheim, pode-se consultar, entre outros autores, Lacroix (1984), Giddens (1997), Rodríguez Zúñiga (1978) e Nisbet (1977).

12. Essa associação com o *Fausto* de Goethe é sugerida por Nisbet (1977, p. 168). Ao falar do "suicídio anômico", Durkheim (2004, p. 284) destaca o "...mal do infinito que a anomia leva consigo por toda parte".

LIBERDADE E REGULAÇÃO EM UMA SOCIEDADE DE MERCADO

13. Ver o "Prólogo" de Fernando Alvarez-Uría e Julia Varela (1997, p. 11) da edição espanhola de *A grande transformação*. Por tal razão, é comum associar esse livro com os trabalhos pioneiros de Marcel Mauss em torno da troca de dons nas sociedades tribais (ver Dumont, 1987; Miado, 2006; Bourdieu, 2001).

14. Segundo essa interpretação, a chamada "nova sociologia econômica" — tributária de Durkheim e especialmente de Weber — resgatou e refinou os conceitos centrais da teoria de Polanyi (Da Vinha, 2001, p. 208-215).

15. Ver Durkheim (1994, t. II, p. 189).

16. Polanyi (1997, p. 396-401), de maneira contundente, conclui essa ideia apontando que "se a regulamentação for o único modo de estender e reforçar a liberdade em uma sociedade complexa, e fazer uso desse meio é por conseguinte contrário à liberdade, então essa sociedade não pode ser livre".

17. Não é estranho que nos anos 1990, quando já despertavam alarme as políticas neoliberais implementadas nos 1970 na Europa e nos Estados Unidos, Giddens (1999, p. 174) mantivesse uma postura intermediária, que retomava aquela advertência compartilhada muito antes por Durkheim e Polanyi: "...desregulação" — dirá Giddens — não é igual a liberdade...".

18. Durkheim (1994, t. I, p. 252).

19. Durkheim (1994, t. I, p. 251).

20. O problema da "ordem hobbesiana" reaparece nitidamente no Prefácio da segunda edição de *A divisão do trabalho social* (1994, t. I, p. 13-14), quando aponta: "As paixões humanas não se contêm a não ser diante de um poder moral que respeitem. Se falta qualquer autoridade deste gênero, a lei do mais forte é a que reina e, latente ou agudo, o estado de guerra se faz necessariamente crônico (...) Que uma tal anarquia constitui um fenômeno doentio é de toda evidência, posto que vai contra o próprio fim de qualquer sociedade, que é o de suprimir, ou quando menos moderar, a guerra entre os homens, subordinando a lei física do mais forte a uma lei mais elevada. Em vão, para justificar este estado de irregulamentação, faz-se valer que favorece a expansão da liberdade individual. Nada mais falso do que este antagonismo que com muita frequência quiseram estabelecer entre a autoridade da regra e a liberdade do indivíduo. Pelo contrário, a liberdade (referimo-nos à liberdade justa, aquela que a sociedade tem o dever de fazer respeitar) é ela própria produto de uma regulamentação."

21. Durkheim (1976, p. 142) confiava em rebater essa natureza egoísta do homem através da educação — isso explica a relevância que dá a esta em suas pesqui-

OS INTELECTUAIS DO ANTILIBERALISMO

sas e propostas — procurando transformar o ser humano (egoísta) em um ser social (moral). Não surpreende que apresente essa "conversão" como um segundo nascimento e um trânsito da "animalidade", que distingue o *ser biológico* no momento de nascer, à "humanidade" do *ser social*, uma vez moldado pelas instituições da sociedade. Durkheim exaltou os efeitos emancipadores da modernidade, mas não deixou de manifestar inquietação frente à destruição dos vínculos sociais que trazia junto a afirmação da individualidade, razão pela qual considerou necessário recriar, por meio da educação, a integração moral da sociedade (veja-se Touraine, 1979, p. 302).

22. Ver a respeito a sugestiva interpretação desenvolvida por Castel (2004).

23. Ver Raud-Mattedi (2005).

24. Ver a respeito Raud-Mattedi (2005, p. 3).

25. Albert Hirschman (1989, p. 20-139) percebe em Durkheim uma atitude ambivalente — similar à que caracterizou seu contemporâneo alemão Georg Simmel — pois entendeu que as trocas de mercado não apenas podem dissolver os vínculos morais pré-modernos, segundo sua conhecida tese da anomia, como também podem criar e produzir sutis formas de integração social. Ficou assim preso entre a antiga opinião, segundo a qual as atividades para o lucro oferecem uma base para a integração social, e a crítica, mais contemporânea, que se faz à sociedade de mercado de ser atomística e corroer a coesão social. Hirschman nota uma "considerável virtude" nessa atitude de Durkheim, pois reconhece que na sociedade podem conviver processos contraditórios. Embora nos seja difícil admitir que ambas as tendências possam ser corretas, é interesse das ciências sociais captar a complexidade que encerram os fenômenos que explicam.

26. Ver Durkheim (1994, t. I, p. 263).

27. Durkheim denunciou expressamente o utilitarismo estreito de Spencer e em alguns de seus textos disse que "a filosofia de Spencer é de uma miséria moral tamanha que já não conta virtualmente com partidários" (ver o texto "O individualismo e os intelectuais", em *Lições de sociologia*, 2003, p. 287). Vale lembrar que uma década antes do aparecimento da divisão do trabalho social, Herbert Spencer tinha publicado um polêmico texto (1884), *O indivíduo contra o Estado* (1984), que constitui uma defesa furiosa da liberdade extrema e uma alegação por escrito crítica frente à onda de regulações públicas impulsionada na Inglaterra entre as décadas de 1860 e 1880. Compreende-se melhor o sentido da crítica durkheimiana a Spencer. Ver p. 27-28-ss. Nesse livro (p. 32),

LIBERDADE E REGULAÇÃO EM UMA SOCIEDADE DE MERCADO

Spencer distingue a sociedade militar da industrial. A primeira (defendida pelos conservadores) caracterizou-se por um *regime do Estado* que impôs a cooperação obrigatória que acompanha a desigualdade legal das classes; a segunda é um *regime do contrato,* que rege uma cooperação voluntária que acompanha a sua igualdade legal.

28. Durkheim (1994, t. I, p. 265-267).
29. Durkheim (2003, p. 271-272).
30. Esse aspecto é sugerido por Nora Rabotnikok (2005, p. 131). Para um tratamento mais exaustivo dos diferentes sentidos em que Durkheim emprega o conceito de "anomia", pode-se consultar Besnard (1998) e Girola (2005).
31. Ver Durkheim (1994, t. I, p. 13).
32. Ver Durkheim (2004, p. 267-268).
33. Ver Durkheim (1994, t. II, p. 16-17).
34. Durkheim (1994, t. II, p. 23).
35. Ver Polanyi (1997, p. 87-128).
36. Polanyi (1997, p. 391).
37. Ver Dumont (1987, p. 18, 25, 116).
38. Polanyi (1997, p. 389-390).
39. Weber (1974, p. 299) descreve essa transição ao apontar que, embora originariamente existissem dois critérios distintos com respeito ao lucro — um relativo à *moral de grupo,* que excluía todo gênero de lucro dentro do círculo de quem está unido por esses vínculos (companheiros de tribo, de linhagem ou de comunidade doméstica), e outro relativo ao exterior, uma *moral em relação aos estranhos*, que suprime os obstáculos e as barreiras éticas para o afã de lucro — no Ocidente, "o calculismo penetra no seio das associações tradicionais, decompondo as velhas relações de caráter picdoso. Assim que, dentro de uma comunidade familiar, tudo se calcula, e já não se vive em um regime estritamente comunista, cessa a piedade simples e desaparece toda limitação ao afã de lucro". Polanyi resgata Weber (1997, p. 87), porque no seu entender foi o primeiro "...que protestou contra o esquecimento da economia primitiva, realizado com o pretexto de que esta não tinha relação com a questão dos móveis e dos mecanismos das sociedades civilizadas".
40. Ver Bourdieu (2001, p. 15-19).
41. Ver Block (2006, p. 31).
42. "Como o funcionamento desses negócios [refere-se a trabalho, terra e dinheiro] ameaça destruir a sociedade, a comunidade, uma ação de autodefesa pre-

OS INTELECTUAIS DO ANTILIBERALISMO

tendeu justamente impedir que se estabelecessem ou, uma vez estabelecidos, intervir em seu livre funcionamento." Polanyi (1997, p. 321-322).

43. Essa equação é ressaltada por Antonio Calafati (2004), que aponta que essa distinção entre sociedade e mercado levou Polanyi a mostrar-se partidário de políticas públicas baseadas naquela. Essa mesma apreciação é compartilhada por Cohen e Arato (2000, p. 155-156), para quem, ao analisar os movimentos do mercado, Polanyi se centrou no eixo comunidade societal-economia.

44. Ver a respeito o sugestivo "Prólogo" que Joseph E. Stiglitz (2006) fez para uma recente edição de *A grande transformação*.

45. Essa postura está especialmente desenvolvida em *Lições de sociologia* (2003, p. 121-122).

46. Ver a respeito a sugestiva interpretação dada por Luhmann (1995).

47. Lahera Sánchez (1999) vê em Polanyi uma visão política e um programa de "ação política", isto é, um enfoque centrado na elaboração de um pensamento para a ação.

48. Esse autor retoma nesse texto as reflexões que desenvolveu em seu prólogo para a versão francesa de *A grande transformação* em 1983.

BIBLIOGRAFIA

ALVAREZ-URÍA, Fernando; Julia VARELA. "Prólogo". *In*: POLANYI, Karl. *La gran transformación. Crítica del liberalismo económico*, Madri: La Piqueta, 1997.

BLOCK, Fred. "Introducción". *In*: POLANYI, Karl. *La gran transformación. Los orígenes políticos y económicos de nuestro tiempo*. México: Fondo de Cultura Económica, 2006.

BESNARD, Philippe. "Anomia y fatalismo en la teoría durkheimiana de la regulación". *Revista Española de Investigaciones Sociológicas*, n° 81, 1998. Disponível em: www.reis.cis.es/REISWeb/PDF/REIS_081_05.pdf

BLAUM, Luis; KEIFMAN, Saúl. "*Contigencia y fetichismo. Variaciones en torno a Marx, Keynes y Polanyi.*" Palestra apresentada nas Primeiras Jornadas de Estudos Sociais de Economia, coorganizadas pelo Cese do Idaes e pelo Nucec do Museu Nacional da UFRJ. Disponível em: www.idaes.edu.ar/papelesdetrabajo/paginas/Documentos/KEIFMANYBLAUM.pdf

BOURDIEU, Pierre. *Las estructuras sociales de la economía*. Buenos Aires: Manantial, 2001.

CALAFATI, Antonio. "Una segunda lectura de Karl Polanyi". *La Factoría*, nº 24, 2004. Disponível em: www.lafactoriaweb.com/articulos/calafati24.htm

CASTEL, Robert. *La metamorfosis de la cuestión social. Una crónica del salariado*. Buenos Aires: Paidós, 1997.

_____. *La inseguridad social ¿Qué es estar protegido?*. Buenos Aires: Manantial, 2004.

_____."Los desafíos de las mutaciones sociales, políticas y económicas del siglo XXI." *Temas y Debates. Revista Universitaria de Ciencias Sociales*, ano 11, nº 13. Rosário: Facultad de Ciencia Política y RR.II., Universidad Nacional de Rosario, ago., 2007.

CASTEL, Robert; HAROCHE, Claudine. *Propiedad privada, propiedad social, propiedad de sí mismo. Conversaciones sobre la construcción del individuo moderno*. Rosário: Homo Sapiens, 2003.

COHEN, Jean L.; ARATO, Andrew. *Sociedad civil y teoría política*. México: Fondo de Cultura Económica, 2000.

DA VINHA, Valeria. "Polanyi e a nova sociologia econômica: uma aplicação contemporânea do conceito de enraizamento social". *Econômica*, v. 3, nº 2, dez. 2001. Disponível em: www.uff.br/cpgeconomia/v3n2/4-valeriavinha.pdf

DE ÍPOLA, Emilio. "Introducción". *In*: DE ÍPOLA, Emilio (Comp.). *La crisis del lazo social. Durkheim, cien años después*. Buenos Aires: Eudeba, 1998.

DUMONT, Louis. *Ensayos sobre el individualismo. Una perspectiva antropológica sobre la ideología moderna*. Madri: Alianza Editorial, 1987.

_____. *Homo aequalis. Génesis y apogeo de la ideología económica*. Madri: Taurus, 1999.

DURKHEIM, Émile. *La educación como socialización*. Salamanca: Sígueme, 1976.

_____. *La división del trabajo social*. Barcelona: Planeta-Agostini, 1994.

_____. *El Suicidio. Estudio de sociología*. Buenos Aires: Gorla, 2004.

_____. *Lecciones de Sociología. Física de las costumbres y del Derecho*. Buenos Aires: Miño y Dávila, 2003.

GIDDENS, Anthony. *Política, sociología y teoría social. Reflexiones sobre el pensamiento social clásico y contemporáneo*. Barcelona: Paidós, 1997.

_____. *La tercera vía. La renovación de la socialdemocracia*. Madri: Taurus, 1999.

GIROLA, Lidia. *Anomia e individualismo. Del diagnóstico de la modernidad de Durkheim al pensamiento contemporáneo*. Barcelona: Anthropos, 2005.

HIRSCHMAN, Albert. *Enfoques alternativos sobre la sociedad de mercado y otros ensayos recientes*. México: Fondo de Cultura Económica, 1989.

LACROIX, Bernard. *Durkheim y lo político, Fondo de Cultura Económica*, México, 1984.

LAHERA SÁNCHEZ, Arturo. "La crítica de la economía de mercado en Karl Polanyi: el análisis institucional como pensamiento para la acción". *Revista Española de Investigaciones Sociológicas*, nº 86, 1999. Disponível em: www.reis.cis.es/REISWeb/PDF/REIS_086_04.pdf

LUHMANN, Niklas. "Individuo, individualidad, individualismo". *Zona Abierta*, nº 70-71. Madri: Editorial Pablo Iglesias, 1995.

MARRAMAO, Giacomo. *Pasaje a Occidente. Filosofía y globalización*. Buenos Aires: Katz, 2006.

MARSHALL, T. H. "Ciudadanía y clase social". *In*: MARSHALL, T. H.; BOTTOMORE, Tom. *Ciudadanía y clase social*. Madri: Alianza, 1998.

NISBET, Robert. *La formación del pensamiento sociológico 2*. Buenos Aires: Amorrortu, 1997.

ORTIZ, Renato. *Taquigrafiando lo social*. Buenos Aires: Siglo XXI, 2004.

POLANYI, Karl. *La gran transformación. Crítica del liberalismo económico*. Madri: La Piqueta, 1997.

PORTANTIERO, Juan C.; DE ÍPOLA, Emilio. "Introducción". *In*: PORTANTIERO, Juan C.; DE ÍPOLA, Emilio. *Estado y sociedad en el pensamiento clásico. Antología conceptual para el análisis comparado*. Buenos Aires: Cántaro, 1987.

PORTANTIERO, Juan C. Gramsci y la crisis cultural del 900. *Sociedad*, nº 11, Buenos Aires: Facultad de Ciencias Sociales (UBA), 1997.

RAUD-MATTEDI, Cécile. "A construção social do mercado em Durkheim e Weber: análise do papel das instituições na sociologia econômica clássica". *Revista Brasileira de Ciências Sociais*, v. 20, nº 57. São Paulo, fev., 2005. Disponível em: www.scielo.br/pdf/rbcsoc/v20n57/a08v2057.pdf

RABOTNIKOF, Nora. "Una historia conceptual de la anomia". *Revista Internacional de Filosofía Política*, nº 26. Madri, dez., 2005.

REIS, Elisa. "Os velhos e os novos desafios da sociologia política". *In*: DOS SANTOS, José Vicente; GUGLIANO, Alfredo A. (Orgs.). *A sociologia para o século XXI*. Pelotas: Editora da Universidade Católica de Pelotas, 1999.

RODRÍGUEZ ZÚÑIGA, Luis. *Para una lectura crítica de Durkheim*. Madri: Akal, 1978.

SIDICARO, Ricardo. "Sociología y política en Emilio Durkheim". *In*: DURKHEIM, Émile. *Lecciones de Sociología. Física de las costumbres y del Derecho, op. cit.*, 2003.

SPENCER, Herbert. *El individuo contra el Estado*. Madri: Hyspamérica, 1984.

STIGLITZ, Joseph E. "Prólogo". *In*: POLANYI, Kart. *La gran transformación. Los orígenes políticos y económicos de nuestro tiempo, op. cit.*, 2006.

TOURAINE, Alain. "La voz y la mirada". *Revista Mexicana de Sociología*, n° 4. México: Unam, 1979.

WEBER, Max. *Historia Económica General*. Madri: Fondo de Cultura Económica, 1974.

CAPÍTULO 2 Modernidade contra a
democracia? O nacionalismo
místico de Fernando Pessoa*

António Costa Pinto**

---

* Agradeço a Susana Chalante a tradução deste texto do inglês. Uma versão anterior
deste capítulo foi publicada em Zeev Sternhell (Ed.), *The Intellectual Revolt against Liberal Democracy*. Jerusalém: The Israel Academy of Sciences and Humanities, 1996, p. 343-355.
** Doutor em História pelo Instituto de Estudos Europeus da Universidade de Florença.
Professor agregado do Instituto de Ciências Sociais da Universidade de Lisboa. Professor
convidado do Departamento de História do Instituto Superior de Ciências do Trabalho
e da Empresa (ISCTE), de Lisboa.

*Nasci em um tempo em que a maioria dos jovens haviam perdido a cren-
ça em Deus, pela mesma razão que os seus maiores a haviam tido — sem
saber por quê. E então, porque o espírito humano tende naturalmente
para criticar porque sente, e não porque pensa, a maioria desses jovens
escolheu a Humanidade para sucedâneo de Deus (...). Este culto da Humanidade, com os seus ritos de Liberdade e Igualdade, pareceu-me sempre uma revivência dos cultos antigos, em que os animais eram como
deuses, ou os deuses tinham cabeças de animais.*

*Assim, não sabendo crer em Deus, e não podendo crer numa soma de
animais, fiquei, como outros da orla das gentes, naquela distância de
tudo a que comummente se chama a Decadência. A Decadência é a perda
total da inconsciência; porque a inconsciência é o fundamento da vida.
O coração, se pudesse pensar, pararia.*[1]

I

Fernando Pessoa (1888-1935), possivelmente um dos melhores poetas
europeus do século XX, deixou para a posteridade centenas de páginas
de "sociologia política", um termo escolhido por ele para descrever algumas das suas obras sobre assuntos políticos. Tal como grande parte da
produção literária de Fernando Pessoa, só uma pequena fracção foi editada durante o seu tempo de vida. O pouco que publicou antes de mor-
rer consagrou-o, desde o início, como um apóstolo do "nacionalismo

OS INTELECTUAIS DO ANTILIBERALISMO

místico" e do autoritarismo, cuja extensão transcendeu a reduzida fronteira de Portugal, nesse tempo.[2]

Proveniente de uma classe média alta lisboeta (descendia de uma mistura de nobres e de judeus, segundo a sua própria definição), Pessoa tinha recebido uma educação inglesa, o que era algo muito raro, se não único, entre a elite intelectual portuguesa do seu tempo. Frequentou as escolas inglesas da África do Sul e escreveu, nos primeiros anos de regresso a Lisboa, principalmente em inglês. Depois de ter desistido da Escola de Belas-Artes de Lisboa, viveu de uma forma recatada, quase mesmo isolada, ao trabalhar como tradutor para várias firmas e ao colaborar com revistas literárias e jornais. Embora nunca tenha perdido o hábito de escrever em inglês, foi em português que elaborou a sua melhor poesia e prosa literária.

Na segunda metade do século XX, a obra literária de Pessoa, poesia e prosa, foi redescoberta. À medida que os seus trabalhos foram sendo publicados e divulgados no estrangeiro, emergiu uma turba de especialistas. No entanto, os escritos políticos e "sociológicos" do modernista português não têm recebido a mesma atenção.[3]

A intervenção de Pessoa na política portuguesa foi esporádica e pouco proeminente, mas nos parcos manifestos públicos em que enunciou a sua posição política nunca escondeu uma crítica radical ao liberalismo e à democracia. Possuía uma crença mística na eficácia de um "salvador", consubstanciada na figura de Sidónio Pais, o chefe carismático da breve ditadura portuguesa de 1917-1918. Defendeu, ainda, a ditadura militar de 1926 que derrubou o liberalismo republicano. Os condiscípulos que o acompanharam nos movimentos literários do Futurismo e Modernismo pertenciam, quase todos, à direita, e Pessoa era muito admirado, nos anos de 1930, pelos representantes do nacional-sindicalismo, uma breve expressão de um movimento fascista português, extinto por Salazar.[4] Em 1935, o Secretariado de Propaganda Nacional, um órgão oficial do Estado Novo, deu um prémio (o segundo) ao seu volume de poesia, *Mensagem*, talvez a melhor sinopse do século sobre o nacionalismo português. Somente nos últimos anos antes da sua morte Pessoa se distanciou do Estado Novo de Salazar e o seu último acto público foi a defesa da maçonaria, banida pelo regime.[5] Pouco antes da sua morte, numa nota biográfica, ele descreveu a sua ideologia política: "Conservador do estilo inglês, isto é, liberal dentro do conservantismo, e absolutamente antirreaccionário... anticomunista e antissocialista."[6]

Se as intervenções públicas de Pessoa foram raras, as suas reflexões sobre a sociedade e a política no início do século XX foram abundantes, evidenciadas em inúmeros escritos publicados postumamente. Deixando de lado os trabalhos que continham exclusivamente assuntos portugueses, os volumes projectados e inacabados incluíam temas como sociologia política, sufrágio político, sociologia da história europeia e guerra alemã, um ensaio que focava a Primeira Guerra Mundial.[7]

Tal como muitos outros pensadores e escritores da sua geração, Pessoa reflectiu obsessivamente sobre o acelerado processo das mudanças sociais e políticas que caracterizaram o início do século XX e procurou uma alternativa para a "decadência" e "desnacionalização" do presente numa redentora síntese entre o "passado" e o "futuro". Pretende-se discutir aqui esta sinopse, numa tentativa de identificar alguns dos elementos da *catch-all extremist* que caracterizaram o trabalho de Pessoa sobre "sociologia política."[8]

Pessoa foi um raro exemplo de um apologista da modernidade inspirado pelo nacionalismo místico. Era a favor da industrialização, assim como do nacionalismo; acreditava no super-homem que iria regenerar a sua pátria e nas "aristocracias" de cidadãos (não na "classe", como gostava de sublinhar) e defendia a intuição e o inconsciente sublinhados pela ideia de "nação" e do salvador, que representavam a sua expressão mais positiva.[9]

O nacionalismo era de facto o único factor constante no pensamento político de Pessoa e o principal elemento radicalizador na sua escrita.[10] Todas as suas reflexões sobre política e ideologia derivaram deste princípio básico, sem grandes preocupações com a coerência, que ele não considerava uma virtude. "Coerência", segundo ele, "é uma doença, um atavismo, talvez; foi passada para nós por uma data de antepassados animais em cujo estádio de evolução tal desgraça seria natural."[11] No entanto, pode-se dizer que o tipo de nacionalismo de Pessoa não era reaccionário, nem maurrasiano, nem pertencia ao tradicionalismo católico. O seu nacionalismo era um factor modernizante. Assim, num dos seus ensaios mais apologéticos, ele definiu o exemplo alemão durante a Primeira Guerra Mundial como aquele que mais se aproximava do futuro.

II

Para Pessoa "as ciências sociais" não tinham utilidade. A descoberta do "inconsciente" e do historicismo "intuitivo" tinha-no influenciado profundamente, e por isso rejeitou as pretensões científicas de uma sociologia embrionária:

> Ora em matéria social não há factos científicos. A única coisa certa em "ciência social" é que não há ciência social. Desconhecemos por completo o que seja uma sociedade; não sabemos como as sociedades se formam, nem como se mantêm nem como declinam. Não há uma única lei social até hoje descoberta; há só teorias e especulações, que por definição, não são ciência. E onde não há ciência não há universalidade.[12]

Influenciado pelo individualismo liberal e pela ideia de irreversibilidade do capitalismo, Pessoa também recusou o "corporativismo" e as pretensões anti-individualistas dos tradicionalistas, em nome do mesmo nacionalismo radical. Segundo ele,

> na realidade social só há dois entes reais — o indivíduo, porque é deveras vivo, e a nação, porque é a única maneira como esses entes vivos, chamados indivíduos, se podem agrupar socialmente de um modo estável e fecundo. A base mental do indivíduo, por isso mesmo que é indivíduo, é o egoísmo, e os indivíduos podem agrupar-se só em virtude de um egoísmo superior, ao mesmo tempo próprio e social. Esse egoísmo é o da pátria, em que nos reintegramos em nós através dos outros, fortes do que não somos.[13]

MODERNIDADE CONTRA A DEMOCRACIA?

A sua rejeição do corporativismo e do marxismo, como do "classismo" sociológico, também derivou do seu nacionalismo radical. Para ele

> a base da pátria era o idioma... tudo mais que forma grupos adentro da vida nacional — a família, a região, a classe — são ficções intermédias, umas meio físicas, outras meio económicas, e, se assumirem demasiada importância na vida nacional, elementos de desintegração dela.[14]

Um segundo aspecto dessa rejeição do corporativismo e de outros dogmas da contrarrevolução tradicionalista latina derivou do próprio capitalismo, sobre o qual Pessoa escreveu (e publicou) imenso.[15] O seu interesse em teoria económica e o seu conhecimento prático sobre os mecanismos de mercado, saber muito raro entre os intelectuais de origem literária, levaram-no a aceitar os princípios do capitalismo liberal, que ele reconheceu como um dos pilares da civilização: "a tradição económica, representada pelos três princípios da propriedade individual, do capitalismo e do regime de concorrência". Reflectindo sobre a torrente de anticapitalismo do pós-guerra, ele escreveu: "Pode ser que em outra época da terra, que em outro planeta, que em uma terra de outro sistema solar outros princípios sejam válidos para a manutenção da civilização e de tudo o que ela representa. Entre nós, europeus, não."[16]

O reconhecimento filosófico do "individual", juntamente com o programa do elitismo liberal conduzido ao extremo, levou a uma mudança cultural quando transferido para a sociedade real e não deve ser confundido com a aceitação da democracia ou do igualitarismo. O "povo" da massificação política na viragem do século provocou nele uma profunda repugnância e cepticismo: o "povo" não é educável porque é o povo. Se fosse possível convertê-lo em indivíduos, seria educável, seria educado, porém já não seria "povo". Talvez perante Deus o povo e os indivíduos sejam a mesma coisa, mas não perante a ciência:

O milagre é o que o povo quer, é o que o povo compreende. Que o faça Nossa Senhora de Lourdes ou de Fátima, ou que o faça Lenine — nisso só está a diferença. O povo é fundamentalmente, radicalmente, irremediavelmente reaccionário. O liberalismo é um conceito aristocrático, e portanto inteiramente oposto à democracia.[17]

III

Do ponto de vista da legitimação histórica, o nacionalismo de Pessoa não apresenta grande inovação intelectual. No entanto, quando comparado com a produção proveniente das elites culturais da Europa latina, salienta-se a fraca importância que ele atribuiu à reinvenção "mística" de uma Europa pré-capitalista, um conceito que dominou grande parte da sua geração.[18] Pessoa viu o nacionalismo como uma preparação emocional para o advento do "super-homem", que representava o inconsciente nacional.[19] Maurras e todo um espectro de representantes do pensamento clássico da contrarrevolução, cujos equivalentes portugueses ele conhecia muito bem, nunca mereceram o seu respeito.[20] O seu nacionalismo "cosmopolita" e "sintético", "que consiste em atribuir a uma nacionalidade, como princípio da individuação, não uma tradição determinada, nem um psiquismo determinado, mas um modo especial de sintetizar as influências do jogo civilizacional", opunha-se ao nacionalismo tradicional.[21]

O violento antidemocratismo de Pessoa não omitia a clássica associação de liberalismo com decadência. Para ele, o século XIX era caracterizado pela adopção de formas de governo "estrangeiras" e "importadas" que levaram à degeneração de muitas nações. Mas a sua atitude derivou fundamentalmente daquilo que ele viu como a incapacidade da democracia para reflectir o inconsciente nacional: "Cumpre distinguir entre a vontade da maioria e a vontade nacional. A vontade da maioria é consciente; a vontade nacional é inconsciente." E quem sente essa "vontade nacional"?

MODERNIDADE CONTRA A DEMOCRACIA?

Como esse rumo é inconsciente, fruto de não sabemos que leis nacionais, só pode existir ou nas camadas inconscientes do país ou nas camadas conscientes que sejam representativas intelectualmente dessa inconsciência. (Vence sempre aquele partido que representa a força em dado momento; e se esse partido, e não outro, representa a força, é porque as camadas inconscientes da nação delegaram nele misteriosamente executar a sua inconsciente vontade.)[22]

Nos ensaios escritos entre 1915 e 1919, Pessoa apresentou aos seus concidadãos portugueses, tão longe do centro da Europa, exemplos de ressurreição nacional — um dos quais foi o caso alemão. O Estado alemão, segundo ele, tinha construído "um povo comercial e industrial dos mais perfeitos, senão o mais perfeito, que tem existido". O princípio nacionalista mais importante, representado pelos alemães, era a centralidade da "pátria" em relação à própria civilização. Vale a pena transcrever a passagem: "A Pátria está acima da Civilização. Isto é, uma Pátria, uma nacionalidade, deve, para os seus elementos componentes, valer mais que o movimento civilizacional geral a que ela pertence e em que se integra."[23]

As observações sociológicas de Pessoa sobre os acontecimentos bélicos levaram-no a advogar um "imperialismo da Pátria" que legitimava o desaparecimento ou a colonização de tudo aquilo que não fosse um coerente "Estado-nação". Segundo ele,

> isto parecerá porventura frio, duro, cruel... mas a Bélgica, para o sociólogo, não tem direito a existir. Não o tem, como o não o tem a Áustria, por exemplo. Nenhuma destas nações é um povo, nenhuma tem a unidade social que o sociólogo reconhece necessária para utilmente tomar parte na civilização.[24]

Numa Europa em guerra Pessoa viu digladiarem-se "pela primeira vez, claramente, na civilização moderna, as forças pagãs renascentes e as forças cristãs na decadência".[25] O paganismo alemão era um exemplo

OS INTELECTUAIS DO ANTILIBERALISMO

daquele imperialismo, daquela atitude anticristã, que ela [a Alemanha], por seu grande poder material, não pode doravante tentar realizar senão pela força, e não pelo espírito... Grande e difícil é a obra. Grande e difícil o varrer dos ideais democráticos, humanitários e utilitários. Mas a grande obra anticristã (anticristã em tudo, antidemocrática, anticatólica, antimonárquica) deve ser feita.[26]

Na opinião de Pessoa,"um século, ou mais, de 'princípios de 89', um século, ou mais, de 'liberdade, igualdade, fraternidade' tornou o geral dos europeus, salvo os alemães, obtuso para aquelas noções concretas, com as quais seguramente se constrói o futuro."[27] Mais uma vez, ao dar como exemplo a Alemanha, ele refere: "O grande problema do Estado Futuro consiste na organização com a mínima compreensão possível da liberdade. No estado em que as almas estão hoje, não é possível organizar sem oprimir..."[28]

Nos seus escritos sobre Portugal, Pessoa afirmou-se como um apóstolo da ressurreição do nacionalismo e utilizou alguns dos temas clássicos da direita radical europeia do final do século XIX: nova redefinição dos períodos históricos de glória e de decadência, coincidindo a "glória" com a expansão portuguesa e a "decadência" com o liberalismo (um liberalismo importado e "estrangeiro" que, juntamente com o jacobinismo republicano, se transformou em "degeneração"); uma paixão irracional pela pátria e deificação dos símbolos históricos de identidade nacional; defesa do messianismo enquanto elemento mobilizador; e outros temas relacionados, familiares a todo estudioso do período.[29] No entanto, as atitudes de Pessoa perante a democracia e o socialismo não derivaram unicamente da sua opinião sobre as suas tendências "desnacionalizadoras", mas da forma eventualmente concreta da "oligarquia da besta" em Portugal.

IV

Nos artigos que escreveu para a *Acção*, uma revista política que ele ajudou a fundar em 1919, predominou a crítica sistemática da democracia e dos valores que Pessoa associava a ela. Baseado em premissas "científicas", esta rejeição não foi um mero subproduto da sua obsessão nacionalista:

> A Democracia Moderna, o sistema político que nasceu da Revolução Inglesa, e inundou a Europa através do fenómeno inglês chamado a Revolução Francesa, assenta em três bases: o princípio do sufrágio como base da vida política; o princípio chamado "liberalismo", cuja substância consiste na tendência para abolir os privilégios especiais, de certas classes ou de certas pessoas, e de estabelecer entre os homens a maior igualdade possível; e o princípio a que melhor se pode chamar "pacifismo", que significa que a vida das sociedades, essencialmente comercial e industrial, é só episodicamente, ou por um resto de "atraso", guerreira, e que a paz entre os povos é o estado normal, ou que deve ser normal, na vida social. É isto que resume o lema "liberdade, igualdade, fraternidade", que a Revolução Francesa converteu em Santíssima Trindade para uso de quem não tem religião.[30]

A sua rejeição da democracia foi baseada na crença, apoiada por modernos ensinamentos psicológicos, na supremacia do inconsciente e do irracional na condução dos indivíduos. "A Ciência psicológica sabe... que o homem é, na sua essência, uma criatura de instintos e de hábitos, e apenas por acréscimo e superficialidade, um ser 'intelectual.'"[31]

Numa série de artigos sobre "opinião pública", Pessoa tenta destruir a concepção de que a escolha ou opinião individual pode ter bases racionais. Os temas básicos da sua crítica radical à ideia democrática consistiram na visão elitista de que o povo constituía uma massa sem forma, guiado pelo instinto e por um profundo cepticismo. A premissa era legitimada por uma psicologia social e por doutrinas neodarwinistas, relativas à capacidade das plebes de serem transformadas em cidadãos. Num dos seus mais radicais enunciados sobre a classe trabalhadora, o poeta cita Haeckel a propósito da continuidade do homem-macaco, dizendo que havia menos diferença entre um operário e um macaco "que entre um operário e um homem realmente culto".[32]

Pessoa acreditava que o voto era "a expressão de uma convicção política, isto é, de uma *ideia*....".[33] Na maior parte das nações "modernas" o factor dominante é a "opinião política" que reflecte sentimentos instintivos, "opinião política" que é conservadora por natureza. Outro elemento a ter em conta na rejeição de Pessoa da democracia é o cultural: enquanto uma ditadura, segundo ele, era estranha no Norte da Europa, "quando nos países latinos se abre um parlamento a nação periga....".[34] Obviamente, nestas reflexões sobre o papel da opinião pública numa democracia, tal como noutros artigos sobre cidadania, Pessoa estava a pensar em Portugal, um país periférico e "atrasado".

Mas as reflexões de Pessoa sobre a vida política não se limitaram meramente a repetir dogmas reaccionários. Se, em termos de legitimação histórica, o seu antidemocratismo foi baseado em teorias de decadência e em alguns dos escritos de Carlyle, já a sua procura de elementos de ressurreição nacional foi apoiada pela descoberta de mitos que podiam resolver o problema da inclusão das massas na "nação".[35] Pessoa acreditava que o segredo para o sucesso do fenómeno revolucionário, em geral, e para a Revolução Russa (sobre a qual ele era céptico), em particular, consistia na reiteração do elemento religioso, que era o único argumento que as massas podiam aceitar: o "Bolchevismo (para ele este vocábulo significava tanto revolucionário como o comunismo e não somente o segundo) é um fenómeno reaccionário e religioso".[36] Assim, a reacção à decadência devia envolver a construção de mitos que mobilizariam a "plebe", reflectindo-se no nacionalismo como o seu centro.

Pessoa observou o fenómeno revolucionário e ao mesmo tempo rejeitou a ideia de "ordem". Renunciou a esta percepção "romântica" porque para ele "a ordem é nas sociedades o que a saúde é no indivíduo. Não é uma *cousa*: é um *estado*. *Resulta* do bom funcionamento do organismo, mas não *é* esse bom funcionamento".[37] Não se pode cair no absurdo "de que a ordem é sempre precisa; por vezes é precisa a desordem".[38] Sempre que os regimes políticos perdem a sua capacidade de criar um "consenso", a desordem é inevitável e por vezes até bem-vinda. Assim, a luta pelo "renascimento nacional" e contra a "decadência", da qual a democracia era um símbolo, era plenamente justificada.

V

Os elementos centrais deste "renascimento nacional" consistiram num carismático e "providencial" chefe e numa nova elite. Pessoa descartou previamente o tradicionalismo de ambas as áreas, da primeira afastou o carácter monárquico e da segunda estabeleceu como principal factor da criação desta elite, a classe média.

A chefia messiânica é central nos planos de Pessoa para o renascimento nacional. Os primeiros ditadores modernos, mas sobretudo os mais populistas e carismáticos, ganharam a sua admiração, tal como é demonstrado pelo seu poema "político" mais conhecido: a ode ao "Presidente-Rei Sidónio Paes" (chefe da breve ditadura portuguesa de 1917-1918).[39] Pessoa viu o ditador como tendo sido escolhido "pela vontade do Destino, o direito da Força, direitos maiores que o sufrágio de empréstimo que o elegeu".[40]

O caso de Sidónio é importante porque nessa altura ele representava o exemplo mais próximo de um modelo de fascismo emergente. Ao contrário de Salazar, Sidónio era um ditador extrovertido e demagógico, pressagiando o sebastianismo, do qual Pessoa era o principal aderente, e reunindo "as qualidades místicas do chefe de nação".[41] As suas reflexões sobre a "pátria à procura dos seus líderes" seria interrompida unicamente quando Salazar chegou ao poder e o seu regime foi institucionalizado.

Para Pessoa, o principal requisito para o renascimento nacional era a formação de uma nova elite. Era esta a única maneira de "resolver" o problema da emergência das massas, que Pessoa descrevia com um desprezo raro pela política cultural da Europa latina. Nas suas palavras, a "'plebe' deve ser o instrumento dos imperialistas, casta dominadora, mas escrava deles, ligada a eles por uma comunidade de misticismo nacional, de modo que voluntariamente seja escrava".[42] Pessoa via a nova "posição social" da elite como uma síntese de elementos burgueses e atitudes aristocráticas. Não era unicamente uma classe, uma série de indivíduos; não era uma aristocracia de sangue, mas compunha-se de "oportunidades", "valores" e "acção". A História, mais uma vez, servia para legitimar valores antidemocráticos, já que, onde havia democracia, o nível dessa elite automaticamente declinava. Mas se o "povo" merecia um considerável desprezo, a classe média, "o suporte principal de um país", lograva maior respeito. A classe média era um elemento decisivo na criação de uma "maior consciencialização da nacionalidade", pois constituía a base da vida nacional. Pessoa até sugeriu a criação de um órgão de propaganda especial para "a nacionalizar".[43]

VI

Alguns estudiosos de Pessoa, especialmente aqueles mais preocupados com a sua actividade literária, tendem a moderar as posições ideológicas do escritor, ao sublinharem a orientação estética de grande parte dos seus escritos, em vez de verificarem a diversidade de posições adoptadas por ele e de assinalarem as motivações políticas na sua obra. Só a partir de 1970 é que as reflexões de diversos autores sobre "Pessoa e a política" vieram esclarecer a confusão entre as aspirações estéticas e a ideologia política da sua obra. Esse debate, no entanto, diz respeito unicamente às elites intelectuais portuguesas e nós não o vamos analisar aqui. Se considerássemos também o material que ele publicou especificamente sobre a vida política portuguesa da época, o quadro seria ainda mais completo.

As atitudes políticas de Pessoa foram caracterizadas por uma extrema radicalidade. Numa ocasião ele chegou ao ponto de aplaudir o auxílio dado pela "providência" num acidente grave de uma das mais importantes figuras republicanas portuguesas. No entanto, nos seus últimos anos, em reacção ao Estado Novo de Salazar, o escritor regressou ao "nacionalismo liberal". Até preparou uma nova versão do seu famoso ensaio, retratando-se das opiniões anteriores, nas quais ele defendia uma intervenção militar contra o regime republicano.[44] O antissalazarismo de Pessoa devia-se unicamente à forma concreta de autoritarismo assumida pelo regime em Portugal, envolvendo elementos políticos com os quais ele nunca poderia concordar, devido, especialmente, às filiações católicas tradicionalistas daqueles.[45] Alguns dos seus admiradores, tais como aqueles que criticaram a preferência pelo tradicionalismo demonstrado por um júri de um concurso literário oficial, que lhe negou a concessão de um primeiro lugar, e especialmente os fascistas de Rolão Preto situavam-se à direita do regime de Oliveira Salazar.[46] No entanto, Pessoa manteve uma distância desses fascistas, adversários do salazarismo. Este afastamento não o tornava um antifascista, coisa que ele nunca foi ou desejou ser.

Fernando Pessoa foi um apóstolo de um antidemocratismo e de um elitismo nacionalista. O nacionalismo místico foi talvez o único elemento ideológico coerente no seu trabalho. O poeta foi sempre marcado pelo radicalismo das suas atitudes políticas e ideológicas. É verdade que, como crítico da democracia, as suas objecções foram calcadas menos em bases ideológicas do que numa perspectiva historicista adoptada por ele, e as suas inúmeras referências críticas à democracia sempre acentuaram o carácter "desnacionalizante" e "estrangeiro", símbolos nacionais de decadência. Tinha uma concepção mística da história e acreditava firmemente no potencial de um "super-homem" na redenção da Pátria.

Historicamente, os pontos de vista políticos e ideológicos de Pessoa expressaram o profundo hiato entre nacionalismo e liberalismo no início do século XX. Foi em nome de um nacionalismo extremo que Pessoa se demarcou do liberalismo e assimilou todo um modernismo irracionalista representado pelo movimento Futurista, do qual participou. Mais tarde retornou a algumas posições mais próximas do liberalismo político, mas persistiu na rejeição à democracia. Quanto à cultura portuguesa, as suas crenças nas virtudes do capitalismo e da civilização industrial levaram-no a afastar-se do tradicional neorruralismo dominante. Foi um apologista de um anti-humanismo e neopaganismo com origens na cultura alemã, um raro exemplo na Península Ibérica. A sua rejeição ao cristianismo teve aqui um importante papel.

A proximidade cultural de Pessoa com o Futurismo influenciou profundamente a sua atitude perante a política.[47] O Futurismo permitiu-lhe distanciar-se do tradicionalismo em nome da síntese entre nacionalismo e cosmopolitismo modernista, apesar de ainda reter algum individualismo liberal. Tal como G. L. Mosse escreveu:

OS INTELECTUAIS DO ANTILIBERALISMO

O novo homem do Futurismo não foi, correctamente falando, um indivíduo autónomo — apesar de lhe ter sido dada a liberdade de escolha — foi sim uma elite de "super-homens", que partilhava voluntariamente um atitude semelhante perante a vida, uma disciplina e que reivindicava uma liderança nacional. Individualismo significava possuir a força de vontade para se elevar a massa de homens de forma a aceitar o Futurismo e as suas consequências. Tal ideal fornecia aos jovens, com sucesso, o desejo de fazerem parte de uma comunidade, mantendo, ainda assim, a sua identidade individual.[48]

No seu *Ultimatum* (1917), um manifesto Futurista, Pessoa anunciou a chegada do "super-homem", a "total abolição do conceito de democracia" e da Revolução Francesa e a sua substituição pela "ditadura completa, pelo Homem verdadeiro e assim, pela Maioria". O poeta ainda proclamou: "Só posso ver o caminho; não sei onde é que ele leva."[49] É nessa sua síntese modernista que podemos, talvez, melhor identificar a contribuição de Pessoa para a cultura política antidemocrática portuguesa do século XX.

NOTAS

1. Bernardo Soares, *O livro do desassossego*. São Paulo, Editora da Unicamp, 1994, p. 21-22.
2. Sobre bibliografia acerca de Fernando Pessoa, ver J. Blanco, *Fernando Pessoa: esboço de uma bibliografia*. Lisboa: Imprensa Nacional, Casa da Moeda e Centro de Estudos Pessoanos, 1983.
3. Cf. J. Serrão, *Fernando Pessoa: cidadão do imaginário*. Lisboa Livros Horizonte, 1981. Para uma recente revisão, ver Isabel Tamen (Org,), *Encontro internacional do centenário de Fernando Pessoa*, Lisboa: Fundação Calouste Gulbenkian, 1990, p. 103-191.
4. Cf. Alfredo Margarido, "Sobre as posições políticas de Fernando Pessoa", *Colóquio-Letras*, Lisboa. Calouste Gulbenkian, n° 23, p. 66-68, jan. 1975. Sobre o nacional-sindicalismo e sobre a literatura portuguesa, cf. A. Costa Pinto,

"The Literary Aspirations of Portuguese Fascism". *In*: S. U. Larsen, Beatrice Sandberg (Eds.), *Fascism and European Literature*. Bern-Nova York, Peter Lang, 1991, p. 283-253.

5. Ver Fernando Pessoa, "As associações secretas — análise serena e minuciosa a um projeto de lei apresentado ao Parlamento", *Diário de Lisboa*, 4 de feverei-ro de 1935.

6. João Gaspar Simões, *Vida e obra de Fernando Pessoa: história de uma geração*. Lisboa, Editora D. Quixote, 1987, 5ª ed., p. 608.

7. Cito três versões dos escritos políticos de Pessoa: *Da República* (1910-1935). Lisboa: Ática, 1979 (citado como DR); *Sobre Portugal: introdução ao proble-ma nacional*. Lisboa, Ática, 1979 (citado como SP); e *Ultimatum e páginas de sociologia política*. Lisboa, Ática, 1980. A quarta é a edição de António Qua-dros, *Páginas de pensamento político*, v. 1, *1910-1919*, e v. 2, *1925-1935*. Mem Martins: Europa-América, 1986 (citados como PP1 e PP2). Ver Robert Bréchon, *Estranho estrangeiro: uma biografia de Fernando Pessoa*. Lisboa, Quetzal, 1996.

8. Para o conceito de *catch-all extremist*, cf. Jonathan Mendilow, "The Political Philosophy of Tomas Carlyle (1795-1881): Towards a Theory of Catch-All Extremist". *In*: J. A. Hall (Ed.), *Rediscoveries: Some Neglected Modern Euro-pean Political Thinkers*, Oxford: Clarendon Press, 1986, p. 7-26. Para o caso português, *vide* Manuel Villaverde Cabral, "A estética do nacionalismo: mo-dernismo literário e autoritarismo político em Portugal no início do século XX", em Nuno Teixeira e António Costa Pinto (Coord.), *A Primeira República portuguesa. Entre liberalismo e autoritarismo*. Lisboa, Colibri, 2000.

9. Para uma interessante interpretação marxista do pensamento político de Pes-soa, embora datada, ver Alfredo Margarido, "La pensée politique de Fernando Pessoa", *Bulletin dês Etudes Portugaises*, Lisboa, Institut Français on Portugal, nº 32, p. 141-184, 1971. Pelo que sei, esse autor foi o primeiro a tentar uma aproximação historiográfica com o trabalho de Pessoa.

10. Cf. J. de Prado Coelho, "O nacionalismo utópico de Fernando Pessoa", *Coló-quio*, Lisboa, nº 31, p. 53-57, 1964.

11. *PP1*, p. 61.

12. *DR*, p. 309.

13. *SP*, p. 121.

14. *Ibidem*.

15. *PP2*, p. 107-197.

16. *PP1*, p. 124.

17. *Ibidem*, p. 171.

18. Uma opinião defendida especialmente pelos integralistas, uma espécie de versão portuguesa da Acção Francesa de Charles Maurras. Sobre a influência de Maurras na Península Ibérica, ver Eugen Weber, *L'Action Française*, Paris, Stock, 1964.

19. Nietzsche é obviamente a principal referência de Pessoa, mas não vamos desenvolver esse assunto aqui. Cf. M. Castro Henriques, *As coerências de Fernando Pessoa*, Lisboa, Verbo, 1989.

20. *SP1*, p. 85.

21. *Ibidem*, p. 98.

22. *Ibidem*, p. 127.

23. *Ibidem*, p. 133.

24. *Ibidem*, p. 135.

25. *Ibidem*, p. 136.

26. *Ibidem*, p. 141-142.

27. Fernando Pessoa, "Como organizar Portugal", *Páginas de pensamento político*, v. 1, *1910-1919*, Mem Martins, Europa-América, 1986, p. 211.

28. *PP1*, p. 140.

29. Cf. Z. Sternhell, *La droite revolutionnaire 1885/1914: Les origines françaises du fascisme*, Paris, Éditions du Seuil, 1978.

30. Fernando Pessoa, "A opinião pública", *Páginas de pensamento político*, v. 1, *1910-1919*, Mem Martins, Europa-América, 1986, p. 226.

31. *Ibidem*, p. 221-222.

32. *PP1*, p. 171.

33. *Ibidem*, p. 227.

34. *DR*, p. 382.

35. Sobre problemas semelhantes na cultura política italiana, ver E. Gentile, *Il mito dello Stato Nuovo dall'antigiolittismo al fascismo*. Bari, Laterza, 1982.

36. *PP1*, p. 170.

37. Fernando Pessoa, "O preconceito da ordem", *Páginas de pensamento político*, v. 1, *1910-1919*, Mem Martins, Europa-América, 1986, p. 67.

38. *PP1*, p. 154.

39. Fernando Pessoa, "A memória do Presidente-Rei Sidónio Paes", *Acção*, II, n° 4, 27 de fevereiro de 1920.

40. *DR*, p. 239.

MODERNIDADE CONTRA A DEMOCRACIA?

41. *SP*, p. 129. Por sebastianismo entende-se o regresso místico do rei Dom Sebastião, o jovem rei português do século XVI, que desapareceu na Batalha de Alcácer-Quibir, em Marrocos, na qual o Exército português foi derrotado. No seguimento do desaparecimento do rei e da sua provável morte, Portugal perdeu a independência perante a Espanha.

42. *Ibidem*, p. 226-227.

43. *SP*, p. 124-125.

44. Fernando Pessoa, *O interregno: defeza e justificação da dictadura militar*. Lisboa: Núcleo de Acção Nacional, 1928.

45. Sobre a natureza do Estado Novo português, ver A. Costa Pinto, *O salazarismo e o fascismo europeu: problemas de interpretação nas ciências sociais*, Lisboa, Editorial Estampa, 1996.

46. Muitos fascistas e ex-fascistas escreveram livros e artigos sobre Pessoa. Ver, por exemplo, Augusto da Costa, *Portugal vasto império: um inquérito nacional*, Lisboa, Imprensa Nacional, 1934; A. Ferreira Gomes, *No claro-escuro das profecias*, Lisboa, Portugália, s.d.; Eduardo Freitas da Costa, "Prefácio", *Fernando Pessoa*, Lisboa, Panorama, 1960; E. Frias, *O nacionalismo místico de Fernando Pessoa*, Braga, Editora Pax, 1971; e N. Rogeiro, "A política em Pessoa", *Futuro Presente*, nº 1, 1980. Cf. A. Costa Pinto, "The Radical Right in Contemporary Portugal". *In*: L. Cheles *et al.*, *Neo-Fascism in Europe*, Londres: Logman, 1991, p. 167-190; e *Idem*, *Os camisas azuis: ideologias, elites e movimentos fascistas em Portugal, 1914-1945*, Lisboa, Estampa, 1994.

47 Sobre o Futurismo e o Modernismo português, ver P. Rivas, "Idéologies réactionnaires et séductions dans le futurisme portugais". *In* G. Lista (Ed.), *Marinette et le Futurisme*, Lausanne, 1977, p. 181-190; e M. Villaverde Cabral, "The Aesthethics of Nationalism: Modernism and Authoritarianism in Early Twentieh-Century Portugal", *Luso-Brazilian Review*, nº 25, p. 15-43, 1989.

48 G. L. Mosse, "The Political Culture of Italian Futurism: A General Perspective", *Journal of Contemporary History*, XXV, p. 256, 1990.

49. Fernando Pessoa, *Portugal Futurista*, nº 1, 1917.

OS INTELECTUAIS DO ANTILIBERALISMO

BIBLIOGRAFIA

Obras de Fernando Pessoa

PESSOA, Fernando. *Da República* (1910-1935), Lisboa: Ática, 1979.

_____. *Sobre Portugal: introdução ao problema nacional*, Lisboa: Ática, 1979.

_____. *Ultimatum e páginas de sociologia política*, Lisboa: Ática, 1980.

_____. *Páginas de pensamento político*, v. 1, 1910-1919. Mem Martins: Europa-América, 1986.

_____. *Páginas de pensamento político*, v. 2, 1925-1935. Mem Martins: Europa-América, 1986.

_____. As associações secretas — "Análise serena e minuciosa a um projecto de lei apresentado ao Parlamento." *Diário de Lisboa*, 4 de fevereiro de 1935.

_____. "Como organizar Portugal." *Páginas de pensamento político*, v. 1, 1910-1919, Mem Martins: Europa-América, 1986.

_____. "A opinião pública." *Páginas de pensamento político*, v. 1, 1910-1919, Mem Martins: Europa-América, 1986.

_____. "O preconceito da ordem." *Páginas de pensamento político*, v. 1, 1910-1919, Mem Martins: Europa-América, 1986.

_____. "A memória do Presidente-Rei Sidónio Paes." *Acção*, II, n° 4, 27 de fevereiro de 1920.

_____. *O interregno: Defeza e justificação da dictadura militar*. Lisboa: Núcleo de Acção Nacional, 1928.

_____. *Portugal Futurista*, n° 1, 1917

Bibliografia Citada

BLANCO, J. *Fernando Pessoa: esboço de uma bibliografia*, Lisboa: Imprensa Nacional Casa da Moeda e Centro de Estudos Pessoanos, 1983.

BRÉCHON, Robert. *Estranho estrangeiro: uma biografia de Fernando Pessoa*. Lisboa. Quetzal: 1996.

CABRAL, Manuel Villaverde. "A estética do nacionalismo: modernismo leterário e autoritarismo político em Portugal no início do século XX." *In*: TEIXEIRA, Nuno; PINTO, António Costa (Coords.). *A Primeira República portuguesa. Entre Liberalismo e Autoritarismo*. Lisboa: Colibri, 2000

MODERNIDADE CONTRA A DEMOCRACIA?

_____. "The Aesthethics of Nationalism: Modernism and Authoritarianism in Early Twentieh-Century Portugal". *Luso-Brazilian Review*, n° 25, p. 15-43, 1989.

COELHO, J. de Prado. "O nacionalismo utópico de Fernando Pessoa". *Colóquio*, n° 31, p. 53-57, 1964.

COSTA, Augusto da. *Portugal vasto império: um inquérito nacional*. Lisboa: Imprensa Nacional, 1934.

COSTA, Eduardo Freitas. Prefácio. *Fernando Pessoa*. Lisboa: Panorama, 1960.

COSTA PINTO, A. "The Literary Aspirations of Portuguese Fascism." *In:* LARSEN, S. U.; SANDBERG, Beatrice (Eds.). *Fascism and European Literature*. Bern-Nova York: Peter Lang, 1991, p. 283-253.

_____. *O salazarismo e o fascismo europeu: problemas de interpretação nas ciências sociais*. Lisboa: Editorial Estampa, 1996.

_____. "The Radical Right in Contemporary Portugal." *In:* CHELES, L. *et al. Neo-Fascism in Europe*, Londres: Logman, 1991, p. 167-190.

_____. *Os Camisas Azuis: ideologias, elites e movimentos fascistas em Portugal, 1914-1945*. Lisboa: Estampa, 1994.

FRIAS, E. *O nacionalismo místico de Fernando Pessoa*. Braga: Editora Pax, 1971.

GENTILE, E. *Il mito dello Stato Nuovo dall'antigiolittismo al fascismo*. Bari: Laterza, 1982.

GOMES, A. Ferreira. *No claro-escuro das profecias*. Lisboa: Portugália, s.d.

HENRIQUES, M. Castro. *As coerências de Fernando Pessoa*. Lisboa: Verbo, 1989.

MARGARIDO, Alfredo. "Sobre as posições políticas de Fernando Pessoa." *Colóquio-Letras*. Lisboa: Calouste Gulbenkian, n° 23, p. 66-68, 1975.

——. "La pensée politique de Fernando Pessoa." *Bulletin dês Etudes Portugaises*. Lisboa: Institut François au Portugal, n° 32, p. 141-184, 1971.

MENDILOW, Jonathan. "The Political Philosophy of Tomas Carlyle (1795-1881): Towards a Theory of Catch-All Extremist." *In:* J. A. HALL (Ed.). *Rediscoveries: Some Neglected Modern European Political Thinkers*. Oxford: Clarendon Press, 1986, p. 7-26.

MOSSE, G.L. "The Political Culture of Italian Futurism: A General Perspective." *Journal of Contemporary History*. XXV, p. 256, 1990.

RIVAS, P. "Idéologies réactionnaires et séductions dans le futurisme portugais." *In:* LISTA, G. (Ed.). *Marinette et le Futurisme. Lausanne*, 1977, p. 181-190.

ROGERIO, N. "A Política em Pessoa." *Futuro Presente*, n° 1, 1980.

SIMÕES, João Gaspar Simões. *Vida e obra de Fernando Pessoa: história de uma geração*. 5ª ed. Lisboa: Editora D. Quixote, 1987.

OS INTELECTUAIS DO ANTILIBERALISMO

SOARES, Bernardo. *O livro do desassossego*. v. 2, Campinas: Editora da Unicamp, 1994.

SERRÃO, J. *Fernando Pessoa: cidadão do imaginário*. Lisboa: Livros Horizonte, 1981.

STERNHELL, Z. *La droite revolutionnaire 1885/1914: les origines françaises du Fascisme*. Paris: Éditions du Seuil, 1978.

TAMEN, Isabel (Org.). *Encontro internacional do centenário de Fernando Pessoa*. Lisboa: Fundação Calouste Gulbenkian, 1990, p. 103-191.

WEBER, Eugen. *L'Action Française*. Paris: Stock, 1964.

CAPÍTULO 3   ## Perguntas radicais e problemas últimos: a polêmica de Carl Schmitt contra o liberalismo*

*Bernardo Ferreira***

---

* Esse texto recupera algumas reflexões anteriormente desenvolvidas no meu livro *O risco do político. Crítica ao liberalismo e teoria política no pensamento de Carl Schmitt.* Belo Horizonte: Editora UFMG; Rio de Janeiro: Iuperj, 2004.

** Professor adjunto do Departamento de Ciências Sociais da Universidade do Estado do Rio de Janeiro (UERJ).

A crítica ao liberalismo ocupa um lugar central na longa trajetória intelectual do jurista e teórico político alemão Carl Schmitt. Com uma produção volumosa e diversificada, estendendo-se por grande parte do século XX, Schmitt se conservou, a despeito das reviravoltas da sua biografia política e das mudanças de rumo no seu pensamento, um opositor intransigente da tradição liberal. A polêmica contra as ideias e instituições liberais se manteve como uma constante na sua obra, mas foi, provavelmente, nos textos dos anos 1920 e do início da década de 1930 que essa atitude desempenhou um papel decisivo na elaboração do seu pensamento. Isso porque, nesse momento, mais do que em qualquer outra etapa do seu percurso, o liberalismo não é apenas um adversário contra o qual a sua reflexão jurídica e política se confronta; ele é, sob diversos aspectos, a referência a partir da qual Schmitt constrói, por uma espécie de negação simétrica, as suas próprias ideias. Nesse sentido, a sua crítica ao pensamento liberal está indissoluvelmente ligada à formulação da sua teoria política. Mais explicitamente: o pensamento de Schmitt tende a se estruturar de uma forma tal que seria difícil delimitar claramente onde a polêmica se separa da elaboração teórica, onde o lado crítico da análise se distingue do aspecto construtivo.

A pergunta sobre o que é a crítica da ordem liberal na obra de Carl Schmitt dos anos 1920 não pode deixar de levar em conta esse espelhamento, em virtude do qual a sua análise do liberalismo e a sua própria teoria se refletem reciprocamente e, ao mesmo tempo, oferecem uma imagem invertida uma do outra. Assim, o liberalismo com que Carl

Schmitt se confronta é, antes de tudo, uma construção intelectual, uma elaboração do seu próprio pensamento. Essa observação seria a repetição de um truísmo, não fosse o significado específico que ela assume quando consideramos o papel que a polêmica desempenha na elaboração das suas ideias. Como o próprio Schmitt observa,

> todos os conceitos políticos se originam de uma contraposição concreta, de política externa ou interna, e são, sem essas contraposições, apenas abstrações equívocas, sem sentido. Não é aceitável, portanto, abstrair da situação concreta, isto é, do antagonismo concreto. A consideração teórica das coisas políticas tampouco pode desconsiderar esse ponto. Todo conceito político é um conceito polêmico. Ele tem em vista um inimigo político e está determinado no seu nível espiritual, sua força intelectual e seu significado histórico por seu inimigo. Palavras como soberania, liberdade, estado de direito e democracia adquirem o seu sentido preciso através de uma antítese concreta. Em uma discussão científica, ao menos isso deveria ser levado em conta (*Hugo Preuss. Sein Staatsbegriff und seine Stellung in der deutschen Staatslehre — HP*, 5).

Para aqueles que possuem algum contato, mesmo superficial, com o pensamento político de Carl Schmitt não será difícil reconhecer a imagem da vida política a que o trecho acima remete. Naquele que talvez seja o seu texto mais conhecido, o livro *Der Begriff des Politischen* (*O conceito do político — BP*),[1] ele se pergunta sobre quais são as categorias, os critérios que permitiriam identificar as relações que os homens mantêm entre si quando elas assumem uma feição política, ou, para utilizar os seus termos, ele procura identificar o critério de distinção do político (*das Politische*). A sua resposta é tão famosa quanto controversa: a vida política é indissociável da hostilidade *pública* entre os grupos humanos e o critério do político é composto pelo par amigo-inimigo. A existência política está, segundo ele, marcada pela possibilidade-limite da guerra. A guerra seria, para empregar um termo caro a Schmitt, o "caso crítico" (*Ernstfall*), em função do qual o antagonismo entre os grupos humanos atingiria o ponto da distinção entre amigos e inimigos. A política longe de se confundir com a guerra, encontraria nela uma possibilidade última e real que condicionaria o comportamento político dos homens. Assim, o antagonismo humano atingiria o "ponto do político" (*BP*, 39, 62 e 76) no momento em que a possibilidade concreta da luta — e, com ela, "possibilidade real de provocar a morte física" (*BP*, 33) — toma conta do horizonte de referência, levando à dissociação entre amigos e inimigos. Para Schmitt, essa hostilidade se incorpora aos próprios conceitos políticos e esses adquirem a sua razão de ser por estarem referidos a um contexto polêmico e por terem em sua mira um adversário.

O trecho citado não deixa de ser um testemunho da maneira como Schmitt constrói a sua própria obra jurídico-política e pode ser visto como uma espécie de declaração de princípios. A leitura dos textos que ele produziu nos anos 1920 e no início da década de 1930 não pode deixar de reconhecer o teor polêmico da sua reflexão. Ela está frequentemente dirigida contra alvos específicos — sejam eles ideias, autores ou instituições — e se elabora por meio de um reiterado gesto de recusa do ponto de vista representado pelo opositor do momento. Basta considerar, a título de ilustração, que a definição de soberania proposta no livro *Politische Theologie* (*Teologia política — PT*), de 1922, é formulada contra a tradição do positivismo jurídico, contra o pensamento de Hans Kelsen, contra a doutrina do estado de direito, contra o parlamentarismo, contra a racionalidade técnica e instrumental, contra o secularismo moderno. A lista de oposições poderia ser ampliada, porém me interessa sublinhar como a ênfase no caráter conflitivo da vida política está associada em Schmitt à incorporação de uma atitude polêmica ao seu próprio pensamento. Dessa forma, quando ele afirma que "uma consideração teórica das coisas políticas" precisaria levar em conta o ingrediente de hostilidade dos conceitos, parece que estamos diante não apenas de uma exigência metódica que se impõe ao analista, mas de uma condição a que o seu esforço de conhecimento tampouco escapa: esse será sempre conhecimento político e, portanto, determinado pelo seu inimigo.

OS INTELECTUAIS DO ANTILIBERALISMO

Nesse sentido, a constante polêmica de Carl Schmitt contra o liberalismo é exemplar. A tradição liberal desempenha na sua reflexão teórica da década de 1920 e do início dos anos 1930 um duplo papel: ela é pensada e constituída como *objeto de crítica* e como uma espécie de *contraimagem*, em relação à qual Schmitt elabora as suas próprias ideias.[2] Dessa forma, a crítica ao liberalismo assume uma importância teórica, e não apenas política, na formulação do seu pensamento. Encarado sob essa perspectiva, o liberalismo é o seu inimigo por excelência. Por mais que a oposição a outros adversários, como é o caso particular do comunismo, tenha sido igualmente decisiva para a determinação das suas próprias posições e escolhas políticas, foi sobretudo em contraposição ao liberalismo que o seu pensamento se definiu *teoricamente*. Como observei há pouco, a crítica do pensamento liberal e a teoria jurídico-política de Schmitt se refletem mutuamente e produzem imagens invertidas uma da outra. Assim, a sua concepção do político está marcada pelo retrato que ele constrói da atitude liberal diante da política e, ao mesmo tempo, condiciona o seu tratamento do liberalismo. O caráter circular da estrutura desse raciocínio é, em última análise, o resultado da transformação da polêmica em princípio de conhecimento. Por essa razão, parece-me inútil querer determinar a quem pertence a prioridade no plano cognitivo, se é a concepção de Schmitt a respeito da natureza da vida política que determina a sua imagem do liberalismo ou o contrário. Ambas as representações existem no pensamento de Schmitt como antípodas, que se constituem em um processo de determinação recíproca. Vejamos essa questão mais de perto, tomando como ponto de partida a sua abordagem do ideário liberal no livro *Der Begriff des Politischen* (*O conceito do político*).

Em *O conceito do político*, o liberalismo se apresenta como uma "negação do político" (*BP*, 69). Segundo Carl Schmitt, essa característica do pensamento liberal resulta de uma tentativa de neutralizar os aspectos políticos da vida em comum. O liberalismo, nos diz ele, dilui os antagonismos políticos em contraposições despojadas de toda carga polêmica, ele "dissolve o inimigo, do ponto de vista do negócio, em um concorrente; do ponto de vista do espírito, em um oponente na discus-

PERGUNTAS RADICAIS E PROBLEMAS ÚLTIMOS

são" (*BP*, 28). As despolitizações liberais são solidárias, portanto, de uma representação da existência social como um lugar de convivência pacífica entre os homens. Elas tenderiam a banir do horizonte da vida coletiva a perspectiva da inimizade política, recusando a radicalidade dos conflitos políticos em nome de uma convivência que seria capaz de se manter dentro dos limites do razoável; ou melhor, que seria passível de ser resolvida dentro de um quadro de normalidade, isto é, de um quadro em que as referências normativas conservariam a sua força regulatória. Nesse contexto, as divergências, em virtude da atenuação da sua própria intensidade, poderiam se preservar dentro de bases comumente reconhecidas, dispensando, no fim das contas, o governo como instância de coação. Assim, observa Schmitt,

> o pensamento liberal, de uma maneira sumamente sistemática, contorna ou ignora o Estado e a política e move-se, em lugar disso, em uma típica polaridade, em permanente retorno, entre duas esferas heterogêneas, ou seja, entre ética e economia, espírito e negócio, cultura [*Bildung*] e propriedade. A desconfiança crítica em face do Estado e a política se esclarece facilmente a partir dos princípios de um sistema para o qual o indivíduo deve permanecer *terminus a quo* e *terminus ad quem* (*BP*, 69-70).[3]

O liberalismo partiria do pressuposto de que o indivíduo é "portador de um valor absoluto" (*VL*, 159) e, como tal, dotado de uma identidade que se define independentemente das relações concretas em que se encontra socialmente inserido. Para o pensamento liberal, as formas da existência coletiva retiram a sua razão de ser e a sua legitimidade do fato de que criam condições para que a capacidade de autodeterminação do sujeito individual possa se afirmar diante das determinações objetivas da sua situação histórica e social. Em outros termos, para que o indivíduo venha a ser efetivamente autônomo, ele precisa se emancipar dos condicionamentos sociais que concretamente restringem a sua liberdade. Esta última seria, por princípio, ilimitada, constituindo um valor que deve ter precedência sobre qualquer tipo de ordenação da vida coletiva. Em nome da ampliação irrestrita da independência privada, observa Schmitt, o liberalismo desembocaria em uma relativização das formas de sujeição associadas à ideia de ordem pública. Dessa forma,

> há uma política liberal como contraposição polêmica às restrições estatais, eclesiásticas ou de qualquer outro gênero da liberdade individual; como política comercial, eclesiástica, educacional e política cultural, mas não uma política liberal pura e simples, somente uma crítica liberal da política. A teoria sistemática do liberalismo diz respeito quase que exclusivamente à luta interna contra o poder do Estado e proporciona uma série de métodos que visam a controlar e obstruir esse poder estatal para a proteção da liberdade individual e da propriedade privada (*BP*, 69).

A despolitização liberal seria inseparável da imagem de que as liberdades individuais podem ser ampliadas ao máximo e, ainda assim, conviver sem maiores atritos. Nesse contexto, as relações de força e de dominação entre os homens poderiam ser, quando não suprimidas, reduzidas a um mínimo. A desconfiança em relação ao poder do Estado e a exigência do seu controle e limitação são, de certo modo, o ponto de partida e de chegada da ordem liberal. Por um lado, a restrição do exercício do poder estatal é a condição para que a liberdade possa se expandir de forma irrestrita, ou seja, é preciso eliminar — ou, pelo menos, moderar o tanto quanto possível — a heteronomia dos vínculos de sujeição para que a autonomia individual se torne uma realidade. Por outro lado, a crença de que convivência entre as liberdades pode se dar de forma harmoniosa e pacífica torna desnecessário — ou, pelo menos, amplamente dispensável — o recurso ao governo e à coação de homens sobre outros homens. Por isso, Schmitt acredita que o liberalismo deve ser visto à luz do "fundamento espiritual último" (*Die geistesgeschichtliche Lage des hertigen Parlamentarismus* — *GLhP*, 41), que constituiria o pressuposto da sua imagem despolitizada da vida social. Essa imagem ganharia sentido quando associada a duas ideias centrais, a dois princípios gerais: a "livre concorrência e a harmonia preestabelecida" (*GLhP,*

45). Mais do que categorias do liberalismo econômico, essas duas noções estariam na base da própria imagem da sociedade construída pelo pensamento liberal. Concebida como um agregado de indivíduos autônomos e independentes, a sociedade se apresentaria como o lugar em que a liberdade individual poderia se converter em convivência social auto-regulada, de tal modo que o conflito e, com ele, a necessidade de uma ordenação coativa se tornariam realidades secundárias ou, quem sabe, elimináveis.

Dessa forma, as despolitizações liberais seriam solidárias de uma representação dualista da realidade política, baseada na diferenciação entre o social e político, entre sociedade e Estado. Uma representação que identifica na primeira o lugar de realização da liberdade e vê no segundo a instância de exercício de um poder potencialmente arbitrário e abusivo. Nesse quadro, no qual, em tese, "'sociedade' tem a sua ordem em si mesma e o Estado é apenas o seu subordinado, mantido dentro de limites precisos e controlado com desconfiança" (*BP*, 60-61), as relações entre os homens se veriam reduzidas a uma dimensão horizontal e os vínculos de sujeição tenderiam a se dissolver no interior de uma ordem em que as coisas se governariam por si mesmas. A vida social seria constituída por uma série de setores autônomos — a economia, a religião, a cultura, a arte etc. —, cada qual regido por uma lógica própria e todos igualmente neutros do ponto de vista político.

Para Schmitt, o fato de que esses diferentes âmbitos sejam concebidos como fundamentalmente separados entre si é uma consequência do princípio da liberdade individual e, ao mesmo tempo, a sua condição. Com efeito, a consagração da liberdade individual como princípio exige a emancipação do indivíduo em relação a todo conteúdo que se pretenda objetivamente vinculante. Para o liberalismo, nos diz Schmitt, é inconcebível uma liberdade "em que um outro que não o próprio sujeito livre [*der Freie selbst*] decida sobre o seu conteúdo e a sua medida [*Maß*]" (*BP*, 70). A afirmação da autonomia individual implicaria um "abalo do antigo pensamento ontológico" (*Politische Romantik — PR*, 62), no qual a identidade do indivíduo estaria determinada pelo seu lugar no interior de uma ordem do mundo cujo sentido seria independente da sua vontade subjetiva.[4] Dessa forma, a expansão da liberdade individual seria solidária do processo pelo qual a ciência, a arte, a moral, a economia ganhariam independência em face da religião e de concepções teleológicas da realidade. Ao mesmo tempo, no interior de cada uma dessas esferas, a liberdade do indivíduo pode se concretizar sob a forma da liberdade de conhecimento, de criação artística, de juízo moral, da economia, e assim por diante. Caso um desses campos viesse a ser hierarquicamente superior em relação a outros, isso significaria um constrangimento da autonomia individual de decisão e escolha. No pensamento liberal, a contrapartida dessa fragmentação da experiência e dessa ausência de medida objetiva estaria na transformação do indivíduo em um novo tipo de medida, em função da qual a experiência recuperaria a sua unidade e adquiriria coerência.

A essa imagem de um conjunto de esferas sociais de liberdade mutuamente independentes corresponderia a ideia de um Estado que deve ser "politicamente neutro nos assuntos internos [*innerpolitisch neutralen Staates*]" (*HP*, 19), ou seja, que não intervenha nos âmbitos apolíticos da sociedade. A neutralidade do Estado é, portanto, o outro lado da moeda de uma concepção do social como um domínio não político. Assim, observa Schmitt,

> a tendência do liberalismo do século XIX vai no sentido de restringir o Estado a um mínimo, no sentido, sobretudo, de impedir o quanto puder a sua intervenção e interferência na economia, de neutralizá-lo no que for possível em face da sociedade e das suas oposições de interesses, de modo que sociedade e economia, segundo os princípios imanentes à sua esfera, alcancem as decisões necessárias (...) Os direitos fundamentais e os direitos de liberdade burgueses (...) pressupõem esse Estado neutro, não intervencionista, que interfere no máximo para o restabelecimento das condições da livre concorrência que haviam sido perturbadas (*Der Hüter der Verfassung — HV*, 78).

PERGUNTAS RADICAIS E PROBLEMAS ÚLTIMOS

Como vimos, ao pensar a esfera de liberdade individual como ilimitada e anterior a todo e qualquer tipo de ordem pública, o liberalismo tenderia a conceber o conjunto da vida social a partir de uma ética individualista. Para Schmitt, essa ética individualista tem duas faces que são aparentemente contraditórias, porém indissociáveis uma da outra e igualmente despolitizantes. Por um lado, ela encontra uma das suas expressões mais acabadas em uma moral humanitária de caráter universalista. Para esse tipo de concepção, o significado ético do indivíduo não reside na sua existência empírica, mas no seu valor como Homem (cf. *Staatsethik und pluralistischer Staat — SpS*, 157), como membro de uma mesma e única Humanidade. Como tal, ele é portador de uma série de direitos de liberdade, que definem a sua condição *in abstracto* e tenderiam a dissolver a existência social num conjunto de mônadas autossuficientes. Ao assumir a prioridade da liberdade individual e ao pretender assegurar a sua expansão irrestrita, a ordem liberal vem a ser concebida independentemente das condições efetivas que estruturam a vida em sociedade. As premissas da liberdade individual e da igualdade universal conduziriam a uma ordem definida em termos abstratos, ou seja, em termos que pretenderiam ser válidos para todos os homens, independentemente das condições em que se verifica a sua existência concreta. A crença, característica das instituições do Estado de direito, na substituição do governo dos homens pelo "império da lei" é ilustrativa desse ponto. Para o liberalismo, observa Schmitt, a lei só se torna uma garantia da liberdade do indivíduo a partir do momento em que ele está ao abrigo dos caprichos do legislador e que a sua independência não é atingida pela imprevisibilidade das determinações legais. Para que isso se torne possível, a lei precisa cumprir determinados requisitos: deveria assumir um caráter abstrato, impessoal; deveria ser válida igualmente para todos e, portanto, indiferente à especificidade das situações concretas; deveria ser predeterminada e concebida como algo duradouro; deveria, enfim, se apresentar como uma *norma geral*. A generalidade da lei seria a condição para que o próprio legislador estivesse submetido a ela. Somente assim, ele agiria segundo regras universalmente válidas, aplicáveis a si mesmo, sem que medidas derivadas de circunstâncias particulares pudessem reivindicar a condição de norma legal.

A outra face dessa moral universalista estaria na afirmação particularista da capacidade de autodeterminação do indivíduo. Nesse caso, a defesa da liberdade abstrata do indivíduo se transforma na reivindicação de que cada sujeito individual possa fazer livremente as suas próprias escolhas e decidir o que considera melhor para si mesmo. Assim, à medida que o indivíduo se torna o valor supremo, todos os problemas de valor tendem a se tornar problemas de ordem individual. Em termos ideais, no mundo liberal, "todas as questões e conflitos são decididos a partir dos indivíduos" (*BP*, 45). Tal fato traria consigo uma privatização da experiência que, em ultima análise, faz de cada sujeito individual o seu "próprio poeta, próprio filósofo, próprio rei, próprio mestre construtor de igrejas na catedral da sua personalidade" (*PR*, 21). Essa elevação do indivíduo a princípio de ordem corresponderia, no mundo liberal, a uma concepção neutra, relativista, agnóstica das instituições públicas. Assim, a afirmação da liberdade individual termina por despojar a organização da vida social de parâmetros substantivos. Do ponto de vista da ideia de autodeterminação do indivíduo, não existiria princípio, norma ou valor capaz de justificar a restrição da sua liberdade interior de escolha e pensamento. A ordem pública não pode se estruturar a partir de uma noção substantiva de bem comum, uma noção que estabeleça uma hierarquia de valores e afirme a obrigatoriedade de determinadas escolhas. Semelhante ideia de bem comum constituiria uma limitação do direito do indivíduo de determinar a sua própria vida. Em face da liberdade de escolha individual, todos os valores têm que ser, em última análise, equivalentes. O resultado estaria na transformação da liberdade privada em princípio da ordem pública, de tal forma que a única justificativa razoável para limitação pública da liberdade do indivíduo é a preservação da sua autonomia subjetiva.[5]

Para Schmitt, neutralidade e individualismo, formalização e privatização estão intimamente associados. O processo de esvaziamento de conteúdo da ordem liberal seria uma consequência necessária da transformação do indivíduo em "portador de um valor absoluto". Para dar margem à autonomia dos indivíduos, a ordem pública no mundo liberal tem que, por definição, assumir um caráter neutro. Ela deve tão somen-

PERGUNTAS RADICAIS E PROBLEMAS ÚLTIMOS

te canalizar e regular o intercâmbio social, definindo os procedimentos, as regras do jogo que assegurem livre exercício da liberdade individual, ou seja, os limites dentro dos quais o ideal da autodeterminação do indivíduo não se torne uma negação de si mesmo. Do ponto de vista da organização jurídico-política dos Estados liberais, isso significa que a constituição "tem que se limitar fundamentalmente a regulamentações organizacionais e de procedimento [*verfahrenrechtliche*]" (*Legalität und Legitimität* — LL, 27). Essa seria a garantia de que os dispositivos da ordem jurídico-política poderiam "estar abertos e acessíveis a diferentes opiniões, direções, movimentos e objetivos" (*LL*, 27). Dos pressupostos individualistas do liberalismo resulta uma ordenação da vida pública que pretende torná-la aberta e, de certo modo, ilimitadamente inclusiva. Sendo assim, a ordem liberal se revelaria incapaz de defender a si mesma, pois não poderia, sem contradizer o seu próprio ponto de partida, oferecer uma definição substancial de si própria.[6] Para Schmitt, a relativização liberal das posições substantivas

> tem que levar, como consequência última, a uma neutralidade geral perante todas as concepções e problemas pensáveis e a uma equiparação absoluta, na qual, por exemplo, aquele que pensa religiosamente não pode mais ser protegido do ateu, aquele inspirado por sentimentos nacionais, do inimigo e do que despreza a nação.[7]

Dessa forma, a neutralização liberal mostraria a sua outra face: a incapacidade de fazer distinções. O Estado no mundo liberal se transforma, nas palavras de Schmitt, em "um Estado insciente, que não estabelece diferenciações [*nichts wissenden, nichts unterscheidenden*], agnóstico" (*HP*, 20). A contrapartida da natureza inclusiva e aberta da ordem liberal estaria na sua incapacidade de diferenciar amigo de inimigo. Para Schmitt, só é possível concretizar "o ideal burguês de um entendimento pacífico" (*GLhP*, 81) quando se atenua a intensidade das diferenças e dos contrastes que dividem e separam os homens na sua convivência em sociedade. Porém, a seus olhos, para que isso seja viável, é preciso que a vida política no seu conjunto seja regida por um certo ideal de contenção. Não só a atuação do Estado deve ser mantida dentro de limites precisos como as divergências em torno de problemas últimos não podem jamais se radicalizar. A esta altura suponho que já deve estar claro que, para Schmitt, essa exigência tem implicações tanto políticas quanto morais. O projeto liberal de racionalidade e de moderação envolve não só a relativização do poder do Estado, mas também do significado dos posicionamentos últimos, um esvaziamento de sentido da seriedade da existência, a sua transformação numa verdade relativa, numa convicção privada, em objeto de uma "negociação em que se discute, transige, parlamenta" (*GLhP*, 81). Assim, a negação do político entre os liberais se revelaria em toda a sua extensão não só como uma recusa do conflito, mas como uma forma de niilismo, como uma renúncia a escolhas valorativas objetivamente vinculantes.

Para Schmitt, a crença liberal na possibilidade de uma ordem neutra e despolitizada é antes de tudo uma negação do político que oculta — muitas vezes, até de si mesma — o seu caráter político. Em função disso, Schmitt acredita que essa crença só foi sustentável enquanto não se defrontou com as consequências políticas da sua pretensa exclusão da política; isto é, enquanto a convivência social se conservou sem atritos e foi possível ver "no 'povo' a instância no interior da qual não poderia haver uma dúvida sobre o que é o direito e o interesse público" (*Dic Diktatur — D*, 24). A imagem da sociedade como lugar de uma liberdade autorregulada se beneficiaria de uma estabilidade da existência política que, uma vez conquistada, ocultaria de si mesma a sua própria gênese, passando a se imaginar em termos essencialmente pacíficos. Assim, apesar de todo o esforço de neutralização do político e da crença na transformação das relações de poder em formas pacíficas de interação entre indivíduos, o liberalismo não deixaria de ser uma "negação política do político".[8] A representação da vida social como um terreno politicamente neutro se revelaria a um olhar mais atento como uma crítica da política baseada em "antíteses indisfarçadamente polêmicas" (*BP*, 75). Portanto, ao apresentar o liberalismo como uma "negação do político", Schmitt simultaneamente realiza, como observa Leo Strauss, uma "posição [*Position*] do político".[9] Isso porque, em franco contraste com a ideia de uma convivência baseada em uma "normalidade de princípio, somente transtornada por pequenas perturbações",[10] ele analisa o liberalismo em função de uma perspectiva que evidencie o quanto as suas ideias e instituições ainda permanecem sujeitas aos imperativos da inimizade política. Dessa forma, em um mesmo movimento, Carl Schmitt pinta um quadro do liberalismo que é o oposto da ideia que esse faz de si mesmo e propõe uma representação da vida política que é o reverso da ordem pacificada do mundo liberal.

O ponto de vista da inimizade política permitiria revelar o que a natureza pretensamente neutra e apolítica das ideias e instituições liberais se nega a mostrar. À luz dessa perspectiva, Schmitt procura não só pôr em evidência o caráter polêmico do liberalismo, mas também as consequências extremas que resultam da recusa liberal do político. Dessa forma, a imagem do liberalismo no pensamento de Carl Schmitt é, por definição, uma *representação radicalizada*, construída a partir da ótica da situação anormal, que submete as suas ideias à lógica extrema da hostilidade política. Mas o que significa mais precisamente essa tentativa de discutir o liberalismo a partir de uma perspectiva extrema? Para responder a essa pergunta, creio valer a pena retornar à discussão sobre o conceito do político em Carl Schmitt.

Como observei anteriormente, ao analisar o político a partir da possibilidade da guerra Schmitt não pretende reduzir uma noção à outra. Para ele, a guerra não constitui o conteúdo da política, sua essência última ou sequer o seu ponto de chegada, mas "o *pressuposto* sempre existente como possibilidade real" (*BP*, 34-35; grifo do autor). Por isso, ela não precisa ser vista como a condição normal da vida política; pelo contrário, longe de ser um dado do cotidiano, constituiria algo de excepcional. A perspectiva da guerra é a do "caso de exceção" (*Ausnahmefall*) (*BP*, 35). Ela ofereceria um ponto de vista privilegiado, em que o curso regular do acontecer é submetido a uma espécie de distorção calculada que permitiria vislumbrar, pela ótica do não cotidiano, do não corriqueiro, o que está verdadeiramente em jogo no cotidiano e no corriqueiro. Quando Schmitt remete os antagonismos políticos à possibilidade extrema da guerra, procura pensar a normalidade da vida política a partir de um ponto de vista radical, que seria capaz de pôr em evidência o que está frequentemente oculto pela experiência rotineira.[11] Trata-se, enfim, de um procedimento metódico, de um artifício intelectual que parte da premissa de que o ponto de vista da situação anormal seria "revelador do núcleo das coisas" (*BP*, 35).[12] Em Carl Schmitt, o político se apresenta como um "conceito da esfera extrema" (*Politische Teologie — PT*, 13), um *Grenzbegriff* ("conceito-limite") (*PT*, 13), que permite considerar qual é a feição específica que as relações entre os homens assumem quando eles interagem politicamente. Por se tratar de uma situação em que está colocada a possibilidade de provocar e sofrer a morte física, a guerra constitui a "mais extrema possibilidade" (*BP*, 35), o horizonte de referência último da contraposição entre amigos e inimigos, em razão do qual "a vida dos homens adquire uma tensão especificamente política" (*BP*, 35). Os antagonismos políticos remetem ao "caso de guerra" (*BP*, 35) porque é neste "caso-limite" (*PT*, 13) em que se torna patente a natureza particular das oposições políticas, a sua radicalidade distintiva. Por essa razão, Schmitt pode afirmar que "o político não reside na luta em si (...) mas num comportamento determinado por essa possibilidade real" (*BP*, 37).

Espero que já esteja ficando claro que Carl Schmitt aborda o político de um ponto de vista essencialmente formal. Aquilo que é específico do político e o distingue das diversas esferas da experiência social é, antes de tudo, uma certa forma de comportamento, um modo particular de associação e dissociação entre os homens que tem no seu horizonte uma possibilidade última, a guerra. Como o político "não tem substância própria" (*SpS*, 159-160), a diferenciação entre amigo e inimigo pode recobrir os mais diferentes conteúdos, ela "pode extrair a sua força das mais diferentes esferas da vida humana, de contraposições religiosas econômicas, morais e outras" (*BP*, 38). No entanto, apesar de os diversos campos da experiência humana poderem assumir um significado especificamente político, Carl Schmitt insiste em que aquela diferenciação não deriva dos conteúdos e contraposições particulares das diferentes esferas da existência. Sendo assim, o político, segundo ele, não constitui um âmbito entre outros da vida social, mas se apresenta como o grau de intensidade de uma associação ou dissociação de homens, cujos motivos podem ser religiosos, nacionais (no sentido étnico ou cultural), econômicos ou de outro tipo e que em diferentes épocas produzem diferentes vínculos e separações (*BP*, 38-39).

Schmitt considera que o político se caracteriza pelo fato de que o grau de intensidade da diferenciação em amigo e inimigo é "extremo" (*BP*, 27). Mais especificamente: "A contraposição política é a mais intensa e extrema contraposição e todo antagonismo é tanto mais político quanto mais se aproxima do ponto extremo, o agrupamento amigo-inimigo" (*BP*, 30). Assim, para ele, a natureza particular do antagonismo político não deve ser buscada na substância das contraposições que dividem os grupos humanos, mas sim na dimensão existencial que dá ao conflito entre amigos e inimigos o seu caráter radical. O outro se torna o meu inimigo quando aquilo que ele é representa para mim a negação daquilo que eu sou, daí a possibilidade de combatê-lo para preservação da minha própria forma de existência coletiva. Por esse motivo, o inimigo se apresenta no pensamento de Carl Schmitt como "a intensificação extrema do ser-outro [*des Anders-Seins*]" (*Verfassungslehre — VL*, 377). A inimizade constitui, portanto, a expressão mais radical da experiência da alteridade, ou seja, a circunstância em que a diferença é percebida como uma negação absoluta.

Dessa forma, a inimizade não depende apenas de um juízo sobre o que se acredita ser a natureza do outro, mas envolve também um juízo subjetivo a respeito daquilo que se imagina ser central na existência do grupo, e que o outro parece negar. Para Schmitt, esses juízos possuem um caráter existencial e, como resultado, "não têm sentido normativo" (*BP*, 49). Apenas os próprios envolvidos no conflito estariam em condições de decidir sobre a possibilidade do "caso extremo" (*BP*, 27) e se o opositor representa de fato uma ameaça concreta à sua forma de existência. Tenho a impressão de que a insistência de Schmitt na natureza não normativa da inimizade política pode se tornar um pouco mais clara quando consideramos mais de perto a ideia de que o político se refere a um grau máximo de intensidade das oposições, não constituindo uma esfera ao

OS INTELECTUAIS DO ANTILIBERALISMO

lado das outras. Como vimos, os antagonismos políticos podem ter a sua origem em motivos oriundos dos mais diferentes âmbitos. O que faz com que um certo campo da experiência se veja revestido de um significado político não é algo já contido nele mesmo, mas o fato de que "os conflitos e as perguntas decisivas se dirijam para essa esfera" (*HV*, 111); ou seja, é preciso que uma oposição em torno de determinados problemas substantivos venha a dividir os homens em amigos e inimigos. Nesse momento, as referências normativas entram em colapso, já que a natureza extrema da inimizade leva a que os termos daquela oposição original assumam uma centralidade absoluta e venham a ser definidos por cada uma das partes de forma incondicional e irredutível à perspectiva do antagonista. Um conflito desse gênero exclui a possibilidade de um entendimento baseado em princípios partilhados e, com ela, a de uma "sentença de um terceiro 'desinteressado' e, portanto, 'imparcial'" (*BP*, 27). Para Schmitt, o antagonismo político implica um conflito no sentido forte da palavra, ou, como diz ele, um "autêntico conflito" (*VL*, 371), que não pode ser solucionado por meio de uma regra aceita por todos[13] e, por esse motivo, corresponde à situação limite de um "nada normativo" (*Uber die drei Arten des rechtswissenschaftlichen Denkens — DArD*, 24).

No entanto, ao enfatizar a irredutibilidade do antagonismo político a princípios normativos, Schmitt não tem em vista apenas a sua força dissociativa, mas também o seu potencial de integração e de afirmação de valores. Na sua análise, a inimizade é claramente o momento determinante da constituição da identidade política. Essa última pressupõe a definição de si em relação ao outro e, portanto, a afirmação daquilo que é central na definição de si próprio a partir da ameaça que o outro parece representar. A determinação do inimigo e a sua exclusão implicam uma afirmação simultânea da própria forma de existência. Como observa Carlo Galli, o político pode ser pensado tanto como "conflito, ou seja, como relação radical com o Outro, quanto (...) como identidade, ou seja, como relação radical Consigo".[14] Portanto, a definição recíproca de amigos em relação a inimigos apresenta-se como uma forma de *produção polêmica de identidade*. Ela se refere a uma situação que, como assinala o próprio Schmitt, é o "caso que dá a medida [*maßgebender*

Fall]" (*BP*, 39).[15] E isso, a meu ver, em dois aspectos relacionados, porém diferentes entre si.

Em primeiro lugar, essa *definição de si mesmo em relação ao outro* se dá em torno de um eixo fundamental, que é, ao mesmo tempo, o foco do conflito político. Se, como quer Carl Schmitt, o político não tem substância própria — mas, sob a forma da diferenciação amigo-inimigo, é capaz de se manifestar a partir de qualquer esfera da experiência humana — por outro lado, a esfera a partir da qual o grau de intensidade do antagonismo político é atingido se torna o eixo constitutivo da identidade coletiva. O elemento decisivo está na *intensidade existencial* da dissociação política. Embora o antagonismo político não possa ser derivado dos problemas substantivos que eventualmente dividem os grupos humanos, ele confere a esses mesmos problemas uma força peculiar ao revesti-los da "existencialidade concreta" (*BP*, 65) da separação amigo-inimigo. Em outros termos: o fato de que o "ponto do político" possa ser alcançado em um conflito religioso, econômico ou étnico significa que em cada um desses casos a esfera em função da qual se constitui o antagonismo entre amigos e inimigos se transforma na dimensão decisiva (no sentido de *maßgebend*) na construção da identidade coletiva dos grupos em confronto. Em torno dela, se define a "substância da unidade política" (*BP*, 39).

Em segundo lugar, essa "relação radical consigo" que caracteriza a construção de identidade política é antes de tudo uma relação que tem no seu horizonte a mais extrema possibilidade, a de uma luta de vida e de morte pela preservação da própria forma de existência. Trata-se de uma definição de si mesmo em uma situação-limite, em que a guerra e, com ela, a morte se colocam como referência última da construção de identidade. Nesse sentido, a decisão sobre o inimigo é, ao mesmo tempo, uma definição-limite, uma definição última de si mesmo. Como observa Leo Strauss, o fato de que Schmitt pense o político a partir de uma situação extrema relacionada à guerra, e, portanto, à "possibilidade real de provocar a morte física", faz com que aquela situação seja "um caso crítico [*Ernstfall*] não apenas no interior de uma região 'autônoma' (...), mas simplesmente para o homem". Por isso, prossegue

Leo Strauss, para Schmitt "o político é *fundamental* e não uma 'esfera relativamente independente' entre outras. O político é 'o que dá a medida' [*das Maßgebende*]".[16] Se o político é fundamental, é porque ele exige um posicionamento em face da possibilidade extrema da morte, porque põe homens e grupos humanos diante da finitude da sua própria condição. O confronto com o inimigo impõe uma decisão que coloca a pergunta sobre aquilo que é fundamental e inegociável na minha forma de existência; sobre as escolhas e os valores pelos quais os membros de um grupo seriam capazes de lutar e dar a sua vida. Por essa razão, trata-se de um conflito sem meio termo, que não pode ser adiado ou contornado, negociado ou recusado.

No entanto, a radicalidade existencial do antagonismo político não se refere apenas à experiência da finitude, a um confronto com a situação-limite da existência humana, isto é, com a morte. Isso porque, como observa Michele Nicoletti,[17] embora a inimizade política traga consigo a possibilidade extrema da morte, essa última não é o seu ponto de chegada incontornável, mas uma eventualidade que se descortina a partir do embate com o outro. No conflito político, a possibilidade da morte é, em primeiro lugar, um horizonte que se desenha como fruto da *coexistência* dos grupos humanos. Para além da experiência da finitude, esse conflito, ao intensificar ao máximo a alteridade do outro, atualiza a experiência do mundo como um *pluriversum* (*BP*, cap. 6), como um lugar em que convivem e se contrapõem diferentes grupos humanos. Com isso, torna urgente uma decisão sobre aquilo que na vida de uma coletividade não pode ser posto em questão sem que ela deixe de ter lugar no interior desse *pluriversum*, sem que ela deixe de ser senhora da própria história.

Assim, a concepção belicosa do político oferecida por Carl Schmitt não significa nem a redução da vida política à dissociação e ao conflito nem a renúncia a toda e qualquer dimensão normativa. Mesmo que, segundo Schmitt, o antagonismo político não tenha substância particular e não possa ser derivado das contraposições essenciais oriundas de diferentes esferas da vida, nem por isso ele deixa de se articular em torno de definições últimas e extremas. Definições-limite, que conferem um valor absoluto àquilo que para um grupo vem a ser determinante da sua própria identidade, como sujeito da existência e protagonista de sua própria história.

Imagino que não será difícil constatar que a ideia do político como o "grau de intensidade de uma associação ou dissociação humana" está polemicamente voltada contra as consequências do individualismo liberal em pelo menos dois pontos. Em primeiro lugar, ao assumir o ponto de vista da intensidade dos antagonismos, Schmitt pode afirmar que o político não constitui uma esfera adicional, mas uma forma de comportamento que pode revestir os mais diferentes conteúdos. Mais especificamente: em tese, os antagonismos de todos os âmbitos da vida social podem se tornar políticos, uma vez que o que está em jogo não é a substância das oposições, mas a sua intensidade. Dessa forma, o político seria "independente, [mas] não no sentido de uma esfera particular" (*BP*, 27).[18] Ele se apresenta, na análise de Schmitt, com um potencial de totalização que se volta contra a fragmentação individualista da experiência. Um potencial de totalização, no entanto, que permanece problemático, pois está associado à ubiquidade potencial do conflito. Em segundo lugar, por ser extrema, a intensidade dos antagonismos políticos se opõe à relativização das escolhas que resulta da consagração da liberdade do indivíduo. A condição da preservação da independência individual estaria, afirmei anteriormente, na especialização e no isolamento das diferentes esferas da experiência e na eliminação da hierarquia entre elas. No mundo liberal, todas as escolhas tenderiam a ser relativas e todas as alternativas, moderadas. Não há lugar para escolhas últimas, se não aquelas que derivam de opções subjetivas; não há lugar para o sacrifício individual da própria vida, se não aquele que resulta de uma deliberação privada. Para Schmitt, já sabemos, as oposições se tornam políticas quando intensificadas até um ponto máximo, ou seja, o ponto em que a radicalidade dos antagonismos coloca a "possibilidade real de provocar a morte física". Nesse momento, no caso crítico da dissociação entre amigo e inimigo, a liberdade de escolha individual tem que ceder lugar a uma alternativa-limite que não admite transigência ou compromisso. Assim, em oposição à ausência de medida (*Maß*) objetiva do pensamento liberal e à transformação do indivíduo na única medida efetiva, o político é concebido por Schmitt como "o que dá a medida" (*das Maßgebende*). Uma medida radical, que, segundo ele, confere à comunidade política a sua superioridade sobre as demais associações humanas, já que ela tem o direito de, no caso de conflito, "exigir o sacrifício da vida" (*BP*, 70).

Já é possível, a essa altura, retornar à pergunta que formulei anteriormente: afinal, em que consiste a representação radicalizada do liberalismo que Schmitt nos oferece? Parte da resposta, devo reconhecer, já veio se insinuando durante a exposição precedente: Carl Schmitt contrapõe à imagem do liberalismo como despolitização e neutralização uma concepção essencialmente politizada da vida social; por outro lado, a uma imagem da política determinada pela possibilidade extrema da diferenciação entre amigos e inimigos e da guerra corresponde uma concepção do liberalismo formulada a partir da perspectiva da exceção e do conflito político. Como ele observa, "o liberalismo burguês nunca foi radical num sentido político" (*BP*, 61), pois a sua crença na possibilidade de uma ordem espontânea e sem atritos o impediria de conceber relações sociais que não fossem regidas pelo intercâmbio pacífico entre indivíduos. Assim, ao considerar o liberalismo de um ponto de vista extremo, Schmitt pretende submetê-lo a um olhar que, a contrapelo, radicaliza as suas posições para extrair delas as suas consequências últimas.

Quando insiste na natureza polêmica da negação liberal da política, Schmitt se volta contra o seu ideal de contenção e moderação e busca abordá-lo de um ponto de vista essencialmente *dramático*. Mais especificamente: ele busca sujeitar a transigência liberal à intransigência da inimizade política e, à luz da situação de exceção, conferir dramaticidade aos desdobramentos últimos da ordem liberal.[19] Nada mais característico desse ponto do que a sua recuperação da crítica ao liberalismo no pensamento do diplomata e contrarrevolucionário espanhol Donoso Cortés.[20] Segundo Carl Schmitt, Cortés teria elaborado "o mais impressionante *aperçu* sobre liberalismo continental" (*PT*, 66). A originalidade e a radicalidade da análise de Cortés residiriam no fato de que ele poria

PERGUNTAS RADICAIS E PROBLEMAS ÚLTIMOS

a nu as premissas últimas e as consequências políticas — e morais — da ideia de uma ordem que nasce espontaneamente da vida social. Com efeito, em uma ordem em que as coisas se governam a si mesmas, a renúncia à decisão resulta do fato de que, no fim das contas, nada há de fundamental por decidir. Cortés, pelo contrário, teria reconhecido no pensamento e nas instituições liberais uma recusa permanente e reiterada a assumir uma decisão em face da situação crítica. O liberalismo se caracterizaria por "suspender a decisão no ponto decisivo, enquanto se nega que haja alguma coisa em geral por decidir" (*PT*, 66). A renúncia liberal da decisão estaria baseada na crença de que a necessidade de um posicionamento em face das situações-limite poderia ser adiada indefinidamente, até o ponto em que as questões viessem a se resolver por si mesmas. Dessa forma, observa Schmitt,

> todo liberalismo com as suas inconsequências e compromissos só vive, para Cortés, no curto ínterim em que é possível responder à pergunta Cristo ou Barrabás com uma moção de adiamento ou com a nomeação de uma comissão de inquérito (*PT*, 66).

Assim, a despeito da natureza relativizante do liberalismo, Donoso Cortés teria reconhecido o "núcleo último"[21] das posições liberais e o seu caráter político. As neutralizações liberais não seriam propriamente neutras, mas sim fruto de escolhas e posições que justificam a ideia de que não haveria escolha a ser feita ou posição a ser tomada. O caráter essencialmente contraditório da política liberal resultaria de uma atitude fundada em um "compromisso sistemático e metafísico" (*PT*, 66), em uma espécie de *decisão por não decidir*.

Para Schmitt, o radicalismo de Donoso Cortés se tornaria patente em uma forma de pensar que acentua e aprofunda a natureza das oposições políticas para poder perceber mais nitidamente o seu caráter polêmico e o seu eixo intelectual, ou caso se prefira, o seu "núcleo último". Cortés, nos diz ele,

OS INTELECTUAIS DO ANTILIBERALISMO

em uma época de dissolução relativizante das contraposições e dos conceitos políticos e em uma atmosfera de engano ideológico, reconhece o conceito central [*Zentralbegriff*] de toda grande política (...) e, por detrás das diferenciações políticas cotidianas, busca determinar a grande diferenciação histórica e essencial de amigo e inimigo.[22]

A perspectiva de Donoso Cortés se colocaria, portanto, no pólo oposto das neutralizações liberais. Enquanto o liberalismo partiria de uma normalidade despolitizante, Cortés insistiria na situação anormal da contraposição entre amigos e inimigos; enquanto as instituições e ideias liberais tenderiam a suspender a decisão e a relativizar as diferenças políticas, Cortés se voltaria para o núcleo último de toda posição política. Schmitt vê no pensamento do diplomata espanhol uma tentativa sistemática de pensar a política a partir de uma ótica intransigente e de buscar sempre, na interseção entre o existencial e o ideal, as suas escolhas fundamentais. Essa sensibilidade para as questões decisivas em jogo na vida política faria de Cortés um autor singular no contexto do século XIX liberal, um autor que, na contramão do seu tempo, teria sido "consciente do núcleo metafísico de toda política" (*PT*, 55).

Dessa forma, Donoso Cortés se oporia às neutralizações e relativizações liberais, oferecendo uma imagem do liberalismo que exacerba polemicamente os seus princípios intelectuais, submetendo-os a uma espécie de lente de aumento que busca tornar manifestos os artigos de fé das suas escolhas políticas. O resultado disso, nos diz Schmitt, é que "Cortés, em sua mentalidade radical, só vê a teologia do adversário" (*PT*, 66). Seria característico do estilo de pensamento do espanhol encarar os confrontos políticos a partir de uma perspectiva escatológica, procurando "sempre admitir o caso extremo, esperar o Juízo Final" (*PT*, 67). No ponto de vista escatológico de Cortés, Schmitt reconhece um tipo de abordagem que seria mais polêmico do que propriamente dogmático, uma abordagem na qual a política é considerada à luz da exceção e da situação crítica. Assim, a perspectiva do Juízo Final se caracterizaria pela negação frontal da atitude que o liberalismo assume diante da política. Trata-se de um *ponto de vista agonístico*, uma forma de ver as coisas que permite radicalizar a percepção do antagonismo, para intensificar as diferenciações políticas até o ponto máximo da inimizade política e das suas escolhas incontornáveis.

Seria um equívoco, portanto, pensar que a valorização por Schmitt da leitura metafísica e teológica da realidade política realizada por Cortés resulta de uma simples oposição tradicionalista ao mundo moderno. Nesse sentido, uma vez mais, a sua interpretação de Donoso Cortés é digna de consideração. Segundo ele, o espanhol, apesar de herdeiro das teorias legitimistas dos autores contrarrevolucionários, reconheceu a natureza específica do desenvolvimento das ideias políticas do século XIX e a impossibilidade de sustentar o conceito de legitimidade tradicional. Ao longo do século XIX, observa Schmitt, ocorreram "a eliminação de todas as representações teístas e transcendentes e a formação de um novo conceito de legitimidade" (*PT*, 54). Em face dessa nova configuração, Cortés teria sido capaz de perceber que o antigo conceito de legitimidade monárquica, correspondente às representações transcendentes tradicionais, havia cedido lugar uma concepção democrática da legitimidade. Nesse contexto, Cortés,

> tendo em vista a Revolução de 1848, chegou ao conhecimento de que a época da realismo [*Royalismus*] havia acabado. Não há mais realismo porque não há mais reis. Por isso, não há mais legitimidade em um sentido tradicional. Permanece para ele, portanto, apenas um resultado: a ditadura (*PT*, 55).

A consciência metafísica e teológica de Cortés é, na análise de Schmitt, a fonte do seu sentido do concreto, da realidade de sua época e da política. A solução autoritária do espanhol estaria profundamente marcada por uma clareza sobre a transformação dos tempos, pelo reconhecimento da perda do fundamento tradicional da ordem e pela determinação de fazer frente a esse estado de coisas. O ponto de vista da análise metafísica, ao contrário do que uma leitura apressada poderia levar a crer, é a fonte do que Carl Schmitt acredita ser a "sóbria e frequentemente cruel ausência de ilusão" (*PT*, 66) de Donoso Cortés.[23]

Ao afirmar que o liberalismo, perante "o confronto definitivo, a sangrenta batalha decisiva" (*PT*, 67), em lugar de tomar uma decisão acreditaria ser possível travar uma discussão, Cortés teria sabido dramatizar os desdobramentos das despolitizações liberais. A renúncia à decisão mostraria, à luz dessa perspectiva apocalíptica, o seu significado derradeiro, pois "assim como o liberalismo discute e transige em cada particularidade política, ele também gostaria de dissolver [*auflösen*] a verdade metafísica em uma discussão" (*PT*, 67). Para Schmitt, a intensificação escatológica das contraposições políticas realizada por Donoso Cortés permitiria não só revelar o caráter relativizante do pensamento liberal, mas também tornar manifesto o quanto a sua *suspensão da decisão* implicaria uma *suspensão do juízo* e uma forma de "contornar a responsabilidade" (*PT*, 67). Portanto, não é indiferente que a decisão política apareça associada, em mais de uma oportunidade da análise de Schmitt sobre Cortés, à decisão moral. Isso porque com a relativização das diferenciações, com a renúncia a decidir categoricamente entre o certo e o errado, com a tentativa de iludir o problema da responsabilidade, "o núcleo da ideia política, a decisão moral e exigente é contornada" (*PT*, 69).[24] Nesse sentido, a imagem escatológica de Cortés evidenciaria a consciência de que a política, quando contemplada a partir da possibilidade do "caso crítico" (*Ernstfall*), impõe uma decisão, exige um posicionamento, consciente ou inconsciente, que confronta os grupos humanos com a seriedade (*Ernst*) da sua condição existencial e histórica. Por isso, observa Schmitt, "para Cortés, o socialismo radical é algo de mais grandioso do que a transigência liberal, porque remonta aos problemas últimos e dá uma resposta decisiva às perguntas radicais, porque possui uma teologia" (*GLhP*, 82).

Um dos alvos principais dessa análise do liberalismo em função do seu *Zentralbegriff* e de suas consequências últimas é a clareza a respeito do seu significado ético e político. Em Schmitt, a abordagem da vida política a partir do ponto de vista do caso de exceção não se esgota na sua dimensão metodódica e heurística, ela está a serviço de uma concepção política do conhecimento. Trata-se de considerar uma determinada posição política a partir do isolamento das suas premissas espirituais e da avaliação *polêmica* dos seus desdobramentos extremos. Nesse sentido, a imagem dramatizada que ele nos apresenta do liberalismo é uma forma não só de conhecimento da realidade, mas também de *politização do seu objeto*. Por definição, essa imagem não pode ser neutra. Schmitt parece querer compelir para a ação, criar um sentimento de urgência por meio da representação radicalizada e da dramatização polêmica dos consequências últimas das posições políticas que analisa. Por essa razão, quando discute a estrutura de pensamento do liberalismo em função do seu "fundamento espiritual último" e da sua teologia, ele tem em vista não só a possibilidade de uma compreensão intelectual, mas também a exigência de um posicionamento político e moral. Nada mais representativo dessa perspectiva do que a observação que ele faz, no prefácio à segunda edição do livro *Politische Romantik* (*Romantismo político*), sobre a necessidade de determinação do núcleo de um "movimento intelectual":

> da incompletude da linguagem e do pensamento humanos todos nós temos consciência: porém, seria tão tolo e presunçoso querer nomear o inominável quanto é certo que o centro de um movimento espiritual tem de estar determinado e claro perante os olhos, se devemos julgá-lo e nos decidir a seu respeito. Renunciar a isso é verdadeiramente "pisotear a humanidade" (*PR*, 10).

Ao construir uma imagem radicalizada do liberalismo, Schmitt confronta o seu leitor com a inevitabilidade de uma decisão, de um posicionamento em face do quadro que lhe é apresentado. A perspectiva-limite e a análise "metafísica" permitem, assim, incorporar ao próprio pensamento a estrutura dualista da dissociação amigo-inimigo, de tal forma que a urgência da decisão nada mais é do que o resultado final de um argumento que se elabora a todo instante sob a forma de um *ou-ou*. Quando dramatiza as alternativas políticas, Schmitt procura tornar evidente o fato de que "cada manifestação na esfera do espírito [*im Geistigen*] tem, consciente ou inconscientemente, um dogma — ortodoxo ou

OS INTELECTUAIS DO ANTILIBERALISMO

herético — como premissa" (*PR*, 6). O reconhecimento desse fato nos coloca diante de uma escolha incontornável, de uma decisão em face de oposições extremas, oposições "entre as quais, na vida e na morte, subsiste um ou-ou que desconhece síntese ou 'terceiro superior'" (*PT*, 60).

NOTAS

1. A primeira versão do texto data de 1927. Em 1932, Schmitt publicou uma segunda versão ampliada e modificada em alguns pontos centrais. Em 1933, após a sua adesão ao nazismo, Carl Schmitt publicou uma nova edição, que busca sintonizar o texto com a nova ordem política. Acrescida de uma nova introdução, a edição de 1932 foi reimpressa por Schmitt em 1963 sem alterações. Desde então, essa tem sido a versão de referência do texto. Para a consideração de algumas dessas mudanças, sobretudo em relação às importantes alterações que Schmitt introduziu de 1927 para 1932, pode-se consultar o livro de Heinrich Meier, *Carl Schmitt, Leo Strauss et la notion de politique*, Paris, Julliard, 1988.

2. Leo Strauss, numa perspectiva crítica ao pensamento de Schmitt, refere-se à sua reflexão política como "um liberalismo com o sinal invertido" ("Anmerkungen zu Carl Schmitt, *Der Begriff des Politischen*". *In*: *Hobbes' politische Wissenschaft*, Neuwied, Luchterhand, 1965, p. 180).

3. As expressões *terminus a quo* e *terminus ad quem* significam, respectivamente, "termo do qual" e "termo para o qual".

4. Para a análise de Schmitt sobre a emergência do sujeito individual e as suas consequências, veja-se o livro *Politische Romantik* (*Romantismo político*), de 1919.

5. Nesse sentido, são ilustrativos os argumentos de John Stuart Mill sobre a intervenção legítima do poder público sobre a liberdade individual em *Sobre a liberdade*. Petrópolis, Vozes, 1991. Da mesma forma, vale considerar a observação de David Dyzenhaus, analisando a crítica de Schmitt ao liberalismo: "os únicos valores públicos que ele [o liberalismo] pode estabelecer são públicos de uma forma curiosa, pois o seu objetivo é agir como um freio sobre as visões públicas sobre a moralidade" (David Dyzenhaus. "Liberalism after the fall: Schmitt, Rawls and the problem of justification". *In*: *Philosophy and social criticism*, v. 22, nº 3, 1996, p. 13; ver também *Legality and Legitimacy*, p. 70).

PERGUNTAS RADICAIS E PROBLEMAS ÚLTIMOS

6. Esse é um ponto importante da análise de Vittorio Hösle sobre o livro *Legalidade e legitimidade* (Hösle, Vittorio. "La critica di Carl Schmitt all'autonegazione di una costituzione neutrale rispeto ai valori in *Legalität und Legimität*").

7. "Übersicht über die verschiedenen Bedeutungen und Funktionen des Begriffes der innerpolitischen Neutralität des Staats" (1931). *In: BP* (Corollarium 1), p. 97.

8. Jean-François Kervégan, *Hegel, Carl Schmitt. Le politique entre spéculation et positivité*, Paris, PUF, 1993, p. 112. David Dyzenhaus faz uma observação muito semelhante ao afirmar que o liberalismo realiza uma "política de se livrar da política" (Dyzenhaus, 1996, p. 14).

9. Strauss, Leo, *op. cit.*, p. 167.

10. "Zu Friedrich Meineckes *Idee der Staatsräson*" (1926). *In PuB*, 53.

11. Segundo Schmitt, "quem parte da ideia de estar em presença de uma situação anormal — ou porque olha o mundo numa anormalidade radical ou porque considera uma dada situação como anormal — resolverá o problema da política, da moral e do direito de forma distinta de quem está convencido da sua normalidade de princípio, somente transtornada por pequenas perturbações", "Zu Friedrich Meineckes *Idee der Staatsräson*" (1926). *In: PuB*, 53.

12. Sobre o processo de formação de conceitos em Carl Schmitt e o privilégio metódico que ele concede ao ponto de vista extremo da exceção, ver Pasquino, Pasquale. "Carl Schmitt — *Teoria da constituição*". *In:* Chatelet, F.; Duhamel, O.; Pisier, E. (Orgs.). *Dicionário de obras políticas*. Rio de Janeiro, Civilização Brasileira, 1993, p. 1.089; Pasquino, Pasquale. "Considerazioni intorno al 'criterio del politico' in Carl Schmitt". *Il Mulino, Rivista Bimestrale di Cultura e di Politica*, v. 35, n. 306, 1986, p. 679.

13. Como observa Schmitt, "tão logo o caso é regulado por uma norma reconhecida e válida, ele não conduz a um autêntico conflito" (*VL*, 371). Na verdade, Schmitt pensa em termos da possibilidade limite e extrema do "estado de exceção". Aqui, o conflito, ou melhor, o "autêntico conflito" se dá num quadro de colapso das referências normativas e institucionais. Esse conflito não pode ser institucionalizado porque, em última análise, é a condição mesma de uma ordem em que os conflitos (no sentido fraco da palavra) dos grupos humanos possam ser regulados e processados institucionalmente.

14. Carlo Galli, *Geneallogia della Politica*, Bolonha, Il Mulino, 1996, p. 748. A esse respeito, ver também a observação de Michele Nicoletti: "A dimensão

OS INTELECTUAIS DO ANTILIBERALISMO

política é a dimensão do tomar partido. Toda posição, assim como toda teoria, exprime uma parte que se diferencia da outra dialeticamente. Ao se opor à outra se identifica e se afirma" (*Trascendenza e potere*, Brescia, Morcelliana, 1990, p. 268).

15. A palavra *massgebend* é um adjetivo formado a partir do substantivo *Mass* ("medida") e do particípio presente do verbo *geben*, *gebend* ("que dá"). A palavra pode ser traduzida por "decisivo". Preferi, nesse caso, traduzir a expressão "*massgebender Fall*" de forma literal, vertendo-a como "o caso que dá a medida", e isso por duas razões: uma para reforçar a ideia de "dar a medida" que está presente na palavra *massgebend*, e que, a meu ver, é central na discussão de Carl Schmitt; a outra para a distinguir do uso frequente que Schmitt faz da palavra *entscheidend* (literalmente: "que decide"), que também pode ser traduzida por "decisivo".

16. Leo Strauss, *op. cit.*, p. 165, grifo do autor. A substantivação do adjetivo *massgebend* não se encontra no texto de Schmitt, ela é feita por Strauss.

17. O ponto de partida dessas considerações está na observação de Michele Nicoletti a propósito da semelhança entre a teoria política de Schmitt e a filosofia da existência de Heidegger. Segundo ele, em ambos os autores, a morte se apresenta como a dimensão determinante da existência humana e a relação entre morte e decisão ocupa um lugar central. No entanto, como observa Nicoletti, "entre a morte e o provocar a morte física [*l'uccisione fisica*] do inimigo parece haver uma diferença: enquanto a morte é a possibilidade extrema da vida, mas também o seu resultado necessário, a segunda é apenas a possibilidade extrema, e não necessariamente a conclusão da vida política. É o horizonte, o fundo, o limite radical a partir do qual essa ganha forma e assume significado. Mas justamente enquanto limite (*Grenz*), ela nunca pode realizar-se em sentido absoluto: a eliminação física absoluta do inimigo, paradoxalmente, implica o fim da própria política" (*Trascendenza e potere*, p. 269-270). Para a aproximação entre Schmitt e Heidegger, ver também o texto de Karl Löwith, "Il decisionismo occasionale di Carl Schmitt". *In: Marx, Weber, Schmitt*. Bari, Laterza, 1994.

18. Esse ponto é enfatizado por Heinrich Meier (*Carl Schmitt, Léo Strauss et la notion de politique*, cap. II). Como ele observa, na primeira edição de *O conceito do político*, de 1927, Schmitt ainda pensa o político como uma esfera da existência. Somente na segunda edição, de 1932, ele abandona essa perspectiva, passando a pensar em termos de "grau de intensidade".

19. Como observa Habermas, "no estilo expressionista da sua época, Carl Schmitt constrói um conceito dramático do 'político', à luz do qual tudo que se enten-

PERGUNTAS RADICAIS E PROBLEMAS ÚLTIMOS

dia normalmente pela palavra tem de parecer banal" (Habermas. "Sovereignty and Führerdemokratie" *Times Literary Suplement*, 26/9/1986, p. 1.053).

20. Juan Donoso Cortés (1809-1853) foi um escritor e diplomata espanhol e um dos principais representantes do tradicionalismo católico e da contrarrevolução na Espanha do século XIX. A sua principal obra é o livro *Ensayo sobre el catolicismo, el liberalismo y el socialismo considerados em sus principios fundamentales* (1851). Sobre ele Carl Schmitt publicou em 1950 um livro chamado *Donoso Cortés in gesamteuropäischer Interpretation* (Donoso Cortés em uma interpretação pan-europeia) O livro reúne quatro ensaios de Schmitt sobre Cortés.

21. "Der unbekannte Donoso Cortés" (1929). *In*: *Positionen und Begriffe — PuB*, p. 136.

22. Para a afirmação de que Cortés se posicionaria, na sua afirmação da maldade natural do homem, contra a ideia dos anarquistas da bondade natural do homem, como αγωνικως (*agonikós*) e não como δογματικοζ (*dogmatikós*), vide *PT*, 62.

23. Com isso, Carl Schmitt parece reconhecer em Cortés um elemento que, a meu ver, é central na sua própria reflexão: o fato de que as bases tradicionais da ordem foram perdidas na modernidade e a necessidade de assumir a indeterminação e a contingência do mundo moderno para se pensar as condições dessa mesma ordem. Para uma discussão sobre o catolicismo no pensamento de Schmitt como um ponto de vista crítico de análise do mundo moderno, vide Carlo Galli, "Il cattolicesimo nel pensiero politico di Carl Schmitt". *In*: Roberto Racinaro (Org.). *Tradizione e modernità nel pensiero politico di Carl Schmitt*, Nápoles-Roma, ESI, 1987.

24. Para essa aproximação entre decisão política e decisão moral, ver também *PT*, 68.

BIBLIOGRAFIA

DYZENHAUS, David. *Legality and Legitimacy. Carl Schmitt, Hans Kelsen and Hermann Heller in Weimar*. Londres: Oxford, 1997.

_____. Liberalism after the fall: Schmitt, Rawls and the problem of justification *Philosophy and Social Criticism*, v. 22, n 3, 1996.

FERREIRA, Bernardo. *O risco do político. Crítica ao liberalismo e teoria política no pensamento de Carl Schmitt*. Belo Horizonte: Editora UFMG; Rio de Janeiro: Iuperj, 2004

GALLI, Carlo. *Genealogia della Politica*. Bolonha: Il Mulino, 1996

_____. "Il cattolicesimo nel pensiero politico di Carl Schmitt". *In*: RACINARO, Roberto (Org.). *Tradizione e modernità nel pensiero politico di Carl Schmitt*. Nápoles-Roma: ESI, 1987.

HÖSLE, Vittorio. "La critica di Carl Schmitt all'autonegazione di una costituzione neutrale rispeto ai valori in *Legalität und Legimität*". *In*: *La legittimità del político*. Milão: Guerini e Associati, 1990.

KERVÉGAN, Jean-François. *Hegel, Carl Schmitt*. Paris: PUF, 1992.

LÖWITH, Karl. "Il decisionismo occasionale di Carl Schmitt". *In*: *Marx, Weber, Schmitt*. Bari: Laterza, 1994.

MEIER, Heinrich. *Carl Schmitt, Leo Strauss et la notion de politique*. Paris: Julliard, 1988.

NICOLETTI, Michele. *Trascendenza e potere*. Brescia: Morcelliana, 1990.

PASQUINO, Pasquale. "Carl Schmitt — *Teoria da constituição*". *In*: CHATELET, F.; DUHAMEL, O.; PISIER, E. (Orgs.). *Dicionário de obras políticas*. Rio de Janeiro: Civilização Brasileira, 1993.

_____."Considerazioni intorno al 'criterio del politico' in Carl Schmitt". *Il Mulino, Rivista Bimestrale di Cultura e di Politica*, v. 35, nº 306, 1986.

SCHMITT, Carl. *Der Begriff des Politischen*. 6ª ed. Berlim: Duncker & Humblot, 1996 (texto de 1932, reimpresso a partir da edição de 1963, que foi acrescida de um novo prefácio e de notas adicionais).

_____. *Die Diktatur. Von den Anfängen des modernen Souveränitätsgedankens bis zum proletarischen Klassenkampf*. 6ª ed. Berlim: Duncker & Humblot, 1994 (reimpressão da 2ª ed. de 1928).

_____. *Die geistesgeschichtliche Lage des heutigen Parlamentarismus*. 8ª ed. Berlim: Duncker & Humblot, 1996 (reimpressão da 2ª ed. de 1926).

_____. *Hugo Preuss. Sein Staatsbegriff und seine Stellung in der deutschen Staatslehre*, Tubigen: J. C. B. Mohr, 1930.

_____. *Der Hüter der Verfassung*. 4ª ed. Berlim: Duncker & Humblot, 1996 (1ª ed. 1931).

_____. *Legalität und Legitimität*. 5ª ed. Berlim: Duncker & Humblot, 1993 (1ª ed. 1932).

_____. *Politische Theologie*. 7ª ed. Berlim: Duncker & Humblot, 1996 (reimpressão da 2ª ed. de 1934).

_____. *Politische Romantik*. 6ª ed. Berlim: Duncker & Humblot, 1989 (reimpressão da 2ª ed de 1925).

PERGUNTAS RADICAIS E PROBLEMAS ÚLTIMOS

_____. *Positionen und Begriffe*. 2ª ed. Berlim: Duncker & Humblot, 1988 (1ª ed. 1940).

_____. "Staatsethik und pluralistischer Staat". *In*: *Positionen und Begriffe*. 2ª ed. Berlim: Duncker & Humblot, 1988 (1ª ed. 1940).

_____. *Über die drei Arten des rechtswissenschaftlichen Denkens*. 3ª ed. Berlim: Duncker & Humblot, 1993 (1ª ed. 1934).

_____. *Verfassungslehre*. 7ª ed. Berlim: Duncker & Humblot, 1989 (1ª ed. 1928).

STRAUSS, Leo. "Anmerkungen zu Carl Schmitt, *Der Begriff des Politischen*" (1932). *In*: *Hobbes' politische Wissenschaft*. Neuwied: Luchterhand, 1965.

_____. "Remarques sur *La notion de politique* de Carl Schmitt". *In*: SCHMITT, Carl. *Parlamentarisme et démocratie*. Paris: Seuil, 1988.

CAPÍTULO 4 Lênin e o leninismo*

*Vladimir Palmeira***

---

*Citações traduzidas do inglês por Catharina Epprecht e do francês por Véra Lucia Reis.
**Economista. Doutor em História Social pela Universidade Federal Fluminense (UFF).

Examinaremos neste artigo o leninismo, ou seja, o pensamento e a ação de Lênin, como é concebido modernamente. Tomaremos a questão central do pensamento e da luta política, sobretudo a relação entre estratégia de poder e caráter da revolução. Não é nosso objetivo percorrer tudo o que Lênin fez e escreveu. Nem nos propomos a estudar exatamente a evolução de suas posições, mas a analisar as suas posições revolucionárias já consolidadas. Lênin teve uma fase social-democrata que vai até 1899. Depois uma fase de transição que vai até 1906-1907. A partir de então, seu esquema de poder por etapas está consolidado. O triunfo da ação revolucionária abre um período de novas mudanças, sobretudo do ponto de vista da ação revolucionária internacional, mas com transformações profundas no que seria o caráter dela nos países atrasados.

CARÁTER DA REVOLUÇÃO E ESTRATÉGIA DE LÊNIN ATÉ FEVEREIRO DE 1917

Em tese, o caráter da revolução era a base de uma estratégia revolucionária nos séculos XIX e XX. As opiniões de Marx e Engels já antecipavam a perplexidade dos revolucionários do futuro. Com efeito, Marx e Engels diziam que o socialismo era fruto do capitalismo desenvolvido. Aqui se enfrentavam proletariado e burguesia, e as condições econômicas permitiam a imediata implantação do socialismo. Entre o capitalismo e o comunismo haveria uma fase de transição, cuja face política seria a ditadura do proletariado.

OS INTELECTUAIS DO ANTILIBERALISMO

E nos países atrasados da Europa? Marx e Engels defendiam o apoio à burguesia. Isso os colocava numa posição difícil. Como mobilizar trabalhadores para defender um regime de seus inimigos antagônicos? Marx e Engels dão uma finta e passam a tratar a questão do poder como a questão central do caráter da revolução. Desse modo, ainda na Alemanha atrasada, assim que a burguesia tomasse o poder, começaria a luta revolucionária do proletariado pelo socialismo. Eles contavam com uma fase curta de domínio burguês. O socialismo não dependeria mais das famosas "condições objetivas", do estágio econômico de qualquer país. Isso levou Plekhanov, um dos primeiros marxistas russos, a dizer, nos anos 80 do século XIX, que o domínio burguês não chegaria a desabrochar partindo da afirmação do *Manifesto Comunista*[1] de que, na Alemanha, a revolução burguesa seria o prólogo da revolução proletária. Embora contasse sempre com a revolução internacional.[2]

Em 1851, na célebre *Mensagem*,[3] Marx e Engels avançaram mais do que isso. Alegaram que a burguesia era contrarrevolucionária, a próxima revolução conduziria a pequena-burguesia ao poder, mas o proletariado deveria criar um verdadeiro poder paralelo, que levaria à luta contra o governo pequeno-burguês pelo socialismo. E cunharam a expressão revolução permanente, retomada depois por Trotski e Lênin.

A social-democracia, aparecida nos anos 70 do século XIX, na Alemanha, o primeiro grande movimento socialista de massas, que abriu o território parlamentar aos socialistas e se dizia adepta do marxismo, embora fosse uma fusão de marxismo e lassaleanismo, optou pela visão do caráter da revolução a partir das condições econômicas. Essa base foi herdada pela social-democracia russa, mesmo por Plekhanov, que esqueceu a etapa curta e tornou-se adepto da visão social-democrata tradicional.

A questão, porém, permanecia e, na Rússia, assim como em outros países atrasados, a situação da Alemanha se repetia de forma mais aguda. De fato, se a burguesia alemã mostrou que era contrarrevolucionária somente na revolução, na Rússia já era contrarrevolucionária antes da revolução. O liberalismo russo passava distante da burguesia, era sustentado por uma parte da nobreza, que queria influenciar nos destinos políticos do país, e pela nova pequena-burguesia, composta, sobretudo, de profissionais liberais, mas, em grande parte, assalariados dos *zemstvos*, órgãos de poder local, que cresceram muito depois da reforma de 1861.

O manifesto de fundação do Partido Operário Social-Democrata Russo (POSDR), realizado sem influência de Lênin, que estava exilado na Sibéria, afirmava que quanto mais se ia para leste, mais a burguesia era contrarrevolucionária.

Lênin demorou a tratar do assunto com profundidade. Com a radicalização do movimento operário, camponês e estudantil, gradualmente foi se afastando da maior parte das posições social-democratas, e só veio a tratar da questão do poder em 1905, depois que mencheviques, socialistas-revolucionários, Parvus e Trotski, sem falar no eminente Kautski, já tinham tratado da questão, alguns desde muito antes. Os mencheviques defendiam a posição social-democrata tradicional de poder para a burguesia. Os socialistas-revolucionários adotavam a posição de Marx e Engels de 1851, de revolução permanente, embora não usassem o termo, considerando que a burguesia chegaria ao poder, mas que, quando isso ocorresse, se deveria lutar imediatamente pelo socialismo. Para Trotski, na formulação mais nova e elegante, o caminho de cada país não era igual ao outro. A Rússia não poderia seguir o caminho da Europa ocidental.[4] A burguesia era contrarrevolucionária. Proletários, apoiados nos camponeses, fariam a revolução e instaurariam sua ditadura. Feito isso, começariam conflitos com a burguesia que levariam a nova luta. O novo poder seria obrigado a tomar medidas socialistas. Haveria um imbricamento entre a etapa burguesa (também chamada democrática) e a socialista. O campesinato estaria contra o socialismo. O proletariado perderia a luta a menos que estalasse a revolução no Ocidente[5].

Lênin adotou formalmente a tese social-democrata para a definição de etapa revolucionária. Afirmou em diversos textos que a Rússia precisava de capitalismo para desenvolver as forças produtivas.[6] Mas, ao mesmo tempo, admitia uma etapa burguesa rápida, ou, mais do que isso, a passagem direta para o socialismo, desde que a revolução europeia triunfasse.[7] E até em esboços de artigos ou em artigos não publicados, admite que a revolução vá até o socialismo sem que se passe por qualquer assembleia constituinte.[8]

No entanto, as posições de Lênin na questão do poder diferiam em muito daquelas dos mencheviques. Lênin reconhecia que a etapa era burguesa, mas dizia que o famoso governo provisório das revoluções não seria, no caso russo, dominado pela burguesa, mas pelo proletariado e pelo campesinato. Baseado em textos de Marx, afirmava que toda revolução exigia uma ditadura. Contra Trotski, dizia que não poderia ser a ditadura do proletariado, porque a etapa era burguesa, mas seria a ditadura democrática revolucionária do proletariado e do campesinato, uma invenção leninista, mais uma finta que esse dava. A fragilidade teórica de Lênin era evidente, mas o conteúdo de sua posição era inovador. A ditadura democrática revolucionária do proletariado e do campesinato deveria fazer as grandes transformações democráticas e depois entregar o poder à Assembleia Constituinte. Como o campesinato seria maioria, o governo que se seguiria a ela seria burguês. O proletariado não poderia chegar ao socialismo.[9]

Trotski colocava claramente a fragilidade da posição leninista. Se o proletariado seria o principal ator da revolução burguesa, poder-se-ia tentar querer tranquilizar, dizendo que, no quadro da dominação burguesa, a dominação política do proletariado seria um episódio passageiro; isso significava esquecer que, uma vez que o proletariado tivesse o poder nas mãos, não o passaria adiante sem uma resistência desesperada; esse poder só lhe seria tomado pela força das armas. A fórmula sociológica geral "revolução burguesa" não resolveria os problemas táticos e políticos, as contradições e as dificuldades que eram colocadas pelo mecanismo de uma revolução burguesa determinada.[10] Negou a possibilidade de o proletariado entrar no governo, dar o tom e depois entregar o poder. Não porque essa atitude fosse inadmissível em princípio, mas porque essa situação seria irreal.[11]

Embora Trotski tivesse razão, ele não via o outro lado da moeda: é que de fato o poder estaria nas mãos do proletariado, apoiado no campesinato, e isso tornava a posição leninista incomparavelmente superior à dos mencheviques. Trotski afirmava que o oportunismo dos mencheviques se via antes da revolução. O dos bolcheviques se veria depois. Não acreditou em si mesmo quando disse que o proletariado não entregaria o poder. No fundo, a fórmula leninista se aproximava claramente da sua própria.

Uma estratégia não se resume ao caráter da revolução e à questão do poder. As posições de Lênin levavam uma enorme vantagem sobre as dos outros. Lênin, entre os social-democratas, foi o que mais defendeu a aliança com o campesinato. Os mencheviques namoravam os liberais e a tradição social-democrata era de desconfiança quanto aos camponeses. Desde 1899, Lênin compreendeu a importância decisiva do campesinato e jogou toda a sua energia para que essa aliança se concretizasse. Não era fácil, nos quadros da social-democracia, defender essa posição. Lênin o fez com denodo, em tudo se separando dos socialistas revolucionários, a quem atacava, com frequência injustamente, para resgatar seu próprio marxismo. Em 1905, a posição de Lênin a favor das invasões de terra e sua redistribuição pelos próprios camponeses motivou o ódio dos socialistas-revolucionários, que tinham a posição ingênua de esperar pela Constituinte, para que tudo fosse feito de forma justa. Lênin estimulava os camponeses a fazerem sua própria distribuição, ainda que a Assembleia Constituinte depois decidisse a questão de forma permanente. Durante todo o ano de 1906 polemizou asperamente também contra os mencheviques em defesa de sua aliança. E o futuro lhe deu razão.

Mas houve uma questão decisiva que separava as posições de Lênin das de Trotski e que mostrou a grande superioridade de Lênin em matéria estratégica: Lênin construiu um partido político, enquanto Trotski era um franco-atirador. Não importam aqui os erros teóricos colossais do *Que fazer?*,[12] que se perderam pelo caminho. O livro de Lênin, de 1903, não fez o sucesso que fez, na Rússia, por seus aspectos teóricos, mas por mostrar um caminho de organização dos revolucionários, intelectuais e operários que queriam fazer a revolução. Lênin faz o elogio daqueles que dedicam suas vidas ao socialismo e defende uma organização de revolucionários profissionais, separada de outros tipos de organização da classe operária. Suas posições, baseadas nas organizações dos antigos populistas, foram um salto na organização dos social-democratas russos. E, durante toda sua vida, perseguiu o crescimento e o fortalecimento desse partido. Lênin rompeu o localismo regional e nacional, e mesmo o religioso, e abriu caminho para um partido de todo o Império Russo, unificado e centralizado. Aqui a sua grande diferença com Trotski. Em 1917, não restou a esse outro caminho que não o de entrar no partido de Lênin.

ENTRE FEVEREIRO E OUTUBRO DE 1917

A revolução de fevereiro de 1917 trouxe uma situação inusitada. A revolução foi espontânea, não teve direção política, foi uma explosão popular. Operários e depois soldados se ergueram contra o tzarismo. Os liberais foram contra a revolução... e acabaram no governo. Os soldados foram em passeata pedir à Duma, onde eram influentes os liberais, para que essa formasse um governo provisório. Com o assentimento dos socialistas moderados, independentes e mencheviques, em sua maioria, e com a cumplicidade do soviete de São Petersburgo, cuja organização foi iniciada por eles, os liberais formaram o governo. Mas, ao lado dele, surgiu o soviete como expressão do poder das massas insurrecionadas, que não admitiam as primeiras medidas do governo provisório no sentido de desarmar as tropas.

Formou-se o chamado duplo poder. O governo provisório era tutelado pelo soviete. As massas pressionavam o soviete, este pressionava o governo provisório, que não podia governar do jeito que queria. Muitas medidas de governo só podiam passar com o aval do soviete. Os sovietes se espalharam pela Rússia, um primeiro congresso de toda a Rússia foi realizado e os dois poderes se erguiam em confronto, apesar dos esforços de mencheviques e socialistas-revolucionários para deixar a burguesia governar em paz, no que deveria ser seu destino histórico. Mesmo os bolcheviques tinham uma posição tímida com relação a essa questão.

Lênin e Trotski pensavam de outra maneira. Antes mesmo de chegar à Rússia, em abril de 1917, Lênin, para espanto de alguns bolcheviques, pedia a derrubada do governo provisório e colocava o socialismo na ordem do dia.[13] 'Trotskismo!", gritavam alguns. Muitos historiadores caíram nesse conto. Na verdade, Lênin adotou a tese segundo a qual o caráter da revolução era dado pelo poder, e não pelas condições econômicas. Retomou suas teses de revolução permanente, ou ininterrupta, tal como o stalinismo traduziu pelo mundo. Lênin dizia que a situação era inteiramente nova, de duplo poder, mas que, em certo sentido, a burguesia chegara ao poder e que se tratava então de implantar a ditadura do proletariado e marchar para o socialismo. Apresentou o esquema, formulado em 1905, em duas etapas. Tanto é assim que em abril, ao contrário do que se diz, Lênin tinha uma posição anticamponesa.[14] Defendia que somente o semiproletariado seria o aliado do proletariado. Ele pede a esse semiproletariado que se organize separadamente dos pequenos proprietários ricos.[15] É só a luta camponesa, durante o ano de 1917, que empurra Lênin para a aceitação prática da aliança com o conjunto do campesinato. Embora fizesse o discurso formal de seu esquema, foi obrigado na prática a aceitar a unidade camponesa. Depois da tomada do poder, esse fenômeno vai se repetir.

Mencheviques e socialistas-revolucionários não só aceitaram entrar no governo ao lado dos liberais e da burguesia como não se dignaram a fazer a reforma agrária nem conseguir a paz, principais reivindicações do povo, além da reivindicação por comida. O caminho foi aberto para o triunfo bolchevique de outubro de 1917, sob o comando de Trotski, mas já dentro do partido de Lênin. Como Trotski previra, mas de outra forma, a revolução burguesa ou democrática se imbricava com a revolução socialista, na medida em que a burguesia não executou o que seriam as grandes tarefas históricas da revolução.

Lênin não somente executou a aliança com o campesinato como deu inteiro apoio à luta das nacionalidades oprimidas — mais um viés de sua estratégia de revolução. A sua posição talvez não tenha influenciado tanto em 1917 como na guerra civil, mas mesmo assim foi muito importante.

A revolução de outubro não foi como a de fevereiro e a de 1905, espontâneas, foi dirigida pelos bolcheviques, por meio do soviete de São

OS INTELECTUAIS DO ANTILIBERALISMO

Petersburgo, do qual Trotski era presidente. Sem partido, certamente essa revolução não teria existido.

Lênin chega ao poder. E agora, Vladimir? Veremos como se desenrolou o imbricamento das etapas. Mas, antes, temos de entrar em outro assunto, na questão do Estado. De 1905 a fevereiro de 1917, Lênin mantinha aquela posição de ditadura democrática revolucionária do proletariado e do campesinato que terminaria na Assembleia Constituinte. Agora, tratava-se da ditadura do proletariado que, segundo ele, deveria ter vida mais longa. Cabia definir como seria essa ditadura. A sua preocupação não se limitava à Rússia. Ao contrário, seu livro era universal, porque detalhava como seria a ditadura do proletariado também nos países desenvolvidos, em particular aqueles da Europa ocidental, onde se esperava que a revolução triunfasse a curto prazo.

UM INTERLÚDIO TEÓRICO. LÊNIN, O ESTADO E A REVOLUÇÃO

O forte de Lênin nunca foi a teoria. Ao longo de sua vida incursionou aqui e ali no marxismo, na filosofia, na economia, sem grande sucesso. Instigado por Bukharin, o grande quadro teórico bolchevique, ele estudou, primeiro, o imperialismo, de que trataremos mais tarde, e, depois, a questão do Estado. Nessa, declarou que tentava reconstituir a concepção marxista de Estado, de Marx e Engels. Essa questão ganhava grande atualidade em função da crise revolucionária europeia e das posições renegadas da maioria dos partidos social-democratas. Lênin usou esse livro para combater o oportunismo. Não seria a primeira vez que recorria à discussão teórica para agredir politicamente seus adversários.

Por outro lado, Lênin desconhecia completamente o assunto, e vai deformando o pensamento de Marx e Engels desde o início até o fim de seu famoso *O Estado e a revolução*. Sua confusão está presente também em sua resposta a Kautski sob o título de *A revolução proletária* e *O renegado Kautski*.

O centro de *O Estado e a revolução* é recapturar o conceito de ditadura do proletariado, a arma essencial dos trabalhadores para construir

LÊNIN E O LENINISMO

o socialismo, segundo ele. Para isso, precisa antes explicar o que é ditadura. Desde 1907, Lênin dizia que:

> A noção científica de ditadura não significa nada além de um poder sem limitação, que nenhuma lei e absolutamente nenhuma regra restringem, e que se apoia diretamente na violência. A noção de ditadura não significa nada além disso: lembrem-se bem, meus jovens.[16]

Repetiu isso em 1917. Essa noção se aproxima do conceito clássico, expresso por Carl Schmitt, embora sem a necessária afirmação de um objetivo a alcançar. Para Schmitt, a ditadura é uma sábia invenção dos romanos. O ditador era um magistrado romano extraordinário, que fora introduzido após a expulsão dos reis, para que, em tempo de perigo, houvesse um *imperium* forte, que não fosse obstaculizado pelo poder dos cônsules, pela colegialidade, pelo direito de veto dos tribunos da plebe ou pela apelação ao povo. O ditador, nomeado pelo Senado, tinha por objetivo eliminar a situação perigosa que motivara sua nomeação, ou seja, fazer a guerra (*dictadura rei gerendae*) ou reprimir uma rebelião (*dictadura rei sedandae*), mais tarde cabendo algumas outras funções. O ditador era nomeado por seis meses, mas, pelo menos nos velhos tempos republicanos, era louvado quando saía antes desse tempo, assim que resolvesse sua tarefa. Não estava submetido às leis, era uma espécie de rei, com poder ilimitado sobre a vida e a morte.[17] O ditador adotava disposições que podia executar imediatamente, isto é, sem necessidade de outros meios jurídicos. Mas não podia fazer leis, nem modificar as existentes. As autoridades regulares seguiam em seus cargos, como uma espécie de controle.[18] Uma ditadura, afirma Schmitt, que não dependa de um resultado a alcançar, correspondente a uma representação normativa, mas concreta, que não tenha como objetivo tornar-se supérflua, é um despotismo qualquer.[19]

Segundo Schmitt, a distinção especial do seu livro é aquela entre ditadura soberana e comissária. Trata-se de um poder simplesmente constituído (próprio da ditadura comissária), mas também constituin-

OS INTELECTUAIS DO ANTILIBERALISMO

te (próprio da ditadura soberana).[20] A ditadura comissária suspende a Constituição *in concreto*, para proteger a própria Constituição em sua existência concreta.[21] A ditadura soberana vê na ordenação total existente a situação que objetiva eliminar mediante sua ação. Aspira a criar uma nova situação que faça possível uma nova Constituição, considerada a Constituição verdadeira. Não apela à Constituição existente, mas a uma Constituição que irá implantar.[22] O ditador comissário é o comissário de ação incondicionada de um poder constituído; a ditadura soberana é a comissão de ação incondicionada de um poder constituinte.[23] Todo ditador é necessariamente um comissário. Na ditadura soberana, o ditador permanece comissário, contudo, pela peculiaridade não do poder constituído, mas do poder constituinte, é um ditador que dita inclusive a seu representado sem deixar de legitimar-se por ele.[24]

Assim sendo, a ditadura do proletariado seria um caso típico de ditadura soberana e coletiva.

Mas Lênin tem outra definição de ditadura, comum e corrente no pensamento tradicional da esquerda, a de que todo Estado é uma ditadura. Em *O Estado e a revolução*, ele apresenta suas duas visões. Uma como sinônimo de Estado ou de poder político;[25] outra, como poder acima de qualquer lei.[26] Em *O renegado Kautski*, ele mantém as mesmas definições. De um lado, confunde ditadura e Estado.[27] De outro, explicita mais ainda as posições sobre ditadura que tem desde 1905, afirmando, como já citamos, a concepção de ditadura do proletariado como um poder que não está ligado por qualquer lei.[28] Ora, se Estado e ditadura são um só conceito, esse abrange o Estado baseado na lei. Portanto, as duas definições de Lênin não são simplesmente distintas, apresentam elementos de antagonismo.

Lênin avança com duas definições, assim como apresenta também duas definições de democracia. Após afirmar que a democracia é uma forma de Estado, passa a considerá-la a existência de certos direitos:

> Ora, a ditadura do proletariado, quer dizer, a organização da vanguarda dos oprimidos para derrubar os opressores na classe dominante, não

pode se limitar a uma simples expansão da democracia. Tanto quanto uma expanão considerável da democracia — pela primeira vez transformada em democracia para o povo e não para os ricos —, a ditadura do proletariado implica uma série de restrições à liberdade para os opressores, exploradores, capitalistas. A esses, devemos dominar, a fim de libertar a humnidade da escravidão assalariada; é preciso quebrar a resistência pela força; e é evidente que, onde há repressão, há violência, não há liberdade, não há democracia.

Foi o que Engels admiravelmente expressou em sua carta a Bebel, na qual dizia, como o leitor se recorda:

"...enquanto o operariado ainda precisar do Estado, não é absolutamente para a liberdade, mas para organizar a repressão contra seus adversários. E no dia em que for possível falar de liberdade, o Estado deixa de existir como tal." Democracia para a imensa maioria do povo e repressão pela força, quer dizer, privação da democracia para os exploradores os opressores do povo, essa é a modificação que a democracia sofre quando da transição do capitalismo para o comunismo.[29]

Uma verdadeira confusão! De um lado, Lênin renega sua definição de democracia como forma de Estado, ao afirmar que a ditadura do proletariado representa um alargamento considerável da democracia. Evidentemente, um alargamento considerável da democracia como forma de Estado consistiria em defender justamente o que Lênin negou acima: que a democracia burguesa poderia levar, sem obstáculos, a uma democracia mais perfeita. Lênin de fato transita sem fronteiras entre o mundo real e o conceitual. De outro lado, após posicionar-se a favor da necessidade de repressão, nega que a ditadura do proletariado seja uma democracia porque, segundo ele, onde há repressão e violência não há liberdade nem democracia. Donde, a democracia aqui deixa de ser uma forma de Estado. Além disso, a sua visão de sociedade é simplificadora, restringe-se à existência de opressores e oprimido.

Desse jeito, Lênin, que começa *O Estado e a Revolução* com uma definição parcial de Estado, se enreda cada vez mais na questão. Quando trata do que é a ditadura do proletariado, só pode aumentar a confusão. Vamos tratar de duas confusões principais.

Em primeiro lugar, Lênin afirma que a Comuna de Paris era a ditadura do proletariado. Afirmação quase sem fundamento, não fosse uma única afirmação de Engels nesse sentido. Enfrentando o processo de direitização da social-democracia alemã e o temor dos social-democratas alemães de defender a República, Engels afirmou, em 1891, que

> Mais recetemente, "o filisteu alemão foi mais" uma vez tomado de terror frente à expressão 'ditadura do proletariado'. Muito bem, meus senhores, vocês querem saber como era essa ditadura? Olhem para o Comuna de Paris. Essa era a ditadura do proletariado.[30]

Essa impensada ou mal pensada frase de Engels não deveria impedir que Lênin investigasse o que foi a Comuna e o que Marx dizia a esse respeito. Em 1881, Marx afirmava:

> Talvez vocês me citem a Comuna de Paris, mas, afora o fato de esse ter sido um mero levante de uma cidade em circunstâncias excepcionais, a maior parte do movimento não era socialista de jeito algum, nem poderia ter sido. Com uma pequena quantidade de BOM SENSO, entretanto, poderia ter alcançado o máximo dos máximos do alcançável naquele momento — um compromisso com Versalhes benéfico ao povo como um todo. A simples tomada do Banque de France colocaria rapidamente um fim à vanglória de Versalhes etc. etc.[31]

Portanto, para Marx, a Comuna não era nem um governo socialista; não poderia ser, portanto, a ditadura do proletariado. Mas ele não esperou tantos anos para se pronunciar. Já em 1871 declarou explicitamente que a Comuna não era a ditadura do proletariado:

O último movimento foi a Comuna de Paris, o maior já feito e sobre o qual não resta dúvida: a Comuna foi a conquista do poder político por parte das classes trabalhadoras. Houve muitos entendimentos equivocados sobre esse movimento, que não teria como fundar uma nova forma de governo de classe. Ao destruir as condições de opressão então existentes por intermédio da transferência dos meios de trabalho ao trabalhador produtivo e, portanto, por forçar qualquer indivíduo fisicamente capaz a trabalhar para viver, a única base de mando e opressão de classe seria eliminada. No entanto, antes de tal mudança poder se realizar, uma ditadura do proletariado se tornaria necessária, e a primeira condição para isso era um exército proletário. As classes trabalhadoras teriam de conquistar um direito de se emanciparem no campo de batalha. A tarefa da Internacional Comunista era organizar e combinar forças de trabalho para a batalha vindoura.[32]

Marx tratava a Comuna antes como um governo operário, no qual a sociedade reabsorvia o poder de Estado. Este seria substituído pela Comuna:

A Comuna era formada por conselheiros eleitos por sufrágio universal em vários distritos da cidade, responsáveis e passíveis de serem destituídos rapidamente. A maior parte de seus membros era naturalmente da classe operária. A Comuna se propôs como um organismo trabalhador, e não parlamentar, ao mesmo tempo que era um corpo executivo e legislativo. Em vez de continuar a ser o agente do Governo Central, a polícia foi de um só golpe despida de seus atributos políticos e tornada o agente responsável da Comuna, a qualquer momento revogável, assim como o eram as autoridades de todos os outros braços da Administração. Dos membros da Comuna para baixo, o serviço público tinha de ser feito com salários de trabalhador. Os direitos adquiridos e as verbas de representação de altos dignatários do Estado desapareceram, assim como os próprios altos dignatários. Funções públicas pararam de ser a propriedade privada do Governo Central. Não apenas a administração municipal, mas toda a iniciativa até então exercida pelo Estado foram colocados nas mãos da Comuna.[33]

OS INTELECTUAIS DO ANTILIBERALISMO

Portanto, como vemos, segundo Marx, a polícia perderia o caráter político. Na verdade, o próprio governo central perderia as funções políticas. A administração municipal e também toda iniciativa até então exercida pelo Estado passavam para a Comuna. Assim, a Comuna não poderia ser um Estado. Marx nota a mudança no significado das eleições:

> Enquanto os órgãos meramente repressivos do antigo poder governamental estavam para ser cortados, suas funções legítimas tinham de ser arrancadas de uma autoridade que reclamava a precedência sobre a própria sociedade e restauradas aos agentes a quem cabiam na sociedade. Em vez de decidirem uma vez a cada três ou seis anos quais membros da classe no poder representariam mal o povo no Parlamento, o sufrágio universal tinha como objetivo servir ao povo, constituído na Comuna, assim como o sufrágio individual servia a cada empregador na busca por operários e gerentes em seu negócio. E é bem sabido que, quando se trata de negócios reais, as empresas, assim como os indivíduos, em geral sabem como colocar o homem certo no lugar certo e, caso tenham cometido algum engano, como corrigi-lo apropriadamente. Por outro lado, nada poderia ser mais estranho ao espírito da Comuna do que suplantar o sufrágio universal com uma investidura hierárquica.[34]

Mas lamentou que a Guarda Nacional tivesse abdicado de sua ditadura em prol da Comuna. Representava-a mais como um governo em plena sociedade comunista, daí a defesa das liberdades, da democracia comunal. Os marxistas conservadores devem se arrepiar com a existência do Estado na sociedade comunista. Mas a obra de Marx e Engels está repleta de exemplos a esse respeito. Marx e Engels sempre defenderam o fim do Estado político, e não do Estado em geral. Por isso, Engels, parodiando os utópicos, falava em administração das coisas. Como se pudesse administrar coisas sem homens. Assim, em *Gotha*, Marx coloca a seguinte questão:

Surge uma questão, então: por quais transformações o Estado passará em uma sociedade comunista? Em outras palavras, que funções sociais análogas às presentes funções do Estado permanecerão? A pergunta só pode ser respondida cientificamente, e não se chega nem um milímetro perto do problema por meio das milhares de combinações da palavra povo com a palavra Estado.[35]

Portanto, segundo ele, há Estado na sociedade comunista, ou um aparelho com algumas funções análogas às do Estado. Aqui, se voltarmos ao *Manifesto*, veremos que o trecho sobre poder diz o seguinte:

> Quando no curso do desenvolvimento as distinções de classe desaparecerem e toda a produção se concentrar nas mãos de uma ampla associação de toda a nação, o poder público perderá seu caráter político. O poder político, propriamente dito, nada mais é do que o poder de uma classe se organizar para oprimir outra. Se o proletariado, durante seu embate com a burguesia, é levado, por força das circunstâncias, a se organizar como classe, se por meio de revolução ele se torna a classe governante e, como tal e por meio da força, varre as antigas condições de produção, então o proletariado terá varrido junto a essas condições a existência dos antagonismos de classe e da própria classe de maneira geral, e, portanto, terá abolido sua própria supremacia na condição de classe.[36]

Ou seja, no comunismo, o poder público perde seu caráter político. Contudo o poder público não desaparece. Marx enfatiza que existem funções administrativas que permanecem. E Marx e Engels afirmam também:

> A anarquia é, portanto, o grande cavalo de batalha de seu mestre Bakunin, que não tomou nada dos sistemas socialistas a não ser um conjunto de rótulo. Todos os socialistas veem a anarquia como o programa que se segue: uma vez alcançado o objetivo do movimento proletário (isto é, a

abolição das classes), desaparece o poder do Estado, que serve para manter a grande maioria de produtores em servidão a uma minoria bem pequena de exploradores, e as funções governamentais se tornam simples funções administrativas.[37]

Ou seja, aqui de novo, com a assinatura dos dois fundadores do marxismo, encontramos um governo não político, puramente administrativo. E Engels arremata:

> Por que os antiautoritários não se limitam a esbravejar contra a autoridade política, o Estado? Todos os socialistas concordam que o Estado político e, com ele, sua autoridade política, desaparecerão como consequência da revolução social por vir, ou seja, que suas funções públicas perderão o caráter político e serão transformadas em simples funções administrativas de supervisionar os verdadeiros interesses da sociedade. Mas a demanda antiautoritária é a de que o Estado político seja abolido de um só golpe, mesmo antes de as condições sociais que o criaram serem destruídas.[38]

Portanto, o Estado perde seu caráter político, mas mantém-se um aparelho administrativo.

Em segundo lugar, Lênin, não compreendendo que Marx fala de Estado na sociedade comunista como essa administração das coisas, esse Estado administrativo, faz uma transformação profunda no próprio conceito de ditadura do proletariado. Talvez embatucado com a existência do Estado na sociedade comunista, proclamada por Marx na *Crítica ao Programa de Gotha*, Lênin faz uma operação de mágico. Transfere sua análise para as duas fases da sociedade comunista, descritas por Marx nesse mesmo livro. Essa questão nada tinha a ver com o Estado, tratando meramente da distribuição de renda no comunismo. Marx afirma que, na primeira fase, há a distribuição de acordo com a capacidade de cada um, um princípio ainda burguês, embora nunca aplicado no capitalismo. Na segunda etapa, a distribuição se dará em função das necessidades. Pois bem, a partir dessa divisão de Marx, Lênin afirma que o direito burguês rege na primeira fase do comunismo, uma afirmação que não se encontra de maneira alguma em Marx. Depois, diz que se o direito burguês rege, haverá Estado. Se há Estado sob o direito burguês, esse Estado é burguês. Ou seja, a ditadura do proletariado é um Estado burguês! O velho revolucionário teve de caraminholar muito para poder extrair esse absurdo de alguns parágrafos de Marx sobre a distribuição, quando o próprio Marx encerra o assunto dizendo que esse assunto é inteiramente secundário e que a distribuição que conta é a dos meios da produção. Além disso, a produção, segue Marx, é mais importante do que a distribuição. E ainda diz que os problemas da distribuição são pequenas incorreções. Pois bem, dessas pequenas incorreções Lênin constrói todo um ponto de vista diferente.

Podemos colocar a falsificação leninista em quadro. Marx afirma que, entre o capitalismo e o comunismo, abre-se uma fase intermediária, de transformação de um em outro, cuja expressão política é a ditadura revolucionária do proletariado.

Capitalismo	Transição entre capitalismo e comunismo	Comunismo	
		Primeira fase	Segunda fase
Diversas formas de Estado	Ditadura do proletariado	Não há Estado político, mas um aparelho administrativo	

Lênin confunde a fase de transição com a primeira fase do comunismo:

Capitalismo	Transição entre capitalismo e comunismo	Comunismo
	Primeira fase do comunismo	Segunda fase
Diversas formas de Estado	Ditadura do proletariado	Não há Estado político

Eis aí aonde nos leva a "dialética". A ditadura do proletariado, tida como governo revolucionário provisório, como Estado de transição, se transforma em ditadura permanente. Com isso, Lênin fez da ditadura do proletariado, em vez de uma etapa de transição política, todo um período histórico, negando o que Marx claramente enunciou em seus escritos: que a ditadura do proletariado correspondia a um período de transição entre o capitalismo e o comunismo. Assim fazendo, Lênin estabeleceu as bases teóricas para o despotismo comunista.

A maior parte dos autores celebra a visão democrática de Lênin em *O Estado e a revolução*, quando nosso revolucionário defende direitos democráticos, retirados do livro de Marx sobre a Comuna. Mas esquecem a ode de Lênin ao despotismo.

Wolfe[39] e Theen,[40] ao celebrarem as posições democráticas de Lênin em *O Estado e a Revolução*, gostam de lembrar que o partido quase não aparece na ditadura do proletariado. É verdade, e Lênin ficou constrangido, porque ao colocar como tarefa reconstruir a teoria de Estado de Marx e Engels, não encontrava papel especial para o partido na reflexão dos dois. Basta lembrarmos o que Lênin diz quando fala de partido:

> Ao educar o partido operário, o marxismo educa uma vanguarda do proletariado capaz de tomar o poder e conduzir todo o povo para o socialismo, de dirigir e organizar um regime novo, de ser o educador, o guia e o chefe de todos os trabalhadores e explorados para a organização de sua vida social, sem a burguesia e contra a burguesia. Ao contrário, o oportunismo reinante educa, no partido operário, os mais bem remunerados representantes dos trabalhadores que se destacam da massa: o que "se acomodam" bastante bem ao regime capitalista e vendem por um prato de lentilhas seu direito de progenitura, quer dizer, abdicam o papel de chefes revolucionários do povo na luta contra a burguesia.[41]

Ou seja, o partido é quem toma o poder e leva o povo ao socialismo, como observara Colas.[42] É o partido quem organiza o novo regime, é o guia e o chefe. Essa citação talvez tenha sido escrita justamente quando

Lênin retirava a palavra de ordem "Todo o poder aos sovietes" na Rússia. Pode ser que traga a marca da conjuntura. Mas parece ir claramente contra outros trechos de O *Estado e a revolução* e ressalta ainda mais a ambiguidade do leninismo.

DEPOIS DE OUTUBRO

A ação e a obra de Lênin já teriam influenciado muito se apenas os bolcheviques tivessem tomado o poder. Mas a manutenção do regime trouxe novas questões. De um lado, o regime tornou-se despótico. Com efeito, depois do fim da guerra civil, nem se falava em democratização; ao contrário, o regime endureceu. E o despotismo tornou-se um padrão, reproduzindo-se em todos os países onde os comunistas dirigiram uma revolução vitoriosa. De outro, o fato de o regime não ter sido derrubado pela direita nacional e internacional quebra a visão de o socialismo requerer um alto grau de desenvolvimento das forças produtivas.

O *despotismo*

Muitos autores acreditam que O *Estado e a revolução* de Lênin realmente era uma tentativa de democracia e que a primeira fase da revolução depois da tomada do poder confirmaria isso. Coisa nenhuma. O que havia de liberdade era fruto da ação das massas. Desde cedo, os bolcheviques começaram a meter as mãos nos direitos dos trabalhadores. Lênin e Trotski logo esqueceram as massas e partiram para a ditadura do partido, previsível pelo parágrafo de Lênin em O *Estado e a revolução*.

Centralizou-se a economia. Centralizou-se a política. Não somente a classe operária caiu na lassidão (Bukharin fala em desintegração) como seus melhores quadros foram para o trabalho do partido e do Exército. Os sovietes começam a perder poder para seus órgãos executivos, e esses para o governo. Isso em parte foi exigido pela própria situação de caos. Mas de outro lado significava que a revolução começava a tomar connecimento das dificuldades de "socializar" a Rússia.

Não só o Estado se centraliza. O partido segue também essa dinâmica, embora com menor ritmo. Os outros partidos são progressivamente postos fora da lei. O argumento é o de que se ligavam aos adversários da revolução na guerra civil. Mas isso nem sempre foi verdade.

Governava-se sem que o dinheiro tivesse praticamente nenhum papel. Tudo era decidido pelo Estado. Lênin, que pouco antes da revolução havia escrito um livro em que tentava desmistificar a ideia de que gerir o Estado era difícil, agora se torturava:

> Cada operário saberá administrar o Estado? As pessoas práticas sabem que isto é um conto de fadas. Os sindicatos são uma escola de comunismo e de gestão. Quando eles (os operários) tiverem nos frequentado, terão aprendido, mas os progressos serão lentos... Quantos operários participam na gestão? Alguns milhares em toda a Rússia, é tudo.[43]

Trotski, que em sua vida defendera tanto o movimento de massas que temera o burocratismo partidário, defendia a centralização:

> Hoje recebemos do governo polonês propostas de paz. Quem decide sobre isto? Temos o Sovnarkom, mas ele deve ser submetido a certo controle. Que controle? Aquele da classe operária sob sua forma de massa caótica e informe? Não. O Comitê Central do partido foi chamado para discutir estas proposições e decidir sobre a resposta a dar[44]

Lênin não se pejava da ditadura de um só partido:

> Sim, a ditadura de um só partido! É sobre ela que nos apoiamos, e não podemos nos afastar dessa base, porque nosso partido é aquele que no curso de decênios conquistou, à sua própria custa, a posição de vanguarda do conjunto do proletariado das usinas e das indústrias.[45]

Consagra-se o domínio de um partido que fica no poder por seus títulos. A relação com os trabalhadores é bem descrita por Trotski:

> Não temos outra via para o socialismo senão a direção autoritária das forças e dos recursos econômicos do país e a repartição centralizada da força de trabalho de acordo com o plano geral estabelecido pelo Estado. O Estado dos trabalhadores se considera autorizado a enviar cada operário para onde seu trabalho é necessário. E nenhum socialista sério vai querer contestar ao Estado dos trabalhadores o direito de usar mão de ferro sobre o operário que se recusa a cumprir seu dever de trabalhar.[46]

Os sindicatos tornam-se uma agência de Estado. Encarregam-se de punições aos operários que cometeram crimes, como chegar atrasado; ter uma conduta incorreta em relação aos clientes; não ter disciplina sindical; desobediência; abandono voluntário do trabalho e propaganda pela diminuição das jornadas de trabalho. Os criminosos podiam ir parar em um campo de trabalho forçado, quando não eram enviados para prisões que os próprios sindicatos criaram.

O importante para os bolcheviques era, no imediato, não perder a guerra civil e garantir o abastecimento. Os camponeses toleraram em certa medida as requisições enquanto a guerra civil durou. Os brancos poderiam tirar as terras que ganharam com a revolução. Mas, à medida que a guerra esmorecia, a situação foi ficando intolerável. Começaram a plantar menos. Revoltas espocaram aqui e ali. O risco era de vir tudo abaixo. Era necessário mudar a política.

Veio a Nova Política Econômica (NEP). Houve certa descentralização econômica. Mas a ditadura, ao contrário, se reforçou, demonstrando que se transformara em despotismo. Todas as revoluções comunistas do século XX vão acabar no mesmo tipo de regime: despótico, sem exceção.

OS INTELECTUAIS DO ANTILIBERALISMO

Mudanças no caráter da revolução e na estratégia

O próprio triunfo da revolução russa e seu isolamento criaram um quadro político novo. Lênin manteve inicialmente seu esquema de combater o campesinato, na sua luta contra o chamado campesinato rico. Mas este era uma ilusão. A própria revolução russa tinha homogeneizado o campo, com a distribuição igualitária da terra, e as fronteiras entre camponeses pobres e ricos era muito tênue. A comuna rural se fortalecera. A política de requisição forçada de grãos, a seu modo, funcionou, mas Lênin fracassou em criar organizações separadas dos camponeses pobres. Com a NEP, há uma trégua, mas Lênin falava da NEP como um recuo. A coletivização stalinista nunca esteve tão longe assim, ressalvados forma e ritmo, da visão do próprio Lênin.

No entanto, o triunfo da revolução contra a burguesia e em aliança com o campesinato repercutiu por todo o mundo. E quanto mais a URSS se fortalecia, mais essa influência crescia. Além disso, mais interessante, há uma adesão de Lênin e dos bolcheviques às velhas teses populistas de salto da etapa capitalista.

Essa ideia não veio por acaso. A partir de 1913, Lênin dá uma importância enorme à questão nacional, apenas pela política interna do Império russo. Fortalece e desenvolve a visão tradicional da Segunda Internacional de que deve ser dada autonomia às nações oprimidas. Ele defende com força o direito à separação das nações oprimidas pelo Estado russo. No entanto, Lênin nunca misturou a garantia do direito com seu exercício. Os comunistas, segundo Lênin, deveriam sempre ser a favor de grandes Estados, que poderiam mais facilmente desenvolver as forças produtivas e superar o nacionalismo. Mas o nacionalismo das nações oprimidas era compreensível, dizia Lênin. Portanto, o direito à separação deveria ser garantido. No entanto, em cada nação oprimida, os comunistas dessa nação deveriam lutar contra a separação. Como era a nação oprimida que deveria decidir sobre a questão, os comunistas dos países dominadores deveriam lutar simplesmente para que se garantisse autonomia regional mais ampla e liberdade de cultura e de aprendizado da língua.

LÊNIN E O LENINISMO

Enfrentando uma forte reação tanto na Rússia como fora dela, Lênin transportou esse conceito quando, tardiamente, começou a estudar a questão do imperialismo. Sua obra principal, *O imperialismo, último estágio do capitalismo,* nada tem de inovadora, do ponto de vista econômico, limitando-se a repetir reflexões de Hobson, Hilferding e Bukharin e a fazer afirmações descabidas, como a do predomínio do movimento de capitais com relação ao comércio mundial, ou a de que o imperialismo seria o capitalismo agonizante. As melhores colocações de Lênin são de natureza política e estão sobretudo nas obras em que trata de imperialismo em conexão com a questão nacional:

> A época do imperialismo é a da opressão crescente das nações de todo o mundo por um punhado de "grandes" potências; assim é que a luta pela revolução internacional socialista contra o imperialismo é impossível sem o reconhecimento do direito das nações em dispor de si mesmas. "Um povo que oprime outros não pode ser livre" (Marx e Engels); Não pode ser socialista um proletariado que aceita a violência exercida por "sua" nação contra outras nações.[47]

> É por isso que o programa social-democrata deve se centrar na divisão das nações em nações opressoras e nações oprimidas, divisão que constitui a essência do imperialismo e que dissimuladamente os social-chauvinistas e Kautsky escamoteiam. Essa divisão não tem consequência do ponto de vista do pacifismo burguês ou da utopia pequeno-burguesa da concorrência pacífica das nações independentes em regime capitalista, mas ela é capital para do ponto de vista da luta revolucionária contra o imperialismo. E é dessa oposição que deve proceder nossa definição do "direito das nações em dispor de si mesmas", uma definição democrática consequente, revolucionária e conforme à tarefa geral da luta imediata pelo socialismo. Agindo em nome desse direito e exigindo que ele não seja reconhecido apenas para constar, os social-democratas das nações opressoras devem reivindicar a liberdade de separação em benefício das nações oprimidas, porque, de outro modo, o reconhecimento da igual-

dade em direitos das nações e da solidariedade internacional dos operários não seria de fato senão uma palavra vazia e uma hipocrisia. Quanto aos social-democratas das nações oprimidas, ele devem defender em primeiro lugar a união e a aliança dos operários das nações oprimidas com aqueles das nações opressoras, do contrário, esses social-democratas se tornarão forçosamente os aliados desta ou daquela burguesia nacional, sempre pronta a trair os interesses do povo e da democracia, sempre pronta, por sua vez, a anexar e oprimir outras nações.[48]

A definição de Lênin de imperialismo, que coloca o acento na dominação das nações pobres pelas ricas e na necessidade de aliança das nações pobres com o proletariado dos países imperialistas, terá resultados duradouros. E servirá como um ponto de partida para a política internacional do partido bolchevique depois da tomada do poder.

Em primeiro lugar, qual é a ideia essencial, fundamental de nossas teses? A distinção entre os povos oprimidos e os povos opressores. Destacamos essa distinção contrariamente à II Internacional e à democracia burguesa. Na época do imperialismo, é especialmente importante para o proletariado e para o Internacional Comunista constatar os fatos econômicos concretos e, na solução de todas as questões coloniais e nacionais, partir não de noções abstratas, mas das realidades concretas.

O traço característico do imperialismo é que o mundo todo, tal como o vemos, se divide atualmente num grande número de povos oprimidos e num número ínfimo de povos opressores que dispõem de riquezas colossais e de poderosa força militar. A população total do globo, estimada em 1,75 milhões, a imensa maioria — compreendendo mais de um milhão, e, segundo toda probabilidade, 1,250 milhões de seres humanos, quer dizer, quase 70% da população do globo —, pertencem aos povos oprimidos que, ou se encontram sob o regime de dependência colonial direta, ou constituem Estados semicoloniais, como a Pérsia, a Turquia, a China, ou ainda, vencidos pelo exército de uma grande potência colonialista, encontram-se sob sua dependência em virtude de tratados de paz. Essa ideia de distinção, de divisão dos povos em oprimidos e opressores, encontra-se em todas as teses, tanto nas primeiras assinadas por mim e publicadas anteriormente quanto nas do camarada Roy. As últimas foram escritas principalmente com base na situação da Índia e dos outros grandes povos da Ásia oprimidos pela Grã-Bretanha, e nisso reside sua grande importância para nós.[49]

Não só Lênin dá tamanha importância a essa contradição internacional. No mesmo congresso, no debate sobre se se deveria ou não apoiar a burguesia nos países oprimidos, adotou-se uma resolução genérica em que se diz que se deve apoiar todos que lutam revolucionariamente. Mas, no trecho citado anteriormente, Lênin já falava na traição da burguesia dos países atrasados. Finalmente, a resolução, escrita por Lênin, defende abertamente o salto sobre o capitalismo:

A pergunta se apresentava do seguinte modo: podemos considerar correta a afirmação de que o estágio capitalista de desenvolvimento da economia é inevitável para os povos atrasados, atualmente em vias de emancipação, e entre os quais se observa desde a guerra um movimento em direção ao progresso? A ela respondemos pela negativa. Se o proletariado revolucionário vitorioso desenvolve uns com os outros uma propaganda sistemática, se os governos soviéticos os ajudam por todos os meios à sua disposição, não teríamos razão em acreditar que o estágio de desenvolvimento capitalista seja inevitável para os povos atrasados. Em todas as colônias e em todos os países atrasados, devemos não apenas constituir quadros independentes de militantes, organizações do partido, não apenas ali desenvolver desde já a propaganda a favor da organização dos sovietes de camponeses, comprometendo-nos a adaptá-os às condições pré-capitalistas deles, como também a Internacional Comunista deve estabelecer e justificar no plano teórico o princípio de que, com a ajuda do proletariado dos países adiantados, os países atrasados podem alcançar o regime soviético e, passando por determinados estágios de desenvolvimento, ao comunismo, evitando o estágio capitalista.[50]

OS INTELECTUAIS DO ANTILIBERALISMO

Em 1923, defendendo a tomada do poder em 1917, respondendo a posições de mencheviques, as reflexões de Lênin se assemelham, em muito, às preocupações dos velhos populistas de evitar os males do capitalismo e marchar por via própria ao socialismo:

> Para criar o socialismo, diz você, é preciso ser civilizado. Muito bem. Mas por que não poderíamos começar criando entre nós essas condições preliminares da civilização, expulsando os grandes latifundiários, expulsando os capitalistas russos, para, em seguida, começar nossa marcha rumo ao socialismo? Em que livros você leu que tais mudanças na ordem histórica habitual são inadmissíveis ou impossíveis?
>
> Lembro-me de que Napoleão disse: "A gente se engaja e depois... vê." Foi o que fizemos. Inicialmente, nos engajamos num combate sério em outubro de 1917. Em seguida, o desdobramento das coisas revelou detalhes (do ponto de vista da história mundial são, sem dúvida alguma, apenas detalhes), tais como a paz de Brest-Litovsk, ou a NEP etc. E, no momento atual, não há dúvida de que, no essencial, obtivemos vitória.[51]

No céu, os populistas devem ter se rejubilado.

CONCLUSÃO

As teses leninistas e a própria existência da URSS semearam revoluções comunistas por todo o mundo e estimularam outras revoluções e golpes para a liquidação da dominação colonial. Claro que as teses de partido de Lênin tiveram grande influência na Europa ocidental, com a constituição de partidos comunistas que foram quase sempre a vanguarda das lutas operárias e que, ao lado da existência da URSS, ajudaram muito a fazer da Europa um continente onde os direitos operários foram respeitados e a renda distribuída de forma mais justa. Mas a maior influência de Lênin e da URSS se deu na questão da aliança com o campesinato para tomar o poder na possibilidade de se chegar diretamente ao socialismo. O paraíso comunista estava próximo e, sem o saber, os comunistas dos países atrasados se tornaram a mola mestra do desenvolvimento industrial sem burguesia, paladinos de um crescimento não capitalista.

Não chegaram ao socialismo. Criaram regimes despóticos, nos quais a classe operária não tinha influência política alguma. Seu regime se quebrou décadas depois na própria URSS e em seus satélites, com a chegada brutal do capitalismo. Em outros países, como a China, o próprio regime reconheceu seus limites e a direção dos partidos comunistas preparou a transição para o capitalismo em pleno poder despótico. Mas deve-se constatar que o leninismo foi a porta para a afirmação dessas nacionalidades, de sua dignidade e independência. E foi uma inspiração, em países capitalistas atrasados, para que o Estado fosse uma alavanca para o crescimento econômico.

Claro que o socialismo não chegou. Mas Marx e Engels já diziam que as revoluções eram feitas para tal e acabavam chegando ao qual. O mundo, nesse aspecto, não mudou.

NOTAS

1. Marx, Engels, *Manifesto of the Communist Party*. *In*: Karl Marx, Frederick Engels, *Collected Works*, Nova York, International Publishers, 50 v., v. 6. Todas as citações de Marx e Engels serão, doravante, dessas obras.
2. Georgi Plekhanov, *Our Differences*. *In*: Georgi Plekhanov, *Selected Philosophical Works*, Moscou, Progress Publishers, 1974, v. 1, p. 125.
3. Engels Marx, "Address on the Central Authority to the League", v. 9.
4. Leon Trotsky, 1905, suivi de Bilan et perspectives, Paris, Minuit, 1969, p. 54.
5. *Ibidem*, p. 421.
6. Por exemplo: Vladimir Ilich Lénine, "Les objectifs démocratiques du proletariat révolutionnaire." *Oeuvres*, Paris/Moscou, Editions Sociales/Editions su Progrès, 4ª ed., 1966, 45 vs., v. 8, p. 518. Todas as citações de Lénin serão, doravante, dessas obras.
7. Por exemplo: Vladimir Ilich Lénine, "L'attitude de la social-démocratie à l'égard du mouvement paysan", v. 9, p. 244.

8. Vladimir Ilich Lénine, "Étapes, orientation et perspectives de la révolution," v. 10.

9. Vladimir Ilich Lénine, "La dictature révolutionnaire du prletariat et de la paysannerie, " v. 8, p. 297.

10. Leon Trotsky, *1905, suivi de Bilan et perspectives*, Paris, Minuit, 1969, p. 423-424.

11. Leon Trotsky, *1905, suivi de Bilan et perspectives*, Paris, Minuit, 1969, p. 429.

12. Vladimir Ilich Lénine, *Que faire ?*, v. 5.

13. Vladimir Ilich Lénine, *Lettres de Loin*, v. 23.

14. Vladimir Ilich Lénine, *Lettres sur la tactique*, v. 24, p. 36.

15. Vladimir Ilich Lénine, *La conférence de Petrograd-ville du POSDR*, 14-22 avril 1917, v. 24. Ver também *Discours aux soldats prononcé au meeting du regiment Izmailovski*, no mesmo volume.

16. Vladimir Ilich Lénine, *La victoire des cadets et les tâches du parti ouvrier*, v. 10, p. 252.

17. Carl Schmitt, Kart. *La dictadura*, Madri, Alianza, 1985, p. 34.

18. *Ibidem*, p. 36-37.

19. *Ibidem*, p. 26.

20. *Ibidem*, p. 28-29.

21. *Ibidem*, p. 181.

22. *Ibidem*, p. 183.

23. *Ibidem*, p. 193.

24. *Ibidem*, p. 28.

25. Vladimir Ilich Lénine, *L'Etat et la révolution*, v. 25, p. 430 e 446.

26. *Ibidem*, p. 437.

27. Vladimir Ilich Lénine, *La révolution prolétarienne et le renégat Kautsky*, v. 28, p. 243.

28. *Ibidem*, p. 244.

29. *L'Etat et la révolution,* v. 25, p. 499.

30. Engels, *Introduction (To Karl Marx's The Civil War in France)*, v. 27, p. 191.

31. Marx to Ferdinand Domela Nieuwenhuis, 22 february 1881, v. 46, p. 66.

32. Marx, Record of Marx's Speech on the Seventh Anniversary of the International, v. 22, p. 634.

33. Marx, *The Civil War in France*, v. 22, p. 331.

34. *Ibidem*, p. 332.

35. Marx, *Critique of the Gotha Programme*, v. 24, p. 95.

36. Engels Marx, *Manifesto, of the Communist Party* . v. 6, p. 505.
37. Engels Marx, *The Alliance of Socialist Democracy and the International Working Men's Association,* v. 23, p. 467.
38. Engels, *On Authority*, v. 23, p. 424.
39. B. D. Wolfe, *An ideology in Power*, Nova York, Stein and Day, 1970, p. 29.
40. Rolf H. W. Theen, *Lênin. Genesis and Development of a Revolutionary*, Filadéfia/Nova York, Lippincott, 1973, p. 118.
41. Vladimir Ilich Lênin, *L'Etat et la Révolution,* v. 25, p. 437.
42. Dominique Colas, *Le Léninisme,* Paris, PUF, 1982, p. 146.
43. Vladimir Ilich Lênin, citado em E. H. Carr, *História da Revolução Soviética,* 3 v., v. 1, *A Revolução Bolchevique* (1917-1923), Porto, Afrontamento, 1977, p. 279.
44. *Ibidem*, p. 249.
45. *Ibidem*, p. 260.
46. Paul Mattick, *Valeur et Socialisme*, p. 160. Citação tirada de Leon Trotsky, *Dictatorship versus Democracy*, Nova York, 1920, p. 142.
47. Vladimir Ilich Lénine, *Le socialisme et la guerre,* v. 21, p. 328.
48. Vladimir Ilich Lénine, *Le Prolétariat Révolutionnaire et droit des nations à disposer d'elles même,* v. 21, p. 425.
49. Vladimir Ilich Lénine, *Le IIe congrès de l'Internationale Communiste,* 19 juillet-7 août 1920, v. 31, p. 247.
50. Vladimir Ilich Lénine, *Sur notre révolution. A propôs des memoires de N. Soukhanov,* v. 33, p. 493.
51. *Idem.*

BIBLIOGRAFIA

Além das citadas no texto, indico as seguintes obras:

Obras de Lênin

Todas estão em LÉNINE, Vladimir Ilich. *Oeuvres.* Paris/Moscou: Editions Sociales/ Editions Du Progrès, 4ª ed., 1966, 45 vs.
Ce que sont les "Amis du Peuple" et comment ils luttent contra les social-démocrates, v. 1.

OS INTELECTUAIS DO ANTILIBERALISMO

La social-démocratie et le gouvernement révolutionnaire provisoire, v. 8.
Deux tactiques de la social-démocratie dans la révolution démocratique, v. 9.
Les tâches du proletariat dans la présente révolution (Thèses d'avril), v. 24.
Pages du journal d'un publiciste. Paysans et ouvriers, v. 25.

Outras Obras

AKIMOV, Vladimir. *The Second Congress of the Russian Social Democratic Party.* In: FRANKEL, Jonathan (Ed.). *Vladimir Akimov on the Dilemmas of Russian Marxism, 1895-1903.* Londres: Cambridge University Press, 1969.

BARON, Samuel H. *Plekhanov, International Socialism and the Revolution of 1905.* In: COQUIN, François-Xavier, GERVAIS-FRANCELLE, Céline (Eds.). *1905. La premiére révolution russe.* Paris: Publications dela Sorbonne et Institut d'Études Slaves, 1986.

BASSO, Lelio. *La Théorie de l'Imperialisme chez Lénine.* In: INSTITUT GIANGIACOMO FELTRINELLI. Histoire du Marxisme Contemporain, v. 4. Paris: Union Générale d'Éditions, 1976.

COQUIN, François-Xavier; GERVAIS-FRANCELLE, Céline (Eds.). *1905. La premiére révolution russe.* Paris: Publications dela Sorbonne et Institut d'Études Slaves, 1986.

DAN, Théodore. *The origins of bolshevism.* Londres/Nova York: Schoken Books, 1970.

HUNT, Richard N. *The Political Ideas of Marx and Engels,* 2 vs. Pittsburgh: University of Pittsburgh Press, 1974 e 1984.

KAUSTKY, Karl. *The driving forces of the Russian revolution and its prospects.* In: HARDING, N. (Ed.). *Marxism in Russia. Key documents 1979-1906.* Cambridge: Cambridge University Press, 1983.

LARSSON, Reidar. *Theories of Revolution. From Marx to the First Russian Revolution.* Stockholm: Almqvist & Wiksell, 1970

LIEBMAN, M. *Le léninisme sous Lénine.* Paris: Le Seuil, 1973.

LOVELL, David W. *From Marx to Lênin. An evaluation of Marx's responsability for Soviet authoritarianism.* Cambridge: Cambridge University Press, 1984.

MILIBAND, R. *Marx e o Estado.* In: BOTTOMORE, Tom (Ed.). *Karl Marx.* Rio de Janeiro: Zahar, 1981.

NAARDEN, Bruno. *Socialist Europe and Revolutionary Russia. Perception and Prejudice, 1848-1923.* Cambridge: Cambridge University Press, 1992.

SCHWARZ, S. *The Russian revolution of 1905: the worker's movement and the formation of Bolshevism and Menshevism*. Chicago/ Londres: The University of Chicago Press, 1967.

SURH, Gerald D. *1905 in St. Petersburg. Labor, Society, and Revolution*. Stanford: Stanford University Press, 1989.

TROTSKY, Leon. *Histoire de la révolution russe. Octobre*. Paris: Seuil, 1950, 2 vs.

WOLFE, B.D. *Three who made a revolution*. Nova York: Cooper Square Press, 2001.

CAPÍTULO 5 # Keynes: o liberalismo econômico como mito

Pedro Cezar Dutra Fonseca[*]

---

[*]Professor titular do Departamento de Ciências Econômicas da Universidade Federal do Rio Grande do Sul (UFRGS). Pesquisador do CNPq. Agradeço a Fernando Ferrari Filho as valiosas sugestões, evidentemente eximindo-o das deficiências remanescentes.

UM CRÍTICO SINGULAR

Dentre os críticos do liberalismo, John Maynard Keynes (1883-1946) sem dúvida ocupa lugar singular. Suas ideias sobre o tema fogem a qualquer padrão com relação aos que lhe antecederam. Keynes não era socialista, criticava as experiências como a da Rússia soviética e suas referências a Marx quase sempre foram em tom crítico. Por outro lado, desprezava o nazifascismo e o corporativismo, responsáveis por empolgar boa parte de seus contemporâneos, também com uma retórica antiliberal e com forte apelo estatista. De outras vertentes críticas ao liberalismo, também de cunho mais conservador, como as correntes cristãs inspiradas na *Rerum Novarum* ou no positivismo político de Comte, nem de longe se detecta influência em suas obras. As matrizes intelectuais que ele próprio reconhece, como Malthus ou mesmo Marshall, restringem-se ao campo da teoria econômica *stricto sensu*. Mesmo assim, alguns escritos de sua autoria permitem descortinar sua ideologia, embora muitas vezes neles evite o caráter axiológico explícito. Resta ao analista a difícil tarefa de decifrá-la, e esse talvez se arrole como mais um motivo a justificar a polêmica resultante da existência de diversas leituras sobre sua obra. Todavia, como se mostrará adiante, há bastante coerência ao longo da produção intelectual de Keynes com relação à temática aqui abordada.

A *Weltanschauung* liberal, desde seu nascedouro, comoveu tanto defensores apaixonados como ferozes contendores. Este ensaio tem como

OS INTELECTUAIS DO ANTILIBERALISMO

objeto central elucidar os argumentos de Keynes em suas críticas ao liberalismo econômico, esse entendido como as teorias e práticas de política econômica adotadas pelo *mainstream* no campo da ciência econômica e simbolicamente respaldado na máxima do *laissez-faire*. Está estruturado em mais quatro seções, além desta introdução. A segunda e seguinte enfocará o que talvez seja a marca mais definidora do antiliberalismo de Keynes: o fato de não significar uma rejeição ao capitalismo. Mais além: em várias passagens de sua obra, ressalta o papel do investidor, a importância da propriedade privada e da livre iniciativa como essenciais para uma sociedade mais justa e eficiente. Todavia, seu argumento é complexo, pois critica o especulador e reiteradamente propõe aquilo que os empresários mais repelem: controle do Estado em seus negócios, regulamentação e limites. Ao contrário da teoria econômica tradicional, cujos modelos associam capitalismo e liberalismo de modo que ambos passam a ser entendidos como fenômenos indissociáveis, em Keynes há um nítido entendimento do contrário: o primeiro, com suas instituições, é tratado como um sistema econômico, enquanto o segundo como um conjunto de ideias que servira ao propósito de influenciar e justificar atos de governos e *policymakers* desde o final do século XVIII. Keynes reiteradas vezes ponderou que essas ideias e teorias foram atropeladas pelos acontecimentos do século XX, de modo que se fazia mister substituí-las por uma nova forma de pensar a economia e, portanto, de praticá-la. A terceira seção abordará sinteticamente as novas concepções introduzidas por Keynes na teoria e na formulação da política econômica, sempre com a pretensão de resgatar sua crítica às teses assentadas no liberalismo e que se tornaram o *mainstream* acadêmico britânico (e internacional) no século XIX. Assim, o esforço de síntese a ser elaborado não pretende ser um resumo ou, tampouco, o arrolamento dos pontos principais do que se denominou "revolução keynesiana" — tarefa a qual já se dedicaram centenas de seus admiradores e opositores —, mas tão somente destacar aqueles aspectos mais relevantes para elucidar o alcance e o significado de seu antiliberalismo. A quarta seção volta-se para o Keynes político e para desvendar sua ideologia mais imediata, na práxis cotidiana, contra os adversários não só da ortodoxia conservadora, mas os comunistas e nazifascistas. Finalmente, a quinta e última parte, à guisa de conclusão, arrola alguns pontos recorrentes no pensamento de Keynes sobre o tema e brevemente recorda sua influência posterior e seu legado.

LIBERALISMO: UMA IDEOLOGIA DIVORCIADA DA REALIDADE

Uma característica marcante da crítica de Keynes ao liberalismo é seu apelo à razão prática. O liberalismo está errado porque "não funciona". Poderia até ter sido útil no passado; no mundo do século XX, e principalmente com a perda da hegemonia britânica, deixara de sê-lo. Sua existência é questionada tendo como critério a utilidade. Nesse aspecto, lembra o pragmatismo de William James, pelo menos quando esse defende como parâmetro para identificar uma verdade seu valor para a vida concreta, do qual resulta, portanto, que não é algo definitivo e imutável: "O pragmatismo pega a noção geral de verdade como alguma coisa essencialmente ligada à maneira pela qual um momento em nossa experiência pode levar-nos a outros momentos aos quais valerá a pena ser levado" (James, 1979, p. 73). Assim, verdades que haviam encantado gerações de economistas e conquistado políticos, empresários e tornado-se senso comum ao conquistar os não especialistas — "oferta de moeda causa inflação", "o mercado tende ao autoequilíbrio", "o Estado deve restringir-se à segurança e justiça", "a poupança favorece o crescimento econômico", "o juro é a remuneração pelo sacrifício da abstinência" — são postas em questão pela experiência. Keynes rejeita, portanto, argumentos dedutivos, aprioristicos ou explicitamente valorativos ao arquitetar sua construção teórica cujo desaguadouro consiste na rejeição aos princípios liberais.

No contexto em que vivia, a primeira metade do século XX, na elite intelectual e econômica inglesa predominavam as ideias liberais, apesar das guerras e mesmo após a crise de 1929. Fora sob a égide desse ideário que o Império Britânico atingira seu apogeu; o liberalismo justificara e legitimara a busca do lucro, o padrão-ouro, a abertura dos mercados e as conquistas coloniais "civilizatórias". "Para que intervenção do Estado, se nunca precisamos disso?" era a pergunta mais difundida e a mais difícil de responder aos interlocutores predispostos a reagir em sentido contrário. E esses não existiam apenas na Grã-Bretanha, posto que a influência das teses liberais, a despeito de enfrentar opositores desde seu nascedouro, dominava os círculos europeus e, praticamente, os segmentos mais esclarecidos e de elite no mundo inteiro. Para esses, o capitalismo não estava em questão, mas havia certa ansiedade em saber por que o mundo mudara e o conhecimento econômico estava em crise. Coube a Keynes, discípulo de Marshall e formado na ortodoxia de Cambridge, ser o porta-voz da nova época, desapegar-se do passado e apontar para o novo. Sua construção teórica foi fortemente condicionada por esse contexto conservador, saudoso dos tempos áureos do Império Britânico — e por isso para alguns pareça "moderada", muitas vezes "conivente" com o capitalismo e com base em argumentos excessivamente pragmáticos. Talvez com essa retórica perdesse em ênfase, mas ganhava em adesão e convencimento. De fato, seu pensamento difundir-se-á mais do que qualquer outro após a Segunda Guerra. A partir dessa, iniciou-se um período de forte crescimento sustentado, com interveniência estatal e relativa distribuição de renda: a "era keynesiana" ou "de ouro" consagrou a influência de seu pensamento, contrariando seus críticos, cujo esforço consistia em restringi-lo a um teórico da crise ou intérprete da Grande Depressão.

Os trabalhos mais conhecidos de Keynes e em que esclarece seus valores e sua visão de longo prazo são: (a) "o fim do 'laissez-faire'", de 1926; (b) "as possibilidades econômicas de nossos netos", apresentado inicialmente em 1928, mas publicado em 1930. Ambos constam do volume IX de seus *Essays in Persuasion* (1972) e publicados em português (Keynes, 1978; daí foram extraídas as citações a seguir); e (c) o capítulo 24 da *Teoria geral do emprego, do juro e do dinheiro*, de 1936, intitulado "Notas finais sobre a filosofia social a que poderia levar a teoria geral".

No primeiro, e talvez o mais importante para os propósitos deste artigo, Keynes resgata as origens do liberalismo e, com extremo poder de síntese, elenca seus principais fundamentos filosóficos e aponta suas críticas. Seu ponto de partida é indagar por que as ideias do *laissez-faire* e do individualismo conquistaram tantos adeptos: "Ainda hoje, não deixamos de dançar a mesma música. Mas paira no ar uma transformação" (note-se que o escrevera antes da Grande Depressão, como fruto de uma conferência que dera em Oxford em novembro de 1924). Em poucos parágrafos, repassa, dentre outros, Locke, Hume, Paley, Bentham, Rousseau, Darwin, Burke, Godwin, Malthus, Cobett, Colbert, Smith, Marshall e o marquês d'Argenson, a quem é atribuída pela primeira vez a frase de que para governar melhor é preciso governar menos (*"Pour gouverner mieux, il faudrait gouverner moins"*).

A gênese do individualismo remete à polêmica que envolveu os intelectuais de língua inglesa entre o final do século XVII e meados do século XVIII sobre como seria possível a sociabilidade em uma sociedade assentada na busca incessante do lucro e no individualismo, em que os valores medievais (moderação, temperança, caridade) cediam espaço a outros, os quais enalteciam justamente o contrário (acumulação, egoísmo, iniciativa individual). Sem uma autoridade central, representada pela Igreja ou pelo rei com direito divino, como apenas a impessoalidade do mercado definiria as regras mais básicas de convivência, até então ditadas pela política ou pela religião, como, no campo econômico, o que produzir, de que forma, como repartir o produto e por que meios? Até Adam Smith, buscava-se a resposta no âmbito da metafísica: qual era a essência do homem, como ele seria no estado de natureza? Na tentativa de sumariar um complexo de ideias em poucas palavras, mesmo correndo o risco da ultrassimplificação: para Locke (assim como para Rousseau, no contexto francês, cuja arquitetura teórica acabará por afastar-se do liberalismo e preceder o socialismo dito "utópico" de St. Simon e Fourier), o homem era naturalmente virtuoso e altruísta; com a evolução social, sua liberdade natural deveria ser substituída por um contrato social, de modo que a instituição Estado resultara de uma adesão como forma de garantir a vida, a liberdade e a propriedade (tríade cuja ordem mais de uma vez Locke inverteu ao arrolar). Já para Hobbes, no estado de natureza prevaleciam os instintos humanos de violência e ganho; o Estado surgira como uma máqui-

OS INTELECTUAIS DO ANTILIBERALISMO

na para adestrá-lo e tornar possível a vida em sociedade, a qual, deixada sem freios, tenderia à desagregação. A polaridade entre Estado liberal e absolutista, ou entre mercado e intervencionismo, desaguava na pergunta sobre o que preponderaria no homem no estado de natureza: o altruísmo ou o egoísmo, a solidariedade ou o individualismo, a bondade ou os instintos destruidores?

Segundo Napoleoni (1978, p. 40-47), autor de um resumo clássico dessa controvérsia, coube a Hutcheson, mestre de Smith em Glasgow, sintetizar essa dualidade psicológica e preparar o campo para o trabalho desse último em *Teoria dos sentimentos morais*. Nessa obra, a busca de solução viria com a noção de simpatia: os *vícios privados* tornam-se *virtudes públicas* (a lembrar a fábula das abelhas de Mandeville). Destarte, Smith começa uma reflexão cuja expressão mais acabada encontra-se em *A riqueza das nações*, onde desloca a solução do conflito do âmbito da Filosofia para a Economia política: a polaridade é falsa, pois não há contradição: o egoísmo privado transforma-se em virtude social. Esse aforismo resiste como o principal fundamento do liberalismo econômico, daquela época aos dias atuais. A sociedade regida pela impessoalidade do mercado e pelo autointeresse não apenas não se desagregará, mas trará o *melhor para todos*. Se cada um for livre para buscar seu máximo ganho e prazer (aí já com certo hedonismo que nada tem ver com a ética puritana), o resultado será melhor para o conjunto da sociedade. Na versão de economia de bem-estar neoclássica, esse princípio encorpa-se com linguagem matemática e, a partir de certos supostos, "demonstra-se" (entre aspas porque a partir de pressupostos e axiomas, pelo método da dedução, sem qualquer recurso à fundamentação empírica, método que desconfortava Keynes) que do somatório das maximizações de funções individuais resulta o ótimo social. Não precisa haver coerção estatal para obrigar o padeiro a acordar bem cedo, recorrendo-se ao exemplo clássico de Smith: a sociedade desfruta o pão novo porquanto o padeiro apenas quer ganhar dinheiro. Essa construção de Hutchson/Smith é engenhosa, dentre outros motivos, porque *não deixa de recorrer à raiz filosófica*: nela ainda perdura o entendimento a-histórico de um homem egoísta no estado de natureza. Todavia, não a explicita; dissimula-a com apelos à "razão prática" e fixa-se em suas consequências para advogar a falsidade da questão. O viés pragmático revela-se como a filosofia da "não filosofia", que não questiona as causas, mas avalia resultados (e aí a diferença com relação a Rousseau: Keynes cita Stephen para afirmar que, diferentemente de Locke, para o francês "a igualdade não é apenas ponto de partida, mas o objetivo").

A repulsa de Keynes a Hutchson/Smith e seus seguidores mais influentes, como Ricardo e Say, é enfática e levou a redigir uma de suas passagens mais citadas, não só por seu conteúdo, mas por seu estilo e inspiração:

> Esclareçamos desde o início os princípios metafísicos ou gerais sobre os quais, de tempos em tempos, se fundamentou o *laissez-faire*. Não é verdade que os indivíduos possuem uma "liberdade natural" prescritiva em suas atividades econômicas. Não existe um contrato que confira direitos perpétuos aos que têm ou aos que adquirem. O mundo não é governado do alto de forma que o interesse particular e o social sempre coincidam. Não é administrado aqui embaixo para que na prática eles coincidam. Não constitui uma dedução correta dos princípios da Economia que o autointeresse esclarecido sempre atua a favor do interesse público. Nem é verdade que o autointeresse seja geralmente esclarecido; mais frequentemente, os indivíduos que agem separadamente na promoção de seus próprios objetivos são excessivamente ignorantes ou fracos até para atingi-los. A experiência não mostra que os indivíduos, quando integram um grupo social, são sempre menos esclarecidos do que quando agem separadamente (p. 120).

Nota-se claramente que os argumentos de Keynes tornam-se convincentes ao tocar na moleira dos fundamentos teóricos de seus adversários (e, por certo, tendo em vista o público a que se dirigia): o liberalismo está errado não por uma razão moral, mas porque fere a realidade e o senso prático. Em suas próprias palavras: é tão medieval como os princípios feudais contra os quais os liberais haviam se rebelado no passa-

OS INTELECTUAIS DO ANTILIBERALISMO

do: que diferença há entre a "mão invisível" smithiana, ou mesmo entre o leiloeiro clarividente de Walras, e a divindade religiosa ou força exógena política, últimos recursos para garantir uma ética que compatibilizasse atos individuais e sociais? A crença em um mercado "que não erra" não passa de uma metafísica como todas as outras. Por isso, liberdade natural não existe, contrato perpétuo é ficção, não há força externa ou "do alto" (nem "mão invisível" nem força divina) que garanta a coincidência entre o somatório dos ótimos individuais e do ótimo social. Os indivíduos não possuem a racionalidade livresca e pré-suposta sem provas, nenhuma força agrega a sociedade *per se*. O início da última sentença revela o âmago de sua construção retórica, com grifos seus: "a experiência *não* mostra...". Em outras palavras: *o individualismo liberal funda-se num mito*. Na terra de Hume e Locke, cujo empirismo exigia que a ciência deveria submeter-se ao "altar dos fatos", existiria argumento mais eficaz para criticar o liberalismo?[1] Keynes, ao final, enfatiza que sua crítica não se estende ao capitalismo como sistema econômico: "O capitalismo provavelmente pode ser tornar mais eficiente para atingir objetivos econômicos do que qualquer sistema econômico conhecido, mas (...), em si, ele é de muitas maneiras sujeito a inúmeras objeções" (p. 126).

Já o segundo *paper* mencionado, *Economic Possibilities for our Grandchildren,* é um texto otimista e a crítica ao liberalismo é mais sutil. Keynes reivindica uma atitude politicamente "de centro" e advoga para si uma postura de equilíbrio ao condenar aqueles que "tumultuam o mundo": os "revolucionários", adeptos de transformações violentas, "para quem as coisas vão tão mal que nada nos pode salvar", e os "reacionários", para os quais "o equilíbrio da vida econômica e social é tão precário que não devemos nos arriscar em fazer experiências" (p. 151). Vislumbra para dentro de um século um mundo melhor, na confiança de que "a humanidade está resolvendo seu problema econômico" (p. 155) com o aumento da produtividade e a tecnologia. Todavia, ao contrastar o mundo futuro com o presente, Keynes constatou que o então aceito como "normal" — ou seja, os valores e as virtudes enaltecidos pelo ideário liberal, internalizados nos corações e mentes — voltará futuramente a ser percebido pelos homens com a dimensão desabonadora vigente antes do triunfo do individualismo: "A avareza é um vício, a usura uma contravenção, o amor ao dinheiro algo detestável (...). Valorizaremos novamente os fins acima dos meios, e preferiremos o bem ao útil" (p. 158). Como afirmam Lima e Cardoso (*in*: Ferrari, 2006, p. 114): "Keynes sugere que quando o problema econômico for resolvido, a sociedade encarará as relações monetárias como elas realmente são, ou seja, patologias. A partir de então, as pessoas voltar-se-ão para as coisas belas da vida, exercendo a verdadeira arte de viver."

Finalmente, no capítulo 24 da *Teoria geral*, a crítica de Keynes centra-se na incapacidade de a sociedade garantir o pleno emprego e uma distribuição mais equânime da renda e da riqueza. Como assinala Carvalho (*in*: Ferrari: 2006, p. 45-47), Keynes "estava longe de ser um igualitarista"; todavia, entende que a proporção tomada pela desigualdade na sociedade moderna chegara a níveis intoleráveis. Novamente sua crítica ao liberalismo assenta-se em uma visão estritamente pragmática, procura expressá-la de um modo "quase técnico", para usar a expressão de Carvalho, e evita valores explícitos. Mais do que criticar os "excessos" do capitalismo e a injustiça distributiva, mostra que a concentração de renda e riqueza é disfuncional, prejudicial ao crescimento econômico e, portanto, ao próprio desempenho do capitalismo. Fica claro, mais uma vez, que sua crítica ao liberalismo não se estende ao capitalismo como sistema econômico: "Existem valiosas atividades humanas que requerem o motivo do lucro e a atmosfera da propriedade privada de riqueza para que possam dar os seus frutos" (Keynes, 1983, p. 254). Não obstante, a sociedade carece de instrumentos ou mecanismos automáticos que garantam o pleno emprego (como se mostrará na seção a seguir); há necessidade de administrar a demanda efetiva e seu principal determinante: o investimento. A necessidade de manter a taxa de juros baixa a fim de cobrir a eficiência marginal do capital (a taxa de retorno esperada pelo investidor) levou-o a criticar os rentistas e aplicadores do capital a juros. Keynes chegou a uma proposição paradoxal aos olhos de quem cobra das ideologias um exercício de lógica formal: como aceitar o capitalismo sem a figura do *rentier*, como se essa fosse uma

OS INTELECTUAIS DO ANTILIBERALISMO

anomalia? Assim, contrariando a teoria clássica e neoclássica, ou o *mainstream* econômico desde Smith, que sempre apelou para os mais variados argumentos para fundamentar economicamente a existência dos juros, defende a inexistência de qualquer razão para justificá-los, a não ser o fato de passar por uma *fase transitória*, na qual há escassez de capital. Os argumentos tradicionais — remuneração pela espera, retribuição à abstinência, produtividade marginal do capital — não fariam o menor sentido na sociedade futura: o capital não é escasso por razões intrínsecas (como a terra, cuja oferta limitada por uma razão física permite até se entender a retribuição em forma de renda). Ironicamente lembra que para os financistas modernos a "taxa de juros atual não compensa nenhum verdadeiro sacrifício" (p. 255).

A fase transitória, portanto, circunscrevia-se historicamente: não possuía caráter de inevitabilidade nem decorria de qualquer "lei natural". Poderia ser modificada por políticas, ou seja, requerer-se-ia o intervencionismo estatal com o propósito de administrar os juros, a propensão a consumir e os impostos e, com isso, assegurar o crescimento dos investimentos, da demanda efetiva e do emprego. Se essa proposta pode parecer moderada em mundo dividido entre stalinismo e nazifascismo, Keynes manifestava consciência tanto desse aspecto como de sua envergadura. Se, para alguns, as implicações de suas ideias poderiam afigurar-se "razoavelmente conservadoras", para outros soaria arrojado demais seu entendimento de que "uma socialização ampla dos investimentos será o único meio de assegurar uma situação aproximada de pleno emprego" (p. 256), embora essa afirmação possa ser interpretada não como uma estatização dos investimentos, mas como criação de um ambiente institucional favorável a ele. Seu antiliberalismo econômico, não obstante, jamais o afastou da defesa das conquistas da humanidade emergentes no bojo do Iluminismo e do liberalismo político, como os direitos civis, as liberdades políticas e a democracia representativa. Assim, o intervencionismo e a referida socialização não justificariam um "socialismo de Estado abrangendo a maior parte da vida econômica da nação" e o individualismo, "se purgado de seus defeitos e abusos, é a melhor salvaguarda da liberdade pessoal (...) da variedade da vida, que desabrocha justamente desse extenso campo das escolhas pessoais, e cuja perda é a mais sensível de todas as que acarreta o Estado homogêneo ou totalitário" (p. 256-267). A construção de um Estado ao mesmo tempo democrático e intervencionista era o desafio num mundo polarizado entre liberalismo e estatismo autoritário: "Os regimes autoritários contemporâneos parecem resolver o problema do desemprego à custa da eficiência e da liberdade" (p. 258).

Seria essa a "utopia keynesiana", capaz de aflorar na hora em que se liberta de seu bem comportado pragmatismo? Utopia ou não, passado quase um século, a questão por ele apontada permanece na ordem do dia.

A "REVOLUÇÃO" KEYNESIANA

"Creio estar escrevendo um livro sobre teoria econômica que revolucionará — não imediatamente, imagino, mas durante os próximos dez anos — a maneira pela qual o mundo pensa os problemas econômicos", escreveu Keynes a Bernard Shaw em janeiro de 1935 (Robinson, 1978, p. 82). Cabe agora lembrar algumas dessas contribuições à teoria e à política econômica, cujo impacto permitiu a denominação, antecipada por ele, de "revolução keynesiana". Mais uma vez isso será feito tendo como foco recuperar sua crítica ao liberalismo. No caso, como essa ideologia impactou e se expressa na teoria econômica denominada por Keynes de "clássica" — expressão empregada não apenas para designar economistas liberais do passado, como Smith, Ricardo e Say, mas mesmo contemporâneos seus, como Pigou e Marshall, que compartilhavam as teses econômicas assentadas na crença segundo a qual havia mecanismos inerentes ao sistema econômico responsáveis por assegurar o pleno emprego. Na impossibilidade de abarcar toda a vasta contribuição de Keynes, optamos por sumariar três aspectos definidores de sua contribuição crítica ao liberalismo teórico e que se refletem no *modus faciendi* da política econômica: (a) a não neutralidade da moeda; (b) a teoria da demanda efetiva; (c) o padrão-ouro.

Comecemos pela contribuição no campo da teoria monetária, uma vez que parte da mesma já se adiantou anteriormente ao tratar da crítica aos rentistas e aos juros. O pensamento clássico normalmente tinha como ponto de partida uma economia de trocas, assentada na divisão do trabalho e na qual cada produtor individual produzia e trocava mercadorias com base em seu valor trabalho. Nesse contexto, a moeda restringia-se a mero facilitador das trocas, "azeite da circulação"; não fazia sentido o entesouramento: as pessoas querem as mercadorias (no pensamento marginalista, os *bens,* para desfrutar sua utilidade), e não o dinheiro. Em sua origem, o ouro era apenas uma mercadoria como as outras e o fato de ter sido escolhido para desempenhar a função de intermediário das trocas em nada alterou sua natureza. Say (1983, p. 138-139) fora enfático: "O dinheiro é apenas a viatura do valor dos produtos", ou ainda: "O dinheiro desempenha apenas um ofício passageiro nessa dupla troca; e, terminadas as trocas, verifica-se sempre: produtos foram pagos com produtos". Não haveria entesouramento nem demanda especulativa por moeda, porque o vendedor, ao receber um pagamento, "tem pressa de desfazer-se do dinheiro que sua venda lhe propicia, para que o dinheiro tampouco fique ocioso". Esse postulado clássico não teria maior importância não fosse, dentre outras consequências: (a) tornar a superprodução impossível, dedução consagrada como lei de Say: "A oferta gera a sua própria demanda." Segundo essa, para o vendedor "não é possível desfazer-se de seu dinheiro, senão procurando um produto qualquer. Vê-se, portanto, que só o fato da criação de um produto abre, *a partir desse mesmo instante,* um mercado para os outros produtos" (grifos meus); e (b) servir de sustentáculo à teoria quantitativa da moeda, de onde se deduzia a inflação como um fenômeno exclusivamente monetário e resultado da oferta monetária além da taxa de crescimento do produto. Para tanto, admitia-se a velocidade de circulação da moeda e a quantidade produzida como constantes a curto prazo.

A contrariedade de Keynes a essa simplificação começou muito antes da crise de 1929 e apareceu de uma forma mais acabada já em seu *Treatise on Money,* de 1930, no qual já surge a formulação de sua teoria de escolha de ativos, com a clara distinção entre circulação financeira do capital e circulação industrial do capital. Na *Teoria geral*, ocupou lugar de destaque, pelo que já se alertava o leitor no prefácio:

> O presente livro, por outro lado, evoluiu (...) se descubra que a moeda entra no esquema econômico de uma maneira *essencial* e *peculiar* (...). Uma economia monetária, iremos ver, é essencialmente uma economia em que as mudanças de pontos de vista sobre o futuro são capazes de influenciar o volume de emprego, e não meramente a inflação. (Keynes, 1983, p. 4, grifos meus).

Mas o capítulo 17 é o mais famoso e recuperado pelo pensamento pós-keynesiano. Intitulado "As propriedades essenciais do juro e do dinheiro", nele Keynes se propõe a mostrar como esse toma na sociedade capitalista uma dimensão muito maior do que teria sido sua função originária: "A característica da moeda, enfim, é ter um rendimento nulo, um custo de manutenção insignificante, porém um prêmio de liquidez substancial" (Keynes, 1983, p. 159). O dinheiro não se confunde com as outras mercadorias porque sua elasticidade de produção é zero, pois produzido pela autoridade monetária com custos desprezíveis; sua elasticidade de substituição também é praticamente zero, ou seja, não possui substitutos à altura; e, finalmente, possui alta elasticidade de procura como reserva de valor, pois, mesmo diante de oferta maior, sua remuneração — a taxa de juros — não cai na mesma proporção, pois ainda é forma preferível para manter a riqueza com relação a outras opções.

Isso posto, ao contrário do que argumentavam Say e os clássicos, as pessoas poderiam querer moeda não apenas para suas transações, mas porque possui propriedades intrínsecas, é passível de ser entesourada e representa a forma mais líquida de valor. Esta é a parte da obra de Keynes mais próxima a Marx: o dinheiro traz consigo a possibilidade de crises. Ele não é neutro, o que se expressa na preferência pela liquidez, marcada por decisões descentralizadas e pela incerteza sobre o futuro com que se deparam os agentes econômicos, os quais nele buscam "refúgio" ou proteção, pois é o único ativo capaz de permitir a flexibilidade de poder ser trocado por todos os outros. Na expressão de Mollo e Amado (*in*: Ferrari, 2006, p. 156), em Keynes há uma "incerteza radical, não probabilizável, que conduz à preferência pela liquidez". Essa joga contra o nível de produção e emprego, e daí sua aversão ao usurário: esse personifica o ganho que prescinde do investimento produtivo, e o custo de forçá-lo a abrir mão da liquidez materializa-se em taxas de juros cada vez mais altas. A demanda especulativa de moeda, portanto, é a novidade teórica que ajudou a explicar o não investimento e, de certa forma, sintetiza o ambiente de incerteza dos agentes com relação ao futuro. Em adição, traz como corolário limitações à teoria quantitativa da moeda e, portanto, à relação entre oferta de moeda e inflação. A velocidade de circulação da moeda — que pode ser lida como o inverso da propensão a entesourar — não pode ser mais considerada como constante a curto prazo, pois varia com o clima de incerteza e instabilidade inerente às economias de mercado.

Assim, a não neutralidade da moeda refletir-se-á na formulação da política econômica, pois o nível de preços deixa de ser proporcional à oferta monetária, posto que pode resultar de alterações da velocidade de circulação da moeda. A neutralidade da moeda dos clássicos trazia consigo a legitimação da passividade das autoridades monetárias. Nesse momento, fica claro que as objeções de Keynes ao *laissez-faire*, além de sua revolução teórica propriamente dita, recaem em cheio sobre a prática da política econômica. Admitir a velocidade como constante implicava não atuar sobre ela, ou seja, desse pressuposto teórico resultava uma postura de não intervenção do governo. Esse deveria restringir-se à austeridade monetária e fiscal para combater a inflação, o que acabava por incidir negativamente sobre os níveis de atividade econômica e de emprego — sem surtir o mesmo efeito no combate à inflação. Rechaçar o mito arraigado de que oferta de moeda induz simplesmente a mais inflação foi das atitudes mais corajosas de Keynes contra a ortodoxia de seu tempo.

Seu raciocínio, todavia, é mais complexo do que mostrar a relação entre preferência pela liquidez e incerteza, bem como seu reflexo na relação inversa entre taxa de juros e nível de investimentos. Ele interliga os lados real e monetário da economia, separados na teoria clássica, e pondera haver momentos nos quais as taxas de juros, mesmo baixas, não são capazes de induzir o investimento. As decorrências e a relevância dessa proposição podem ser mais bem elucidadas ao se abordar o segundo aspecto anteriormente proposto: a demanda efetiva.

Como se viu, a neutralidade da moeda da economia clássica e o entendimento de que se restringia a um facilitador das trocas resultaram como contrapartida, no lado real da economia, na "lei de Say". Essa sintetiza o entendimento de que tudo o que é produzido deve ser demandado, desde que haja flexibilidade de preços. Economia de mercado com desemprego e superprodução, em decorrência, constitui uma contradição em termos, uma impossibilidade teórica e fática. Mas como as crises existiam a despeito das demonstrações teóricas em contrário, os clássicos passaram a tratá-las, em geral, como excepcionalidade, ou temporárias, ou, ainda, como resultantes da própria interferência do governo: esse, ao tentar ajudar, apenas retardava o equilíbrio inerente às forças de mercado. Mais uma vez, a melhor política era não ter política alguma. Keynes inverteu a relação de causalidade — no que talvez seja seu *insight* mais profícuo: é o fluxo de gastos que gera a renda, de modo que é a demanda a responsável pelo aumento da produção. Essa inversão ia ao encontro, mais uma vez, da razão prática: as crises frequentes de superprodução e os ciclos econômicos, já visíveis e duradouros no século XIX, careciam de uma explicação e chocavam-se com os modelos dos economistas do *mainstream*. E, em adição, feria um ponto central do individualismo, sacramentado pela ética protestante: a apologia à poupança. Joan Robinson (1980, p. 203) literariamente expressa o paradoxo e o contraste entre a teoria e mundo extramuros da academia: "Eu era estudante à época em que a economia vulgar estava em um estado especialmente vulgar. Havia na Grã-Bretanha pelo menos um milhão de trabalhadores desempregados e meu próprio orientador de estudos me ensinando que o desemprego é logicamente impossível diante da lei de Say."

Se a demanda era a variável por excelência, cabia desagregá-la. A forma encontrada, voltada para desvendar os determinantes do gastos,

OS INTELECTUAIS DO ANTILIBERALISMO

recaiu sobre o agente econômico ou segmento social responsável por cada parcela sua. Com isso, deslocou-se a unidade de análise dos indivíduos para os agregados macroeconômicos. Assim, a demanda agregada compõe-se de quatro variáveis: o consumo das famílias (C), o investimento privado (I), os gastos governamentais (G) e a demanda externa, exportações menos importações (X - M). O estudo dos determinantes de cada uma dessas variáveis tornou-se programa obrigatório nos cursos introdutórios de macroeconomia no mundo inteiro e sua mensuração tarefa inescapável dos governos do pós-Segunda Guerra: a contabilidade social integrava-se ao saber básico dos economistas. E mais uma vez a crítica ao liberalismo emerge com a tentativa de evitar juízos de valor explícitos, mas com a demonstração de sua irrealidade ou inaplicabilidade ao mundo real. Assim, argumenta Keynes:

a) *o consumo* (C) não é a variável responsável por variações da renda (ou do produto, identidade trazida pela contabilidade social), pois é função da própria renda. O "subsconsumismo", como o de Malthus (e, quiçá, Rosa Luxemburgo), invertera essa função ao atribuir ao baixo consumo a responsabilidade maior pelas crises. A "função consumo" de Keynes postula que, no curto prazo — e, portanto, para uma dada distribuição de renda —, o consumo é a variável dependente, responde passivamente aos crescimentos da renda. A decisão de quanto consumir é posterior à obtenção da renda; por outra ótica, primeiro há de haver produção para depois haver consumo. Essa proposição inverte a percepção usual, mesmo para quem olha a economia pelo lado da demanda. Na Grande Depressão, havia economistas que aconselhavam, diante da crise, que o governo deveria incitar as pessoas a gastar. Keynes entendia que essa medida era insuficiente (embora melhor do que nada), bem intencionada, porém inócua: como incitar as pessoas ao gasto se estavam desempregadas? Com queda no nível de renda, como reverter a crise a partir do consumo? No máximo, esse poderia apresentar um crescimento temporário, como uma "bolha": as empresas poderiam se desfazer de estoques indesejados, mas dificilmente começariam a contratar trabalhadores para diminuir o grau de capacidade ociosa já existente e, muito menos, partir para novos investimentos. Como retomar esses últimos era, por conseguinte, o "x" da questão;

b) *o investimento* (I) é a variável determinante da demanda agregada. É o principal responsável pelas flutuações econômicas: ao contrário do consumo, é determinante e não determinado; não é apenas parte da renda, como à primeira vista sugere a composição da demanda agregada, mas sua origem. A importância das flutuações do investimento no nível de produção é ainda majorada com a noção de multiplicador: um impacto no investimento, positivo ou negativo, causa uma variação na produção igual ao montante do investimento vezes um múltiplo. Todavia, se o investimento possui toda essa relevância, a outra proposição central de Keynes diz respeito a sua instabilidade e imprevisibilidade. O investimento é um ato privado que depende de expectativa de retorno; ao investir, ninguém tem certeza se e quanto vai ganhar. Envolve, mais do que risco, um cálculo probabilístico, mas também a incerteza, a qual não se pode associar a uma probabilidade. Depende de fatores longe do alcance do empresário e de sua possibilidade de previsão: inovações tecnológicas, decisões dos concorrentes, variáveis políticas, comportamentais e institucionais, mudanças na legislação, reação dos consumidores, comércio internacional, preço de venda do bem produzido ao longo do tempo, clima, ciclos dos negócios... Não há como calcular "tecnicamente" tal taxa ou "eficiência marginal" sem que se estabeleçam determinados parâmetros, todos dependentes de expectativas, as quais podem ou não se realizar. A taxa de juros é apenas uma variável a mais a influir na decisão de investir; mesmo sua queda não garante expansão da demanda agregada em um ambiente de incerteza. Ao contrário de conduzir ao equilíbrio e à instabilidade, o liberalismo (ou seja, uma economia de dois setores, apenas com famílias e empresas) traz consigo as crises, o desemprego, as flutuações abruptas e os ciclos econômicos. Além do mais, em uma economia liberal a instabilidade do investimento, associada a sua relevância na determinação dos níveis de renda e emprego, confere grande influência política aos empresários: qualquer fator perturbador das expectativas afeta negativamente os investimentos e, por conseguinte, o nível de atividade econômica, acarretando queda na arrecadação de impostos e no emprego de milhares de trabalhadores. Coube a Kalecki (1977), de forma mais incisiva do que Keynes, explorar esse fato em artigo clássico intitulado "Os aspectos políticos do pleno emprego", de 1943.

Diante desse contexto, só restariam duas alternativas para contra-arrestar os ciclos econômicos: o governo e o setor externo. Invertamos a ordem e abordemos primeiramente esse último;

c) *o setor externo* (X - M) fora a saída usual encontrada por países europeus hegemônicos, como a Inglaterra, ao longo do século XIX. A expansão da produção, viabilizada pela conquista dos mercados externos, despertou, por sua força como poder de explicação para as crises cíclicas, o aparecimento de diversas "teorias do imperialismo", as quais, sob diversos argumentos, responsabilizavam o colonialismo como a saída encontrada pelos países industrializados para contra-arrestá-las. Keynes, todavia, não só desprezava essas explicações como se mostrava cético quanto a essa possibilidade no século XX. Nesse contexto, deve-se mencionar sua aversão ao *gold-exchange standard*, regra institucional simbólica da libra esterlina como dominante, já em seus primeiros escritos, como *Indian Currency and Finance*, de 1913. Segundo Ferrari (2006, p. 17), três motivos teriam sido levados em consideração por ele: "(i) tornar mais elástica a liquidez internacional, visto que essa é imprescindível pará expandir os volumes de comércio e de produção mundiais; (ii) fazer com que a política monetária fosse mais ativa e, por conseguinte, eficiente, seja para estabilizar os níveis de preços, seja para, de forma contracícilica, dinamizar os níveis de renda e emprego; e (iii) seu ceticismo acerca do mecanismo de ajustamento automático do balanço de pagamentos sob as regras do regime de padrão-ouro". Na década de 1930, diante da crise internacional, a proposta de contar com o setor externo afigurava-se como quimera. Apesar das referências ao comércio exterior e de um capitalismo sobre mercantilismo na *Teoria geral,* essa pode ser interpretada como um modelo de economia fechada. Como lembra Skidelsky: "A mensagem de Keynes era, efetivamente, esta: cuide-se bem da economia interna e a internacional cuidará de si mesma" (Keynes, 1977, p. 70). A solução proposta por Keynes revela não apenas pragmatismo, já que na crise generalizada um país não poderia resolver seu problema exportando para outro, mas algo mais profundo: a convicção de que a hegemonia da Grã-Bretanha e da libra esterlina havia sido enterrada com a Era Vitoriana. Assim, só restava como alternativa:

d) *os gastos governamentais* (G). Essa conclusão de Keynes, marca mais difundida de sua contribuição, resultava de uma necessidade prática e advinda da exclusão das outras variáveis. A ampliação da agenda do governo não se devia a uma *opção* política ou doutrinária, muito menos gosto pelo intervencionismo ou pelo socialismo: consistia na única alternativa possível. Os conservadores teriam que engolir esse remédio amargo.

POR UMA NOVA ALTERNATIVA

Apesar de o pensamento de Keynes, ao tratar do liberalismo, apresentar pontos surpreendentes e até "incoerentes" aos olhos de hoje, há uma constante em todos os escritos, tanto econômicos como naqueles nos quais aborda temas filosóficos e políticos: o repúdio às grandes correntes políticas que dividiram os homens e as nações de seu tempo: o nazifascismo, o socialismo e o liberalismo. A rebeldia contra as três alternativas marca sua trajetória; as ênfases ao criticar uma e outra, ao longo de seus escritos, empresta-lhe ora um tom conservador ora um caráter extremamente crítico e insatisfeito com o *status quo*. Dois *papers* dos *Essays in Persuasion* ajudam a esclarecer melhor seu posicionamento: "Sou um liberal?", de 1925, e, do ano seguinte, "Liberalismo e trabalhismo" (Keynes, 1972; todas as citações a seguir, a não ser com menção em contrário, foram daí extraídas, com tradução na medida do possível literal; os grifos são originais).

Menções críticas ao nazifascismo são recorrentes em sua obra. Todavia, pouco avançava nos argumentos: parecia julgar suficiente a condenação moral a esses regimes por sua violência e estupidez. O desafio de enfrentar os males do *laissez-faire* sem sacrificar as liberdades individuais sempre o acompanhou de perto. E daí sua indisposição também com relação ao socialismo e a Marx, que em vários momentos avalia como indissociável do stalinismo. Sua opção pelo Partido Liberal pode parecer uma contradição mais pelo nome do partido do que propriamente por sua ideologia, o que se esclarece quando expõe suas razões e, principalmente, se tivermos presente a vasta gama de sentidos que o termo "liberal" pode assumir, ao abarcar desde o intransigente defensor do livre mercado até um tom de quase socialismo ou radicalismo na defesa dos direitos sociais, ambientais ou das minorias, como em alguns países atualmente. Keynes, todavia, dedica-se mais tempo a mostrar por que não optou pelos outros dois partidos — o Trabalhista e o Conservador — do que a justificar sua opção. Lança mão de recurso discursivo semelhante ao antes mencionado com relação à demanda efetiva e aos gastos governamentais: a opção preferida resulta da exclusão das outras alternativas.

Com relação ao Partido Trabalhista, torna-se impossível não mencionar sua passagem citadíssima: "Para começar, é um partido de classe, e a classe que não é a minha. Se for perseguir interesses parciais, perseguirei os meus próprios. Quando chegar a luta de classes como tal, meu patriotismo local e pessoal, como os de qualquer outro, exceto alguns entusiastas desagradáveis, estará vinculado a meu próprio ambiente. Posso me deixar influenciar pelo que me parece justiça e bom senso, mas a luta de *classes* me encontrará do lado da burguesia esclarecida" (Keynes, 1972, p. 297).

O entendimento de que o Partido Trabalhista era impregnado por pessoas propensas ao radicalismo e a debates ideológicos infindáveis chocava-se com seu senso prático. Recorre a vários adjetivos ao se referir a seus membros: como "partido da catástrofe", abrigava "jacobinos, comunistas, bolcheviques ou como se queira chamar-lhes". Reconhece que nem todos os membros do partido poderiam enquadrar-se como tal, mas sugere sua indisposição de conviver com aqueles que desdenhavam das instituições democráticas britânicas, mesmo reconhecendo que os radicais eram minoritários dentro da própria agremiação. Menciona que o Partido Trabalhista compunha-se de três tipos: (a) os sindicalistas, "antes oprimidos e agora tiranos", com pretensões egoístas e setoriais, a quem se lhes devia opor energicamente; (b) os comunistas, defensores de métodos violentos, dispostos a produzir o mal para alcançar o bem e a tramar conspirações; e (c) os socialistas, à primeira vista mais afáveis, ao crerem que "os fundamentos da sociedade moderna são maus, mas poderiam ser bons". Todavia, *na prática*, o caminho do socialismo de Estado lhe parecia insuficiente: "Essas doutrinas já não inspiram nada." O caminho buscado deveria ser outro, diferente daqueles que manifestam "ódio e inveja" aos que possuem riqueza e poder, os quais "dificilmente se associam com os ideais para construir uma verdadeira república social". Como bom construtor de frases, sintetizou: "Para que um líder sindical tenha êxito, é necessário ser um pouco selvagem, ou pelo menos que aparente isso. Não basta que ame seus semelhantes; deve odiá-los também" (Keynes, 1972, p. 300-301).

Já com relação ao Partido Conservador, o teor da crítica muda, mas não seu vigor. Esse é visto como o *locus* dos "intransigentes da direita", com valores e ideais do passado, associado às glórias do império, à aristocracia, ao orgulho de descendência, aos proprietários de terra e aos valores tradicionais, como direitos de propriedade, preconceitos religiosos e morais, discriminação sexual e aos direitos femininos. Contraditoriamente, associam esses valores — a rigor medievais e mais próprios do sistema feudal — com a ética do individualismo exacerbado, atraindo os líderes capitalistas e a City londrina, os quais não conseguiam entender que o mundo mudara e se faziam necessárias novas medidas, inclusive "para salvaguardar o capitalismo do que eles chamam de bolchevismo". Tal como os líderes trabalhistas, os conservadores possuíam em seu círculo intransigentes, defensores da herança para justificar a desigualdade, argumento "débil e estúpido", capaz de justificar o ganho sem trabalho, sem risco, sem esforço: "Nada produzirá a decadência de uma instituição social com mais certeza do que sua adesão ao princípio hereditário". Assim, a eles também não poupa adjetivos: os adeptos do liberalismo "do *laissez-faire* e do livre jogo das forças econômicas", entre os quais os da City, são "truculentos", "cegos" e "religiosos".

Destarte, o Partido Liberal deveria encampar projeto alternativo aos extremos. Assumir a liberdade civil e religiosa, o voto universal, a ques-

OS INTELECTUAIS DO ANTILIBERALISMO

tão irlandesa, o autogoverno dos domínios ingleses no mundo, o imposto progressivo, a seguridade para saúde, educação, habitação — enfim, abandonar os valores do individualismo liberal e buscar justiça social dentro de uma sociedade aberta. "O problema político da humanidade consiste em combinar três coisas: eficiência econômica, justiça social e liberdade individual." Um partido — o Conservador — estaria mais propenso a defender a primeira e a última, com sacrifício da segunda, enquanto essa constituía o maior patrimônio do Partido Trabalhista. Dever-se-ia buscar uma nova alternativa capaz de amalgamar os três objetivos, de modo que também a política econômica pudesse, ao mesmo tempo, buscar estabilidade (normalmente negligenciada pelos líderes sindicais) com justiça social. Keynes manifesta sua convicção de que sem os trabalhadores e seus líderes dificilmente se teria respaldo para implementar grandes mudanças. Repisa inúmeras vezes a necessidade de buscar o *novo*. A polaridade capitalismo *versus* socialismo afigura-se-lhe pobre e maniqueísta; fazia-se mister construir uma *nova* alternativa: "O Partido Liberal não deve ser menos progressista do que o trabalhista, nem menos aberto às novas ideias, nem atrasado na construção do novo mundo." E esse era também o desafio aos intelectuais (Keynes, 1972, p. 305):

> A metade da sabedoria de caderno de caligrafia de nossos estadistas se baseia em supostos que foram verdadeiros, ou parcialmente verdadeiros, em sua época, mas que agora são cada vez menos verdadeiros, à medida que passam os dias. Temos que inventar uma nova sabedoria para uma nova época. E entretanto devemos, se havemos de fazer algo bom, parecer heterodoxos, incômodos, perigosos e desobedientes com os que nos têm forjado.

CONCLUSÃO

A leitura da obra de Keynes tendo como foco sua visão sobre o liberalismo econômico evidencia pelo menos duas regularidades, recorrentes em praticamente todos os textos analisados: (a) a descrença no *laissez-faire*, motivação maior a incitá-lo como intelectual e homem de seu tempo; e (b) a ênfase no argumento pragmático, com base na experiência e no impacto de suas consequências, como sustentáculo para sua reflexão teórica e defesa de suas políticas de intervenção na realidade.

Com relação à primeira e sua aversão à ortodoxia teórica dominante desde Smith e Ricardo, resta indubitável que o diálogo preferencial é com seus defensores: é contra a ortodoxia liberal que se dirige em quase a totalidade de suas obras. A alternativa pretendida é ao liberalismo hegemônico há mais de um século — o qual o irrita ao ponto de dizer que "Ricardo conquistou a Inglaterra de maneira tão completa como a Santa Inquisição conquistara a Espanha" (Keynes, 1983, p. 34) — frase cuja denotação remete à predominância do sentido emocional sobre o racional da conquista. As outras ideologias dominantes de seu tempo — o nazifascismo e o comunismo soviético — também mereceram críticas, mas essas são mais raras e, muitas vezes, descartadas *in limine* como alternativas. De forma explícita ou não, adotava o pressuposto de buscar uma sociedade com menos disparidades sociais e mais humana, mas sem abrir mão da liberdade, dos direitos civis e políticos, da propriedade e do reconhecimento pelo esforço e pelo mérito. Segundo Joan Robinson, descrevia-se como um "conservador moderado" e seu ânimo frequentemente "pendia da esquerda para a direita. Se o capitalismo lhe era (em certos aspectos) repugnante, o stalinismo lhe causava impressão ainda pior. Nos últimos anos de sua vida é certo que a direita predominou" (Keynes, 1977, p. 106-107). O leitor de "Sou um liberal?", curioso em obter a resposta, sai frustrado: depois de toda a argumentação desenvolvida, a última frase do artigo consiste na repetição de seu próprio título. Mas é nele que Keynes expõe um programa de novas ideias ao Partido Liberal, ao qual então sugere inventar um "novo liberalismo". Já em "Liberalismo e trabalhismo" mostra simpatia pela tipologia de "liberal progressista".

Diante desse quadro, a opção pelo Partido Liberal parecia a menos comprometedora. Uma saída "pelo centro", tudo sugere, comovia-o

OS INTELECTUAIS DO ANTILIBERALISMO

por evitar os intransigentes, os violentos e os guiados mais por interesses parciais — individuais ou de classe —, os quais recorriam a ideias mirabolantes ou ultrapassadas, ambas, de qualquer forma, sem o menor senso prático. Há quem associe essa visão à social-democracia do pós-Segunda Guerra. Todavia, essa começou a ser gestada bem antes de Keynes, pois remonta ao final do século XIX, com gênese no próprio movimento dos trabalhadores, com a divisão entre comunistas e social-democratas na Segunda Internacional Socialista. Seu ideário — a preferência por participar do jogo eleitoral, por reformas dentro da legislação e pela socialização gradual dos setores básicos da economia — certamente após a Segunda Guerra encontrou nas teses de Keynes um importante respaldo, principalmente depois da chegada desses partidos ao poder em vários países europeus. O movimento socialista desde seu nascedouro concentrara seus esforços intelectuais e sua energia na defesa de construção de uma nova sociedade; tarefa diferente era administrar a sociedade capitalista com outros valores e objetivos, diferentes da ortodoxia liberal. As teses de Keynes caíram como uma luva para os defensores do intervencionismo econômico, da opção pelo pleno emprego e pelos impostos progressivos do *Welfare State*. Como enquadrar tais ideias no espectro político? A valer a reflexão de Bobbio (1995, p. 91-100), para quem a díade "direita e esquerda" não está ultrapassada, esses não denotam conceitos substantivos ou ontológicos, pois não designam conteúdos fixados de uma vez para sempre, mas denotam posições relativas no "espaço político" no tempo histórico. Todavia, a direita normalmente considera a desigualdade como natural e a esquerda como decorrente principalmente de motivos sociais (o que não se confunde com o *igualitarismo*, cuja utopia consiste em propor "igualdade de todos em tudo"). Assim sendo, para a esquerda a desigualdade poderia/deveria ser objeto de políticas públicas e, em boa medida, eliminável (com exceção daquelas, por exemplo, de responsabilidade do próprio indivíduo). Esse parece ser o caso de Keynes, sem esquecer a relatividade posicional antes mencionada (p. 91-100).

Na América Latina, algumas teses de Keynes assumiram um ar ainda mais crítico e transformador ao se somar às ideias desenvolvimentistas que vinham sendo gestadas desde o final do século XIX. Essas remontam, embrionariamente, ao positivismo, com fortes adeptos em segmentos da elite civil e militar de vários países do subcontinente, e apregoava caber ao Estado auxiliar na linha evolutiva da sociedade em direção ao progresso (Fonseca, 2000, 2004). A partir da década de 1950, vários economistas da tradição cepalina, como Raul Prebisch e Celso Furtado, admitem influência de Keynes em suas obras. Todavia, parece-nos exagero afirmar, como Simonsen (1969, p. 83), que "os estruturalistas avançaram demais na admiração keynesiana, tentando transpor o modelo de Keynes para um caso particular em que ele nada tem de aplicável". Contrariamente, os economistas latino-americanos tinham por objeto o subdesenvolvimento — tema do qual Keynes não se ocupara. Todavia, não há evidências de que se tratava de mera transposição, pois desde os primeiros manifestos da Cepal evidenciou-se a consciência da particularidade das economias latino-americanas; uma das marcas do pensamento cepalino reside justamente em evitar "copiar' ou "adaptar" teorias, numa crítica à universalidade das "leis econômicas". Ademais, seus trabalhos enfocam modelos de longo prazo, cuja ênfase residia no papel da tecnologia e na necessidade de aumentar o estoque de capital *per capita,* frente à escassez relativa diante de uma oferta ilimitada de mão de obra, que ocasionavam um *desemprego estrutural* — preocupação bastante diversa do desemprego involuntário ou cíclico da obra de Keynes.

Finalmente, com relação aos apelos ao senso prático e à razão pragmática, assim se manifestou na *Teoria geral,* dentre inúmeras passagens: "Nossa crítica à teoria econômica clássica geralmente aceita consistiu menos em revelar os defeitos lógicos de sua análise do que em assinalar o fato de que as suas hipóteses tácitas nunca ou quase nunca são satisfeitas, com a consequência de que ela se mostra incapaz de resolver os problemas econômicos do mundo real" (Keynes, 1983, p. 256). Em outro trabalho, menciona que as crenças no "individualismo fora de moda" podem até não terem sido errôneas no contexto em que nasceram, posto que "contribuíram em grande medida para o êxito do século XIX"; todavia, "deixaram de ser aplicáveis às condições modernas".

Vários analistas da obra de Keynes reiteram essa interpretação, de modo a poder-se considerar bastante provável a hipótese segundo a qual não se tratava apenas de um enfoque trazido à liça para expressar seu antiliberalismo em matéria de economia, mas uma postura que permeia sua obra como um todo. Nesse sentido, Skidelsky chega a mencionar que o keynesianismo nasceu "não na busca de uma explicação teórica do desemprego, mas, sim, da convicção do próprio Keynes de que 'as doutrinas do *laissez-faire* (...) não são mais aplicáveis às modernas condições" (Keynes, 1977, p. 63). J. Hicks lembra que ele se abstinha de buscar objetivos muitos distantes: "Meu interesse reside na obtenção de resultados diretos — nada mais" (Moddridge, *in*: Keynes, 1977, p. 45). Joan Robinson (1978, p. 30, 34), na mesma direção, assevera: "Hitler já havia descoberto como curar o desemprego antes que Keynes acabasse de explicar por que ele ocorria", e, talvez por isso, ele "escrevia e argumentava contra a ortodoxia predominante. Tinha que argumentar sempre que era possível fazer alguma coisa". Coube a Harry Johnson mostrar que o mito das velhas ideias com que se defrontava entrelaçava-se historicamente com outro, no qual havia interesses a preservar: "O mito cada vez mais tênue de uma Inglaterra rica e poderosa" (Keynes, 1977, p. 85).

Como todo mito, esse tinha lá sua razão de ser e acabava por servir a inúmeros propósitos. Em várias passagens, Keynes perguntou-se como aforismos tão primários puderam lograr tão grande aceitação: "Recorre-se à analogia entre o poder da escola clássica e o de certas religiões, pois é a maior prova da força de uma ideia esconjurar a evidência do que introduzir nas ideias comuns do homem o recôndito e o remoto" (Keynes, 1983, p. 239). Os mitos normalmente conjugam elementos extrarracionais e intuitivos com racionais, fazem uso da linguagem simbólica e da simbolização para expressar conhecimentos, vontades e percepções. Nesse sentido, a observação de Keynes capta a simbiose contraditória entre a utopia do *laissez-faire* e a teoria econômica "científica", ou "experimentação mental", que o sustenta. Segundo Gurvitch (*in*: Bobbio, 2004, p. 758), o mito não raro transforma-se em *Weltanschauung* e, sucessivamente, em ideologia: a utopia que lhe é inerente transforma a história para julgá-la em nome de arquétipos míticos; mas fá-lo construindo modelos racionais de comportamento". Essa última observação, pela similitude, parece que foi escrita pensando na forma com que Keynes criticou os modelos econômicos dos economistas clássicos. O mito de um mundo autorregulado, com forças espontâneas de mercado tendendo inexoravelmente a um equilíbrio maximizador, sempre lhe causou espécie. Feria seu senso prático a crença inabalável na racionalidade dos homens assumida como axioma e em expectativas que sempre se realizam, sem risco nem incerteza, como se não existissem história nem conflitos, crises, incertezas, erros e decepções. Keynes contribuiu para abalar as velhas crenças, mas, a valer seu próprio método, a experiência também demonstra que infelizmente elas resistem e têm a capacidade de renascer das cinzas.

NOTA

1. Não é objetivo deste artigo a análise do método em Keynes. Dentre os autores nacionais que recentemente escreveram sobre o tema, citam-se: Rogério Andrade (2000), F. Cardim de Carvalho e Maria Aparecida G. de Souza. *In*: Corazza (2003), e G. Corazza (2009), sem esquecer os trabalhos de Lawson e Pesaran (1985), O'Donell (1991), Bateman e Davis (1991), Gerrard e Hillard (1992) e Carabelli (1998).

BIBLIOGRAFIA

ANDRADE, R.P. de. "A agenda do keynesianismo filosófico: origens e perspectivas". *Revista de Economia Política*, nº 2, v. 20, abr./jun. 2000.

BATEMAN, B.W. e DAVIS, J.B. (Eds.). *Keynes and Philosophy — Essays on the Origin of Keynes's Thought*. Aldershot: Edward Elgar, 1991.

BOBBIO, N. *Direita e esquerda; razões e significados de uma distinção política*. São Paulo: Unesp, 1995.

_____. *et al. Dicionário de política*. Brasília, São Paulo: Imprensa Oficial, 2004.

CARABELLI, A.M. *On Keynes's Method*. Londres: Macmillan, 1988.

CORAZZA, G. (Org.). *Métodos da ciência econômica*. Porto Alegre: UFRGS, 2003.

FERRARI FILHO, F. (Org.). *Teoria geral, setenta anos depois*. Porto Alegre: UFRGS, 2006.

FONSECA, P.C.D. "As origens e as vertentes formadoras do pensamento cepalino". *Revista Brasileira de Economia*. Rio de Janeiro, nº 3, v. 54, jul./set. 2000.

_____. "Gênese e precursores do desenvolvimentismo no Brasil". *Pesquisa & Debate*. São Paulo, PUC-SP, v. 15, nº 2(26), jul./dez. 2004, p. 225-56.

GERRARD, B. e HILLARD, J. *The Philosophy and Economics of J. M. Keynes*. Aldershot: Edward Elgar, 1992.

JAMES, W. *Pragmatismo e outros textos*. São Paulo: Abril Cultural, 1979.

KALECKI, M. *Crescimento e ciclo das economias capitalistas*. São Paulo: Hucitec, 1977.

KEYNES, J. M. *Essays in persuasion*. Londres: Macmillan, 1972.

_____. *Teoria geral do emprego, do juro e do dinheiro*. São Paulo: Abril Cultural, 1983.

_____. *Keynes: economia*. São Paulo: Ática, 1978.

KEYNES, M. (Org.). *Ensaios sobre John Maynard Keynes*. Rio de Janeiro: Paz e Terra, 1977.

LAWSON, T. e PESARAN, H. (Eds.). *Keynes' Economics: Methodological Issues*. Londres: Croom Helm, 1985.

NAPOLEONI, C. *Smith, Ricardo, Marx: considerações sobre a história do pensamento econômico*. Rio de Janeiro: Graal, 1978.

O'DONELL, R. (Ed.). *Keynes as Philosopher-Economist*. Londres: Macmillan, 1991.

ROBINSON, J. *Contributions to Modern Economics*. Oxford: Basil Blackwell Publisher, 1978.

_____. *Further Contributions to Modern Economics*. Oxford: Basil Blackwell Publisher, 1980.

SIMONSEN, M.H. "O pensamento estruturalista". *Brasil 2001*. Rio de Janeiro: Apec, 1969.

CAPÍTULO 6 # Marcello Caetano e o sentido do antiliberalismo no pensamento político português

*Francisco Carlos Palomanes Martinho**

---

* Professor adjunto do Departamento de História da Universidade Estadual do Rio de Janeiro (UERJ) e pesquisador do Conselho Nacional de Desenvolvimento Científico e Tecnológico (CNPq)

INTRODUÇÃO

A instauração, em 1933, do Estado Novo português constitui um dos mais importantes capítulos na história do declínio dos sistemas democráticos-representativos na Europa do entre guerras. Nas décadas de 1920 e 1930 o velho continente assistiu também ao esgarçamento dos sistemas econômicos pautados pelo liberalismo. Assim, o binômio antiliberalismo político-antiliberalismo econômico constituiu-se na principal referência para a moldagem dos regimes que nasciam dos escombros das sociedades assentadas na democracia liberal.

Essas características comuns, entretanto, abriram espaço para uma série de interpretações que tenderam a considerar os diversos regimes antiliberais como sendo todos eles a expressão do nascente fascismo.[1] Esse modelo interpretativo optou por escolher a mais importante das experiências antiliberais, desconsiderando as peculiaridades de cada experiência nacional.

No caso português, os problemas que levaram à crise da experiência republicano-liberal inaugurada em 1910 decorrem, em parte, da chamada crise do pós-Primeira Guerra Mundial. Mas, sobretudo, ela é consequência de raízes históricas que remontam à própria formação do Estado nacional português. Os problemas advindos da crise dos anos 1920 e 1930, na verdade, só fizeram renascer sentimentos havia muito presentes na formação histórica portuguesa.

Procuraremos discutir as bases do antiliberalismo português na Primeira República, entendidas como suporte para a constituição do Estado

OS INTELECTUAIS DO ANTILIBERALISMO

Novo, a partir de dois importantes momentos. O primeiro, decorrente da inesperada instauração republicana e do primeiro alento antiliberal pós-golpe de 1910, o breve consulado do major Sidónio Pais, de 1917 a 1918. O segundo, datado dos anos 1920, com uma oposição unificada em torno da memória do ditador assassinado e vivamente influenciada pelos movimentos antiliberais ocorrentes na Europa. A instauração da ditadura militar, com o golpe de 28 de maio de 1926, foi o momento de catarse dos diversos setores incomodados com uma república que em muito se distanciava das "verdadeiras" tradições portuguesas.[2]

Em uma primeira fase, sobressaíam-se as articulações antirrepublicanas, saudosistas do sistema monárquico. Sobretudo a resistência católica contra a excessiva laicização do novo regime. Uma etapa, então, marcada pela tentativa de resgatar um recente passado. Em uma segunda fase, a oposição à Primeira República ampliou seu leque, absorvendo novos sujeitos, influenciados pelos ventos europeus e, em parte, distantes da memória de um passado cada vez mais longínquo. Entre passado e futuro, moveu-se a oposição portuguesa ao republicanismo liberal. O resultado dessa tensão procuraremos discutir neste breve artigo.

DA INESPERADA REPÚBLICA À REAÇÃO ANTILIBERAL

A instalação, em 1910, do regime republicano em Portugal se deu em nome de projetos marcadamente laicos e liberais. Não por acaso, o primeiro governo provisório, de outubro de 1910 a setembro de 1911, promulgou a separação da Igreja e do Estado, confiscou bens religiosos e perseguiu a imprensa católica.[3] O regime que se instaurava tinha, segundo importante estudioso do catolicismo português, o nítido intuito "de limitação da liberdade religiosa, de cerceamento do culto e de ingerência abusiva na vida da igreja".[4] A despeito do nítido interesse em impor à Igreja uma derrota, o frágil republicanismo português assistiu a uma forte e intensa resistência católica, nomeadamente em círculos intelectuais. Logo em 1912, por exemplo, no Centro Académico de Democracia Cristã (CADC), de Coimbra, nascia a revista O *Imparcial*, cujos principais responsáveis eram o então professor Oliveira Salazar, futuro presidente do Conselho de Ministros do Estado Novo, e o então padre Manuel Cerejeira, futuro cardeal patriarca de Lisboa. Outras revistas, igualmente em defesa da doutrina cristã, surgiram em cidades como Lisboa, Porto e Viseu.[5]

As sucessivas crises do republicanismo liberal português punham em questão a sua capacidade de implementar um projeto político de maior vulto. Para que tenhamos uma ideia do nível de instabilidade na primeira fase do republicanismo em Portugal, basta lembrar que naquele curto período de apenas 16 anos o país assistiu à ascensão e à queda de 45 governos e 29 levantes revolucionários de diversos matizes.[6] Nesse quadro, diversos opositores se articularam no sentido de enfrentar o sistema liberal representativo e apresentar à sociedade portuguesa uma nova alternativa. O primeiro coroamento de tal processo se deu por meio do golpe liderado por Sidónio Pais, em 1917. Segundo Castro Leal, a influência do sidonismo para a história de Portugal diz respeito à modelação de estruturas autoritárias e à constituição de um bloco político alicerçado no Exército, no comércio, na indústria e em parcela da intelectualidade.[7] Para António Ferro,[8] futuro diretor do Secretariado de Propaganda Nacional (SNP) durante o Estado Novo, a vitória do sidonismo representava uma verdadeira ruptura em um sentido revolucionário com as estruturas da "República Velha".[9] O entusiasmo e a admiração de Ferro dão bem a dimensão da importância que teve o sidonismo no imaginário de importantes segmentos das elites intelectuais portuguesas. Em dezembro de 1918, entretanto, na Estação de Comboios do Rossio, Sidónio Pais seria assassinado. A despeito do curto período em que esteve no poder, um ano, a memória de Sidónio Pais, e do que veio a se chamar sidonismo, permaneceu viva como suporte ideológico e como referência política dos principais segmentos do autoritarismo português.

Contribui, para tanto, o desfecho do conflito mundial. Em um nível mais amplo, em virtude da nova configuração adquirida pelas sociedades contemporâneas a partir de 1918. No âmbito interno, em decorrência da situação portuguesa pós-guerra. Quanto ao primeiro aspecto, do

OS INTELECTUAIS DO ANTILIBERALISMO

novo quadro mundial, a Europa assistiu a um primeiro momento de sua lenta decadência e perda de importância frente aos Estados Unidos, detentor, a partir daquele momento, da hegemonia no mundo capitalista. Os modelos autoritários que se ampliaram nos anos 20 foram, portanto, reações à vitória do americanismo. Como diz Castro Leal, consolida-se uma *ideia de renascimento* vinculada a movimentos políticos detentores de projetos de tipo *autoritário*.[10] Nesse quadro, se inseria tanto o fascismo italiano, quanto todos os demais movimentos nacionalistas e antiliberais, independentemente de terem ou não se transformado em regimes políticos. Ainda no quadro internacional do pós-guerra, não se deve esquecer da vitória da Revolução Russa, fator de fundamental importância para o fomento de ideologias de tipo autoritário e contrarrevolucionário em toda a Europa.[11]

Mas, para além das condições internacionais, favoráveis à vitória de movimentos de tipo autoritário-nacionalista em quase toda a Europa, há fatores de ordem interna que induziram Portugal a uma gradativa adesão a movimentos e projetos políticos antiliberais. O primeiro desses fatores, de caráter mais longo, é a própria tradição portuguesa. Na história portuguesa, momento marcante foi o seu papel, ao lado da Espanha, na construção de um extenso mundo colonial que se realizava em nome dos interesses do Estado nacional. Portugal e Espanha tinham, como sabemos, características muito próximas — tanto na natureza de seu Estado absolutista católico como também nos projetos do ultramar. A otimização do Estado, portanto, constituiu-se em um forte argumento de resistência contra o liberalismo que se organizava fundamentalmente não a partir do Estado, mas da sociedade civil.[12] A manutenção de um Estado forte e intervencionista significava a permanência dos interesses tradicionais do Antigo Regime: a terra, a autoridade suprema do monarca e, sobretudo, a pouca importância atribuída às possibilidades de organização em caráter individual. Claro que os Estados absolutistas moviam-se de modo a garantir a permanência dos interesses dos chamados "corpos intermédios", como dizia Montesquieu. Esses, ao mesmo tempo que garantiam legitimidade ao Estado, obtinham também algum espaço de autonomia. O absolutismo monárquico, portanto, realizava-se em nome da unidade dos diversos corpos que, muitas vezes, tinham interesses conflituosos.[13]

O segundo problema, de caráter também endógeno, embora conjuntural, merece referência. Trata-se do "mal-estar" provocado na sociedade portuguesa do pós-Primeira Guerra. Vivia Portugal, de fato, uma situação no mínimo paradoxal. Apesar de, em virtude de suas alianças históricas com a Inglaterra, ter participado ao lado dos vencedores no conflito, nenhuma vantagem material havia sido concedida aos portugueses.[14] Portanto, Portugal encontrava-se na constrangedora situação de país vencedor que saíra perdendo na guerra e, em virtude dos resultados do conflito, sem condições de pedir reparações por sua participação. Natural, portanto, que o sentimento antiliberal aflorasse nesse período de frustrados sentimentos. Pior que a desestabilização econômica ou política no nível interno, para setores das elites políticas nacionalistas, era o medo diante do chamado "perigo espanhol". No entanto, o medo de uma anexação à Espanha — uma nova "União Ibérica" — era fictício, fruto de uma paranoia contraída pela profunda crise de confiança que atravessava a sociedade portuguesa do pós-guerra. A maior parcela dos discursos acerca do "perigo espanhol" se encontra na imprensa nacionalista, interessada na desestabilização do regime democrático-liberal.[15] De certa forma, a desestabilização econômica, política e social da Primeira República contribuía para que os ecos da ideia de decadência da geração de 1870 ainda se fizessem ecoar nas ruas e nos cafés de Portugal.[16]

A mobilização em torno do combate à democracia liberal se dava a partir de bases bastante sólidas, que remetiam tanto a um passado longínquo como às frustrações vivenciadas na primeira experiência republicana. Porém, mais importante ainda que as tentativas de organização de espaços políticos, era a própria evolução do pensamento conservador português durante os anos 1920. Nesse campo, além do conservadorismo de matriz sidonista, várias outras correntes autoritárias se apresentaram como alternativa política à crise portuguesa. Ao mesmo tempo, o surgimento de diversas correntes antiliberais de perfil republicano fragilizou o desejo de um *restauracionismo* monárquico.

O fascismo, por certo, constitui um movimento que, opondo-se à República liberal, não conseguiu enquadrar-se na ditadura militar implantada em 1926, ainda que, circunstancialmente, a tenha apoiado. Assim como o antecedente do fascismo foi a Action Française (AF)[17] das primeiras décadas do século, também para o caso português encontramos antecedentes do fascismo durante toda a Primeira República. A mais importante influência recebida pelos fascistas portugueses foi o Integralismo Lusitano (IL).[18] Esse, por seu turno, na busca da fundamentação de um nacionalismo conservador português, esteve profundamente marcado pela experiência da AF. Do ponto de vista doutrinário, o IL buscou no passado medieval a justificativa para o combate a um liberalismo que, nascido no século XIX, seria estranho às tradições portuguesas.[19]

Assiste-se aqui a uma *tradição inventada*,[20] no sentido de que o passado era resgatado a fim de que se pudesse construir um presente dotado de organicidade e respaldo popular. Note-se que, no caso específico, a memória restaurada, "reinventada", era a do Estado e de seu chefe, o monarca absoluto. Quanto aos líderes do Integralismo Lusitano, destacava-se o nome de Rolão Preto. Jovem monarquista exilado, transformou-se, nos anos 1920 e 1930, na mais importante figura do fascismo português.

Nos anos 1920, em particular a partir de 1922, os integralistas lusitanos acompanharam, com entusiasmo, a escalada do fascismo italiano. Rolão Preto, entretanto, era pessimista quanto à possibilidade de se organizar um movimento idêntico àquele liderado por Benito Mussolini. Prevaleciam, como quer a ideologia nacionalista, as necessidades de compreensão da realidade específica de Portugal.[21] Mas, desde a Marcha sobre Roma, em 1922, que a direita portuguesa teve seus olhos voltados com profundo otimismo para o fascismo italiano. Rolão Preto, afirmando o caráter legitimamente subversivo e fora da lei desse movimento, afirmava, dessa forma, seu perfil de novidade e revolucionarismo. Para o principal líder em Portugal, o método violento do fascismo era o único capaz de combater com eficiência o antinacionalismo e o bolchevismo.[22]

Mas não era apenas aos declaradamente fascistas que o movimento liderado por Mussolini encantava. António Ferro, em suas famosas viagens para entrevistar líderes autoritários durante os anos 1920, também se sentiu fortemente atraído pela "obra" mussoliniana. Em 1923, ano II da "era Mussolini", Ferro entrevistou pela primeira vez o *Duce*. Além dessa, houve outras duas entrevistas, em 1926 e em 1934. Para Ferro, Mussolini apresentava projetos definidos: "expressão original italiana, restituição das tradições perdidas, governo de ditadura, hierarquia, esvaziamento do Parlamento, corporativismo, latinidade". Em todas as entrevistas, a intenção de Ferro era apontar para a necessidade de um líder com as mesmas características que as de Mussolini: chefe severo, lacônico e autoritário, com perfil dominador e firme.[23]

Ainda em 1923, os nacionalistas portugueses da Acção Nacionalista, no jornal *Portugal*, publicaram uma saudação ao nacionalismo italiano, apontando para a decadência do liberalismo e defendendo as lutas políticas em favor do nascimento fecundo das ditaduras nacionalistas.[24] Assim, um "novo", em detrimento do "velho" regime começava a surgir. Para Ferro, Mussolini representava, então, "o grande mestre da política moderna".[25] Entretanto, assim como os fascistas, Ferro buscou um caminho autenticamente português.[26]

Três características foram marcadamente importantes, tanto na concepção de António Ferro, um dos principais ideólogos do salazarismo, como na de Rolão Preto. A primeira delas era o fascínio pela autoridade do chefe de Estado, que tanto se manifestava no resgate da figura de d. Miguel como na atração por Mussolini. Restava, aqui, a necessidade de se encontrar um "verdadeiro" líder nacionalista para Portugal. Com essa necessidade, fascistas e futuros salazaristas concordavam. Só não concordam na definição de *quem seria* esse futuro líder.

A segunda característica era a busca da tradição e do passado legitimador. Nesse caso, o elemento que unia e justificava a ação política era uma história particular. O ódio ao liberalismo e ao bolchevismo se explicavam, assim, pela herança de ambos frente ao Iluminismo e seus valores "universalistas". Durante toda a construção da ideologia salazarista, assistiu-se ao resgate da "verdadeira" história de Portugal. História essa que, dado o peso da Igreja Católica e do Estado nacional absoluto, nada tem a ver com a tradição liberal.

A terceira era a defesa da violência, desde que para fins "positivos". A subversão da ordem liberal seria, nessa concepção, a última das violências. A partir daí, o tempo dos conflitos e da luta terminaria em favor do "interesse nacional", o único a unir todos.

Apesar das diversas correntes antiliberais, a mais importante contribuição no sentido de uma institucionalização do novo regime veio, seguramente, do conservadorismo católico. O pensamento conservador católico em Portugal, embora marcado por especificidades nacionais, assim como o fascismo, também sofreu a influência de acontecimentos externos. No fim do século XIX, a encíclica *Rerum Novarum* surgia como a primeira intervenção da Igreja nas questões de ordem social. A *Rerum Novarum* propunha um modelo de organização social que se apresentava ao mesmo tempo como uma alternativa tanto ao liberalismo desagregador e responsável pelas desigualdades sociais quanto ao socialismo ateu e propagador do conflito de classes. O caminho a ser adotado seria o do resgate dos valores medievais. Da organização por ofícios, em caráter familiar. De proteção e de autoridade ao mesmo tempo. O "ponto final" dessa ordem seria o Estado, dotado de poderes para intervir em nome do "bem comum".

Aos valores "universalistas" do liberalismo, o pensamento católico português contrapôs, a seu modo, um "nacionalismo católico" opositor tanto do universalismo imperialista quanto do internacionalismo proletário.[27] Porém, conforme aponta Braga da Cruz, os democratas-cristãos não chegaram a obter uma forte expressão popular. Ao mesmo tempo, não ultrapassaram o campo estritamente doutrinário e de afirmação de princípios.[28]

Talvez a pouca capacidade de mobilização, olhando retrospectivamente a história portuguesa, não constituísse em si um grande problema. A rigor, em se tratando de um movimento de elites políticas que visavam a alternativas, sobretudo a partir de cima, a mobilização social era, possivelmente, o lado menos importante da questão. Mais importante talvez tenha sido a consolidação de um corpo doutrinal católico que se definia como opositor do liberalismo e de suas consequências no momento da institucionalização do Estado Novo.

Uma das bases do catolicismo português foi o meio acadêmico. Universidades como as de Coimbra e do Porto constituíram-se em centros divulgadores do pensamento católico, com revistas, jornais e também uma forte intervenção política. As preocupações sociais dos católicos conviveram sempre com a repulsa à democracia e ao liberalismo. Mas não deixarão de existir, constituindo-se em um forte pilar — por certo o mais importante — do regime salazarista. De acordo com o jornal dos sindicatos católicos da Covilhã, *Voz dos Trabalhadores*, o contato permanente entre patrões e empregados, levado a bom termo, poderia vir a tornar "dispensável o recurso à greve".[29] Assim como o salazarismo, seu projeto consubstanciava-se em uma alternativa interclassista, destinada à harmonização dos interesses entre os diversos segmentos sociais.

A chamada "questão democrática" não passava despercebida pelos articulistas do pensamento católico português. Longe de a negarem, defendiam uma *outra* forma de democracia. Não uma democracia limitada à "tirania do número", como nos sistemas parlamentares. Tampouco uma democracia submetida ao "nivelamento absoluto da sociedade humana". A nova democracia seria aquela constituída a partir da adaptação das antigas agremiações medievais, "em harmonia com as modernas condições sociais".[30]

De qualquer modo, fica evidente o sentido de oposição às duas principais heranças do pensamento iluminista, o liberalismo e o socialismo, além da defesa de um projeto de "harmonia social" a partir da constituição de uma ordem corporativa. E é exatamente isso que pretenderam fazer as elites políticas que se consolidaram a partir da hegemonia salazarista que se constituiu por dentro da ditadura militar implantada em 1926. Não por acaso, em discurso datado de 1930, a edificação do "novo tempo" que se pretendia não incorporava as palavras liberdade, democracia e soberania popular. Essas haviam se esvaziado e perdido espaço para a disciplina, a nação e o Estado.

OS INTELECTUAIS DO ANTILIBERALISMO

MARCELLO CAETANO ENTRE PORTUGAL E A EUROPA: O SENTIDO DO ANTILIBERALISMO

Quando da queda da Primeira República, Marcello Caetano tinha apenas 20 anos de idade. Mas já atuava politicamente como secretário-geral da Comissão Executiva do Integralismo Lusitano. Intelectual com precoce destaque nos círculos católicos, rapidamente Caetano se transformou em um importante difusor da doutrina cristã. Em 1928, portanto aos 22 anos, era o próprio Caetano quem, confrade da Sociedade São Vicente de Paulo, proferia uma conferência a respeito da caridade cristã. O que parece interessante nesse caso é a relação crítica que nosso personagem estabelece entre o Renascimento, o romantismo e o racionalismo do século XIX com o cristianismo. Como modelo paradigmático de homem cristão escolhe o patrono da confraria, o próprio São Vicente de Paulo. Tendo vivido sua fase adulta no século XVII, contemporâneo da "peste da Renascença", foi ele o criador de uma ideia cristã de caridade baseada na *Charité*, fundada em 1617 e responsável pelo alimento do corpo e da alma dos necessitados. Os românticos e os racionalistas do século XIX, entretanto, fizeram crer que a caridade nada mais era do que uma atitude "vexatória, socialmente prejudicial e contraproducente". Principalmente a partir de 1848, com a revolução europeia e a ascensão do socialismo na França. Em resposta a tais concepções, Caetano afirmava ser a caridade superior à "secura das doutrinas sociais" e às "soluções frágeis do direito".[31] Ainda que com grande erudição, citando importantes referências da cultura europeia, como Flaubert, Pascal e Bossuet, Caetano demonstrava, nesse seu pendor "espiritual", um forte compromisso com um tipo de tradicionalismo que teve na figura do ditador Oliveira Salazar sua figura de proa.

O combate ao romantismo e ao racionalismo, expressões da ingenuidade em um caso e do materialismo ascético em outro, teve na trajetória de Caetano uma versão política. Além de católico praticante, ingressou ainda jovem no Integralismo Lusitano (IL). O IL foi responsável pela formação de uma corrente intelectual que, reinventando a "tradição" de uma sociedade orgânica e corporativa em que o Portugal medieval teria sido paradigma, opunha-se ao liberalismo do século XIX, produto de "importação" e consequentemente estranho aos valores portugueses. Para tal, se apoiava nos esquecidos teóricos do pensamento contra-revolucionário português do século XIX, ligados à figura absolutista de d. Miguel.[32]

A referência a d. Miguel é importante, uma vez que o IL era um movimento que, além de nacionalista e católico, defendia o retorno à monarquia e a fidelidade a seu herdeiro, d. Duarte Nuno de Bragança.[33] Mas também deve ser referida uma figura mais recente e não menos importante para os integralistas portugueses: a do jornalista e poeta António Sardinha. Republicano na juventude, desiludiu-se com o regime de 1910 e migrou para o monarquismo na mesma ocasião em que se convertia à fé católica. Deputado monarquista durante a breve ditadura de Sidónio Pais, foi a principal referência intelectual do IL. Faleceu em 1927, aos 37 anos.[34] Vê-se, portanto, ao longo da segunda metade da década de 1920, um Caetano ainda profundamente doutrinário e fiel tanto ao catolicismo quanto ao integralismo, embrião do futuro movimento fascista português conhecido como nacional-sindicalismo, já sob a chefia do principal herdeiro político de António Sardinha, o também jornalista Francisco Rolão Preto.[35]

Se o catolicismo se manteve por muitos anos, as circunstâncias levaram-no, ao lado de outros integralistas, a uma adesão gradativa ao regime do Estado Novo. A partir de 1928 iniciou suas atividades de homem de Estado como colaborador ativo de Salazar, na qualidade de auditor jurídico do Ministério das Finanças. Não deixou, entretanto, de manter atividades acadêmicas. Doutorou-se em 1931 e em 1933, por concurso público, tornou-se professor da mesma Faculdade de Direito de Lisboa em que havia se destacado como aluno. Recusou convite de Salazar para fazer parte da lista de deputados da União Nacional, o partido único do regime corporativo,[36] afirmando que sua única vocação era a universidade.[37]

Ao lado da atividade docente, Caetano foi também, a partir da década de 1930, um assíduo articulista de jornal, principalmente no *Jornal do Commercio e das Colônias*, no qual assinava uma coluna duas vezes por semana. Os temas tratados por Caetano eram de natureza variada. Para o objetivo do presente artigo tratarei daqueles referentes à conjuntura internacional, nomeadamente a europeia, e à organização corporativa.

A *situação internacional: isolamento e integração*

O primeiro artigo sobre os problemas externos a Portugal data de maio de 1932. Caetano faz uma análise da situação francesa nos sete anos entre a queda do governo Herriot e o retorno da esquerda ao poder. Começa criticando a anterior política econômica da França, por ele chamada de "cartel das esquerdas". A inevitável derrota de Herriot e a vitória de Poincaré teriam resultado no equilíbrio das finanças. Políticas "demagógicas", como, por exemplo, impostos sobre o capital, monopólio do mercado cambial e aumento de impostos diretos, haviam sido substituídas por uma política austera e responsável. A nova vitória da esquerda nas eleições francesas preocupava Caetano, que via no resultado a possível perda de uma oportunidade histórica para os franceses. Em uma conjuntura em que a Espanha se via envolta em uma crise de instabilidade que percorreu toda a sua Segunda República e a Alemanha vivia o caos econômico e político de Weimar, a França poderia atrair as simpatias "dos conservadores" conquistando investimentos "fugidos das praças apeadas da consideração internacional".[38]

O futuro se revelava incerto: "Que irá suceder agora? O nervosismo dos capitalistas provados tão duramente n'este período aflictivo não consente a mínima manifestação de hostilidade, o mais pequeno sinal de ataque. Seria o pânico." Ligado aos acontecimentos mundiais, preocupado com a crise econômica da Europa, Caetano vislumbrava na França a possível consolidação de um campo conservador contra os radicalismos que se avizinhavam na Espanha e na Alemanha. Mas é interessante notar seu entendimento a respeito da existência de uma economia internacional já à época interligada. Para nosso personagem, naquela altura não havia mais a possibilidade de um modelo de desenvolvimento capitalista autônomo. Com 30 anos de antecedência, não concordava com o presidente do Conselho, Oliveira Salazar, que, diante da pressão internacional contra as guerras em África, na década de 1960, teria afirmado: "Estamos cada vez mais orgulhosamente sós."[39] A possibilidade de uma alternativa conservadora para Caetano passava necessariamente pela existência de um mercado potencialmente livre. Em diversas outras passagens, principalmente em seus artigos voltados exclusivamente para a economia, se poderá ver um autor que se opunha a uma perspectiva exageradamente estatizante. Em um país que dependia fortemente das exportações, sabia do perigo que poderiam vir a representar atitudes protecionistas. Assim, mais uma vez com relação à França, escreveu um artigo datado de junho de 1932 em que criticava fortemente a decisão do governo francês de taxar em 15% os produtos procedentes de Portugal.[40] Caetano tinha, portanto, a exata dimensão das possibilidades e dos limites de um eventual projeto de modernização do Estado Novo. Sabia, por um lado, que um desenvolvimento autônomo de sua economia seria inviável. Mesmo porque conhecia bem as teses de Salazar e sua renhida oposição a um desenvolvimento urbano que significasse industrialização e crescimento das classes operárias, como também seu apego pelo mundo rural, da pequena propriedade agrícola de caráter familiar.[41] A permanência de uma economia predominantemente agrícola era, portanto, uma realidade que não se podia alterar. Por outro, estava ciente da necessidade de integração e da importância dos investimentos advindos dos capitais internacionais.

Caetano era um tenaz defensor da primeira política econômica de Salazar, voltada para o equilíbrio financeiro e para o combate aos gastos excessivos do Estado.[42] Mais uma vez citando a França, fez pilhéria de uma tradição portuguesa de imitar permanentemente o estrangeiro. "Se a França tinha déficit público, por qual motivo Portugal não o teria também?" Ironicamente, entretanto, citava o governo esquerdista francês e seu anúncio de combate ao déficit. Os críticos de Salazar, copiadores de modas estrangeiras, poderiam agora elogiar o ditador. A França combatia o déficit. Que Portugal fizesse o mesmo.[43] Mas se de certa forma Caetano se parecia um liberal em época de tanto estatismo, o mesmo não se verificava no que dizia respeito à política. Sobre a relação entre economia e democracia, como na França, mostrava algum ceticismo:

OS INTELECTUAIS DO ANTILIBERALISMO

O velho socialista que preside hoje ao governo da França e o seu rotundo ministro das Finanças bem pretendem solucionar o doloroso problema financeiro: mas contra eles se erguem os senhores do Estado democrático — funcionários sindicalizados, caciques *que não podem nem devem pagar mais*... E o Parlamento? Consentirão esses centros de indivíduos barulhentos, que o compõem, em sobrepor o interesse da França aos interesses dos partidos e clientelas?

A democracia revelava-se, assim, um impedimento para a justa política econômica. Encerrava seu artigo com uma defesa tanto das medidas econômicas de Salazar como também de sua política ditatorial: "Se não consentirem... poder-se-ha dizer, com probidade, que na actual experiencia francesa o Executivo justificou as finanças e o Legislativo a política da ditadura portuguesa."

Em artigo datado de junho de 1932, nosso personagem escreveu a respeito do problema das reparações de guerra e da Conferência das Reparações anunciada para o dia 16 daquele mês, sobre cuja realização pairavam dúvidas, em decorrência da moratória Hoover. De modo geral, pode-se perceber que se alinhava com aqueles que criticavam tanto os métodos quanto o conteúdo dos acordos de paz. Os acordos, nomeadamente Versalhes, haviam vetado qualquer possibilidade de recuperação econômica dos países derrotados na guerra.[44] Caetano se mostrava particularmente crítico em relação ao comportamento da França:

> Deste modo a divida das reparações aparece-nos primeiro como uma divida política que os aliados pretendiam cobrar por direito de victoria e usando se preciso fosse de sansões políticas e militares: é este conceito o inspirador da acção dos governos, especialmente do governo francez, durante toda a primeira fase do drama, que vai até á ocupação do Ruhr.

Por este motivo: "A ocupação do Ruhr foi o início da catástrofe alemã, a causa próxima da formidavel inflacção que deu origem á depreciação do marco." A solução, portanto, viria de um acordo mais técnico que político, ou seja, a partir de um cálculo real das possibilidades de pagamento por parte da Alemanha.[45] Evitar-se-ia, assim, o reacender de uma crise que, à época, parecia interminável.

Caetano, claro, não se preocupava apenas com os problemas franceses ou as reparações à Alemanha nem se referia só a eles. O tênue equilíbrio entre as potências, que em larga medida tinha a ver com a questão alemã, era também motivo para suas reflexões e vetor para evidenciar suas convicções políticas. Reconhecia que a situação mundial era motivo para inquietações, ao mesmo tempo em que a Sociedade das Nações revelava sua incompetência e se isolava em uma afirmação estéril de garantia da paz mundial.[46] A crise evidenciava o esgotamento das crenças do "progresso indefinido" e das desilusões na "maquina da sociedade anonima, da ciencia e da democracia, após tantas e tão profundas demonstrações vindas a entibiar a nossa fé e a desiludir a nossa esperança...". O século XIX, portanto, havia se esgotado. A permanência de convulsões e barbarismos, como na Rússia "submetida ao jugo tirânico dos bárbaros" e na Espanha "errante na ultima aventura de d. Quixote", decorrida da incompreensão dos novos tempos, da continuidade de ideologias extemporâneas e exóticas. Portugal, por seu turno, pertencia ao seleto grupo de eleitos que haviam adotado o caminho da paz.

Em suas análises a respeito da crise europeia, é possível perceber uma postura de proximidade e distanciamento. Por um lado, Caetano vê a economia mundial já largamente entrelaçada. Razão pela qual esperava que a França, frente às crises espanhola e alemã, se consolidasse como uma referência importante para investimentos de capitais "conservadores". Nesse aspecto esperava apenas que o governo francês compreendesse a natureza da economia de Portugal e revisse sua política de taxação exacerbada. Por outro lado, percebe a peculiaridade portuguesa. Um país eminentemente agrário e que não objetiva romper com essa situação, principalmente em decorrência das teses "ruralistas" de Oliveira Salazar. Mas também é interessante perceber a ideia positiva que Caetano dá à visão de um Portugal isolado em relação ao resto da Europa, particularmente naquilo que diz respeito às turbulências sociais. Para

OS INTELECTUAIS DO ANTILIBERALISMO

Caetano, assim deveria se colocar Portugal frente à Europa: uma integração desejada no campo econômico; um isolamento desejado no campo da política.

O corporativismo português entre o indivíduo e o coletivo

A institucionalização, em 1933, do Estado Novo português passou pela outorga de uma nova Constituição e do Ato Colonial. No primeiro caso, o novo ordenamento jurídico teve uma feição nitidamente antiliberal e corporativa. Ao lado de outros importantes juristas portugueses, como Fezas Vital e Quirino de Jesus, Caetano, aos 27 anos, é um dos redatores do novo texto constitucional.

Paralelamente à Constituição, o Estado Novo tratou de aprovar a criação de um novo aparato legislativo capaz de dar funcionamento à máquina corporativa. Em 23 de setembro de 1933, por meio de três decretos,[47] foi instituído o Estatuto do Trabalho Nacional (ETN). Além disso, foi criado, também por decreto-lei,[48] no âmbito do Subsecretariado de Estado das Corporações e Previdência Social, o Instituto Nacional de Trabalho e Previdência (INTP). Inaugurava-se, a partir de então, uma nova forma de relacionamento entre o Estado e o universo do trabalho. Foi com a implantação do Estado Novo e das instituições destinadas formalmente à ordenação do mundo do trabalho (particularmente o ETN e o INTP) que se pôde falar de um efetivo início de corporativização do Estado português.[49] Para o cargo de subsecretário de Estado das Corporações foi nomeado Pedro Teotónio Pereira, amigo de Caetano e com ele, nos anos 1920, militante católico e integralista.[50] A questão corporativa tomou conta das preocupações de Caetano em diversos de seus artigos. No primeiro deles procurou fazer uma comparação entre a democracia liberal e o corporativismo. Otimista, apontava para uma crise na democracia "igualitária" nascida no século XVIII e realizada com a Revolução Francesa, "talvez passageira, talvez mortal, mas com certeza profunda".[51] A crise do liberalismo, caracterizada pela descrença no sufrágio universal, no regime parlamentar, nos partidos políticos e na liberdade individual, era, para Caetano, já de reconhecimento não só de seus mais ferozes críticos, mas também das próprias nações democráticas. Diante desse inequívoco fato, três opções se colocavam. Em primeiro lugar, a dos próprios liberais, que se recusavam a qualquer alteração substancial no Estado, reconhecendo apenas a necessidade de algumas reformas que aperfeiçoariam o funcionamento do sistema liberal. O primado do individualismo, nesse caso, se manteria.

> A Revolução Francesa proclamando a libertação do individuo, deixou-o isolado em face do poder e á mercê dele; deixou-o entregue a seus próprios impulsos, e esperou que da satisfação automatica das necessidades de cada um com o menor esforço resultasse a harmonia expontanea de um novo paraíso terreal.

A ideia de um indivíduo atomizado, típica do pensamento conservador do século XIX, revela-se nítida nesse artigo de Caetano.[52] Em segundo lugar estava a opção "bolchevista", que negava a propriedade privada e defendia a imposição da igualdade econômica. A vida social seria fundida em uma só forma, para todos os indivíduos: "É o panorama desolado que nos oferece a Russia actual." Por fim, o corporativismo como opção. A doutrina corporativa pretende, para Caetano, conciliar patrões e operários, sob a égide do comum interesse da produção.

> São seus princípios fundamentais, a conservação da propriedade privada, reduto insubstituível da liberdade individual, embora nela sobreponham ao "direito" a "função"; a defesa e o robustecimento dos agregados nacionais e o respeito das suas tradições; a regulamentação da vida economica de acordo com o interesse supremo da Nação e o melhoramento das condições do operariado.

A seu ver, o sistema funcionaria a partir da criação de grêmios profissionais ordenados de acordo com o ramo de atividade econômica. Essa concepção genérica foi aos poucos adquirindo contornos próprios no discurso de Caetano a partir da efetiva implantação do corporativismo em Portugal. O modelo originalmente proposto se assemelhava ao modelo fascista, no qual a ordem econômica desconhecia interesses conflitantes, como os de patrões e empregados.[53]

Em 1933, embora um pouco antes da publicação das leis corporativas, Caetano publicou um artigo intitulado "panorama corporativo português".[54] Começa fazendo uma reflexão a respeito das possibilidades de real implantação do que chamava de "doutrina corporativa" em Portugal. Um forte pessimismo era evidente em sua análise, apontando para uma pequena tradição organizativa em Portugal. Para Caetano, a índole comunitária do português restringe-se ao Estado, carecendo o país de um associativismo privado mais forte. Com o Estado tudo se tem, sem o Estado nada se tem. Tratava-se de uma vocação histórica:

> Somos uma nação de índole comunitária, mas a comunidade que procuramos não é a comunidade particular e sim a comunidade do Estado. Foi sempre assim. (...). Quando certo dia o rei resolveu não convocar mais as côrtes, as côrtes acabaram — ao passo em que em Inglaterra se converteram pela sua própria virtude numa instituição.

Mais uma vez verifica-se uma tendência à negação de um papel determinante do Estado na organização da vida social. Com exceção das associações comerciais do Porto e de Lisboa, as demais se revelavam fracas e de pouca representatividade. Quanto às associações operárias, o quadro era ainda pior: "Associações operarias de caracter puramente profissional, não revolucionarias, existem bastantes, de importancia desigualissima e em geral nas mãos dos *meneurs*... a que a massa passiva obedece." Para ele, a passividade se dava em razão do egoísmo e do individualismo, razão pela qual corporações fortes, como as da Alemanha, inexistiam em terras lusitanas. Fragmentação e pouca representatividade: essa era a realidade percebida e lamentada por Caetano. Um quadro em que, para ele, o Estado era obrigado a intervir a fim de que houvesse um mínimo de organização profissional.

A criação do Subsecretariado de Estado das Corporações e Previdência Social, pelo Decreto-Lei n° 22.428, de 10 de abril de 1933, mereceu, entretanto, artigo mais otimista. A seu juízo, foi, depois da Constituição, o acontecimento de maior relevo em Portugal, uma vez que poderia agir *sobre* um país cujo olhar ainda era bastante pessimista: "O espírito do Estado Novo, anti-individualista e corporativo, encarna no orgão que se destina a dar forma a uma Nação quasi amorfa."[55] O Subsecretariado era um órgão de feição solidária em um país ainda predominantemente individualista. Para tanto, a escolha do subsecretário tem que obedecer a critérios rígidos:

> Tem de possuir uma formação nacionalista integral, tem de ter a animá-lo a magnífica flama de um alto e nobre ideal, tem, enfim, de juntar a uma inteligência universal, um caracter antigo, á profundidade da cultura a magnanimidade do coração.

A sorte de Portugal estava no fato de que o homem escolhido, Pedro Teotónio Pereira, se enquadrava perfeitamente no perfil acima citado. Sendo um dos mais destacados homens "de minha geração", Teotónio Pereira tinha uma tarefa — a de efetivamente implantar o corporativismo em Portugal — que ia além de um "simples capricho político". Interessante notar como, resistente à ideia de um Estado absoluto, Caetano também não poupava críticas, segundo sua matriz conservadora, ao liberalismo. Para ele: "Toda a gente está de acordo em reconhecer os inconvenientes de um atomismo social que só tem produzido crises, miseria, instabilidade e desordem." O papel do Estado Novo seria então o de coordenar esforços até então fragmentados para de fato impor uma sociedade com real espírito de cooperação, "...sem destruir a iniciativa e a liberdade individuais, mas fazendo com que da associação de interesses provenha o maximo de rendimento para o individuo e para a colectividade".

Em maio de 1935, portanto dois anos após a implantação do corporativismo, Caetano voltava a tratar do tema em artigo que se intitulava

OS INTELECTUAIS DO ANTILIBERALISMO

"Crise do corporativismo". Reconhecia o autor que a sociedade portuguesa havia acolhido com "a esperança, o interesse e a confiança" a chegada da "revolução corporativa".[56] Tratava-se de uma ruptura com o passado liberal da Primeira República e mesmo com a primeira fase da ditadura implantada a 28 de maio de 1926. Uma revolução difícil de ser executada, haja vista a existência de um país "sem suficiente preparação doutrinal e sem nenhuma aproveitável prática". Partiu-se, portanto, da estaca zero. A República de 1910 tinha formado uma cultura individualista, responsável por uma inicial incompreensão do real espírito do corporativismo: "...os homens com que se contava — e se conta — são ainda aqueles que se formaram com uma educação liberal, num ambiente individualista e sofrendo todas as influências da indisciplina nacional". Aqui, uma crítica frontal ao liberalismo, o que, como já dissemos, não significou uma defesa de um Estado como agente primeiro da organização política nacional:

> No domínio social surgiram espontaneamente várias corporações — porque a Corporação, para existir realmente não precisa de decreto instituidor, nasce logo que se estabelecem órgãos comuns e permanentes para a disciplina das relações entre empresas e empregados.

Assim, se havia crise do corporativismo, título de seu artigo, tratava-se de uma crise de crescimento, de aprendizado com sua prática, seu cotidiano.

Ainda em maio de 1939, Caetano escrevia mais um artigo a respeito do tema. Para ele, mais do que uma mudança de nomenclatura das velhas associações de classe, a formação dos sindicatos nacionais e dos grémios representou uma mudança de espírito. As primeiras, tanto de patrões como de empregados, tinham um "espírito de luta", marcado pela busca de regalias privadas ou de intimidação do oponente.[57] A forma de comportamento dessas associações, portanto, contrastava com a natureza do corporativismo. A seu ver:

MARCELLO CAETANO E O SENTIDO DO ANTILIBERALISMO

...a Corporação só nasce quando se unem em um só corpo, com dirigentes comuns representando o complexo das funções coordenadas, todos os grémios e sindicatos que agrupem as empresas, os técnicos e os trabalhadores interessados em dada profissão, em dada actividade economica, ou em dado produto.

Para Caetano, *corporação* significava *compreensão* e *colaboração*. Sobretudo compreensão de patrões e de empregados para a implantação do bem comum, tendo consciência, ambos, "do significado moral do capital e do trabalho ao serviço da colectividade".

Vale aqui a observação de que nem na teoria nem na prática o corporativismo português foi instituído da forma como pretendia Marcello Caetano. Na primeira fase do corporativismo, as associações patronais (grémios) e de empregados (sindicatos nacionais) eram estanques, reunindo-se apenas em momentos de firmar contratos coletivos de trabalho. Sobre os contratos coletivos era um entusiasta. Chegou mesmo a afirmar que:

...os contratos colectivos, verdadeiras leis particulares de cada ramo do comércio ou da indústria, criando as comissões arbitrais corporativas e as instituições sindicais de previdencia com a sua direcção paritária erigiram, antes da lei, as mais vivas e eficazes corporações portuguesas.[58]

Entretanto, conforme apontam diversos estudos a respeito do corporativismo, a presença do Estado era determinante não apenas para garantir os eventuais encontros entre patrões e empregados, mas também para, predominantemente, defender os interesses dos últimos.[59]

Quanto às consequências do corporativismo na vida social do país, elas negavam tanto a preponderância do indivíduo sobre o coletivo, como quer a matriz liberal, como o domínio do coletivo sobre o indivíduo, como pretendem as diversas concepções estatistas. Mais uma vez Caetano se figurava no meio de perspectivas que, à época, eram vistas como contraditórias, oponentes.

CONCLUSÃO

As dificuldades vividas em Portugal durante sua Primeira República diziam respeito a uma formação histórica que em muito se distanciou dos modelos democrático-liberais advindos dos valores iluministas do final do século XVIII. Ao contrário, portanto, dos projetos políticos amparados nos modelos francês ou inglês, Portugal procurou manter, como elemento unificador de seu projeto nacional, a tradição por ele inaugurada desde a formação dos Estados modernos e, mais particularmente, desde a Restauração, entendida como o momento do *renascer* da pátria portuguesa. Por esse motivo, Portugal cumpriu um importante papel na preservação e até mesmo na defesa da fé católica diante da modernidade protestante. Ao mesmo tempo, constituiu, como pilar para sua unidade nacional, a permanência de sistemas agrários tradicionais. Dessa forma, o tripé "Deus, Pátria, Família", tantas vezes alardeado pelo salazarismo, nada mais foi de que uma continuação das formas de representação cultural presentes na história da nação portuguesa.

A República instalada em 1910, na perspectiva de seus oponentes, representava a ruptura com o passado histórico de Portugal. Era ela a expressão da antinação, com todos os derivados possíveis (maçonaria, anticlericalismo, laicização do Estado etc.). Por isso, a necessidade de uma nova ruptura. Primeiramente, em um sentido restauracionista. O compromisso original dos primeiros movimentos opositores do liberalismo republicano, principalmente aquele de matiz católica, foi no sentido de garantir o retorno ao passado monárquico.

Entretanto, principalmente após a breve ditadura de Sidónio Pais, novos agentes surgiram na perspectiva de oposição a um liberalismo em crise em toda a Europa. Em meio a segmentos militares, industriais e da própria intelectualidade portuguesa, o mal-estar provocado pela democracia republicana, em vez de fazer gerar um sentimento de restauração, impôs um projeto (ou projetos) de instalação de uma "nova República". Portanto, no lugar do passado, o futuro. Assim, as bases oposicionistas da Primeira República, vitoriosas em 1926, mesclavam sentimentos de retorno a um passado, a uma tradição, com sentimentos vocacionados para o futuro, para a construção de um "novo" momento na História de Portugal.

Vale dizer, por fim, que o projeto efetivamente vitorioso a partir de 1926 nasceu daqueles que souberam unificar passado e futuro, não pensando um e outro sentimento como excludentes, mas tendo a consciência de que eram, na prática, complementares. Essa complementaridade encontra-se exatamente na noção de uma nova democracia. Não mais a velha e ultrapassada democracia dos conflitos, hiato entre um passado a ser resgatado e um futuro a se construir. O novo momento seria aquele dominado pela ideia de democracia orgânica, "de ordem, de autoridade, de disciplina, de coordenação social, de nação e de Estado".

NOTAS

1. Para o caso português, objeto específico do presente artigo, a mais importante interpretação no sentido de identificar o Estado Novo como sendo um regime fascista é a de Manuel de Lucena (1976). Sobre as diversas interpretações em torno do salazarismo, ver Costa Pinto, 1992.
2. Costa Pinto, 1994, p. 67-92.
3. Paschkes, 1985, p. 9.
4. Cruz, 1998, p. 13.
5. Cruz, 1978, p. 528.
6. Rosas, 2004, p. 44.
7. Leal, 1994, p. 97.
8. António Joaquim Tavares Ferro (1895-1956). Um dos nomes mais importantes da política cultural do Estado Novo, foi diretor do Secretariado de Propaganda Nacional. Jornalista por vocação, jamais concluiu o curso de Direito, iniciado em 1913. Era também poeta e ensaísta. Antes do Estado Novo, Ferro já era um dos mais importantes personagens das letras portuguesas. Modernista, ativo e brilhante intelectual, defendia um Estado intervencionista protetor das artes. Adversário da democracia, destacou-se como propagador do pensamento antiliberal nos anos 1920. Antes, já havia se entusiasmado com o breve período do sidonismo em Portugal. Apesar da frustração com o assassinato de Sidónio, Ferro nunca deixou arrefecer o seu entusiasmo pelo autoritarismo. Assim, na

OS INTELECTUAIS DO ANTILIBERALISMO

década de 1920, entrevistou diversos expoentes do autoritarismo e antiliberalismo europeu: Gabrielle D'Anunzio, Primo de Rivera, Mustapha Kemal, Benito Mussolini e outros. Em 1932 publicou, no jornal *Diário de Notícias*, uma longa entrevista com Salazar, editada logo a seguir em livro e utilizada como fonte de propaganda do regime. No SPN, constituiu-se no principal elaborador da política de propaganda do Estado Novo. Cf. Paulo, 1996, p. 355-357.

9. *Idem.*, p. 45.
10. Leal, 1994, p. 157.
11. *Idem*, p. 158. Ver também Hobsbawm, 1995, p. 113-143.
12. Sobre a recusa de Portugal ante o liberalismo no século XIX, ver Silbert, 1977, p. 33-78.
13. Hespanha, 1994, p. 297-307.
14. Gómez, 1985, p. 27.
15. *Idem*, p. 81-85.
16. Sobre a geração de 1870, ver Mónica, 2001; ver também Medina, 1980.
17. Sternhell, Sznajder e Ashéri, 1995, p. 145-205.
18. Pinto, 1994, p. 23-92. Ver também Cruz, 1982, 1°, p. 137-182.
19. Pinto, 1994, p. 25.
20. Hobsbawm e Ranger, 1984.
21. Pinto, 1994, p. 50-51.
22. *Idem*, p. 49.
23. Leal, 1994, p. 55.
24. *Idem*, p. 56.
25. *Ibidem*.
26. *Idem*, p. 48.
27. Cruz, 1978, 2°, p. 267.
28. *Idem*, p. 268-269.
29. Patriarca, 1995, p. 266.
30. *Idem*, p. 559.
31. Boletim Português da Sociedade São Vicente de Paulo. AMC (Arquivo Marcello Caetano), Caixa 1. Sociedade de São Vicente de Paulo.
32. Pinto, 1994, p. 25. Sobre o Integralismo Lusitano, ver também Desvignes, 2006.
33. Moção. AMC, Caixa 1, Integralismo Lusitano, n° 2.
34. Sobre os nexos entre Sardinha e o Estado Novo português, ver Carvalho, 1995, p. 79-123; Carvalho, 1996, p. 231-243.

MARCELLO CAETANO E O SENTIDO DO ANTILIBERALISMO

35. Pinto, 1992, p. 575-613.
36. Sobre a União Nacional, ver Cruz, 1988.
37. Correspondência de Marcello Caetano a António Oliveira Salazar, de 22 de novembro de 1934. *In*: Antunes, 1994, p. 96.
38. "Notas econômicas e financeiras: as finanças francesas e as eleições". AMC, Caixa 1, Artigos de Imprensa, n° 6.
39. Salazar, s/d, p. 368.
40. "As relações comerciais entre Portugal e a França: um problema grave que é necessário resolver sem demora". AMC, Caixa 1, Artigos de Imprensa, n°14.
41. Salazar, já em 1916, quando das provas para Assistente da Universidade de Coimbra, tinha criticado o latifúndio alentejano do "dono ausente" e enaltecido a defesa da terra pequena "fecundada pelo capital e o trabalho". Salazar, 1916, p. 8. Também em artigo publicado na imprensa, Caetano cita a tese de Salazar. Não a aprofunda muito, posto que provavelmente discordava de seus argumentos. Cf. "As Faculdades de Direito e as ciências económicas em Portugal. AMC, Caixa 1, Artigos de Imprensa, n° 1, Anexo 1.
42. Uma ditadura de longo prazo, como a portuguesa, teve alterações periódicas em sua política económica, oscilando entre um liberalismo conservador e um estatismo relativamente intervencionista. Sobre o tema, ver Britto, 1989, p. 33-58. Para uma análise da política económica durante os primeiros anos do Estado Novo, ver Rosas, 1990, p.29-165.
43. "A lição da França". AMC, Caixa 1, Artigos de Imprensa, n° 26.
44. "Notas económicas e financeiras: uma nova Conferência das Reparações". AMC, Caixa 1, Artigos de Imprensa, n° 11.
45. *Idem*.
46. "Futuro incerto". AMC, Caixa 1, Artigos de Imprensa, n° 41.
47. Decreto n° 23.049, destinado a patrões do comércio, da indústria e agricultura; Decreto n° 23.050, destinado aos empregados, operários e às profissões liberais; e Decreto n° 23.051, destinado ao mundo rural.
48. Decreto n° 23.053.
49. Martinho, 2002, p. 34.
50. Pedro Teotônio Pereira (1902-1972). Militante do Integralismo Português na juventude, tornou-se de imediato um dos mais importantes colaboradores do Estado Novo. Em 1933, ocupou o cargo de subsecretário de Estado das Corporações e Previdência Social e, em 1936, de ministro do Comércio e Indústria. No ano seguinte, foi nomeado "agente especial" do governo português

junto ao regime franquista durante a Guerra Civil Espanhola. Em 1938, terminada a Guerra, foi nomeado embaixador de Portugal na Espanha, tendo sido o articulador da assinatura do Tratado de Amizade e não Agressão Luso-Espanhol, que formalizava o reconhecimento das fronteiras entre os dois Estados ibéricos e afirmava a amizade recíproca entre os dois países. De 1945 a 1947, foi embaixador no Brasil. Em 1958, depois de ter passado, como representante do governo português, por Washington e Londres, foi nomeado ministro da Previdência. Rosas, 1996, p. 718-719.

51. "Corporativismo". AMC, Caixa 1, Artigos de Imprensa, n° 30.
52. Para uma análise das concepções conservadoras e de direita no século XIX, ver Teixeira da Silva, 1993.
53. Tannenbaum, 1975, p. 121-125.
54. "Panorama corporativo português". AMC, Caixa 1, Artigos de Imprensa, n° 31.
55. "A criação do Subsecretariado das Corporações". AMC, Caixa 1, Artigos de Imprensa, n° 45.
56. "Crise do corporativismo". AMC, Caixa 1, Artigos de Imprensa, n° 69 — fotocópia.
57. "Espírito corporativo". AMC, Caixa 1, Artigos de Imprensa, n° 70 — fotocópia.
58. "Crise do corporativismo". AMC, Caixa 1, Artigos de Imprensa, n° 69 — fotocópia.
59. Patriarca, 1995, p. 647-649.

BIBLIOGRAFIA

ALEXANDRE, Valentim. "O império colonial". *In*: COSTA PINTO, António. *Portugal Contemporâneo*. Madri: Sequitur, 2000.

BRITTO, José M. B. "Sobre as ideias económicas de Salazar". *In*: ROSAS, F. e BRITTO, J. M. B. (Orgs.). *Salazar e o salazarismo*. Lisboa: Dom Quixote, 1989, p. 33-58.

CARVALHO, Paulo Archer de. "De Sardinha a Salazar: o nacionalismo entre a euforia mítica e a formidável paranoia". *Do Estado Novo ao 25 de Abril. Revista de História das Ideias*. (17). Coimbra: Instituto de História e Teoria das Ideias da Faculdade de Coimbra, 1995, p. 79-123

MARCELLO CAETANO E O SENTIDO DO ANTILIBERALISMO

_____. "Ao princípio era o verbo: o eterno retorno e os mitos da historiografia integralista". *História — Memória — Nação. Revista de História das Ideias* (18). Coimbra: Instituto de História e Teoria das Ideias da Faculdade de Coimbra, 1996, p. 231-243.

COSTA PINTO, António. *Os camisas azuis: ideologia, elites e movimentos fascistas em Portugal — 1914/1945.* Lisboa: Estampa, 1994.

_____. *O salazarismo e o fascismo europeu: problemas de interpretação nas ciências sociais.* Lisboa: Estampa, 1992.

CRUZ, Manuel Braga da. *O Estado Novo e a Igreja Católica.* Lisboa: Bizâncio, 1998.

_____. "O integralismo lusitano nas origens do salazarismo". *Análise Social.* Lisboa: Revista do Instituto de Ciências Sociais da Universidade de Lisboa, v. XVIII (70), 1982, 1°, p. 137-182.

_____. "As origens da democracia cristã em Portugal e o Salazarismo (I)". *Análise Social.* Lisboa: Revista do Instituto de Ciências Sociais da Universidade de Lisboa, v. XIV, 2°, 1978, p. 525-531.

DESVIGNES, Ana Isabel Sardinha. *António Sardinha (1887-1925): um intelectual no século.* Lisboa: Imprensa de Ciências Sociais/ICS, 2006.

HESPANHA, António Manuel. *As vésperas do Leviathan: instituições e poder político em Portugal — séc. XVII.* Coimbra: Livraria Almedina, 1994.

HOBSBAWM, Eric. J. *A era dos extremos: o breve século XX (1914-1991).* São Paulo: Companhia das Letras, 1995.

HOBSBAWM, Eric J.; RANGER, Terence (Orgs.). *A invenção das tradições.* São Paulo: Paz e Terra, 1984.

GÓMEZ, Hipólito de la Torre. *Do "perigo espanhol" à amizade insular. Portugal-Espanha (1919-1930).* Lisboa: Estampa, 1985.

LEAL, Ernesto Castro. *António Ferro: espaço político e imaginário social (1918-32).* Lisboa: Cosmos, 1994.

LUCENA, Manuel de. *A evolução do sistema corporativo português.* V. I: O Salazarismo. Lisboa: Perspectivas e Realidades, 1976.

MARTINHO, Francisco Carlos Palomanes. *A bem da nação. O sindicalismo português entre a tradição e a modernidade (1933-1947).* Rio de Janeiro: Civilização Brasileira, 2002.

MEDINA, João. *Eça de Queiróz e a geração de 1870.* Lisboa: Morais, 1980.

MÓNICA, Maria Filomena. *Eça. Vida e obra de José Maria Eça de Queiróz.* Rio de Janeiro: Record, 2001.

PASCHKES, Maria Luisa. *A ditadura salazarista*. São Paulo: Brasiliense, 1985 (Coleção Tudo É História, nº. 106).

PATRIARCA, Fátima. *A questão social no Salazarismo: 1930-1947*. 2 v. Lisboa: Imprensa Nacional/Casa da Moeda, 1995.

PAULO, Heloísa, FERRO, António Joaquim Tavares. *In*: ROSAS, F.; BRANDÃO DE BRITO, J. M. *Dicionário de história do Estado Novo*. V. I, A-L. Lisboa: Círculo de Leitores, 1996, p. 355-357.

PINTO, António Costa. *Os camisas azuis: Ideologia, elites e movimentos fascistas em Portugal — 1914/1945*. Lisboa: Estampa, 1994.

_____. "As elites políticas e a consolidação do Salazarismo: o Nacional Sindicalismo e a União Nacional". *Análise Social*. Lisboa, Revista do Instituto de Ciências Sociais da Universidade de Lisboa. V. XXVII, nº 116-117, 1992/2º-3º, p. 575-613.

ROSAS, Fernando. *Pensamento e acção política: Portugal, século XX (1890-1976)*. Lisboa: Editorial Notícias, 2004.

_____. "PEREIRA, Pedro Teotônio". *In*: ROSAS, F.; BRANDÃO DE BRITO, J. M. *Dicionário de história do Estado Novo*. V. I, A-L. Lisboa: Círculo de Leitores, 1996, p. 718-719.

_____. *Portugal entre a paz e a guerra (1939-1945)*. Lisboa: Estampa, 1990.

SANTOS, Boaventura de Souza. "A crise e a reconstrução do Estado em Portugal". *Pensamiento Iberoamericano*, nº 5. Madri: Universidad Computense, enero-julio, 1984.

SILBERT, Albert. *Do Portugal de Antigo Regime ao Portugal Oitocentista*. 2ª ed. Lisboa: Horizonte Universitário, 1977.

STERNHELL, Zeev; SZNAJDER, Mario; ASHÉRI, Maïa. *Nascimento da ideologia fascista*. Venda Nova: Bertrand, 1995.

TANNENBAUM, E. R. *La experiencia fascista: Sociedad y cultura en Italia (1922-1945)*. Madri: Alianza, 1975.

TEIXEIRA DA SILVA, Francisco Carlos. *Europa ou o concerto das nações. A historiografia conservadora de Leopold von Ranke*. Tese (titulação em História Moderna e Contemporânea). Rio de Janeiro: Universidade Federal do Rio de Janeiro, 1993.

Fontes Impressas

Correspondência de Marcello Caetano a António Oliveira Salazar, de 22 de novembro de 1934. *In*: ANTUNES, José Freire. *Salazar e Caetano: cartas secretas (1932-1968).* Lisboa: Difusão Cultural, 1994, p. 96.
SALAZAR, António Oliveira. *Discursos* (VII) Coimbra: Coimbra Editora, s/d.

Fontes Primárias

Arquivo Marcello Caetano — AMC/ANTT
Boletim Português da Sociedade São Vicente de Paulo. AMC, Caixa 1, SOCIEDADE DE S. VICENTE DE PAULO, n° 2; Moção. AMC, Caixa 1, INTEGRALISMO LUSITANO, n° 2; "Notas económicas e financeiras: as finanças francesas e as eleições". AMC, Caixa 1, ARTIGOS DE IMPRENSA, n° 6; "As Relações Comerciais entre Portugal e a França: um problema grave que é necessário resolver sem demora". AMC, Caixa 1, ARTIGOS DE IMPRENSA, n° 14; "As Faculdades de Direito e as ciências económicas em Portugal". AMC, Caixa 1, ARTIGOS DE IMPRENSA, n° 1, Anexo 1; "A lição da França." AMC, Caixa 1, ARTIGOS DE IMPRENSA, n° 26; "Notas económicas e financeiras: uma nova Conferência das Reparações". AMC, Caixa 1, ARTIGOS DE IMPRENSA, n° 11; Futuro incerto. AMC, Caixa 1, ARTIGOS DE IMPRENSA, n° 41; "Corporativismo". AMC, Caixa 1, ARTIGOS DE IMPRENSA, n° 30; "Panorama corporativo português". AMC, Caixa 1, ARTIGOS DE IMPRENSA, n° 31; "A criação do Subsecretariado das Corporações". AMC, Caixa 1, ARTIGOS DE IMPRENSA, n° 45; "Crise do corporativismo". AMC, Caixa 1, ARTIGOS DE IMPRENSA, n° 69 — fotocópia; "Espírito corporativo". AMC, Caixa 1, ARTIGOS DE IMPRENSA, n° 70 — fotocópia.

CAPÍTULO 7 ## Oliveira Vianna: o Brasil do insolidarismo ao corporativismo

Angela de Castro Gomes*

---

* Pesquisadora sênior do Centro de Pesquisa e Documentação Contemporânea da Fundação Getulio Vargas (CPDoc/FGV), coordenadora do Programa de Pós-Graduação em História, Política e Bens Culturais dessa instituição, professora titular de História do Brasil da Universidade Federal Fluminense (UFF) e pesquisadora do Conselho Nacional de Desenvolvimento Científico e Tecnológico (CNPq).

Oliveira Vianna,[1] crescente e inquestionavelmente, tem sido reconhecido como um clássico do campo de estudos que se convencionou chamar de pensamento social brasileiro, no qual atuam historiadores, sociólogos, antropólogos e cientistas políticos, entre outros. Em meados da primeira década do século XXI, essa é uma constatação quase trivial. Contudo, ela possui uma história, que remete à longa e complexa trajetória de produção e recepção da obra desse autor, implicando a análise de algumas de suas características. Assim, situar Oliveira Vianna como um clássico exige, entre outros cuidados, relacionar suas interpretações a uma proposta de Estado autoritário, dominante nos anos 1930 e 1940, ao que se soma seu engajamento político na máquina burocrática desse Estado. Um fator que, por muito tempo, desestimulou o debate em torno de suas ideias, tachadas por vários analistas, com simplismo e rapidez, de meramente racistas e reacionárias.

Uma avaliação que foi sendo revista, sobretudo a partir dos anos 1970, por razões vinculadas à questão que preside as reflexões deste volume: o interesse em recuperar propostas de construção de um modelo político de Estado e de sociedade para o Brasil, orientadas pela crítica ao paradigma liberal. Um referencial que, sendo assumido ou negado, agitou o campo político e intelectual do Brasil desde, ao menos, a primeira metade do século XIX, ganhando vulto em determinados períodos específicos, como o das décadas de 1870/90 e o dos anos de 1920/40. Nesse último caso, exatamente o momento de maior produção e divulgação dos trabalhos de Oliveira Vianna e de um grande número de autores, que passaram a ser considerados "intérpretes do Brasil", fossem liberais ou antiliberais. Dessa forma, é bom lembrar que há maneiras tanto de ser liberal como antiliberal, no Brasil e alhures, particularmente nos anos do entre guerras, quando as críticas ao domínio do liberalismo ganharam substância intelectual e popularidade política. Nomes como os de Ortega y Gasset, Pareto e Manoilesco compunham as bibliotecas daqueles que se interessavam pela "modernização" da política no século XX, admitindo e temendo, ao mesmo tempo, sua transformação inexorável em uma "política de massas".

Com esse contexto político-intelectual de fundo, discorrer sobre alguns aspectos do pensamento de Oliveira Vianna é reconhecer sua singularidade — as formas específicas e próprias que ele dá a suas ideias —, mas sem isolá-lo do ambiente em que produz. Uma operação muito comum quando se trabalha com clássicos, geralmente situados em um panteão de intelectuais, no qual são articulados com os que produziram antes e depois dele, compondo-se uma genealogia para o autor. Geralmente, os clássicos ou os "intérpretes do Brasil" são analisados, de um lado, tendo em vista os que os influenciaram ou antecederam, reconhecidos por eles mesmos ou não, não importa; e de outro, seus discípulos ou seguidores, nesse caso assumidos e em boa parte responsáveis por uma imagem do clássico que começou a ser projetada por ele mesmo, ainda em vida, mais ou menos explicitamente. Enfim, embora faça parte do charme de um autor se dizer modesto e desinteressado, ele raramente o é, o que se aplica plenamente a Oliveira Vianna e à sua imagem de intelectual.[2]

O que se quer ressaltar com tais observações é a importância de se tratar a obra de um autor tanto na sincronia como na diacronia, justamente para se destacar a dimensão coletiva do trabalho de intelectuais em um dado momento histórico, a circulação, nacional e internacional, que as ideias sempre têm, além de suas formas de apropriação e seleção.[3] Usando a terminologia da primeira metade do século XX, um "abrasileiramento" de ideias, que era necessário e efetivamente realizado, pois nossos intérpretes estavam bem longe da cópia ou do que era chamado de macaquear. Sendo mais precisa e entrando no clima vigente de aberta e violenta disputa política, quem "copiava eram os outros", aqueles que estavam sendo atacados, de preferência quando o discurso crítico era antiliberal, com claro teor autoritário, e seu alvo as instituições e os valores do liberalismo, considerado em decadência.

OLIVEIRA VIANNA: UM CLÁSSICO ENTRE OUTROS

Oliveira Vianna é, obviamente, um homem de seu tempo, o que significa dizer um autor cujo pensamento se configura, divulga e é reconhecido ainda nos anos 1920, alcançando grande sucesso até o início dos anos 1950. Dessa forma, ele dialoga com as tradições e paradigmas que vigoram nesse tempo, debatendo, preferencialmente, com os autores, que são também atores políticos, dessa primeira metade do século XX. É muito grande a importância dos anos 1920 para sua formação como autor e para o estabelecimento das bases de uma matriz do pensamento social brasileiro, claramente antiliberal e moderna, na qual ele se insere de forma muito expressiva. Essa década, como a literatura remarca, foi a do Centenário da Independência (1922), a da reforma da Constituição (1926) e a da irrupção de inúmeros movimentos nacionalistas, bem como de movimentos de rebeldia política civil e militar (o chamado Tenentismo), todos eles criticando a experiência da Primeira República. Essa, por excesso de liberalismo, começava a ser classificada como "velha", não atendendo mais aos parâmetros do que se queria e se devia entender como "moderno", naquele contexto.

Oliveira Vianna foi, em perspectiva enunciada por um de seus contemporâneos, Azevedo Amaral, um intelectual que teve *virtu* e *fortuna,* exatamente as condições capazes de explicar a emergência dos "verdadeiros grandes homens".[4] Uma combinação necessária, já que a *virtu* política, desde sempre constitutiva dessas personalidades, não prescinde de uma situação propícia à sua revelação. Nesse sentido, a *fortuna* é que permite a emergência do "grande homem" num dado momento e lugar, que é tanto nacional como internacional. Ele precisa ter talento para defender suas ideias e ações de maneira convincente e verossímil, mas não se conforma sem um ambiente político e intelectual capaz de recebê-lo. Diante de tais ponderações, pode-se refletir sobre a *virtu* e a *fortuna* de Oliveira Vianna, ressaltando-se que suas ideias e ações encontram editoras, editores e público leitor, além de espaços governamentais e líderes políticos para abrigá-las, na medida em que foram capazes de articular, de forma densa e criativa, um conjunto de diagnósticos e prognósticos que perpassava o pensamento de outros autores de seu tempo.

Seria evidentemente impossível, em um artigo, acompanhar as múltiplas contribuições da obra de Oliveira Vianna ao pensamento social brasileiro, até porque ela é vasta e diferenciada, sendo composta por livros, artigos de jornais, conferências e pareceres.[5] Ele mesmo esforçou-se bastante para construir uma unidade harmoniosa para seu longo percurso intelectual, para sua imagem de "autor", aplicando-se, especialmente em seus prefácios, para explicar ao leitor como suas ideias se desenvolviam no tempo, por meio de seus vários textos, já publicados ou em planejamento. Tais prefácios, de teor autobiográfico, são excelentes fontes para se acessar a dinâmica de construção do pensamento de Oliveira Vianna, sua interlocução com outros autores (principalmente seus críticos) e seu desejo de produzir "uma obra".[6] Justamente por reconhecer a diversidade dessa "obra", este texto propõe, como estratégia para a abordagem do pensamento do autor, uma análise de duas de suas mais compartilhadas interpretações da realidade brasileira, cada uma condensada em uma categoria-chave. A hipótese é a de que, a partir delas, pode-se compreender melhor a importância e permanência de suas ideias no campo acadêmico e também no político, desde os anos 1920.

A primeira dessas categorias/propostas interpretativas tem a dimensão e a intenção de ser um diagnóstico sobre as causas do "atraso" do Brasil. Ela começa a ser formulada em um momento preciso: o fim dos anos 1910.[7] Um momento em que o mundo tentava se recuperar do cataclisma que fora a Primeira Guerra Mundial e, no Brasil, começavam a circular, com mais ênfase, explicações sobre as razões profundas de nossos "males" sociais, políticos e culturais. É então que o autor publica

OLIVEIRA VIANNA

seu livro de estreia, *Populações meridionais do Brasil*, pela Monteiro Lobato e Cia. (São Paulo, 1920). Aliás, ele já divulgara algumas de suas partes, através da prestigiosa *Revista do Brasil*, da mesma editora, então considerada pelo reconhecido historiador Oliveira Lima a única boa revista existente no país. Nesse livro, que é imediatamente consagrado, em parte devido à boa mediação de Lobato (excelente editor, pois, em 1922 estava em segunda edição), Vianna elabora uma análise histórico-sociológica orientada, segundo ele mesmo, pelos mais modernos padrões científicos. Voltando-se para as origens de nossa "formação", para o primeiro século de colonização, ele constrói um modelo interpretativo capaz de explicar por que, no Brasil, não éramos capazes de construir formas/organizações de solidariedade social modernas. O passado histórico mais remoto do país "continha" as razões sociológicas dessa falta de solidariedade, dessa incapacidade de organização autônoma de nossa população, que impossibilitava a emergência de uma moderna sociedade urbano-industrial.

Em seu diagnóstico, o "insolidarismo" da sociedade brasileira, raiz mais profunda de seu atraso, tinha que ser entendido e vencido. Mas como? Nesse livro e em outros, ainda dos anos 1920, essa resposta não se configura de maneira clara; apenas o bem fundamentado diagnóstico. Este passa a ser crescentemente afirmado e compartilhado no período, por meio de movimentos sociais e de trabalhos de vários outros autores, que apontavam o "abandono" do país, a ausência de conhecimentos sobre ele, a falta de governo etc. Dessa forma, e em contraposição a um discurso "otimista" sobre o futuro do Brasil, começa a se cristalizar uma versão mais "realista", que identificava um conjunto de "males" (falta de saúde, educação, opinião pública etc.), todos sintetizados na inexistência de uma sociedade e de um governo modernos. Isto é, o "insolidarismo" se torna uma verdadeira chave mental, capaz de explicar a complexidade, a longevidade e a profundidade de nossos problemas. Transforma-se, assim, em um dos elementos mais estratégicos de um discurso político sobre o "atraso" do Brasil, presente na academia e na sociedade em geral (imprensa, senso comum), que só fará crescer e se difundir, desde então. Recorrendo a

OS INTELECTUAIS DO ANTILIBERALISMO

um dos estudiosos de Oliveira Vianna, Luiz de Castro Faria, o "insolidarismo" é uma dessas categorias que permitem classificar o autor
como um "fundador de discursividades".[8] Ou seja, alguém cujas formulações são especialmente úteis para se ter acesso aos quadros mentais
de uma época e à conformação de uma cultura política que entende o
país como desprovido, quase ontologicamente, de condições históricas para o desenvolvimento de formas de organização social; de formas
de ação coletiva. Oliveira Vianna não é o único a postular tal tese, mas
pode ser identificado como um autor particularmente relevante para
a configuração e a difusão dos argumentos lógicos e estilísticos que a
sustentam em um discurso datado, que ganhará múltiplas formas de
apropriação através do tempo.

A segunda categoria/proposta interpretativa do autor é aquela que
procura responder a seu bem elaborado diagnóstico, produzindo uma
diretriz que é, ao mesmo tempo, uma forma de ação e de prognóstico
político e intelectual. Se, até os anos 1930, tal diretriz não possuía maior
definição em seus trabalhos, ela vai se elaborando, cada vez melhor, com
o passar dessa década. É o que verificamos tanto no exame dos livros e
artigos então produzidos como no acompanhamento de sua prática política, como ator estratégico da burocracia do Governo Provisório e do
Governo Constitucional de Getúlio Vargas. Isso porque, a partir de
1932, Oliveira Vianna ocupa o cargo de consultor jurídico do Ministério do Trabalho, Indústria e Comércio, um dos mais importantes *locus*
da política social e do intervencionismo do Estado do pós-1930, posição que detém até 1940.[9]

A proposta a que nos referimos é a do corporativismo, entendido
como uma práxis, isto é, como um conjunto de ideias indissociáveis da
ação.[10] O caminho percorrido por Oliveira Vianna é cuidadoso, mas
parte do "fato" de que, como no Brasil inexistiam formas modernas de
solidariedade social, essas teriam que ser criadas por um ator "externo"
ao espaço privado. Um ator que teria que ser suficientemente forte para
controlar a sociedade, impondo-lhe novas regras de convívio e cooperação, caras ao bem de todos, isto é, ao bem público. E, como esse objetivo só poderia se materializar na direção do Estado, apenas um novo tipo

de Estado, forte e autoritário, portanto não liberal, seria capaz de fazê-lo. Cabendo ao Estado "criar" a sociedade, segundo uma lógica claramente hobbesiana, cabia igualmente a ele produzir tanto as elites como povo, ambos devido ao "insolidarismo" reinante há séculos no Brasil, inadequados às demandas e desafios da modernidade.

Se não havia dúvidas quanto ao ator principal da cena pública, perceptível desde *Populações meridionais,* a arquitetura a ser por ele implementada trazia questões mais delicadas. Elas vão sendo respondidas à medida que cresce a familiaridade do autor com leituras sobre diversas experiências de intervencionismo estatal, então existentes em vários países do mundo, aperfeiçoando-se sua crítica quer ao liberalismo (o reino do mercado/privado), quer ao socialismo (o reino do Estado/público).[11] Assim, ele (e não só ele) irá postular uma terceira via de modernidade, adaptada à realidade nacional e capaz de fornecer novas formas organizacionais, por meio da montagem de um modelo de Estado corporativo.

Oliveira Vianna, portanto, escreve em um contexto no qual praticamente todos os diagnósticos sobre o futuro do Brasil, inclusive aqueles construídos por autores de filiações ideológicas liberais, batem na tecla da inexistência de bases de solidariedade modernas. Daí nosso atraso, daí a importância da presença do Estado, como uma espécie de corretivo/salvação. Entretanto, poucos deles irão formular e implementar uma arquitetura política tão sofisticada como a proposta por Oliveira Vianna. Ela tem como ponto de partida a organização de sindicatos, isto é, a geração de solidariedade por meio dos interesses comuns das profissões. Se não tínhamos instâncias — políticas e/ou morais — para "organizar a nação" (para resolver a questão da ação coletiva), certamente tínhamos ou poderíamos produzir instâncias econômico-corporativas. E é nesse esforço que o autor se aplicará, escrevendo e atuando no Ministério do Trabalho, ao longo de toda a década de 1930. Por isso, ele é um *statemaker,* especialmente voltado para a montagem de seu projeto.[12] Nesse sentido, vale registrar que esse é um fantástico tempo de *statemakers,* na medida em que se abria à imaginação e à criatividade intelectuais um espaço de experiências

OS INTELECTUAIS DO ANTILIBERALISMO

políticas muito efetivo. Havia, trabalhando com os conceitos de Koselleck, um "horizonte de expectativas" em aberto, possibilitando que os atores políticos implementassem suas ideias e acreditassem na execução delas.[13] O tempo era de otimismo, havendo "futuros possíveis", que estavam sendo construídos no presente e que projetavam resultados de longo prazo.

Oliveira Vianna é um entre esses intelectuais/políticos, mas atua em espaço particularmente estratégico, considerando-se o projeto de fundo da Era Vargas e suas heranças até o início do século XXI. Assim, se nos anos 1920, seu pensamento teve repercussão imediata e estabeleceu rápida interlocução no campo intelectual — basta lembrar que em 1926 ele entrou para o Instituto Histórico e Geográfico Brasileiro (IHGB) — nos anos 1930, algo semelhante ocorreu. Dessa feita, Vianna se tornou um poderoso homem da burocracia do Estado, e continuou a publicar novos livros e a reeditar os antigos pelas mais importantes editoras do país. A Companhia Editora Nacional, em primeiro lugar, e a José Olympio, em seguida, foram suas casas editoras. Na primeira, teve quatro livros publicados sob o selo da Coleção Brasiliana, que se destinava a condensar o que de mais significativo havia sido escrito e devia ser lido para se conhecer o Brasil. O entendimento da repercussão e da cristalização das ideias do autor não deve dispensar esses indicadores do campo intelectual e editorial. Seu pensamento é sofisticado e constrói interpretações que em tudo convergem para uma "comunidade de sentidos" então vigente, circulando através dos vetores culturais mais importantes da época: livros de prestigiosas editoras, jornais da grande imprensa e redes de sociabilidade política e intelectual, como o MTIC, o IHGB e a ABL.

Essa dinâmica vai se romper, não de forma tão imediata e brusca como muitas vezes se supõe, com o fim do Estado Novo e a derrocada das fórmulas antiliberais. O afastamento e mesmo a negação de Oliveira Vianna como autor e ator relevante para o pensamento social brasileiro vai se forjando ao longo dos anos 1950, em boa parte como uma afirmação dos meios universitários contra o ensaísmo e o autoritarismo, nele indissociáveis. Não é objetivo deste texto discutir a recepção de Oliveira Vianna a partir desse período. Há estudos sobre isso, embora muito mais ainda se possa fazer.[14] De toda forma, convém atentar para o fato de historiadores e cientistas sociais terem feito coro, nesse período, para os mesmos pontos e com o mesmo objetivo: desqualificar o autor politicamente (racista, reacionário etc.) e, numa consequência lógica, afastá-lo intelectualmente. Foi sem dúvida o impacto sofrido com o estabelecimento da ditadura militar, após 1964/1968, associado às transformações vivenciadas pelas ciências sociais e pela história — com a chamada crise dos paradigmas estruturalistas —, que trouxeram Oliveira Vianna e outros intelectuais (autoritários ou não) de volta, para uma análise séria e cuidadosa de textos e contextos.

A partir dos anos 1980, fica evidente a contribuição do autor, quer pelo que escreveu, quer por ter sido um interlocutor necessário de muitos outros autores, esses sim muito diferenciados, podendo-se citar desde Sérgio Buarque de Holanda até Gilberto Freyre e Caio Prado Júnior. Desde então, os estudos sobre Oliveira Vianna têm crescido em número e sofisticação, transformando-o em um dos mais reconhecidos intérpretes do Brasil, pelas questões que enfrentou, pelo poder estilístico das imagens que produziu e pelas categorias que mobilizou. O insolidarismo e o corporativismo são duas possibilidades que podem render frutos quando se deseja adentrar no pensamento desse autor de obra tão vasta. Nos dois casos, ele respondia ao dilema das causas do atraso do país. Dilema que, com frequência, foi formulado a partir da ideia de um descompasso entre dois Brasis: um dominado pelas forças e pela lógica do privatismo; outro, orientado pelo poder público, pela direção do Estado.

COM QUANTOS BRASIS SE CONSTRÓI UMA CULTURA POLÍTICA AUTORITÁRIA?

Como já ficou claro, a despeito da grande diversidade de análises produzidas por intelectuais que viveram no contexto dos anos 1920/1950, mesmo escolhendo opções teóricas e ideológicas diferentes, existiu entre eles um ponto de convergência quanto à situação de atraso do país. Ela se devia a um descolamento entre a "realidade brasileira", ou o Brasil "real", que era marcado pelo "insolidarismo", e o Brasil "legal", o mundo das instituições, destinado a "governar" uma nação, que ainda não existia. Um dilema que marcaria, por décadas, a vida e o debate políticos do país e que não está de todo encerrado neste início de século XXI.[15] Sua retomada visa a delinear melhor como ele se conforma no pensamento de Oliveira Vianna e como vai alimentar uma cultura política capaz de oferecer uma visão de Brasil rica em mitos, símbolos e valores políticos.[16]

O trabalho de Oliveira Vianna, nessa perspectiva, deve ser examinado como uma tentativa de tornar compreensível características profundas da "realidade brasileira", com a intenção de oferecer subsídios para a elaboração de projetos de intervenção política modernizadora. A eficácia desse esforço intelectual, que se articulava à necessidade de construção simbólica da identidade nacional, estava então diretamente correlacionada às condições de plausibilidade das interpretações formuladas. Um dado que só pode ser avaliado em função de uma congruência, tanto face a outras análises então existentes (quer por adesão, quer por rejeição) como diante dos paradigmas políticos e intelectuais vigentes no momento de sua formulação. Além disso, o que ocorre no caso da produção de interpretações da "realidade brasileira" é que seus "resultados" são apropriados de formas diversas e por diferentes grupos sociais, o que os torna uma dimensão integrante e influente dessa mesma realidade. Daí os vínculos, nada diretos ou mecânicos, entre pensamento social, construção institucional e cultura política. O primeiro, procurando produzir uma narrativa sobre como a política brasileira assumiu as características que lhe são próprias; isto é, quais as origens e o sentido de sua formação histórica, de onde decorreria sua possível transformação. A segunda, remetendo às articulações entre ideias e criação de normas e mecanismos institucionais, que muitas vezes têm longa duração. E a terceira, combinando representações múltiplas e mesmo contraditórias dessa realidade, a partir das quais se constrói uma visão de mundo, que se torna relativamente impermeável a evidências empíricas. O território das culturas políticas pode integrar um amplo conjunto de valores, crenças, ideias, rituais e comportamentos políticos, mais ou menos formalizados em uma sociedade ou grupo social. Ele traduz uma "comunidade de sentidos" entre a formulação de proposições intelectuais, a rotinização dessas "ideias" em órgão e práticas institucionais e as vivências e percepções de um grupo social, seja nacional ou não.

No caso das formulações de Oliveira Vianna e de sua repercussão, é interessante voltar a insistir no contexto político e sociocultural no qual ganham projeção, particularmente considerando o tema do liberalismo. Os anos 1920 são, internacionalmente, aqueles da montante do pensamento antiliberal. Se, *grosso modo*, até a Primeira Guerra Mundial o paradigma que dominava os projetos de modernização política orientava-se pela construção de um espaço público no qual o poder do Estado, impessoal e racional-legal, fundava-se em uma arquitetura institucional com partidos e Parlamento, após o impacto desse conflito e entre suas vítimas estava esse mesmo paradigma. Ou seja, esse referencial sofreria questionamentos radicais, o que situa o clima em que são elaboradas muitas das novas orientações que passarão a marcar o pensamento social brasileiro, nas décadas subsequentes. Correndo alguns riscos, pode-se assinalar que, entre um grande número de intelectuais, nos quais se situa o próprio Oliveira Vianna, não se tratava mais de apontar a existência de condições adversas à vigência do modelo de Estado liberal, mas de afirmar sua impossibilidade e indesejabilidade de adaptação à realidade nacional.

Nesse sentido, é tal paradigma que passa a sofrer as críticas de uma nova orientação científica, traduzida tanto pelos postulados de uma teoria elitista, que atacava as ficções políticas liberais, como de enunciados da economia keynesiana, defensora de um intervencionismo econômico e social do Estado, até então inusitado. Assim, se permanecia de pé um ideal de autoridade racional-legal e de economia urbano-industrial, ambos signos de uma sociedade moderna, os instrumentos operacionais, ou seja, os valores e as instituições políticas para construí-las e materializá-las, sofriam mudanças substanciais. Tais mudanças

OS INTELECTUAIS DO ANTILIBERALISMO

implicavam uma crítica à arquitetura liberal, mais ou menos radical, conforme os exemplos europeus e americano, após a crise de 1929, passavam a demonstrar. A ideia de igualdade liberal, fundada na equidade política do indivíduo-cidadão portador de opinião, vai ser contestada, defendendo-se uma "desigualdade natural" dos seres humanos, que, justamente por isso, não podiam ser tratados da mesma maneira pela lei. O modelo de cidadão liberal, até então definido como possível mas, no caso do Brasil, inexistente, tornava-se uma completa ficção, bem como os procedimentos e as instituições a ele associados: eleições, voto, partidos políticos, parlamentos etc.

Apenas para que se tenha uma dimensão do compartilhamento que tais diretrizes antiliberais então alcançam, segundo Hobsbawn, entre o fim da Primeira e da Segunda Grande Guerra, o número de governos constitucionais sofreu um drástico recuo em todo mundo: nos anos 1920, eram 35; em 1938, passaram a ser 17; e, em 1944, restringiam-se a 12.[17] Na verdade, na Europa, pode-se dizer que apenas a Inglaterra não conviveu com um avanço significativo de forças políticas antiliberais. A América foi um continente onde houve poucos exemplos de resistência: os EUA, o Canadá e o Uruguai estão entre eles. Além desse indicador quantitativo, convém igualmente destacar, numa dimensão qualitativa, que as correntes antiliberais que ganhavam força vinham da direita do espectro político e tinham características muito distintas da direita "conservadora", até então conhecida. Como a literatura que trata do tema das organizações políticas e das ideologias tem assinalado, a "nova direita", que emerge nos anos 1920-30, propõe-se a usar recursos organizacionais e a mobilizar valores e crenças de forma muito inovadora, aproximando-se mais do instrumental revolucionário utilizado pelo que então era identificado como "esquerda" (a despeito de sua diversidade) do que pelo que vinha sendo tradicionalmente usado pela "direita", razão pela qual os confrontos podiam ocorrer nessas duas direções.

O Brasil, por conseguinte, é apenas um dos países que alimentarão a montante internacional de antiliberalismo, inserindo-se em um grande conjunto de experiências que marcou o entre guerras. A defesa do poder de intervenção do Estado e do avanço de sua governabilidade sobre a sociedade — uma regularidade em sociedades de "modernização retardatária" —, contudo, não deve ser identificada como um mero sinônimo de defesa de Estado autoritário, forte e concentrado no Executivo, como muito frequentemente ocorre. Esforços empreendidos no terreno do ideário liberal, ainda nos anos 1930, evidenciam as possibilidades de disjunção entre nacionalismo e intervencionismo do Estado, de um lado, e centralização e autoritarismo do regime político, de outro.

Por conseguinte, o que tais mudanças indicavam era a importância da criação e/ou do fortalecimento de instituições e práticas políticas estatais, algumas já conhecidas, outras nem tanto, como mecanismo de *start* para o estabelecimento de um novo modelo político de modernidade. Nessa conjuntura, havia cada vez mais um descompromisso com procedimentos e valores políticos liberais, enquanto se investia na formulação de uma nova arquitetura institucional de Estado, cujo sentido transformador era muito amplo, pois abarcava esferas da sociedade até então intocadas pela presença pública. A maior intervenção do Estado em assuntos econômicos e sociais assumia, no caso do Brasil, o papel de elemento precípuo para a transposição do *gap* entre o Brasil "real" e o Brasil "legal". Um *gap* cada vez mais identificado como o grande responsável pelas leis liberais artificiais que não encontravam quaisquer condições sociais de implantação.

De forma esquemática, esses dois "Brasis" aparecem em Oliveira Vianna e também em outros autores, especialmente a partir dos anos 1920, como possuidor de algumas características básicas. Em princípio, porque essa dicotomia era entendida como constituinte da formação histórica brasileira e da de outros países latino-americanos, o que os distinguia da experiência europeia e da americana. Essas deveriam ser observadas, pois tinham o que ensinar, mas não necessariamente "imitadas", como havia sido feito. O grande desafio a ser enfrentado pelas nações de passado colonial, como o Brasil, envolvia a compreensão de uma realidade social que se confrontava com as diretrizes institucionais liberais de sua organização política, seguidas erroneamente como modelos universais. Enquanto nossa realidade social fundava-se em padrões de autoridade tradicionais e personalizados, nossa organização político-jurídica ignorava e menosprezava tais vivências, o que conduzia o país a um total fracasso/atraso. Justamente por isso, era esse desajuste que sintetizava as múltiplas causas dos males do Brasil.

Trata-se de uma tradição de pensar a realidade e a política brasileira associadas à construção de um modelo dicotômico, que opera com pares de oposição e que era muito compartilhado no campo intelectual, desde o século XIX. Como possui forte influência do pensamento sociológico conservador, ele se traduz em formulações como: real x legal; insolidarismo x solidarismo; descentralização x centralização; privado x público; tradição x modernidade etc. A partir da construção dessa dicotomia básica, é possível fazer algumas reflexões, ainda não muito enfatizadas pela literatura que trabalha com pensamento social brasileiro, porém importantes para uma leitura mais fina das propostas de Oliveira Vianna. De um lado, e principalmente, porque essa tradição dualista considera que o desajuste básico entre os dois Brasis é traduzido pela assertiva de que "falta poder público e sobra poder privado" no país. De outro, porque daí não se deriva uma mera e automática identificação entre o público como o reino das virtudes e o privado como o dos vícios. Assim, uma leitura mais atenta sobre os diagnósticos e prognósticos traçados por vários autores do período, com destaque para Oliveira Vianna, conduz à percepção de que os vícios e as virtudes frequentavam os dois lados da moeda. Por essa razão, suas análises se esforçam por produzir fórmulas combinatórias entre o legal e o real, reinventando o público e o privado, bem como suas fronteiras, pois se trabalhava com a orientação de que existiam vícios e virtudes nos dois Brasis, o que não podia ser ignorado e devia ser aproveitado.

Nesse sentido, se era amplo o "horizonte de expectativas" desses intelectuais, ele não era ilimitado, orientando-se pela "experiência dos atores". Se a criatividade política expressa na elaboração de leis e instituições era muito grande, devia levar em conta a existência de costumes, normas e valores conhecidos pelos grupos sociais. Esses novos *state-makers*, portanto, não se guiavam por um "ingênuo voluntarismo", pois ele poderia desembocar num "artificialismo/idealismo", exatamente o que se condenava na experiência liberal. O grande aprendizado desses planejadores de um novo Estado e de uma nova sociedade apontava que, na base de qualquer invenção política sólida, devia estar a "realidade social", conhecida pelos métodos científicos então praticados.

A modernização política do Brasil exigia procedimentos intelectuais e operacionais sofisticados, exatamente por não poder realizar descartes categóricos e divisões maniqueístas entre o bem/público e o mal/privado. Pode-se aventar, inclusive, que um obscurecimento desse aspecto esteja na base das dificuldades em se compreender o que seriam as contradições e hesitações, enfim, as tensões presentes nas obras de muitos autores que se dedicaram a pensar o Brasil, entre eles, e mais uma vez com destaque, Oliveira Vianna.

AS RAÍZES DO BRASIL DE OLIVEIRA VIANNA: O INSOLIDARISMO

Populações meridionais do Brasil é um ponto de partida seguro para se entender o pensamento de Oliveira Vianna e o impacto que produziu nas décadas seguintes.[18] O grande objetivo do livro, que foi de imediato saudado como fundamental, era compreender as características originais e ainda pouco conhecidas da sociedade brasileira, causadoras do que o autor chamaria de "idealismo da constituição". Uma fórmula que se difundiria a partir de um artigo, integrante do livro *À margem da história da República*, de 1924, coordenado por Vicente Licínio Cardoso, livro que reunia diversos intelectuais da geração que não fizera a República, unidos para a elaboração de um balanço crítico dessa experiência, tendo como mote o ano do Centenário da Independência.[19] Se, de uma forma geral, as principais e mais profundas características da sociedade brasileira vinham sendo identificadas no ruralismo, na mestiçagem e no excesso de poder privado e pessoal dos caudilhos/oligarcas, nunca um investimento tão grande em sua pesquisa histórico-sociológica esteve tão legitimado como o realizado em *Populações*. Em face da crise internacional do paradigma político liberal e às crises políticas e econômicas da Primeira República, para Oliveira Vianna não se tratava mais de apontar e vencer os obstáculos que nos impediam de construir uma sociedade liberal. A saída devia ser outra, pois outro era o ponto de chegada almejado.

A proposta do autor, no que é secundado por outros pensadores, partia do princípio quer da impossibilidade de recriação, no Brasil, das condições que tornaram o liberalismo existente, quer da indesejabilidade de alcançá-las em uma transição para a modernidade. Isso porque a sociedade a ser modernizada tinha uma outra formação histórica, sendo outros o ritmo e o ideal de ação política a ser implementado. Se este último ainda não estava bem delineado no livro, era porque o autor não reconhecia modelos universais que pudessem ser seguidos, o que exigia um grande esforço de compreensão de nossas "especificidades", para que um projeto pudesse ser definido. Nesses termos, o "Brasil real" não ficava desqualificado em um duplo sentido. Primeiro, porque o próprio modelo de legal/institucional estava sendo questionado e reinventado; segundo, porque era com esse "real" que se poderia chegar a um projeto eficiente, uma vez adequado à nossa singularidade. Esse novo encaminhamento foi uma das causas do sucesso de *Populações,* que encontrou um clima propício aos estudos sociológicos, percebidos como instrumentos analíticos científicos para uma intervenção política eficiente.

Não é casual, portanto, que entre 1920 e 1940 tenham sido produzidos ensaios tão significativos para a compreensão do país e que suas interpretações povoem de forma vigorosa nossa cultura política. Esse foi um tempo de descoberta e de valorização do homem e da realidade nacionais, embora tenha dividido os intelectuais quanto à crença na possibilidade de se alcançar a modernidade nos marcos da democracia liberal. Uma questão que vinha de longe, lançando suas raízes no período colonial: em nossa tradição rural e escravista e na cultura ibérica de onde havia nascido.

Oliveira Viana é, nesse amplo e diversificado conjunto, o tradutor por excelência da interpretação que consagra o insolidarismo como marca da sociedade/realidade brasileira. Segundo ele, nossas relações sociais haviam se desenvolvido tendo como base o grande domínio rural, fincado na imensidão do território tropical: "Nós somos o latifúndio. Ora, o latifúndio isola o homem; o dissemina; o absorve; é essencialmente antiurbano."[20] O ruralismo e o escravismo de nossa formação, demonstrando bem a força dos determinismos geográficos e raciais, eram os responsáveis por um padrão de sociabilidade centrado na família e na autoridade pessoal do grande proprietário que tudo absorvia. Os conceitos que o autor elabora para a compreensão desse modelo de sociedade são os de "função simplificadora do grande domínio rural e espírito de clã". O primeiro apontava para a independência e autossuficiência dos senhores de terra e escravos, que "simplificavam" toda nossa estrutura social. Assim, dificultavam o desenvolvimento de atividades comerciais e industriais, impedindo quaisquer outros associativismos que escapassem à família e às relações de dependência pessoal em face do patriarca. O segundo, ao mesmo tempo que protegia o homem rural da falta de qualquer outra autoridade efetiva, inclusive a do Estado português, bloqueava o "espírito corporativo", que só podia se afirmar no ambiente urbano e que, por isso, não se formara no Brasil.

Dessa maneira, era a vida na grande família a base e a origem do caudilhismo, personalizado e pulverizado no território nacional. Um tipo de autoridade que abarcava vínculos políticos e sociais e que recorria à fidelidade e à afetividade, orientando-se por valores não estritamente materiais e utilitários. Para enfrentar a força do caudilhismo, que era sempre uma ameaça à integração territorial e social do país, só um poder centralizador forte — metropolitano ou nacional — que agisse como promotor da paz e da proteção dos cidadãos. Para Oliveira Vianna, entre nós, a realidade do caudilhismo acabara por inverter o sentido mais conhecido do poder central, que de autoridade absolutista e opressora das liberdades tornava-se o único meio de construção de um Estado moderno: orientado por procedimentos racionais/burocáticos, mas igualmente próximo e conhecedor da realidade nacional. Só esse novo Estado poderia neutralizar o caudilhismo expresso nos localismos e personalismos, bem como o "artificialismo jurídico", traduzido em leis que esbarravam em nossas tradições históricas.

OS INTELECTUAIS DO ANTILIBERALISMO

Em *Populações*, portanto, duas ideias ficam claras. Embora as características de nossa formação sociopolítica não sejam desqualificadas, pois o esforço é o de entender suas origens para nelas buscar orientação, elas certamente não são situadas como alvissareiras para nos conduzir à modernidade. Tais características eram as responsáveis pela produção de uma multiplicidade de poderes, ameaçadores à unidade territorial e à política como bem público. Daí a necessidade imperiosa de instrumentos capazes de estimular a integração política, uma vez que ela não se faria por meio de vínculos sociais autônomos. Daí também a tarefa de organizar um Estado capaz de criar a nação, conforme a realidade nacional. Nossas elites políticas, contudo, estavam irremediavelmente distantes desse propósito, submersas em formalismos herdados ou copiados de modelos estrangeiros que, por inadequados, eram ineficientes. O livro é, assim, muito mais um diagnóstico do "problema da organização nacional" do que um investimento em projetos sobre a maneira de enfrentá-lo. O que fica de substancial de sua leitura é o cuidadoso diagnóstico do insolidarismo e a defesa de um Estado forte e centralizado, com autoridade incontestável sobre o país.

Como se vê, o início dos anos 1920 é um momento de contundente crítica ao reduzido grau de governo do Estado republicano. Esse, por sua fragilidade institucional, não havia conseguido um bom desempenho na tarefa de forçar os principais atores privados (as oligarquias) a cooperar, abandonando seus interesses mais particulares e imediatos, em nome de horizontes de mais longo prazo. Era essa fragilidade, expressa na insuficiente consolidação e funcionamento das instituições políticas, que bloqueava a constituição de um verdadeiro espaço público, para o qual se pudesse canalizar os conflitos privados, incorporando novos atores, por meio de arranjos garantidos por uma autoridade centralizadora.[21] Por isso, cresciam as demandas, generalizadas e às vezes pouco precisas, de ampliação do intervencionismo do Estado, que precisava assumir contornos antiliberais, não só em função de nossa experiência recente, considerada fracassada, como em razão do próprio modelo internacional, que perdia cada vez mais seu prestígio. Isso porque, diretamente associados à experiência da Primeira República, estavam as eleições, os partidos políticos e o poder legislativo, todos sendo identificados com os interesses locais e particulares das oligarquias, que só lutavam por si e, logo, contra os interesses gerais/nacionais.

Resumindo, se a sociedade brasileira era, por formação histórica, insolidária, a constituição de um Estado forte e centralizado, capaz de interlocução com a diversidade de poderes privados existentes, emergia como uma autêntica preliminar para a constituição do grupo nacional. Nesse sentido, a avaliação de incapacidade política da Primeira República, fundada em práticas liberais, era fatal. O que as obras de vários autores durante esse período situam como seu objeto de reflexão é essa questão e esse impasse, que só poderia ser superado pela criação de outros arranjos institucionais capazes de construir um verdadeiro espaço público no Brasil. O "artificialismo legal" ou o "idealismo da constituição", para ser afastado, precisava encontrar novas formas institucionais que promovessem o encontro do Estado com a sociedade e reinventassem as relações entre o público e o privado, segundo imperativos que respeitassem nosso passado fundador e apontassem um futuro orientado por novos e modernos parâmetros mundiais.

OLIVEIRA VIANNA: O CORPORATIVISMO COMO HORIZONTE DE ORGANIZAÇÃO DE ESTADO E SOCIEDADE

Esse ambicioso projeto político esteve presente, de formas diferentes, entre os intelectuais que vão ser identificados como os ideólogos do Estado Novo, pois é neste período (1937/1945) que ele vai ser implementado de forma mais incisiva, materializando-se na montagem de um modelo de organização de Estado e sociedade por meio das associações profissionais: o corporativismo.[22] Para tanto, em primeiro lugar a arquitetura institucional republicana devia abandonar o velho princípio de separação de poderes, que vinha sendo criticado e transformado pelo conceito germânico de harmonia de poderes. Com tal opção ficava superado o falso impasse entre democracias (liberais) e ditaduras, na medida

OS INTELECTUAIS DO ANTILIBERALISMO

em que se abria a possibilidade de existir um Estado forte e democrático, por meio da revitalização do sistema presidencial de governo.

Um dos procedimentos para que se pudesse construir, no Brasil, um novo tipo de democracia era a conversão do presidente em autoridade suprema do Estado e da presidência em órgão de coordenação, direção e iniciativa da vida política. Um Executivo forte e personalizado era instrumento estratégico para se produzir o encontro da lei com a justiça, por meio de uma nova democracia, não mais política, e sim social e nacional. Dessa forma, esse novo tipo de autoridade, encarnada na figura pessoal do presidente/Executivo, dispensava a manutenção de partidos políticos e de parlamentos, todos lentos, custosos, ineptos e, sobretudo, órgãos de manifestação dos antagonismos sociais. Essa nova democracia negava a ideia de uma sociedade fundada no dissenso, postulando a tendência à unidade em todos os aspectos, fossem econômicos, políticos, sociais ou morais.

A identificação entre Estado e nação e a concentração da autoridade do Estado na figura do presidente eliminavam a necessidade de corpos intermediários entre o povo e o governante, que apenas traduziam interesses particulares e desagregadores. Mas tal "democracia social" não dispensava novas formas de representação, adequadas às funções dos governos modernos e voltadas para o interesse nacional. Tal modelo de representação precisava, na verdade, cumprir funções de especialização técnica, donde a importância da criação de órgãos que pudessem, como interlocutores válidos, exprimir a vontade geral/popular, a partir de seus interesses/experiências profissionais. Nesse sentido, o mundo do trabalho era a via para a produção de bases de solidariedade seguras e autênticas, até então inexistentes, inclusive porque bloqueadas pelos mecanismos representativos liberais. Essa nova concepção de representação, essa nova base de solidariedade social se traduzia, basicamente, por órgãos técnicos e pelas corporações, que exprimiam as vivências dos vários grupos sociais. Por conseguinte, uma segunda grande transformação visando à produção de novos arranjos institucionais era a montagem de um Estado corporativo que, ao mesmo tempo, separasse os indivíduos — agrupando-os em diversas categorias profissionais por sindicatos — e, a seguir, os reunisse pela hierarquia harmoniosa de uma ordem social corporativa.

Projeto corporativo e fortalecimento do sistema presidencial de governo eram as duas pedras de toque de um ideal de modernização da política brasileira que reinventaria as fronteiras das dicotomias público e privado, centralização e descentralização, promovendo combinatórias sofisticadas e plenas de ambiguidades. E é Oliveira Vianna, em vários textos produzidos ao longo dos anos 1930 e 1940, quem melhor explicita as características e o sentido dessa utopia corporativa de boa sociedade, então defendida e acreditada. Para ele, a nova organização corporativa era a melhor forma institucional de estabilizar a ordem político-social e promover o desenvolvimento econômico urbano-industrial. Esse corporativismo envolvia, indissociavelmente, uma teoria do Estado e um modelo de organização sindical, como pontos de partida para a organização da própria sociedade.

A base do modelo era a ampliação da participação do "povo trabalhador", organizado em associações profissionais, que respondiam com eficiência ao problema da incorporação de novos atores à esfera pública. Algo que havia sido constatado como impossível, quando da vigência das práticas liberais, incompatíveis com a realidade nacional e, por isso, parcamente institucionalizadas. Por todas essas razões, tais associações precisavam ser reconhecidas legalmente pelo Estado, para então exercer funções efetivas de canalização e vocalização dos interesses de um determinado grupo profissional. Tinham que se transformar em instituições de direito público, atuando por delegação estatal e ganhando legitimidade política e outros tipos de recursos de poder, inclusive financeiros.

Tal arquitetura institucional exigia que o sindicato fosse único e estivesse sujeito ao controle estatal, uma vez que devia ser reconhecido como o representante de toda uma categoria profissional, excedendo, inclusive, seu corpo associativo. Em tal concepção, a pluralidade e a liberdade sindicais eram inviáveis, sendo o monopólio da representação (a unicidade) tão essencial quanto a tutela estatal. Essas duas características articuladas davam institucionalidade ao novo tipo de arranjo associativo,

OS INTELECTUAIS DO ANTILIBERALISMO

tornando o corporativismo um instrumento crucial da "democracia social" brasileira. É também devido a essa concepção que cabia ao Estado garantir recursos financeiros aos sindicatos, de forma a torná-los efetivamente atraentes e representativos de toda a categoria profissional. A criação de um mecanismo que viabilizasse tal objetivo — o imposto sindical — completava o modelo, justificando por que tal "contribuição" precisava ser compulsória, isto é, paga por todos os trabalhadores, fossem sindicalizados ou não.[23]

Esse modelo propunha, sem dúvida, muito mais uma publicização dos espaços privados de organização do que uma privatização do espaço público de tomada de decisões, embora não excluísse essa contraface. Abarcando "empregados, empregadores" e profissionais liberais, sua aplicação seria muito diferente, o que é facilmente compreensível pela desigual posição desses atores no campo político. No que se refere aos empregadores, o enquadramento a que estavam sujeitos não eliminou sua antiga estrutura associativa, que subsistiu paralelamente e foi alvo de discordâncias com Oliveira Vianna. O corporativismo, para os empregadores, proporcionou, inequivocamente, um largo espaço de influência, quer nas instituições consultivas (os conselhos técnicos), quer nas autarquias administrativas (os vários institutos). Já para os empregados, a tutela e a unicidade se impuseram, o que não impediu que eles se beneficiassem da legislação trabalhista vigente, a despeito da manutenção de resistências patronais. Um dos ganhos, no que se refere à questão sindical, foi que, pela primeira vez na história, os trabalhadores tiveram suas associações reconhecidas formalmente pelo patronato, embora estando submetidas à tutela estatal.

Mesmo com essas diferenças, importa observar como são recriadas as relações entre o público e o privado e as formas de representação sob o modelo corporativista. Como a preliminar da "democracia social" era negar o dissenso, o espaço público foi definido como área de canalização de interesses privados, que se exprimiriam organizadamente (via estrutura sindical), sob arbitragem estatal. Nesse sentido, não se tratava de eliminar tais interesses da realidade nacional, mas sim a premissa de suas contradições, pelo papel diretivo do Estado. O modelo corporativista proposto era bifronte — estatista e privatista —, embora claramente controlado (e não apenas presidido) pelo Estado, que, autoritário, impunha a eliminação da competição política entre os atores que dele participavam.[24] O alto grau de subordinação ao Estado e o baixo grau de reconhecimento do confronto entre os interesses sociais demarcavam a proposta de Oliveira Vianna (e de outros ideólogos). Portanto, é fundamental reter a complexidade do novo arranjo institucional, que articulava o público e o privado em uma fórmula que procurava solucionar a tensão constitutiva das relações entre Estado e sociedade no Brasil, vencendo o "insolidarismo" que havia sido a nossa marca de origem. A arquitetura corporativa, organizando o povo de forma distinta daquela da proposta liberal, permitiria, finalmente, o contato "verdadeiro" do povo com o poder público. Sua implementação e duração seriam "fatos" da realidade social brasileira a partir dos anos 1930 e, segundo Oliveira Vianna, seriam capazes de conviver e "temperar" as práticas liberais democráticas, que retornaram ao Brasil no pós-1945.

Por isso, em seu livro *História social da economia capitalista,* escrito após o fim do Estado Novo (ao menos em grande parte), e publicado apenas em 1987, ele retoma e desenvolve a tese do "insolidarismo" da sociedade brasileira, reafirmando sua origem nos tempos coloniais e sua importância para a compreensão dos rumos políticos do país. O autor quer então demonstrar como em meados do século XX (e após o término do Estado Novo) vigorava em boa parte de nossas "populações regionais" o que vai chamar de "espírito do pré-capitalismo". Para se entender muito sumariamente tal categoria, duas observações são úteis. A primeira é situá-la em oposição ao "espírito do capitalismo", definido como aquele voltado para e dominado inteiramente pelo desejo do lucro ilimitado e por uma lógica social de fundo material e impessoal. A segunda remete às razões que apontam sua origem, desenvolvimento e permanência no Brasil. Sua origem está no passado colonial rural: no latifúndio e na força de nossa aristocracia territorial. Se, como foi visto, o grande domínio isola o homem, sendo o berço do "espírito de clã", do caudilhismo e de uma ética que rejeita o trabalho, é também o berço de relações sociais fundadas em sentimentos, que bloqueiam o frio espírito do lucro material e da ambição sem limites.

OS INTELECTUAIS DO ANTILIBERALISMO

Lentamente construída e refinada, essa "mentalidade de nossa nobreza territorial" emerge, ao mesmo tempo, como um problema (ela tem vínculos evidentes com o insolidarismo) e como uma vantagem. Isso porque, sobretudo quando associada aos instrumentos organizacionais que estimulam a cooperação no espaço público e que possibilitam a participação "real" do povo, ou seja, vinculada à arquitetura corporativa, ela garantiria que o Brasil não se orientasse apenas por uma lógica política material. Por essa via e combinatória, seria possível não se desenvolver no país uma subordinação/identificação maléfica dos interesses sociais e políticos da nação e do povo ao simples enriquecimento material, desprovido de valores e ideais maiores.

O "espírito do pré-capitalismo" não era, na interpretação do autor, nem uma essência nem uma sobrevivência descartável ou "fora do lugar". Ao contrário, era um traço sociocultural profundo e positivo de nossa "mentalidade", que, potencializado pelo corporativismo, fazia com que o insolidarismo fosse afastado, permitindo vigorar no país um novo e original modelo de sociabilidade. Um modelo que era capaz de recusar a fria lógica material dos interesses racionais e impessoais, conduzindo o Brasil a uma via alternativa que se configurava como um futuro possível e melhor. Ao menos, no início da década de 1950, era no que Oliveira Vianna insistia em escrever e acreditar.

NOTAS

1. Francisco José de Oliveira Vianna nasceu em 1883, numa fazenda em Saquarema, estado do Rio de Janeiro, e bacharelou-se em Direito pela Faculdade Livre de Ciências Jurídicas e Sociais do Rio de Janeiro. Foi professor da Faculdade de Direito Teixeira de Freitas, em Niterói, escreveu em jornais e tornou-se integrante do círculo de admiradores de Alberto Torres, político e intelectual fluminense, nos anos 1910. Morreu em Niterói em 1951.

2. Oliveira Vianna construiu para si uma imagem de intelectual reservado e autodidata, passando, inclusive, a assinar seus textos com o endereço de sua casa em Niterói (RJ): Alameda São Boaventura, nº 41. Essa imagem é reforçada logo após sua morte, em 1951, por vários de seus admiradores, todos intelectuais

fluminenses, o que se materializa pela transformação de sua residência em Museu Casa, pela Lei 1.208, de 14 de junho de 1951. Anos depois, pelo Decreto nº 5.317, de 16 de abril de 1956, é transformada em Fundação Oliveira Vianna, que existiu durante 20 anos. Em 1975, passou a integrar a Fundação Estadual de Museus do Rio de Janeiro e, em 1980, a Fundação de Artes do Estado do Rio de Janeiro (Funarj). O reconhecimento de seu legado veio rapidamente, do mesmo modo que sua consagração em vida. Contudo, sua biblioteca e seu acervo privado mereceriam muito mais cuidados e investimentos.

3. O conceito de apropriação utilizado neste texto segue as formulações do historiador Roger Chartier em vários de seus trabalhos.

4. Azevedo Amaral, *Getúlio Vargas: estadista,* Rio de Janeiro: Irmãos Pongetti, 1941.

5. Tais pareceres, arquivados na Casa Oliveira Vianna, aguardam ainda uma pesquisa, sendo particularmente ricos para um estudo do processo de efetivação da organização sindical corporativa no Brasil e da práxis de Oliveira Vianna.

6. Esses prefácios, ao lado da correspondência do autor, são materiais preciosos para uma história dos debates intelectuais e para considerações sobre a produção de uma imagem do intelectual, no período. Giselle Martins Venancio vem contribuindo nesse sentido. Ver da autora: "Carta de Lobato a Vianna: uma memória epistolar silenciada pela história", em GOMES, 2004.

7. Em recente dissertação, Brasil Jr., 2007, demonstra, examinado artigos de jornal escritos por Oliveira Vianna na primeira metade dos anos 1910, como o autor ainda não se orientava pela perspectiva da impossibilidade de organização da sociedade brasileira.

8. Ver Luiz de Castro Faria, 2002, especialmente o capítulo III. Meu professor de Antropologia na UFF, no fim dos anos 1960, Luiz de Castro Faria, além de me explicar que eu "não levava jeito" para antropóloga, aconselhou-me a ler Oliveira Vianna. A ele, meu reconhecimento em memória.

9. Oliveira Vianna sai do cargo devido a confrontos com o empresariado paulista, envolvendo, basicamente, o modelo de organização sindical patronal. Após se afastar, é nomeado por Vargas, em 1942, ministro do Tribunal de Contas da União, uma das mais prestigiosas e bem remuneradas posições da época. Vale lembrar também que, em 1940, justamente quando sai do ministério, toma posse na Academia Brasileira de Letras (ABL), quando é saudado pelo historiador A. Taunay. Sobre o confronto com o empresariado paulista, ver Vanda Maria Ribeiro Costa, "Corporativismo e justiça social: o projeto de Oliveira

OS INTELECTUAIS DO ANTILIBERALISMO

Vianna" *In*: Élide Rugai Bastos e João Quartim de Moraes (Orgs.). *O pensamento de Oliveira Vianna*, Campinas, Editora da Unicamp, 1993, p. 131-44. Esse livro é um bom exemplo da retomada das ideias do autor no pós-1980, sendo o produto de um seminário nacional.

10. Trabalhei com essa categoria no artigo "A práxis corporativa de Oliveira Vianna". *In*: Élide Rugai Bastos e João Quartim de Moraes (Orgs.), *op. cit*, p. 13-43.

11. No artigo citado anteriormente, comento o uso que Oliveira Vianna faz da experiência americana do New Deal. Já Bresciani, 2005, destaca a importância do solidarismo francês para as formulações quer do "insolidarismo", quer do corporativismo de Oliveira Vianna. *Vide* sobretudo o capítulo 6.

12. Oliveira Vianna, além de ser estratégico para a conformação da legislação trabalhista, previdenciária e sindical do período, tem papel fundamental na defesa da instituição da Justiça do Trabalho. Antes de ser consultor jurídico do MTIC, foi membro da comissão que elaborou o anteprojeto de Constituição encaminhado à Assembleia Nacional Constituinte de 1933/1934. Em 1936, integrou a Comissão Revisora das Leis da União e, após o golpe do Estado Novo, vai coordenar estudos sobre a questão da sindicalização.

13. Koselleck, 2006, capítulo 14.

14. Entre eles, além do livro de Luiz de Castro Faria já citado, ver Lúcia Lippi Oliveira, "Uma leitura das leituras de Oliveira Vianna". *In*: Élide Rugai Bastos e João Quartim de Moraes (Orgs.), *op. cit.* 1993, p. 241-72, e Botelho, 2006.

15. Retomarei, nesse item, várias considerações presentes em Gomes, 1998 e 1990.

16. O conceito de cultura política tem sido utilizado por historiadores que trabalham com história política e cultural, sendo entendido como um sistema de representações, complexo e heterogêneo, mas capaz de permitir a compreensão dos sentidos que um determinado grupo atribui a uma dada realidade social, em determinado momento e lugar. Por isso, sua constituição demanda tempo, não sendo passível de mudanças radicais, compondo assim um conjunto de fenômenos políticos de média e longa duração. As referências para tal conceito são, basicamente, os trabalhos de Serge Berstein e Daniel Cefäi.

17. Eric Hobsbawm, *Era dos extremos: o breve século XX (1914-1991)*. São Paulo, Companhia das Letras, 1995, p. 115.

18. Oliveira Vianna, *Populações meridionais do Brasil: populações rurais do centro-sul*. O livro teve a 1ª edição em 1920, e a 2ª em 1922, pela Monteiro Lobato e Cia.; a 3ª, em 1933, é da Companhia Editora Nacional, de São Paulo,

também responsável pela 4ª edição em 1938. A 5ª, logo após sua morte, é de 1952, da José Olympio Editora, Rio de Janeiro. Depois, o livro ainda teve uma 6ª edição em 1973, pela Paz e Terra, Rio de Janeiro.

19. A 2ª edição do livro saiu pela Editora da Universidade de Brasília em 1981.

20. Vianna, *op. cit.*, p. 48.

21. É claro que se pode argumentar, com sólidas evidências históricas, que a Primeira República tinha, na época, tantos problemas de governabilidade e de incorporação de atores políticos como as democracias europeias, consideradas por nossos analistas como modernas. Mas o que importa assinalar é que, nos anos 1910/1920/1930, elas foram vistas, primeiro como modelos a serem observados, ainda que não copiados e, a seguir, embora não de forma generalizada, como exemplos a serem abandonados.

22. Trabalharei nesse item com um conjunto de livros de Oliveira Vianna sobre o tema. Os mais utilizados estão referidos na bibliografia. Não farei referências para não sobrecarregar o texto.

23. Esses princípios, aliados ao poder normativo da Justiça do Trabalho, desenham um modelo de relações entre capital e trabalho que, em pontos fundamentais, existe até hoje. No momento em que concluo este artigo, dezembro de 2007, o Senado Federal aprovou lei que legalizou as centrais sindicais e restabeleceu o pagamento compulsório do "imposto sindical", derrubado na Câmara dos Deputados. As centrais, proibidas pelo modelo corporativo desde os anos 1930, mas amplamente atuantes desde aos anos 1980, sempre combateram esse imposto, embora todas as vezes que puderam agir para eliminá-lo tenham cuidado de defendê-lo. Não foi diferente em 2007, pois "empregadores e empregados" se uniram em defesa desse pilar do corporativismo, que, em 2008, deve arrecadar cerca de R$ 750 milhões. Desse montante, as centrais, em virtude de seu reconhecimento legal, devem receber cerca de R$ 100 milhões de reais.

24. A noção de corporativismo bifronte é de Guilhermo O'Donnell. Estou compartilhando uma posição teórica, presente na literatura nacional e internacional, que situa o corporativismo como uma forma de representação de interesses em que o Estado possui papel fundamental, havendo sempre assimetria e caráter bifronte nos arranjos institucionalizados. Tais arranjos podem envolver não só classes sociais, como igualmente os chamados *policy takers* (receptores de políticas públicas), sendo sempre fundamental observar o tipo de regime político em que ocorrem e o grau de liberdade/competitividade entre os interesses organizados.

OS INTELECTUAIS DO ANTILIBERALISMO

BIBLIOGRAFIA

BASTOS, Élide Rugai; MORAES, João Quartim de (Orgs.). *O pensamento de Oliveira Vianna*. Campinas: Editora da Unicamp, 1993.

BOTELHO, André. "Sequências de uma sociologia da política brasileira", 2006 (mimeo).

BRASIL Jr., Antônio da Silveira. *Uma sociologia brasileira da ação coletiva: Oliveira Vianna e Evaristo de Moraes Filho*. (Dissertação de Mestrado). IFCS, UFRJ, 2007.

BRESCIANI, Maria Stella. *O charme da ciência e a sedução da objetividade*. São Paulo: Unesp, 2005.

FARIA, Luiz de Castro. *Oliveira Vianna: de Saquarema à Alameda São Boaventura, 41, Niterói: o autor, os livros e a obra*. Rio de Janeiro: Relume-Dumará, 2002.

GOMES, Angela de Castro (Org.). *Escrita de si, escrita da História*. Rio de Janeiro: FGV, 2004.

_____. "A força da tradição: corporativismo e organização sindical no Brasil." *Revista Plenarium*. Brasília: Câmara dos Deputados, 2005, p. 137-154.

_____. "A política brasileira em busca da modernidade: na fronteira do público e privado." *In*: NOVAIS, Fernando; SCHWARTZ, Lilia (Orgs.). *História da vida privada no Brasil*. São Paulo: Companhia das Letras, 1998, p. 489 -558.

_____. "A dialética da tradição." *Revista Brasileira de Ciências Sociais*. Rio de Janeiro: Anpocs/Vértice, v. 5, nº 12, fev. 1990, p. 15-27

_____. "A ética católica e o espírito do pré-capitalismo." *Ciência Hoje*. Rio de Janeiro: SBPC, v. 9, nº 52, abril 1989, p. 23-8.

KOSELLECK, Reinhart. *Futuro passado: contribuições à semântica dos tempos históricos*. Rio de Janeiro: Contraponto, PUC-Rio, 2006.

MEDEIROS, Jarbas. *A ideologia autoritária no Brasil*. Rio de Janeiro: FGV, 1978.

TORRES, João Batista de Vasconcelos. *Oliveira Vianna, sua vida, sua posição nos estudos brasileiros de sociologia*. Rio de Janeiro: Freitas Bastos, 1956.

VIANNA, Oliveira. *Populações meridionais do Brasil: populações rurais do centro-sul*. Belo Horizonte: Itatiaia; Niterói: Eduff, 1987 (7ª ed., 2 v.).

_____. "O idealismo da Constituição." CARDOSO, Vicente Licínio (Org.). *À margem da história da República*. Brasília: EdUnB, 1981.

_____. *Problemas de direito corporativo*. Brasília: Câmara dos Deputados, 1983 (2ª ed. A 1ª ed. é de 1938).

OLIVEIRA VIANNA

_____. *Problemas de direito sindical.* Rio de Janeiro: Max Limonad, 1943.

_____. *Problema do trabalho e democracia social.* Rio de Janeiro: José Olympio, 1951.

_____. *História social da economia capitalista no Brasil.* Belo Horizonte: Itatiaia; Niterói: Eduff, 1987 (2 v.).

VIEIRA, Evaldo. *Oliveira Vianna e o Estado corporativo: um estudo sobre o corporativismo e o autoritarismo.* São Paulo: Grijalbo, 1976.

PARTE II Movimentos e correntes intelectuais

CAPÍTULO 8 Intelectuais da guerra moderna:
a *intelligentsia* militar alemã e o
conceito de guerra total

Luís Edmundo de Souza Moraes*

---

* Mestre em Antropologia pela Universidade Federal do Rio de Janeiro (UFRJ). Doutor pela Technische Universität Berlim. Professor da Universidade Federal Rural do Rio de Janeiro (UFRRJ).

A Primeira Guerra Mundial é, em geral, tomada como um divisor de águas na história europeia. Dentre as diversas novas linhas de desenvolvimento inauguradas ou, pelo menos, tornadas socialmente relevantes com a Primeira Guerra Mundial está a própria concepção sobre o *fazer a guerra*. A quantidade e a qualidade das mudanças verificadas no conflito, desde que ele se estabeleceu em agosto de 1914 até a assinatura da rendição alemã em 11 de novembro de 1918, foram de forma tal decisivas que se pode dizer, sem medo de exageros, que, também em seu aspecto exclusivamente militar, a guerra iniciada em 1914 é diferente daquela que se encerra em 1918. A Grande Guerra vê a introdução de nova tecnologia bélica e dos seus efeitos sobre as táticas, bem como sobre a organização e estruturação das forças em combate.

Além da dimensão relacionada à técnica e à operacionalização da guerra, a Grande Guerra testemunhou e abriu campo para mudanças naquilo que poderíamos chamar provisoriamente de uma "política de guerra", relativa, por um lado, a uma visão sobre o fenômeno, e, por outro, às concepções e aos objetivos específicos do conflito (Herzfeld, 1974, p. 16).

Essas foram mudanças que, em termos intelectuais, se processaram de forma não tão imediata por meio de noções trazidas à baila ainda na fase final do conflito e só se materializam na década de 1930, quando foram formalizadas por meio do conceito de "guerra total".

Roger Chickering oferece uma boa síntese do conceito nos seguintes termos:

A guerra total se distingue por sua intensidade e extensão sem precedentes. Os teatros de operação alcançam todo o globo; a escala das batalhas é praticamente ilimitada. A guerra total envolve combates que não se deixam limitar pelas restrições impostas pela moralidade, pelo costume ou pela lei internacional, visto que os combatentes são inspirados pelo ódio nascido de ideologias modernas. A guerra total demanda a mobilização não somente das Forças Armadas, mas também da população como um todo. Os civis que trabalham na frente interna (*home front*) não são menos essenciais para o esforço de guerra do que os soldados, e são assim tão vulneráveis quanto esses. Os objetivos políticos e os objetivos de guerra são ilimitados na guerra total, que, sendo assim, só termina com a destruição e o colapso de um dos lados.[1]

É meu interesse examinar, no âmbito do pensamento militar alemão, a passagem de um tipo de concepção sobre a guerra com objetivos limitados para uma nova ideia sobre os conflitos militares articulada pelo conceito de guerra total. A primeira encontrou uma formulação paradigmática em Clausewitz, enquanto os artífices da segunda foram intelectuais de extrema direita, civis e militares, que se ocuparam do pensamento militar, encontrando sua expressão mais radical no âmbito do nacional-socialismo.

Trata-se de um movimento intelectual com representantes tanto no Alto-Comando do Exército alemão quanto fora dele, em organizações da sociedade civil, e que, a partir da segunda metade da década de 1930, pauta de forma cada vez mais decisiva a concepção do fazer a guerra do Exército. Busco aqui refletir sobre essa nova forma de se pensar a guerra que rompe com os padrões de organização militar até então legítimos para a *intelligentsia* militar alemã. Esses elementos novos rompem também com concepções sobre a própria função e organização das Forças Armadas e sua relação com a sociedade abrangente.

Além disso, será aqui proposto que uma das condições de possibilidade para a afirmação dessa nova forma de pensar a guerra foi a mudança na concepção sobre a paz.

A ideia de guerra total implicou o abandono da noção de que a guerra é uma forma do exercício da ação política quando os meios "regulares" se esgotam ou não se mostram eficazes, como na tradição de Clausewitz. Nessa perspectiva, a guerra é uma excepcionalidade lógica (mesmo que não uma anomalia) na relação entre Estados. Esse "recurso extremo" é acionado com o objetivo de, em termos ideais, fazer valer os "interesses nacionais" e estabelecer ou reestabelecer um *status quo* permanente da nação vitoriosa.

A afirmação da ideia de guerra total implicou a atribuição de um valor superior à guerra como meio de relação entre as "nações", em uma operação lógica que fez da paz uma excepcionalidade em um mundo de guerra permanente e desejável.

Como indicava Hitler em uma conversa reservada com o embaixador búlgaro Draganoff em 1940,

> Enquanto a terra mover-se em torno do sol, enquanto houver frio e calor, fertilidade e infertilidade, enquanto houver tempestade e dias de sol, haverá luta, tanto entre os homens quanto entre os povos (...) De fato a luta não é assim tão lamentável, pois se os homens vivessem no Jardim do Éden, eles desapareceriam. Aquilo no que a humanidade se transformou, ela o fez por intermédio da luta.[2]

A GUERRA, OS MILTARES E A POLÍTICA NA TRADIÇÃO DE CLAUSEWITZ

Dentre as rupturas que podem ser registradas na história militar alemã, duas ganham destaque por sua profundidade e amplitude.

A primeira diz respeito ao conjunto de modificações organizacionais e de concepção sobre o fazer a guerra, trazidas pelas campanhas do Exércitos francês durante as chamadas Guerras Napoleônicas, enquanto a segunda diz respeito às transformações trazidas pela Grande Guerra de 1914-1918.

A derrota avassaladora e humilhante sofrida pela Prússia em 1806 frente às forças de Napoleão Bonaparte colocou em questão um padrão de organização militar típico do *Ancien Régime*

OS INTELECTUAIS DO ANTILIBERALISMO

O Exército prussiano de Frederico I era radicalmente um exército do século XVIII e, como tal, tanto sua organização quanto a forma com que travava a guerra tinham alguns traços distintivos partilhados pelos exércitos dinásticos de uma forma geral. A dificuldade de grandes deslocamentos, o alto preço do recrutamento e treinamento dos exércitos de profissionais e a falta de fidelidade da tropa a qualquer causa ou entidade abstrata (espelhado, por exemplo, pela transferência regular e às vezes intensa de soldados e oficiais de um exército para outro em função das "condições de trabalho" oferecidas) faziam das batalhas grandes e sangrentas uma excepcionalidade. Como indica Anatole Rapoport, no prefácio à edição brasileira de *Da guerra*, de Clausewitz:

> o objetivo das operações consistia muitas vezes em se alcançar, por manobras adequadas, uma situação em que se pudesse tornar claro que um dos lados dispunha de vantagem estratégica ou tática sobre o outro. Devido a uma aceitação universal dos princípios estratégicos e táticos pela homogênea comunidade militar de então, tais situações eram suficientemente óbvias para todos os interessados. (...) A capitulação não era uma vergonha. Um general nunca poderia alimentar a ideia de "luta até ao último homem", tal como um jogador de xadrez não estaria disposto a continuar a jogar uma partida perdida. A "arte da guerra", tal qual se concebia no século XVIII, era em grande parte uma arte de manobra. Nela se incluíam elementos importantes de estética e protocolo. (...) a única virtude militar exigida do homem nas fileiras era a obediência (Clausewitz, 1979, p. 13-14).

Em 1806, pela investida das tropas de Napoleão e pelas novas formas de travar a guerra trazidas pelo Exército francês, o Exército prussiano viu-se desorientado. Aquilo que foi posteriormente chamado de "guerra popular", que marca os conflitos envolvendo o Exército francês entre fins do século XVIII e princípios do século XIX, superando a tradição da "guerra de gabinete" e de seus exércitos mercenários típicos do Antigo Regime, inova ao ampliar a conscrição e ao introduzir elementos novos

INTELECTUAIS DA GUERRA MODERNA

de tática que aumentavam a mobilidade das tropas e sua potência ofensiva e minimizavam o fato de elas contarem com pouco treinamento.[3]

Sob o impacto da derrota teve início a reestruturação, cujo traço mais marcante talvez tenha sido o processo de repensar exatamente a organização do Exército, seu lugar na sociedade e a própria teoria de guerra que pautava sua ação.

A avaliação do sucesso das campanhas de Napoleão e de suas formas inovadoras de travar a guerra orientam parte significativa das formulações de Carl von Clausewitz (1780-1831) apresentadas em *Da guerra* (*Vom Kriege*), que, publicado postumamente por sua mulher pela primeira vez em três volumes, entre 1832 e 1834, tornou-se um dos cânones do pensamento militar prussiano.[4]

Clausewitz estabelece uma diferença entre um modelo conceitual de guerra, uma guerra abstrata, chamada por ele de *guerra absoluta*, e uma guerra real, limitada pelo fato de que as condições ideais, constitutivas do conceito de guerra absoluta, nunca se materializam em sua forma "pura" na prática, em função do fato de que "circunstâncias perturbadoras" estarão sempre presentes em um conflito concreto.[5]

Nesse aspecto, o elemento fundamental que retira da guerra real a possibilidade de alcançar sua pureza conceitual é a política:

> Se pensarmos que a guerra deriva de um objetivo político, então é natural que este motivo inicial, que deu vida a ela, continue a ser a primeira e mais elevada consideração na avaliação de seu desempenho. (...)
>
> Devemos ter em conta que a guerra real não é um esforço tão consequente e extremado como ela deveria ser de acordo com seu conceito, mas possui algo de híbrido, uma contradição em si mesma; devemos ter em conta que ela como tal não pode seguir suas próprias leis, mas deve ser tratada como parte de um outro todo — e este todo é a política.
>
> (...) As guerras não são mais do que expressões da política (...). A submissão do ponto de vista do governo sobre a política ao ponto de vista militar seria absurdo, visto que a política criou a guerra. Ela [a po-

OS INTELECTUAIS DO ANTILIBERALISMO

lítica] é a inteligência, a guerra o mero instrumento e não o contrário. Só resta então como possibilidade a submissão do ponto de vista militar ao ponto de vista político.[6]

Isso significa, na tradição fundada em Clausewitz, que cabe à política, no sentido de governo do Estado (Clausewitz, 1990, p. 676 [738]), determinar quando a guerra se fará e se, e em que medida, os dois níveis de objetivos relacionados a ela foram alcançados: os objetivos alcançados *na* guerra (*Ziel*) e aqueles alcançados *por meio da* guerra (*Zweck*). Nesse sentido, a guerra aparece como uma forma do exercício da ação política quando os meios "regulares" não se mostram eficazes (*ibidem* p. 642-ss. [707-ss.]).

A máxima clausewitziana, segundo a qual a guerra é o prosseguimento da política por outros meios (*ibidem*, p. 8 [65]), dá um lugar claramente subordinado ao corpo militar frente às orientações do governo civil. Em outras palavras, Clausewitz, por um lado, profissionaliza e despolitiza de forma radical o corpo militar e, por outro, faz da guerra e do aparato militar simplesmente apêndices ou instrumentos dos objetivos do governo civil, não tendo essa qualquer valor ou fim em si próprios: a guerra, como qualquer outra área específica de administração do Estado, era função de um corpo de especialistas (os militares) sob direção do governo civil.

Lançar mão de meios violentos implicava um desvio de rota, às vezes mais, às vezes menos frequente, mas sempre um desvio do curso que poderíamos chamar de normal do governo civil, que é a realização dos negócios do Estado no campo das relações internacionais por meio dos instrumentos da diplomacia, sendo a guerra não mais do que um movimento do jogo diplomático. O objetivo *na guerra* é o de eliminar as possibilidades de defesa do inimigo por meio do uso da violência para fazer com que, *por meio da guerra*, "[ele] se submeta a sua vontade" (Clausewitz, 1990, p. 17-20 [73-76]).

A REVISÃO DE CLAUSEWITZ, A GUERRA MUNDIAL E O CONCEITO DE GUERRA TOTAL

Já em princípios do século XX buscava-se colocar em questão alguns dos elementos da concepção de guerra fundamentada em Clausewitz. Papel importante nesse processo desempenham mudanças fundamentais na forma de travar a guerra, a partir de inovações na tecnologia bélica e de seu consequente impacto sobre as táticas militares, e no campo da logística, relacionadas de forma direta com o fenômeno da industrialização. De fato, pelo menos dois dos conflitos da segunda metade do século, a Guerra Civil Americana e as guerras de unificação alemã, ambas tendo lugar na década de 1861 a 1871, experimentaram essas mudanças. Em ambas não só foram generalizados os traços da chamada "guerra popular" como por meio delas tornaram-se visíveis a mudança de qualidade e a abrangência dos conflitos armados travados sob o signo da industrialização.

Em função dessas transformações, Friedrich Engels indica, já em 1887, que, no futuro, o único tipo de guerra possível

> para a Alemanha prussiana será uma guerra mundial, e uma guerra mundial com extensão e intensidade jamais imaginadas. Oito a dez milhões de soldados se matarão e destruirão de tal forma a Europa que nem mesmo um enxame de gafanhotos poderia fazer. A devastação da Guerra dos Trinta Anos atingindo todo o continente em apenas três ou quatro anos; fome, epidemias, embrutecimento e selvageria dos exércitos e das massas populares em função de sua situação de aguda miséria. Caos irreversível (...) no comércio, na indústria e no crédito levando à bancarrota geral; colapso dos velhos Estados (...) absoluta impossibilidade de prever como tudo isso vai acabar e qual será o vencedor. (...) Esse é o quadro se o sistema de rivalidades e a corrida armamentista trouxeram no fim seus inevitáveis frutos. (...) No fim da tragédia as potências estarão arruinadas e a vitória do proletariado ou já terá acontecido ou será inevitável.[7]

OS INTELECTUAIS DO ANTILIBERALISMO

Paralelamente, afirma-se de modo progressivo em círculos intelectuais cada vez mais amplos um conjunto de ideias integralmente ancoradas nos pilares do darwinismo social, que gozava, então, de ampla legitimidade social. Destaque aqui tem a tese de que as sociedades humanas são também pautadas pelo princípio de seleção natural e se relacionam por meio de uma luta constante pela sobrevivência em um mundo de recursos sempre limitados.[8]

Esse ambiente proporcionou terreno fértil para que se derivasse desses princípios uma teoria política fundada na noção de que a sobrevivência da nação dependia de seu sucesso nas guerras, resultado imediato de suas condições de se preparar adequadamente para a luta.

A concepção de guerra como *luta pela sobrevivência da nação* é incorporada ao pensamento militar, ainda que de forma marginal, já no século XIX e encontra, talvez, uma de suas mais radicais expressões no período que antecede a Primeira Guerra Mundial em Friedrich von Bernardi, general e destacado membro do Estado-Maior alemão. Por meio de seu *Deutschland und der nächste Krieg* (A Alemanha e a próxima guerra), publicado pela primeira vez em 1912, von Bernardi provoca sensação em meios civis e militares em toda a Europa.

O tema da guerra é abordado a partir da ideia de "luta pela existência" da nação em um mundo permanentemente hostil e da ideia de que a evolução das sociedades humanas é estruturada pela lei segundo a qual o mais forte sobrevive e deixa seus frutos para gerações futuras. Segundo von Bernardi, "a guerra não é simplesmente um elemento necessário à vida das nações, mas um fator indispensável para a cultura, na qual uma nação verdadeiramente civilizada encontra a mais elevada expressão de força e vitalidade" (*apud* Lauterbach, 1941, p. 6).

Além disso, a definição da legitimidade das pretensões de uma nação é uma função específica da guerra, visto que tem o direito ao seu lado "quem tem a força para manter-se e para conquistar. A força é ao mesmo tempo a mais elevada forma de direito e as disputas legais serão decididas por meio da medida estabelecida pela guerra, que decide as disputas sempre de forma biologicamente justa" (*apud* Willems, 1984, p. 106).

INTELECTUAIS DA GUERRA MODERNA

Em princípios dos anos 1920 von Bernardi volta a estar em evidência quando, ao buscar extrair os ensinamentos da derrota na Primeira Guerra Mundial, faz a defesa intransigente de um tipo de relação entre o governo civil e o corpo militar oposto àquele pautado por Clausewitz. No futuro, diz ele,

> a diplomacia terá somente a tarefa (...) de apoiar ao máximo a condução da guerra (...) Ela deve se submeter completamente aos desejos dessa e abrir mão por completo de ter qualquer iniciativa sem levá-la em consideração. A arte de governar (*die Staatskunst*) deve-se limitar assim à preparação do sucesso militar ou à sua exploração, de acordo com as instruções a serem recebidas dos militares (...), e a deixar as decisões sobre o que fazer ao responsável pelas ações militares. O governante deve submeter-se a esse de forma absoluta, pois a sintonia entre as ações militares e políticas é o mais importante e as demandas militares determinam as políticas (*apud* Wehler, *op. cit*, p. 487).

O que von Berardi faz é colocar Clausewitz de ponta-cabeça: o governo civil torna-se em seu texto apêndice e instrumento do corpo militar, que tem, de fato e de direito, a função de estabelecer os parâmetros e as linhas de governo da sociedade.

No pós-guerra, von Bernardi compõe, ao lado de outros intelectuais conservadores e de extrema direita, militares e civis, como Moeller Van der Bruck, Ernst Forsthoff, Hans Freyer, Werner Sombart e Ernst Jünger, um campo intelectual partidário da chamada Revolução Conservadora de Weimar. Inscrito em um espectro político socialmente representativo e do qual fazia parte em toda a Alemanha um conjunto de instituições, envolvendo pelo menos 530 jornais e perto de 550 associações e clubes políticos, esse campo intelectual teve um papel destacado em legitimar progressivamente tanto uma forma de condução quanto um valor específico da guerra distintos daqueles apresentados por Clausewitz e em construir a ideia de um Estado-para-a-guerra, um projeto a ser realizado, de fato, pelo Terceiro Reich (Bracher, 1997, p. 214-217; Herf, 1993, cap. 2).

OS INTELECTUAIS DO ANTILIBERALISMO

Freyer (1887-1969), filósofo e sociólogo alemão, fundador de uma escola alemã de sociologia conhecida como Ciência da Realidade (*Wirklichkeitswissenschaft*), toma parte no debate do papel e da função da guerra nas sociedades no início da década de 1920. Em seu *O Estado* (*Der Staat*), publicado em 1925, propõe que "na guerra o Estado se fundamenta como Estado e por meio da permanente prontidão ele se justifica constantemente", pois a guerra é "a mãe de todas as coisas". Um terceiro elemento sobre o qual o Estado se assenta, ao lado da guerra e da prontidão, é a conquista. "Acima de todas as coisa", diz Freyer, "o Estado precisa, para que ele seja real entre outros Estados, (...) da conquista. Ele deve conquistar para ser Estado." A glorificação da guerra é a consequência necessária de tomar este tripé — guerra, prontidão e conquista — como eixo constituidor do Estado: "A guerra é para o Estado o oxigênio e o mais puro incremento de seu ser mais essencial." Sendo assim, negando qualquer legitimidade aos pacifistas, ele nos diz que não se pode permitir que a teoria seja corrompida por "sentimentalismos em relação à paz" (*apud* Wehler, *op. cit.*, p. 488-489).

Um dos mais eloquentes representantes desse campo intelectual foi sem dúvida o escritor Ernst Jünger (1895-1998), que, mesmo tendo vivido a experiência da frente de batalha na Grande Guerra e sido ferido em várias ocasiões, crê de forma radical nos valores positivos da guerra. Ele considera a guerra "o mais poderoso encontro dos povos". Não se pode dizer, afirma Jünger, "que a guerra seja uma instituição humana, da mesma forma como não dizemos que a pulsão sexual o seja; trata-se de uma lei natural, e por isso nunca poderemos nos livrar dela. Não podemos negá-la, pois, caso o façamos, ela nos engolirá" (*apud* Willems, 1984, p. 123).

Em seu livro *A mobilização total*, que é a "abrangência absoluta da energia potencial de um Estado", ele defende a tese de que a Alemanha do pós-guerra "arme-se até o seu âmago". Esse objetivo só é possível de ser alcançado quando "os procedimentos para a guerra já estiverem esboçados em situação de paz". Para Jünger, a paz somente serviria como momento de preparação da guerra, porque, bem no fundo, para os alemães, a guerra teria um sentido particular, visto que é, para eles, "acima de tudo um meio de autorrealização. E assim, esse processo armamentista, no qual nós já estamos envolvidos há muito tempo, deve ser um processo de mobilização dos alemães" (*apud* Wehler, *op. cit.*, p. 489). E ele conclui:

> A guerra, mãe de todas as coisas, nos moldou, nos fortaleceu e nos endureceu, criando-nos como somos hoje. E sempre e até quando a roda da vida girar em torno de nós, a guerra será o eixo em torno do qual ela se movimentará. Ela nos educou para a luta e lutadores nós continuaremos a ser enquanto nós existirmos.

Apesar da projeção desses e de outros intelectuais, foi Erich Ludendorff (1865-1937) quem formalizou o conceito de *guerra total* em uma teoria da relação entre guerra e sociedade em uma brochura programática homônima, publicada em 1935.

As elaborações de Ludendorff remontam ao período em que, ao lado do Paul von Hindenburg, esteve à frente do Terceiro Comando Supremo do Exército alemão e formulou um programa de "mobilização total" da sociedade para o esforço de guerra — conhecido como "Programa Hindenburg"), no qual todas as forças da nação seriam colocadas de forma planejada a serviço da condução da guerra[9]

Em inícios dos anos 1920, Ludendorf se propunha, em *A condução da guerra e a política* (1922), a levar a cabo uma avaliação profunda da experiência da Grande Guerra, por considerar que os alemães se encontram desorientados, vivendo o fim de uma fase da história alemã e o início de uma nova. Ludendorff esperava mostrar aos alemães como "ver o mundo como ele é, e não como nós o imaginamos e desejamos" que ele seja (Ludendorff, 1922, p. 3).

Após discorrer longamente sobre o conflito, Ludendorff apresenta a sua versão da derrota, que reproduz (como parte diretamente interessada!) a chamada *lenda* da "punhalada pelas costas". De acordo com essa forma de explicar o inaceitável fracasso militar, o Exército alemão

OS INTELECTUAIS DO ANTILIBERALISMO

não teria sido militarmente derrotado pelos exércitos inimigos, mas sim traído por uma capitulação política interna e por forças antinacionais (como o judaísmo internacional e o marxismo), que teriam deixado o Exército sem abastecimento e sem tropas adicionais. Por fim, conclui Ludendorff,

> o governo (*die Politik*) desarmou o Exército, que não tinha sido derrotado, e entregou a Alemanha à vontade destruidora do inimigo — para fazer uma revolução na Alemanha. Esse foi o ponto mais alto da traição do governo (*der Politik*), representado pelos social-democratas, ao Comando da Guerra e ao povo.
>
> O crime do governo (*der Politik*) ao povo alemão foi assim realizado. Somente ele, e não o inimigo, conseguiu quebrar a força do comando da guerra e, assim, a força do povo. (...) Ele nos empurrou para a escravidão porque nos deixou, desarmados, nas mãos do inimigo (...) (*idem*, p. 319).

Com isso, se justifica a relativização da forma como Clausewitz estabelece a relação entre os militares, a política e a sociedade, que, mesmo tendo sido apresentada em alguns traços já em 1922, ganha sistematização e completude em A *guerra total*, de 1935.

Apesar de Ludendorff, no primeiro parágrafo, se dizer "inimigo de todas as teorias" e se propor exclusivamente a partilhar "experiências de guerra" com "o homem comum do povo" (Ludendorff, 1999, p. 3), ele sistematiza, sob o conceito de "guerra total", um conjunto de fundamentos que se apresentam antes como normativos e programáticos do que como descritivos de uma guerra. Esses fundamentos dizem respeito não propriamente à dimensão operacional da guerra, e sim a uma concepção do lugar da guerra na relação entre Estados e, mais marcadamente, seu papel na constituição da própria sociedade.

Ludendorff parte de uma avaliação das mudanças na natureza da guerra verificadas no conflito de 1914-1918. "O tempo no qual se podia falar de tipos diferentes de guerra já passou." A guerra de seu

248

tempo seria diferente das anteriores pelo fato de ser total, implicando, com isso, que "não é mais um assunto das Forças Armadas, mas também, de forma imediata, da vida e da alma de todos os membros dos povos em guerra". Esse tipo novo de conflito nasce não só das mudanças na política, mas principalmente "pela introdução do serviço militar obrigatório universal em uma população cada vez maior e de material bélico de efeitos cada vez mais devastadores". Mas, além dos progressos técnicos, a guerra total trouxe consigo a percepção de que era importante jogar não só bombas sobre as populações, mas também "panfletos e outros tipos de material de propaganda (...) e viu uma multiplicação e uma melhoria dos aparelhos de rádio que disseminavam propaganda em território inimigo". Em função dessas mudanças, a própria noção de teatro de guerra deve ser repensada. A amplitude das zonas de combate que compunham a frente de batalha na qual os exércitos inimigos se enfrentavam "era de muitos e muitos quilômetros, e atingia a população dos países em conflito de tal forma que o teatro de guerra se estende hoje, em seu sentido mais literal, sobre a totalidade do território dos povos em luta". A guerra total envolve assim, de modos diferentes, mas sempre diretamente, o Exército e a população de um país e se direciona não só contra as Forças Armadas, mas também contra a população civil (Ludendorff, 1999, p. 3-6).

> A natureza da guerra total determina que ela só pode ser travada quando realmente a população como um todo se vê ameaçada em sua existência e está decidida a tomá-la em suas mãos. Já passou o tempo da guerra de gabinete e da guerra com objetivos políticos limitados. Essas foram muito mais saques do que uma luta de profunda legitimidade moral e ética como o é a guerra total travada pela existência do povo" (*idem*, p. 6).

A dissolução definitiva da diferença entre combatentes e não combatentes, entre frente e retaguarda, implica a incorporação ao planejamento e ao desenvolvimento da ação militar de todos os recursos que

OS INTELECTUAIS DO ANTILIBERALISMO

a sociedade pode oferecer, desde os materiais até os morais, sem limites internos ou externos.

Com base nisso é que se processa a revisão de *Da guerra*. Como resultado, Ludendorff conclui que, pelo fato de a guerra ter mudado desde os tempos de Clausewitz, também a relação entre a política e a condução da guerra deveria ser alterada.

> A natureza da guerra mudou, a natureza da política mudou. Então a relação entre o governo e a condução da guerra deve mudar também. Todas as teorias de von Clausewitz devem ser deixadas de lado. A guerra e o governo servem à sobrevivência do povo, mas a guerra é a mais alta expressão da vontade de viver de uma raça (*völkischen Lebenswillens*). É por isso que o governo deve servir à condução da guerra (*idem*, p. 10).

Em um sentido amplo, a guerra total exige um governo total (*totaler Politik*) que tome para si tarefas vitais em dois campos: no estabelecimento e na manutenção da unidade do povo e na construção das condições econômicas para o conflito. Essas últimas dizem respeito fundamentalmente à superação da vulnerabilidade no abastecimento da população e do Exército e à preparação da estrutura industrial para a contínua produção de material bélico. É em função disso que, para Ludendorff, as conferências de paz e de desarmamento são "violações contra as leis sagradas da sobrevivência dos povos" (*idem*, p. 6, nota 1). A demanda pelo planejamento e pela execução prévia de um programa de guerra total indica que "nunca é cedo o bastante para que o governo total e o comando da guerra total reconheçam isso já em tempos de paz" (*idem*, p. 29).

Da mesma forma, a tarefa de "unificar espiritualmente o povo" para a guerra total envolve desde a rígida censura à imprensa, a proibição de reuniões, a prisão ao menos dos líderes dos "insatisfeitos" e leis mais duras contra a entrega de segredos de Estado até medidas que, "com base em conhecimentos raciais e na vida religiosa específicas de nossa espécie (*arteigenen Gotterleben*)", excluam do povo elementos que coloquem em perigo a sua existência racial e espiritual (*idem*, p. 25).

Nessa construção, o tempo de paz assume um lugar de destaque pelo fato de ele ser, como para Jünger, o momento no qual as condições para o sucesso na guerra são militar e socialmente construídas. A propaganda torna-se um instrumento decisivo: com objetivo claro, deve preparar as massas para a guerra em tempos de paz e, durante a guerra, fortalecer a própria moral e enfraquecer a do inimigo por meio da "guerra psicológica". Pela importância da contínua preparação para a guerra, servindo o governo civil aos desígnios militares e à militarização da sociedade, o poder político e o militar devem se concentrar em uma central para que o Estado, sob direção autoritária, possa levar para o conflito um povo coeso e preparado para a guerra.

Desde a publicação de *A guerra total* tem havido um enorme consenso sobre o que se diz quando se fala do tema. E os traços distintivos do conceito são mais ou menos aqueles que foram estabelecidos em 1935 por Ludendorff.[10]

Duas das mudanças propostas por Ludendorff têm aqui importância particular e implicam, fundamentalmente, uma inversão do pensamento clausewitziano de grande alcance: a relação entre guerra e política (militares e governo) faz dessa uma extensão daquela por outros meios, o que implicou a inversão das subordinações entre militares e civis, cabendo aos primeiros, a partir de então, não só a definição dos objetivos, mas também a avaliação do desenrolar do conflito, que não teria outros objetivos que não o aniquilamento total do inimigo; assim, deixam de ter qualquer função as variáveis políticas de outra ordem.

O NACIONAL-SOCIALISMO E A AFIRMAÇÃO DA IDEIA DE GUERRA TOTAL

Pouco tempo depois da publicação de *A guerra total*, o conceito de Ludendorff se torna uma referência pública para se pensarem os conflitos em seu tempo.

Na disseminação social da ideia de guerra total, a imprensa, durante o Terceiro Reich, cumpre função-chave, lançando mão do termo de forma cada vez mais sistemática, principalmente depois de iniciado o conflito, fazendo valer seu caráter programático. A imprensa realiza, por intermédio da mobilização geral da sociedade para essa nova concepção de guerra, aquilo que o conceito profetizava: a transformação do tempo de paz em mero processo de preparação para a guerra por meio da propaganda. Esse papel também foi cumprido pelas enciclopédias populares, tanto que foi incluído um verbete sobre guerra total na *Neue Brockhaus*, na primeira edição depois de o texto de Ludendorf vir a público.

O texto do verbete apresenta a noção de guerra total, inicialmente de forma genérica, como sendo relativo a uma forma de guerra da qual tomam parte não só as Forças Armadas, mas "de forma integral o povo e todo o território do país". O verbete conclui de modo programático:

As guerras contemporâneas entre grandes Estados serão sempre totais, porque, para decidir a luta entre ser ou não ser, todas as forças do povo deverão ser concentradas ao extremo e ninguém estará fora do alcance das influências, dos acontecimentos e dos efeitos da guerra.[11]

Paralelamente, o processo de legitimação das concepções trazidas pela ideia de guerra total entre os militares implicou não propriamente, como previa o conceito, a transferência de funções de governo para os militares, mas, ao contrário, a completa politização do comando militar alemão. Isso se deu pela progressiva e conflituosa substituição por militares submissos a Hitler e ao Partido Nacional-Socialista Alemão dos Trabalhadores (NSDAP) de quadros do comando do Exército, bem como da direção das Forças Armadas alemãs, que se pautavam pelo apoliticismo e pela manutenção da independência em relação ao partido, marcas da reestruturação da corporação após a Primeira Guerra Mundial.

O pós-guerra assiste, sob o signo da derrota e da dissolução do Estado e do Exército imperiais, tanto a uma redução sem paralelo quanto à reconstrução das Forças Armadas alemãs. Por força do Tratado de Versailhes, aproximadamente 704 mil dos 800 mil soldados e 30 mil dos 34 mil oficiais foram dispensados, e sérias limitações de material e de funcionamento, impostas.[12]

Nesse quadro, construiu-se a partir de 1920 um exército provisório (o *Reichswehr*) profissional, com um restrito corpo de oficiais, sob a direção do general Hans von Seeckt, que servira como tenente-coronel na frente oriental durante a guerra. Esse corpo, que se manteve na ativa após 1920, se pensava como uma elite militar e sociopolítica e foi organizado de forma mais unitária do que antes. As determinações legais e o caráter da formação dada a esse corpo constituíram uma elite militar disciplinada, leal ao Estado e, apesar de formalmente apartidária, marcada pelo conservadorismo, pelo nacionalismo e pelo antirrepublicanismo.

Além disso, existiam três grandes tendências em seu interior: por um lado os monarquistas, com um projeto de restauração do *status quo* anterior. Ao lado desses estavam os que defendiam o profissionalismo e o apoliticismo radical do serviço militar, entendendo-se como servidores do Estado. Essas duas tendências eram majoritárias tanto no topo quanto na base da cadeia de comando e pautavam-se pelos princípios clausewitzianos da organização de um corpo militar na sociedade. A terceira das tendências envolvia os que defendiam a chamada Revolução Nacional, pautando-se pela politização do aparato militar, que ganha progressivamente espaço no corpo de oficiais (Hans-Adolf Jacobsen, *op. cit.*, p. 346-347).

Mesmo com essas diferenças, unificava os militares a perspectiva de remilitarização da Alemanha. Por isso, a designação de Hitler para a Chancelaria em 30 de janeiro de 1933 foi acompanhada com máxima atenção por membros do comando militar. Mesmo guardando distância do nacional-socialismo, os planos de reconstrução da *Wehrmacht* (as Forças Armadas) e da restituição à Alemanha da qualidade de potência europeia eram comuns a ambos. A palavra de ordem era, então, rearmamento, que, para o nacional-socialismo, tinha fundamentação programática e ideológica.

O enfrentamento armado era pensado por Hitler, era a forma mais elevada de se fazer política. Na segunda metade de 1941, em conversas reservadas no seu quartel-general na Prússia oriental, Hitler indica de forma precisa a seus assessores diretos que a guerra se justifica por sua natureza intrinsecamente formativa e por seu caráter pedagógico para um povo que se encontra em luta permanente pela sobrevivência:

> O que é para uma menina o encontro com um homem, é para um rapaz a guerra. São necessários poucos dias para fazer do menino um homem. (...) No campo [de batalha] chega-se à consciência de que a vida é uma luta contínua e cruel, que no fim serve à preservação da espécie: um pode perecer contanto que outros permaneçam vivos (Hitler, 2000, p. 71).

Da mesma forma, para um Estado a guerra é indispensável:

> Se quisermos desejar ao povo alemão alguma coisa de bom, então deveríamos desejar que ele entrasse em guerra em cada quinze ou 20 anos. Forças Armadas cujo único objetivo é o de manter a paz faz delas apenas uma brincadeira de soldado — basta olhar para a Suécia e a Suíça (*idem*, p. 58).

Trata-se de uma condição de possibilidade para a materialização de sua política expansionista animada pela ideia de espaço vital (*Lebensraum*), elemento central da sua visão de mundo.

Tomado da tradição pangermânica anterior, o conceito de "espaço vital" operado pelo nazismo define os alemães como um *povo* em constante confronto com os povos inferiores (principalmente os eslavos) pela conquista de espaço físico que garanta sua sobrevivência biológica, econômica e cultural. A doutrina do espaço vital parte da concepção de que, ao contrário da *raça*, o *solo* é passível de ser *germanizado*, em função de sua plasticidade constitutiva, ou seja, de sua tangibilidade à cultura, permitindo que ele incorpore valores e particulardiades do grupo humano que nele se estabelece. É esse argumento, aliado ao da falta de espaço físico para que a Alemanha desenvolva-se de modo satisfatório, que legitima a perspectiva expansionista do nacional-socialismo.

Concretamente, a doutrina do espaço vital tem em vista — para além da recuperação dos territórios e das colônias perdidas em função do Tratado de Versalhes, exigência programática de toda a extrema direita alemã do pós-Primeira Guerra Mundial — a conquista de novos territórios a leste da Alemanha.

A condução de uma política de rearmamento ainda em 1933, bem como o violento enquadramento das SA (*Sturmabteilung* — formação paramilitar do partido nazista),[13] é recebida com boa vontade por parte de um corpo de líderes militares que, em grande medida, ainda partilhava do espírito apolítico do Comando do Exército reconstruído por von Seeckt.

Entretanto, o crescimento da desconfiança mútua entre os líderes militares e os nazistas marca o processo de rearmamento alemão e o rompimento definitivo com as limitações impostas pelo Tratado de Versalhe. Quando da reocupação da Renânia em 1936, as resistências do chefe do Comando Supremo das Forças Armadas, Werner von Fritsch, frente à possibilidade de reação francesa levaram Hitler a enviar um contingente muito menor do que o planejado para a zona desmilitarizada, à margem esquerda do rio Reno. Da mesma forma, von Fritsch se opõe ao envio de três divisões para auxiliar Franco na Guerra Civil Espanhola e Hitler acaba por concordar em reduzir o contingente para um grupo de treinamento. A cautela de membros do comando militar esbarra no que Geyer chama de "dinâmica militante do regime":

> Os nacional-socialistas estavam dispostos a proporcionar os recursos para a ação militar, todavia jamais estiveram preparados para aceitar a subordinação completa aos imperativos de uma guerra planejada pelos militares. Eles seguiam modelo diferente que sujeitava o emprego da força militar à mobilização da nação, criando assim uma racionalidade

nova e distinta para a guerra. Para os militares, fazer a guerra era uma questão de preparar e usar habilidosamente a "matéria-prima" proporcionada por uma nação unificada e, para todos os efeitos, silenciosa; para os nacional-socialistas, a guerra era um modo de vida; a ação militar, apenas um aspecto específico da estratégia mais abrangente da conquista. A destruição do poder armado dos inimigos potenciais era, meramente, o primeiro passo para a criação de uma nova raça dominadora germânica.[14]

O conflito culmina com o "caso Fritsch-Blomberg", no qual o general Werner von Fritsch e o ministro da Guerra, Werner von Blomberg, foram, por um jogo de intrigas, forçados a se demitir, o que é seguido com o pedido de demissão do cauteloso chefe do Estado-Maior do Exército, general Ludwig Beck. Em seguida, Hitler toma para si a função de Comandante Supremo das Forças Armadas, rebaixa o antigo cargo de von Blomberg, ocupado a partir de então pelo subserviente general Wilhelm Keitel, e nomeia Werther von Brauchitsch para substir von Fritsch.

Além do enfraquecimento do Ministério da Guerra e da concentração de comando das Forças Armadas em suas mãos, Hitler amplia espaço e autonomia das *SS-Verfügungstruppen*, tropas das SS que antecederam as *Waffen-SS* (SS em Armas, formalmente instituídas em 1940) e que eram unidades militares em seu sentido pleno, concorrentes das forças armadas regulares e submetidas ao *Reichsführer-SS* Heinrich Himmler. A partir de 1940, o próprio serviço nas unidades militares das SS foi equiparado ao serviço militar regular. Isso permite a Hitler gerenciar, a partir de um determinado momento, sua estratégia expansionista contando com um corpo formado exclusivamente pelos "soldados-políticos" das SS. Esses, além das funções regulares de uma guerra na frente de batalha, em particular durante a *Operação Barbarossa* (a invasão da União Soviética), desempenharam um papel-chave na guerra de extermínio desenvolvida na Europa oriental, pois, mesmo que para movimentações na frente de batalha as unidades das *Waffen-SS* estivessem sob ordens do comando local, a hierarquia pa-

INTELECTUAIS DA GUERRA MODERNA

ralela pelos canais das SS sempre se manteve ativa (Cf. Keegan, 1973, p. 37-60).

Nesse processo, é a direção do partido, com Hitler e Goebbels à frente, que passa a ser a expressão pública das concepções legítimas da guerra e de sua condução, bem como da organização do corpo militar no Terceiro Reich.

As condições para a realização do programa de guerra total haviam sido constituídas não só na sociedade como também no Exército. De fato, a partir de 1938, com a depuração e o enquadramento do Alto-Comando do Exército alemão pelas forças ligadas ao partido, as noções de "soldado-político" e de "lutador" vêm substituir a do "soldado", diferença marcada fundamentalmente pelo abandono das referências ao profissionalismo militar e, ampliando o alcance do conceito de guerra total, pela submissão de valores e padrões de conduta à eficácia da ação militar para os objetivos políticos do Terceiro Reich. Com isso desaparecem do processo de formação os próprios limites dados pelas normas éticas, que pautariam a relação com o inimigo e a conduta no campo de batalha. Estabelece-se, assim, uma nova moralidade que deveria ser constitutiva do corpo militar. Em se tratando de atender as necessidades de sobrevivência do corpo nacional, os limites estabelecidos pela legalidade, pela ética e pela moralidade se dissolvem. Nas palavras de Joseph Goebbels, ministro da Propaganda, "a questão não é a de saber se os métodos que nós usamos são mais ou menos bonitos, mas a de saber se eles são bem-sucedidos" (Goebbels, 1991, v. 2, p. 186).

CONCLUSÃO

Sistematizado no período entre guerras, o conceito de guerra total foi afirmado socialmente na Alemanha trazendo consigo não necessariamente uma nova forma de fazer a guerra, mas sim uma nova forma de concebê-la, distinta daquela herdada da tradição fundada em Clausewitz.

Ao lado da alternativa autoritária proposta por Ludendorff, que dava à direção militar o governo civil, e que propunha mobilizar a população e os recursos existentes para a guerra, a noção de guerra total inova lá onde geralmente não se vê: na forma como conceber a paz.

O que se coloca para os intelectuais da guerra total é o princípio de que a guerra é necessária e a paz indesejável pelas qualidades intrínsecas à paz e à guerra. A guerra é lida como um meio, para alguns o único, capaz de fazer com que a "nação" fosse mantida preparada para um processo constante e inevitável de luta permanente pela sobrevivência.

Nesse quadro, a diferenciação feita por Clausewitz entre objetivos a serem alcançados na guerra (eliminar as possibilidades de defesa do inimigo) e objetivos a serem alcançados por meio da guerra (forçar o inimigo a submeter-se à sua vontade por meio do uso da violência) perde razão de ser. A ideia de destruição do inimigo, que antes remetia a manobras militares, destruindo suas possibilidades de continuar a luta, ganha contornos absolutos. A novidade estava no fato de que a ideia de destruição acompanhou a ampliação sem limites do "campo de batalha", tornando sinônimos a destruição do inimigo e a de toda a "nação inimiga".

Essa variável trazida pela noção de guerra total dá a ela contornos de um conflito no qual a contradição entre o "nós" e o "eles" não pode ser superada, por se tratar de uma contradição fundamental e absoluta, e não conjuntural ou circunstancial. A guerra deixa de ser instrumento de imposição da "vontade" de um Estado sobre um outro no âmbito da política exterior e torna-se o único meio de garantir a sobrevivência da nação em um conflito de contornos absolutos.

Por fim, o desaparecimento das próprias fronteiras éticas e morais da conduta na guerra é consequência necessária do princípio fundamental de que o que está em jogo quando o inimigo se torna um "outro absoluto", o que se perde ou se ganha em uma guerra total não é a própria guerra, mas sim a possibilidade de a "nação" se manter viva.

Em 18 de fevereiro de 1943, Goebbels faz um dos discursos mais importantes de sua trajetória política: "Vocês querem a guerra total?", perguntava ele à multidão que lotava o Sportspalast de Berlim. "Vocês querem que ela seja, se necessário, mais total e mais radical do que nós hoje podemos imaginar?". Em seguida, aplausos e gritos entusiásticos de aprovação (Goebbels, 1991, v. 2, p. 205).

INTELECTUAIS DA GUERRA MODERNA

Um dia depois do discurso, Goebbels registra em seu diário o fato de que "a guerra total não é mais uma coisa de uns poucos homens razoáveis, mas ela será tomada como bandeira de todo o povo".[15]

NOTAS

1. Roger Chickering, "The use and abuse of a concept". *In*: Boemke, Chickering e Förster, 1999, p. 16.
2. "Segunda conversa do Führer com o embaixador búlgaro Draganoff em 3 de dezembro de 1940 de 13h30 às 14 horas". Reproduzido em Andréas Hillgruber (Org.), *Staatsmänner und Diplomaten bei Hitler: Vertrauliche Aufzeichnungen 1939-1941*. Munique, DTV, 1969, p. 218-219.
3. Em relação ao Exército prussiano, reestruturado sob Frederico, o Grande, cf. R. R. Palmer, "Frederico, o Grande, Guibert e Bülow: da guerra dinástica à guerra nacional". *In*: Paret, 2001, p. 140-ss. Sobre o Exército napoleônico, cf. Peter Paret, "Napoleão: revolução na guerra". *In*: Paret, 2001, p. 177-ss.
4. Sobre elementos da biografia de Clausewitz bem como sobre *Da guerra*, cf. Hans Rothfels, "Clausewitz". DILL, 1980, p. 263-265, e Peter Paret, "Clausewitz". *In*: Paret, 2001, p. 260-278.
5. Wehler indica que o conceito de guerra absoluta é fruto de uma operação semelhante à de Weber na construção de "tipos ideais", sendo "primariamente uma construção da teoria do conhecimento, uma construção heurístico-hermenêutica." Hans Ulrich Wehler, "Absoluter und 'Totaler' Krieg" *In*: Dill, 1980, p. 478-479. No mesmo sentido, ver o referido prefácio de Rapoport (Clausewitz, 1979, p. 9-10). Frequentes são as abordagens do conceito de guerra absoluta, contradizendo o próprio texto clausiwitziano, como um conceito normativo, que indicaria ser Clausewitz a favor da ausência de limites de um conflito real. A esse respeito, cf. Huntington, 1996, p. 73-76.
6. Von Clausewitz, 1990, p. 34 [87], 675 [738] e 677 [739]. Clausewitz indica ainda que a política deve se adaptar aos meio que ela escolheu, "em um processo que pode mudá-la radicalmente, mesmo que os objetivos políticos sejam os que devem ser considerados em primeiro lugar. As indicações em colchetes remetem às páginas da edição brasileira de 1979 (Universidade de Brasília/Martins Fontes), que apresenta, contudo, problemas pontuais de tradução.

OS INTELECTUAIS DO ANTILIBERALISMO

7. Friedrich Engels, "Einleitung zu Borkheims 'Zur Erinnerung für die deutschen Mordspatrioten'". *In*: Karl Marx e Friedrich Engels, *Werke*, Berlim, Institut für Marxismus-Leninismus beim Zentralkomitee der SED, v. 21 (1962), p. 346-351. Aqui p. 350-351. São no mesmo sentido as avaliações do vitorioso comandante das guerras de unificação alemã, o general Helmuth von Moltke. A respeito dessas avaliações sobre um conflito futuro, cf. Stig Föster, "Images of fúture Warfare", *In*: Boemke, Chickering e Förster, 1999, p. 343-376.

8. A respeito da disseminação do social-darwinismo na Alemanha, cf. Zmarzlik (1963).

9. O primeiro Comando Supremo do Exército (*Oberste Heersleitung* — OHL), sob a chefia de Helmuth von Moltke, o Jovem, foi demitido após a derrota alemã na batalha do Marne (5-12 de setembro de 1914), de resultados catastróficos para o encaminhamento da guerra segundo os planos alemães. O sucessor de von Moltke, general Erich von Falkenhayn, foi substituído após a batalha de Verdun (fevereiro a junho de 1916), que resultou em algo em torno de 700 mil mortos de ambos os lados sem qualquer mudança significativa da linha de frente. Em agosto de 1916 assume o comando do OHL o marechal de campo Paul von Hindenburg, tendo como primeiro subchefe o general Erich Ludendorff, que era, entretanto, figura-chave no processo decisório. O III OHL inova ao interferir de forma decisiva e permanente na política interna e externa alemã, assumindo o governo a forma de uma "ditadura" do Comando Supremo do Exército, a partir da concepção de Ludendorff. Em outubro de 1918 Ludendorff é dispensado e as negociações para o armistício tiveram início. Cf. a esse respeito Böckenförde (1987, p. 23-24) e Herzfeld (1974).

10. Roger Chickering, "The use and abuse of a concept". *In*: Boemke, Chickering e Förster, 1999, p. 16. Para uma das poucas vozes dissonantes em relação à caracterização de Ludendorf da guerra de seu tempo, cf. o texto do general Ludwig Beck, chefe do Estado-Maior do Exército entre 1933 e 1938 e um dos mentores do atentado contra Hitler de 20 de julho de 1944, "Die Lehre vom totalen Krieg: eine kritische Auseinandersetzung" (1942). *In*: Dill, 1980, p. 520-541. Sobre Beck, cf. ainda Robert O'Neill, "Fritsch, Beck e o Führer". *In*: Barnett, 1991, p. 34-56.

11. *Der Neue Brockhaus: Allbuch in vier Bänden und einem Atlas*. Zweite verbesserte Auflage. Leipzig, F.A. Brockhaus, 1942, v. 4.

12. Em termos estritamente militares, o Tratado de Versalhes (1919) tornava a Renânia uma zona desmilitarizada e restringia as Forças Armadas alemãs a

um efetivo de 100 mil soldados (dos quais 4 mil seriam oficiais) e a 15 mil marinheiros (dos quais 1.500 seriam oficiais) e proibia a conscrição. Além de proibir o funcionamento da Força Aérea e da artilharia do Exército, o tratado vedava a posse de tanques, de submarinos e estabelecia limites no número de navios e na tonelagem para a Marinha. As funções do Exército foram reduzidas à manutenção da ordem interna e à guarda de fronteiras. A esse respeito, cf. Hans-Adolf, Jacombsen, "Militär, Staat und Geselschaft in der Weimarer Republik". *In*: Bracher, Funke e Jacobsen (Orgs.), 1987, p. 349-ss.

13. Trata-se aqui do chamado *Putsch de Röhm*, quando parte significativa dos líderes das SA, bem como opositores conservadores, foi assassinada sob a alegação de que tramara um golpe de Estado sob o comando de Ernst Röhm, seu líder. As SA eram vistas com profunda desconfiança por parte do Exército, ao qual queriam ser integradas com status especial, e o enquadramento e a descaracterização após o assassinato dos líderes foram positivamente recebidos entre os militares. Benz, 1983, p. 67-68.

14. Michael Geyer, "Estratégia alemã na era das máquinas de guerra, 1914-1945", *In*: Paret, 2001, v. 2, p. 135.

15. Joseph Goebbels, *Tagebücher*. Munique, K. G. Samer, 1999. Band 5:1943-1945, p. 1.900.

BIBLIOGRAFIA

BARNETT, Corelli. *Os generais de Hitler*. Rio de Janeiro, Zahar, 1991.

BENZ, Wolfgang. *Geschichte des Dritten Reiches*. Munique: Beck, 2000.

BOEMKE, Manfred; CHICKERING, Roger; FÖRSTER, Stig (Orgs.). *Anticipating Total War*: The German and American experiences 1871-1914. Cambridge: The University of Cambridge Press, 1999.

BRACHER, Karl Dietrich. *Die Deutsche Diktatur: Entstehung, Struktur, Folgen des Nationalsozialismus*. Berlim: Ullstein, 1997.

BRACHER, Karl Dietrich; FUNKE, Manfred; JACOBSEN, Hans-Adolf (Orgs.). *Die Weimarer Republik* (1918-1933). Düsseldorf: Droste Verlag, 1987.

CLAUSEWITZ, Carl von. *Vom Kriege*. Augsburg: Weltbild Verlag, 1990 (edição brasileira: *Da guerra*. São Paulo/Brasília: Martins Fontes e Editora da Universidade de Brasília, 1979).

DILL, Günter. *Clausewitz in Perspective: Materialien zu Carl von Clausewitz: Vom Kriege*. Frankfurt/M., Berlim, Viena: Ullstein, 1980.

FREI, Norbert; KLING, Hermann (Eds.). *Der Nationalsozialistische Krieg*. Frankfurt; Nova York: Campus Verlag, 1990.

GOEBBELS, Joseph. *Reden 1932-1945*. Bindlach: Gondrom Verlag, 1991, 2 vs.

HITLER, Adolf. *Monologe im Fuhrerhauptquartier 1941-1944*. Munique: Orbis, 2000.

HERF, Jeffrey. *O modernismo reacionário: tecnologia, cultura e política na República de Weimar e no III Reich*. São Paulo/Campinas: Ensaio/Unicamp, 1993.

HERZFELD, Hans. *Der Erste Weltkrieg*. Munique: DTV, 1974.

HUNTINGTON, Samuel P. *O soldado e o estado: teoria e política das relações entre civis e militares*. Rio de Janeiro: Bibliee, 1996.

KEEGAN, John. *Waffen-SS*. Rio de Janeiro: Renes, 1973.

LAUTERBACH, Albert T. "Roots and Implications of the German Idea of Military Society". *Military Affairs*, v. 5, n°. 1 (1941), p. 1-20.

LUDENDORFF, Erich. *Kriegführung und Politik*. Berlim: Verlag von Mittler & Sohn, 1922.

_____. *Der totale Krieg*. Viöl/Nordfriesland: Archiv-Edition, 1999 [1939].

PARET, Peter (Ed.). *Construtores da estratégia moderna*. Rio de Janeiro: Bibliex, 2001, 2 vs.

WILLEMS, Emilio. *Der preussisch-deutsche Militarismus: Ein Kulturkomplex im sozialen Wandel*. Colônia: Verlag Wissenschaft und Politik, 1984.

ZMARZLIK, Hans-Günter. "Der Sozialdarwinismus in Deutschland als geschichtliches Problem". *Vierteljahrshefte für Zeitgeschichte*. Ano 11 (1963), v. 3, p. 246-273.

CAPÍTULO 9 Antiliberalismo como convicção: teoria e ação política em Francisco Campos

*Helena Bomeny**

---

* Professora titular do CPDoc/FGV e professora titular de Sociologia da Universidade do Estado do Rio de Janeiro (UERJ).

REMOTO CONTATO COM O TEMA

No início de 1980, Simon Schwartzman, Vanda Maria Ribeiro Costa e eu trabalhamos em uma pesquisa sobre o arquivo Gustavo Capanema depositado oficialmente no CPDoc da Fundação Getulio Vargas em 1980. Sob a coordenação de Schwartzman, mobilizamos esforços no sentido de decupar da documentação ali depositada fontes e informações que iluminassem a política educacional de sua gestão, até hoje a mais longa desde a criação do Ministério da Educação e Saúde, em 1930.* Gustavo Capanema esteve à frente do ministério de 1934 a 1945. Na organização da equipe de pesquisa, cuidei pessoalmente de dois conjuntos de documentos — o que tratava da nacionalização do ensino e o que expunha os trâmites da proposição e tentativa de implementação pelo ministro da Justiça do que a documentação registrou sob o nome Organização Nacional da Juventude. O ministro da Justiça era Francisco Campos; o movimento por ele submetido como política de mobilização nacional, a Organização Nacional da Juventude. Naquela mesma conjuntura, li com muita curiosidade o livro de Francisco Campos, *O Estado Nacional* — uma obra de referência sempre e quando o que está em questão é o mapeamento do pensamento autoritário no Brasil, sobretudo a contribuição que vigorou nas décadas de 1930 e início de 1940.

---

*O Ministério da Saúde foi desmembrado em 1953. (*N. do E.*)

OS INTELECTUAIS DO ANTILIBERALISMO

O ponto mais saliente naquela visita aos documentos e ao livro era exatamente a coerência e a correspondência entre uma reflexão intelectual, mais teórica, e um projeto de mobilização da juventude com vistas a certo desempenho político que o ministro e jurista mineiro pretendia defender, como estratégia de formação e educação de jovens para um tipo de Estado protegido dos equívocos inerentes à experiência liberal não só no Brasil, mas em um conjunto importante de países europeus. Talvez o fato de pesquisar em uma conjuntura marcada pelo autoritarismo em processo de desmobilização, sinalizando para o início da democratização, tenha me surpreendido de forma distinta. Era incômodo, para dizer o mínimo, ver uma figura com a inteligência, erudição e capacidade analítica do jurista Francisco Campos defender com tal envergadura e convicção um regime que passasse longe do que o liberalismo mais protagonizava: a liberdade individual, a articulação dos interesses, o jogo da política representativa. O arquivo Capanema, em extensão notável de documentos, era prova do quanto o campo da educação importava ao êxito do programa político tal como defendido por Campos.

Na ocasião da pesquisa, escrevi um texto que foi conhecido em publicação interna do CPDoc e não teve maior divulgação. Pontos mais salientes foram tocados e analisados tanto no capítulo referente à política mineira do pós-1930, publicado na coletânea coordenada por Angela de Castro Gomes, *Regionalismo e centralização política,* quanto no livro *Tempos de Capanema*, produto final da pesquisa coordenada por Simon Schwartzman.[1] O convite de Francisco Martinho para participar deste livro levou-me de volta ao texto original e ao interesse de anos atrás. O texto escrito à época da pesquisa permaneceu inédito. Esta oportunidade aberta agora acabou provocando a dupla motivação: revisitar o caminho de uma proposição política — a criação da Organização Nacional da Juventude — cotejando-a com uma obra do mesmo autor — *O Estado Nacional* — e colocar à prova a impressão de antes e verificar se a ação do tempo comprometera a interpretação construída no contato com os documentos e leituras de então. Voltemos, pois, ao campo de onde se originaram os pontos para esta tessitura.

ANTILIBERALISMO COMO CONVICÇÃO

EDUCANDO PARA REGIME POLÍTICO

A associação entre educação e segurança nacional — sempre retomada em momentos de política autoritária — tem seu fundamento no fato de que a educação é percebida como instrumento eficaz de controle. Difunde-se a crença de que a educação, bem planejada e disseminada, garante a ordem e a disciplina. Mas talvez o raciocínio possa ser mais bem sustentado ao inverso: a necessidade imperativa da ordem e da disciplina é que define o que será e a que servirá a educação. O período do Estado Novo é rico em exemplos dessa natureza. A definição de uma política educacional depois do golpe de 10 de novembro de 1937 contou com a participação ativa do Exército. Em documento reservado dirigido ao presidente Vargas em 1939, o ministro da Guerra, general Eurico Gaspar Dutra, define a educação como estreitamente ligada aos imperativos da segurança nacional. "O problema da educação, apreciado em toda a sua amplitude, não pode deixar de constituir uma das mais graves preocupações das autoridades militares", registra o documento.[2]

A vinculação do projeto de segurança nacional à participação ativa do Exército no sistema educacional confirma a ideia de que, no Estado Novo, a educação deveria constituir-se em objetivo estratégico.

O Brasil reclama um sistema completo de segurança nacional, o que pressupõe, fundamentalmente, uma entrosagem dos órgãos militares com os órgãos federais, estaduais e, notadamente, municipais, incumbidos da educação e da cultura. Nunca se tornou tão imperativa, como no atual momento, essa necessidade. E, não obstante, assinalam-se, no setor pedagógico do Brasil, muitos obstáculos a serem vencidos, para que o objetivo da política de segurança nacional possa ser completamente alcançado.[3]

Professores, educadores e homens públicos resistiam à implantação de uma política pedagógica vinculada diretamente aos órgãos responsáveis pela segurança nacional, reagindo contra "o espírito militar, que

OS INTELECTUAIS DO ANTILIBERALISMO

precisa, mais e mais, ser enraizado na coletividade brasileira".[4] Essa resistência era interpretada pelo general Eurico Gaspar Dutra como "os obstáculos a serem vencidos".

Para o general Dutra,

> torna-se dificílimo aos órgãos militares realizar totalmente seus objetivos previstos na Constituição, nas leis ordinárias e nos regulamentos, sem a prévia implantação, no espírito do público, dos conceitos fundamentais de disciplina, hierarquia, solidariedade, cooperação, intrepidez, aperfeiçoamento físico, de par com a subordinação moral e com o culto do civismo; e sem a integração da mentalidade da escola civil no verdadeiro espírito de segurança nacional.[5]

Quando o poeta Olavo Bilac, no início do século XX, clamava pelo serviço militar generalizado, como meio de evitar "a possível supremacia da casta militar" na sociedade, via nesse projeto,

> o triunfo completo da democracia; o nivelamento das classes; a escola da ordem, da disciplina, da coesão; o laboratório da dignidade própria e do patriotismo. É a instrução primária obrigatória; é a educação cívica obrigatória; é o asseio obrigatório, a higiene obrigatória, a regeneração muscular e física obrigatória.[6]

Coerente com seu projeto, o poeta Bilac reforçou a campanha pela Lei do Sorteio Militar, liderada por um grupo de jovens oficiais conhecidos como "jovens turcos",[7] que visava a acabar com o "divórcio monstruoso" entre o Exército e o povo.[8] A campanha tinha por lema criar o cidadão-soldado e teve grande repercussão em face da conjuntura da guerra mundial. O projeto de militarização traria o fortalecimento e a consolidação do Exército como organização de defesa da nação. Olavo Bilac foi constantemente enaltecido na revista dos reformadores militares — *A Defesa Nacional* — como "o apóstolo do Serviço Militar".

ANTILIBERALISMO COMO CONVICÇÃO

O Estado Novo recuperou o pensamento do poeta na crítica ao pacifismo, considerado ingênuo, que permeava setores da sociedade civil e que Dutra combatia energicamente: (...) "um pacifismo a qualquer preço, sem dignidade, sem grandeza, dentro do qual não haveria lugar para nenhuma sorte de reação, para nenhum movimento de defesa".[9] O prestígio e a autoridade intelectual de Bilac foram utilizados no combate ao que representava para Dutra "a falsa ideologia do pacifismo".

Olavo Bilac não estava sozinho. Azevedo Amaral amplia e sofistica a questão da militarização, associando a ideologia do pacifismo ao que seria a experiência falida da democracia liberal. São dele as palavras seguintes:

> Uma das extravagâncias das doutrinas liberais-democráticas foi a fragmentação do poder estatal no que se chamava o poder civil e o poder militar. No Estado Novo semelhante diferenciação torna-se um anacronismo. Não há poder civil, porque a essência do regime envolve o conceito de militarização do Estado, nem há poder militar, porque o Exército integrado na Nação é por esse motivo coexistente com a própria estrutura do Estado, de que constitui o elemento dinâmico de afirmação e de defesa.[10]

A educação militar do povo brasileiro não podia estar restrita ao uso eficiente das armas, prossegue Azevedo Amaral. É preciso que se forme uma mentalidade capaz de *pensar militarmente*, daí a importância da associação entre educação e Exército. O que se deve pretender é a "formação intelectual e moral das novas gerações fora da atmosfera depressiva das utopias pacifistas".[11] A segurança de uma nação só será consolidada quando todo o povo estiver infiltrado do espírito militar. Para Azevedo Amaral, esse é o verdadeiro instinto de conservação nacional.

Tanto Olavo Bilac quanto os militaristas do Estado Novo tinham em comum o fato de viver em conjunturas marcadas por guerras mundiais, o que facilitava a construção de um projeto de soberania nacional no

OS INTELECTUAIS DO ANTILIBERALISMO

qual a estratégia de utilizar a educação como instrumento de preparação civil ocupasse lugar especial. Foi esse o sentido que teve a "militarização" no Estado Novo, bastante diverso da mobilização de milícias civis organizadas nos moldes de experiências reconhecidamente fascistas.

A intervenção do Exército na política educacional teve ainda como meta fundamental a construção de barreiras eficazes à propagação de doutrinas consideradas perigosas à defesa da nacionalidade. O ministro da Guerra, advertindo o presidente da República sobre os perigos da realização no Brasil da VIII Conferência Mundial de Educação, afirmava:

> O regime estruturado em 10 de novembro de 1937 estabelece, em matéria educativa, princípios de ordem e de disciplina a serem respeitados, os quais, por isso mesmo, não podem ficar sujeitos a críticas ou à anulação, decorrentes de embates acalorados em assembleias, de que participem espíritos oriundos de todos os credos, de todas as ideologias políticas e das mais variadas culturas.[12]

Do amplo projeto de educação nacional, interessa-me aqui, particularmente, a forma como foi defendida a educação pré-militar para a juventude durante o Estado Novo. Em diversos depoimentos, na imprensa militar e em alguns documentos está presente o debate entre uma opção democrático-liberal de educação e uma opção totalitária de absorção da juventude pelo Estado. Com maior ou menor ênfase, defendia-se o processo de integração da juventude no Estado, que ficaria com a tutela sobre a orientação pedagógica. Os críticos da experiência liberal eram unânimes em apontar a ineficiência do sistema educacional baseado no liberalismo romântico que impregnava a Escola Nova. Segundo Almir de Andrade, o "indivíduo formado sob o liberalismo pedagógico" seria, no íntimo, "um indivíduo sem aderências definitivas a cousa alguma".[13] Para o autor, a ingenuidade da filosofia liberal estaria em imputar à disciplina e à organização da vida social a origem dos males impregnados nos homens. Ao contrário, dizia ele, "foram os próprios males da natu-

270

ANTILIBERALISMO COMO CONVICÇÃO

reza humana que fizeram os males da organização social"; os homens buscariam não apenas um ideal de "vida", mas acima de tudo, um ideal de "vida organizada".[14]

Em oposição evidente à experiência liberal democrática havia as experiências totalitárias, que levavam às últimas consequências o primado da organização. Também esse extremo era temido pelos que defendiam a implantação de uma "vida organizada" no Brasil. Defendiam um meio-termo entre a liberalização do sistema educacional e a total integração do indivíduo, ou da juventude, às organizações criadas sob o totalitarismo. Vale a pena reproduzir o depoimento do major Xavier Leal, em artigo publicado em *A Defesa Nacional*.

> A educação das juventudes totalitárias, se bem que de bons resultados em vários pontos — não se pode negar — tendeu, contudo, para a exclusiva formação de uma mentalidade guerreira e agressiva, de acordo com a suprema orientação político-militar dos seus governos. Isto trouxe, como grave defeito, o embotamento e a perda da personalidade, a formação de indivíduos autônomos sem direito a raciocinar, apenas com a obrigação de cumprir ordens sem discutir. O esforço da educação orientado, assim, nos aspectos físico e técnico, prejudica o lado cultural e moral. Nem um extremo nem outro: devemos procurar, na educação de nossa Juventude, o meio-termo útil, o justo de todas as cousas humanas.[15]

A busca do "meio-termo" está presente na discussão do projeto de organização da juventude que mobilizou a escrita deste texto. A tradução prática desse meio-termo está na proposta de dar uma formação pré-militar à juventude sem correr os riscos que um projeto de formação de milícias civis poderia trazer: a mobilização. Entre a experiência liberal e o totalitarismo, propunha-se a militarização, que, ao mesmo tempo, evitaria o individualismo pernicioso criado e procriado no liberalismo e facilitaria o controle dos possíveis excessos e das possíveis ameaças que um projeto de mobilização política da juventude poderia provocar. A

OS INTELECTUAIS DO ANTILIBERALISMO

Organização Nacional da Juventude, posteriormente batizada como Juventude Brasileira, é exemplo privilegiado para apreender as tensões que surgiram na busca desse meio termo desejado pelos que propunham uma integração mais efetiva da juventude no Estado.

O ARTÍFICE DE UM PROJETO

Na busca de consolidar a política autoritária instaurada no Brasil com o golpe de Estado de 1937, nasce dentro do Ministério da Justiça um projeto de mobilização da juventude em torno de uma organização nacional que visava a preparar e ajustar os jovens aos novos princípios políticos que deveriam reger o Estado nacional.

O movimento Juventude Brasileira nasceu marcado por orientação política inspirada em modelos de organização fascista difundidos a partir das experiências alemã, italiana e portuguesa, basicamente. Entretanto, se esse projeto teve como inspiração original os modelos externos ao Brasil, foi por isso mesmo alvo de críticas severas por segmentos da própria elite governamental. Argumentavam que era perfeitamente recomendável a orientação da juventude para o cultivo dos ideários de nacionalidade e de patriotismo, mas que os rumos que estavam sendo dados a essa orientação extrapolavam em muito a intenção inicial. A pretensão de arregimentar militarmente a juventude em torno de uma organização nacional criaria embaraços à estrutura militar constituída, já que implantaria estrutura paralela à do Exército, comprometendo a autonomia e o monopólio da organização militar na seleção e preparação dos quadros militares de que o país necessitava. Uma transposição artificial para o Brasil de experiência que em nada se adaptava à realidade nacional.

O projeto inicial foi sofrendo alterações progressivas até consubstanciar-se num movimento educativo — Juventude Brasileira — essencialmente cívico e patriótico, em detrimento da organização paramilitar que, inicialmente, lhe conferia o tom principal. Mas de onde vinha a inspiração e de quem era a autoria de sua proposição?

ANTILIBERALISMO COMO CONVICÇÃO

O Estado Nacional é o título do livro de Francisco Campos que reúne conferências, palestras e textos que escreveu antes da data de publicação da primeira edição (1940). Portanto, retomar argumentos do livro para cruzá-los ou cotejá-los com a proposta da Organização Nacional da Juventude é não só pertinente como, de meu ponto de vista, recomendável. Em seus ensaios, o livro apresenta detalhadamente os fundamentos políticos e ideológicos que justificariam a criação de um Estado totalitário para substituir o Estado liberal-democrático que Francisco Campos considerava em franco processo de decadência e desintegração. Tendo como pressuposto a falência da experiência liberal-democrática, o totalitarismo é ali apresentado como imperativo dos tempos modernos.[16]

O primeiro contato com o livro e com a documentação sobre a organização provocou-me a lembrança de alguns dos intelectuais que se notabilizaram pela crítica ao liberalismo. A primeira foi Mihail Manoilesco, que construiu toda uma estratégia discursiva para convencer o leitor de que o século XX presenciava o ocaso da prática liberal. Enquanto o século XIX teria sido marcado pelo pluralismo, o século XX seria a era do monismo político. Tal característica do século imporia a todos os países o partido único como instrumento político dotado da mesma universalidade do que preside o sistema parlamentar e o polipartidarismo do século XIX. Manoilesco estava seguro: não era por acaso que o partido único vinha ocupando o cenário político de países tão distintos, manifestando-se, porém, de maneira sensivelmente análoga. Como ilustração cita as experiências da então União das Repúblicas Socialistas Soviéticas (URSS) em 1917, da Turquia em 1919, da Itália em 1928, da Alemanha em 1933 e de Portugal também em 1933. Tais ocorrências o levavam a acreditar que havia qualquer coisa no clima político contemporâneo que impunha essa instituição de engenharia política.

Manoilesco toma o confronto entre a ordem legal e a real para explicitar a falência da liberal. Nessa chave começamos a encontrar Francisco Campos com argumentos enfáticos para justificar a pertinência de um Estado totalitário no Brasil. O imperativo do século XX consistiria no aniquilamento da *neutralidade* do Estado que ao liberalismo interessava

OS INTELECTUAIS DO ANTILIBERALISMO

defender, se não como realidade, ao menos no nível discursivo. O Estado moderno seria essencialmente um Estado de ideais, ao contrário do Estado liberal, que, para Manoilesco, recusava-se, por princípio, a adotar qualquer ideário. Somente um Estado portador de uma ideologia específica e precisa desenvolveria a grande missão pedagógica e técnica em torno de um eixo ideológico definido, garantindo uma eficácia ímpar ao esforço de condução das massas. O mundo moderno caminharia para regimes de autoridade, ao contrário do século XIX, que inaugurara com as revoluções uma era de liberdade e de individualidade.

A retórica de Francisco Campos sobre a eclosão das massas e o ganho político de sua manipulação por um chefe acaba tangenciando a reflexão esboçada e desenvolvida por Mihail Manoilesco.[17] Em O Estado Nacional, Francisco Campos começa definindo a educação como um processo de adaptar o homem às novas situações e desenvolve o argumento a respeito dos problemas que se originam de uma época de transição, que merece atenção e cuidado extremados por parte daqueles que são responsáveis pelo destino da nação. Acompanhemos sua proposição:

> O que chamamos de época de transição é exatamente esta época profundamente trágica, em que se torna agudo o conflito entre as formas tradicionais do nosso espírito, aquelas em que fomos educados e de cujo ângulo tomamos a nossa perspectiva sobre o mundo, e as formas inéditas sob as quais os acontecimentos apresentam a sua configuração desconcertante (Campos, 1940, p. 5).

O que importa ao jurista mineiro é alertar e evitar o perigo de se insistir no equívoco de educar para a democracia, quando a própria democracia — compreendida nos limites propostos pelo liberalismo — está passível de uma revisão substancial em seus termos. Preocupa-se com a integração política, tendo em pauta o crescimento das massas e o esforço de arregimentá-las segundo um ideário comum. Tal integração seria materializada através do primado da irracionalidade. "O irracional é o ins-

ANTILIBERALISMO COMO CONVICÇÃO

trumento da integração política total, e o mito, que é a sua expressão mais adequada, a técnica intelectual de utilização do inconsciente coletivo para o controle político da nação" (Campos, 1940, p. 12). O domínio da irracionalidade pressuporia, consequentemente, o da ininteligibilidade — condição essencial para a unificação das massas em torno de um mito, corporificado na figura do *chefe*. O reino da racionalidade ficaria reservado, com exclusividade, àquele que comandaria a ação política. Tal ação seria bem sucedida se garantida pela aceitação total por parte das massas, reduzidas ao estágio da irreflexão, da irracionalidade e da submissão que deriva do êxtase diante da pessoa do chefe. "Somente o apelo às forças irracionais ou às formas elementares da solidariedade humana tornará possível a integração total das massas humanas em um regime de Estado" (Campos, 1940, p. 12).

O pressuposto que orientou a análise de Campos foi que, em um Estado de massas, os mecanismos de integração política utilizados pelo liberalismo — que ele denomina integração política intelectual (via Parlamento) — não mais se adequavam ao que se constituía naquela conjuntura histórica e política. Sua convicção era que no mundo moderno predominava a cultura de massa, que gerava específica mentalidade de massa, nova forma de integração originada dos mecanismos de contágio via ampliação e difusão dos meios de comunicação. Nesse ambiente, marcado pelos apelos e recursos irracionais de mobilização, a ação política teria necessariamente que se atualizar e se render ao imperativo irreversível dos novos tempos. Numa época de forças desencadeadas, seria preciso construir um mundo simbólico capaz de arregimentá-las, unificando-as de forma decisiva. Para tanto, esse mundo simbólico deveria adequar-se "às tendências e aos desejos" das massas humanas, operando com valores irracionais.

No jogo de articulação racional da irracionalidade das massas, Francisco Campos privilegia o papel do líder carismático, centro de integração política, sustentáculo do totalitarismo. O regime político próprio às massas seria o do apelo, e não o da escolha. O desenvolvimento desse raciocínio desemboca em severa crítica ao sistema liberal-democrático de integração política. Em meados de 1930, acreditava que vigoravam

OS INTELECTUAIS DO ANTILIBERALISMO

os efeitos das consequências, ainda não tratadas com a devida atenção, do divórcio entre democracia e liberalismo. Propõe-se a redimensionar o sentido da democracia, retirando-lhe o aspecto da representação parlamentar falida, ineficaz e corrompida.

> O que o Estado totalitário realiza é — mediante o emprego da violência, que não obedece, como nos Estados democráticos, a métodos jurídicos nem à atenuação feminina da chicana forense — a eliminação das formas exteriores ou ostensivas da tensão política. (...) No Estado totalitário, se desaparecem as formas atuais do conflito político, as formas potenciais aumentam, contudo, de intensidade. Daí a necessidade de trazer as massas em estado de permanente excitação (Campos, 1940, p. 30-31).

O processo de integração política seria efetivo quando se obtivesse um deslocamento da área do conflito para fora do contexto social interno, ou seja, quando se chegasse à internacionalização do conflito. Internamente, o problema crucial seria manter as massas em permanente estado de irreflexão — o que vale dizer, de êxtase, de excitação e de inconsciência. Francisco Campos chega a afirmar que no mundo inteiro vivia-se uma época de alerta e de advertência, tomando como referência "as marchas sobre Roma". Voltando-se para a política brasileira, critica os desvios que o país teria trilhado depois da Revolução de 1930, que, em seu ponto de vista, havia sido alterada absolutamente de seus propósitos originais. O predomínio dos políticos no cenário das decisões teria transformado o movimento revolucionário em experiência abortada. A revolução havia sido frustrada pela forma precipitada pela qual se dera a reconstitucionalização — referência direta à Constituinte de 1934 — que acabara por empregar instrumentos de falsificação das decisões populares por meio de uma cobertura para a ação pessoal de chefes locais.

A convicção pela via antiliberal é mais antiga em Francisco Campos. O esforço que empreendera em Minas Gerais para implantar uma

ANTILIBERALISMO COMO CONVICÇÃO

organização nacional que diluísse ou mesmo eliminasse da cena política as oligarquias estaduais ficou registrado na história política do estado (Bomeny, 1980). Em 1931, a Legião de Outubro, liderada nacionalmente por ele, havia contribuído de forma efetiva para a desestabilização da política mineira, enfrentando os setores oligárquicos e criando situação de conflito intrassegmentos da elite mineira. O fracasso do empreendimento não o fez abrir mão de suas convicções sobre a organização política nacional, que deveria ser reconstruída em bases totalitárias. Consentir na atuação e na influência de grupos políticos sobre os destinos da nação seria, para o jurista mineiro, uma distorção do sentido real da democracia.

Na perspectiva de Campos, as constituições alimentavam um equívoco altamente prejudicial ao processo de desenvolvimento político do país.

> O grande inimigo era o poder, ou o governo, cuja ação se tornava necessário limitar estritamente. As constituições tinham um caráter eminentemente negativo: declaravam os limites do governo, ou o que ao governo não era lícito restringir ou limitar — e esta era, precisamente, a declaração das liberdades individuais. Essa concepção de democracia correspondia a um momento histórico definido, em que o indivíduo só podia ser afirmado pela negação do Estado (Campos, 1940, p. 54).

Na verdade, o equívoco consistiria em atribuir a grupos privados o direito de arbitragem, quando a prática já demonstrava que somente um Estado forte era capaz de arbitrar justamente, sem que qualquer facção política fosse privilegiada.

A prática liberal, levada às últimas consequências, conduziria ao comunismo. E a inspiração que sustenta tal crença era tributária de Karl Marx. Francisco Campos se apropria da previsão de Marx para elaborar a defesa de um modelo de organização que interromperia com eficácia a decomposição do mundo capitalista, resultante da anarquia liberal. O autor justifica o 10 de novembro — data em que se celebrava o aniver-

OS INTELECTUAIS DO ANTILIBERALISMO

sário do Golpe de 1937 e instauração do Estado Novo — como expressão das revoluções do século XX, cujo sentido, comum a quase todas, seria "romper a resistência da máquina democrática para dar livre curso ao ideal democrático". O 10 de novembro concretizaria o rompimento com a tradição liberal, na qual reinava soberana a doutrina do Estado comprometido com os interesses privados.

O novo Estado seria caracterizado por um clima de ordem, garantido pela existência de um *chefe*, em comunhão de espírito com o povo de que se faz guia e condutor. Somente o chefe poderia tomar decisões, já que ele encarnaria, na excepcionalidade de sua natureza, a vontade e os anseios das massas. Essa potencialidade intransferível é que asseguraria o caráter popular do novo Estado, uma perfeita simbiose entre as duas entidades do regime: o povo e o chefe.

Na política de construção do Estado nacional há um lugar de destaque para a pedagogia, que deveria ter como meta primordial a juventude. Ao Estado caberia a responsabilidade de tutelar a juventude, modelando seu pensamento, ajustando-a ao novo ambiente político, preparando-a para a convivência com o Estado totalitário. Não faltariam símbolos a serem difundidos e cultuados, mitos a serem exaltados e metas a serem atingidas.

A ORGANIZAÇÃO NACIONAL DA JUVENTUDE

O projeto original de criação da Organização Nacional da Juventude impressiona pela pretensão ali exposta de se institucionalizar nacionalmente uma organização paramilitar. Constando no documento o timbre do Ministério da Justiça, não há menção à participação do Ministério da Educação e Saúde no empreendimento, cuja fundamentação explora seu cunho essencialmente educativo. O teor político-ideológico dado ao projeto era fundamentalmente de mobilização político-miliciana, sob a direção e orientação exclusivas e diretas do presidente da República e dos ministros da Guerra, da Justiça e da Marinha.

No arquivo Getulio Vargas há um projeto de decreto-lei sobre a Organização Nacional da Juventude, datado de agosto de 1938, que

ANTILIBERALISMO COMO CONVICÇÃO

vem acompanhado de um projeto de Regulamento Técnico-Disciplinar. O primeiro, obedecendo à formalidade de um decreto-lei, é sucinto e objetivo em suas 11 páginas, salientando apenas o esqueleto e os objetivos mais gerais da organização, com algumas referências rápidas ao processamento e ao conteúdo político-ideológico da iniciativa. Bem mais minucioso é o que está previsto no Regulamento Técnico-Disciplinar. Com um total de 41 páginas, o documento apresenta em detalhes os objetivos, a estrutura organizativa, os cargos, encargos e as funções previstas para a Organização Nacional, além de incluir uma descrição pormenorizada da hierarquia a ser estabelecida. Já no início do projeto de regulamento, o artigo único prescreve:

> Fica aprovado o Regulamento Técnico-Disciplinar da Organização Nacional da Juventude, elaborado pela Junta Suprema e que vai assinado pelos ministros de Estado da Justiça e Negócios Interiores, da Guerra e da Marinha, revogando-se as disposições em contrário.[18]

A mesma informação é reiterada no projeto de decreto-lei que esclarece a incumbência da Junta Suprema: "instituir os serviços de natureza pré-militar destinados à juventude arregimentada pela Organização Nacional".[19] O fato de o Ministério da Educação e Saúde ter sido preterido em favor dos ministérios que lidavam diretamente com a segurança nacional, detendo o monopólio da organização militar, do aparato repressivo e policial, é indicativo de que os esforços destinados à Organização Nacional seriam, como de fato o foram, concentrados e orientados para formar uma milícia civil no país. A clientela alvo era a juventude compreendida na larga faixa etária dos oito aos 18 anos, dividida em dois blocos: *aspirantes* (até 13 anos) e *pioneiros* (de 13 a 18 anos).

O artigo primeiro do projeto de decreto-lei estabelece que a Organização Nacional da Juventude tenha por fim "assistir e educar a mocidade, organizar para ela períodos de trabalho anual nos campos e oficinas, promover-lhe a disciplina moral e o adestramento físico, de maneira a prepará-la ao cumprimento dos seus deveres para com a

OS INTELECTUAIS DO ANTILIBERALISMO

economia e a defesa da Nação".[20] O artigo 18 prevê que a organização proporcionará à mocidade arregimentada serviços orientados para infundir nos jovens "o sentimento de disciplina e da educação militar" que teriam "efeitos equivalentes aos da prestação do serviço militar exigida pelas leis em vigor".

Em outubro de 1938, é elaborado um projeto de regulamento administrativo da Organização Nacional da Juventude prevendo a incorporação e a submissão imediatas à organização de instituições de educação cívica, moral ou física da mocidade, "tais como associações, ligas e clubes esportivos atléticos, o escoteirismo e as de proteção à infância, autônomas ou anexas a estabelecimentos de instrução, centros culturais ou sociedades religiosas".[21] Tais instituições passariam a ser dependentes da Organização Nacional, já que deveriam se conformar ao seu espírito e à sua estrutura. Dessa forma, seria garantido o objetivo primeiro da organização: propagar o significado e a superioridade do novo regime instituído no Brasil em 10 de novembro de 1937. Ao mesmo tempo, seria bastante ampliado o seu quadro de efetivos pela filiação *automática* dos associados das instituições acima citadas.

Dois outros aspectos chamam a atenção na proposta de criação da Organização Nacional: a previsão de um secretário-geral com a função de presidir ao Conselho Nacional (composto de 15 cidadãos nomeados pelo presidente da República) e a inclusão no conselho de um sacerdote da Igreja Católica, indicado pela autoridade eclesiástica. Ao Conselho Nacional caberia implementar o plano de desenvolvimento da organização em todo o território nacional. O secretário-geral acumularia em suas mãos uma parcela considerável de poder junto ao conselho. Além de convocar as sessões do conselho, presidi-las, superintender os serviços administrativos e técnicos da organização em todo o país, orientar a propaganda e divulgar os fundamentos doutrinários, propor ao conselho a admissão de novos sócios, nomear, requisitar e demitir funcionários da organização, o Conselho Nacional poderia ainda "considerar conveniente a votação secreta, conforme a natureza do assunto a deliberar".[22] No caso de haver empate nas votações do conselho, caberia ao secretário-geral o voto de minerva.

ANTILIBERALISMO COMO CONVICÇÃO

As reações que o projeto original foi provocando progressivamente fortaleciam a ideia de que se tratava de um plano político de mobilização da juventude em moldes paramilitares, a exemplo das experiências fascistas que se consolidavam na Europa. Por meio de um *documento reservado* dirigido ao presidente da República, o ministro da Guerra, Eurico Dutra, deixa transparecer as áreas de discordância e atrito que o projeto efetivamente provocaria. A reprodução literal das partes desse documento que mais diretamente fazem menção aos problemas do caráter paramilitar e à transposição de modelos de organização fascista para a política brasileira pode ser ilustrativa da percepção que a organização militar tivera da intenção ali impressa. São essas as considerações do ministro da Guerra:

(...) 1º. Em princípio, não pode deixar de ser aconselhável a arregimentação da mocidade em normas preestabelecidas de orientação doutrinária e cívica, em hábitos de disciplina e no culto do dever militar.

No Brasil, e no momento atual, é mais do que indicado esse trabalho de educação moral, física e intelectual da mocidade. Mas, para que seja atingida a finalidade visada, torna-se necessário que a organização da juventude brasileira se faça de acordo com as nossas realidades, boas ou más, e nunca sob inspiração de modelos, que se não ajustam ainda ao nosso meio. E, ao que parece, é isso que se depreende do projeto ora em apreço.

Como é sabido, três países na época atual se destacam na organização da mocidade: a Alemanha, a Itália e Portugal.

O projeto em estudo pretende, como se faz naquelas nações, emassar a mocidade brasileira numa organização de feição militar, miliciana, com formação de *colunas, falanges, bandeiras, companhias, legiões* e *grupos de legiões*; postos graduados de *bandeirantes, Mestres de Companhia* etc., continências, comando e instrução de infantaria, idênticas às do Exército etc.; e com atribuições até de conceder cadernetas de reservistas.

Baseia-se ainda a organização numa articulação de núcleos, dos municípios com os Estados e destes com a União (...)

Eurico Gaspar Dutra salientava o fato de o Brasil apresentar características absolutamente distintas daqueles países que estão servindo de modelo do projeto de organização.

> (...) convém ponderar a questão do analfabetismo. Quando aqueles países cuidam da organização da juventude e, sobretudo, da sua instrução pré-militar, partem da preliminar de que essa juventude já está alfabetizada. (...) O mesmo não se dá no Brasil, onde ainda é elevado, como se sabe, o número de analfabetos nos jovens de sete a 17 anos.
>
> E não é lógico imaginar-se uma campanha cívica, sem primeiro ser resolvido, ou convenientemente impulsionado, o importante problema do analfabetismo.

Em terceiro lugar, cumpre atender às razões que determinaram a organização miliciana da juventude nas referidas nações que se justifica como decorrente:

> 1º) do regime da Nação Armada, a que estão sujeitos aqueles países;
> 2º) da permanente ameaça de guerra em que os mesmos têm vivido há vários anos, num ambiente de nervosismo e de amarga expectativa.
>
> Nada disso se verifica presentemente no Brasil. Nessas condições, o projeto, conforme está, parece não se adaptar convenientemente à realidade brasileira.
>
> Trata-se de uma organização complexa e cara. E, sobretudo, de difícil execução.[23]

O documento vai elucidando cada vez mais a posição contrária do ministro da Guerra, o que fica nitidamente evidente quando passa das considerações às sugestões, esvaziando o sentido de se criar uma organização paramilitar que congregue as instituições existentes. Opina pelo processamento da organização em duas fases, a saber:

ANTILIBERALISMO COMO CONVICÇÃO

1ª. Com o enquadramento da mocidade escolar já existente, dentro de normas que seriam traçadas pelo Ministério da Guerra e da Educação e que visariam a sua conveniente educação física, cívica e instrução pré-militar.

(...) Em vez de distribuir-se os alunos das atuais escolas nas fileiras de uma entidade nova, como o é a "Organização Nacional da Juventude", melhor seria conservá-los nos estabelecimentos a que pertenciam e que passariam então a células da ONJ.

A segunda fase consistiria no recrutamento da juventude que ainda não pertence a nenhum estabelecimento de ensino.

O melhor meio de recrutá-la seria com a fundação de escolas.[24]

No fundo, as considerações de Dutra podem ser assim resumidas: nem criar uma organização nacional paramilitar, que, além de implicar uma orientação política inapropriada ao Brasil, traz despesas e custos administrativos vultosos, nem deixar que as escolas fiquem livres de uma intervenção organizativa de cunho político-pedagógico. Parece que o pomo de discórdia localiza-se na transposição das fronteiras de uma autoridade que deve ser restrita ao Exército. Consentir na criação da Organização Nacional tal como concebida seria admitir a implementação de uma estrutura paralela à do Exército. Essa possibilidade provoca enérgico protesto do ministro da Guerra, ainda que membro integrante da Junta Suprema que dirigiria a Organização Nacional da Juventude.

(...) Caso, porém, não prevaleçam as considerações de ordem geral acima expostas e que, nessas condições, o projeto se mantenha como está, cumpre, atendendo às imperiosas razões de segurança nacional, objetar o seguinte:

1º) O projeto em apreço contraria fundamentalmente o decreto-lei nº 432 de 19 de maio de 1938, que regula o ensino no Exército, bem como a lei do Serviço Militar. Nessas condições não podem subsistir os seguintes artigos do Regulamento Técnico-Disciplinar anexo:

OS INTELECTUAIS DO ANTILIBERALISMO

Art. 59 — O Serviço pré-militar preparatório à reserva das forças armadas passa a ser feito exclusivamente nas fileiras da Organização. Os Tiros de Guerra ou adjunto a estabelecimentos de ensino ou sociedades esportivas, as Linhas de Tiro e os Tiros Navais cessarão de existir, passando seus filiados às fileiras da Organização, na forma do disposto no art. 60.

Art. 60 — O preenchimento dos quadros do Exército Nacional continuará a ser feito pelo sorteio militar, realizado anualmente entre os cidadãos que se encontrem na idade determinada pela lei.

O certificado de aprovação no curso de instrução pré-militar dada aos pioneiros de segundo grau exclui a obrigação de prestar serviço ativo dentro dos quadros regulares do Exército.

Ao final da exposição, o ministro conclui:

Como se vê, a Organização Nacional da Juventude se permite dar caderneta de reservista e chega a determinar a extinção dos Tiros de Guerra e Navais, o que não consulta aos interesses da defesa nacional e vem retirar das classes armadas uma atribuição que não deve ser concedida a outrem.

Só ao Exército deve caber todo o poder militar.

Consentir na criação da outra entidade coletiva com tais atribuições seria decretar o enfraquecimento do Exército como força nacional, o que consequentemente redundaria no enfraquecimento do Estado e da União — pontificava o ministro em estilo categórico. "A instrução prémilitar já está regulada nas próprias leis militares e com vantagens perfeitamente especificadas para os jovens que recebem instrução nos estabelecimentos de ensino."[25] Outro reparo necessário, segundo Eurico Dutra, dizia respeito à designação de "inferiores" como instrutores da Organização Nacional da Juventude. O projeto previa que tal efetivo fosse fornecido pelo Exército, pela Marinha e pelas polícias estaduais. Nos cálculos do ministro,

ANTILIBERALISMO COMO CONVICÇÃO

chegaria a um total de aproximadamente dois mil instrutores. O Exército deveria contribuir com 1.332 sargentos, parcela exagerada levando em conta que o efetivo de sargentos na ocasião era de 7.118.

As preocupações expostas por Dutra são reforçadas por Alzira Vargas, que critica o projeto de Regulamento Técnico-Disciplinar em documento datado de março de 1938. De início, a filha do presidente Vargas refere-se à organização como "obra de impostação clandestina, traduzida das organizações europeias, sem a competente adaptação ao meio nacional".[26] Antes de qualquer iniciativa, o Estado Novo deveria buscar homogeneizar a massa tão heterogênea da juventude brasileira. Essa homogeneização seria feita através de um programa intensivo de propaganda que apresentasse e difundisse a alta significação do novo regime.

Em seguida, aponta o que considera os inconvenientes da organização: criação de um novo aparelhamento burocrático; atribuição de controle ao Ministério da Justiça, em detrimento do Ministério da Educação; exigência do culto religioso católico, quando o Brasil não possui religião oficial; excessivo número de conselheiros (15); exagero na extensão das atribuições do secretário-geral. Alzira Vargas ainda aborda o aspecto da organização paramilitar da seguinte forma: "A orientação demasiado militar sugerida pelo decreto parece-me perigosa. Não temos o objetivo de fabricar soldados, mas o de formar cidadãos (...)."[27]

De todas as informações recolhidas dos arquivos, esse documento é o que mais claramente menciona o envolvimento acentuado de Francisco Campos no projeto. Alzira Vargas reclama a participação do Ministério da Educação, a instância mais apropriada à orientação da juventude, e identifica o secretário-geral com o ministro da Justiça. Ao secretário-geral caberia a responsabilidade de orientar e de estabelecer toda a linha política e ideológica que deveria ser impressa à organização. E a tentativa de transformar a Igreja Católica em forte aliada[28] e em base social não escapou à crítica de Dutra e de Alzira Vargas. Ambos sugeriram a retirada desse ponto por não ser pertinente nem verdadeira a transformação da religião católica em religião oficial do Brasil, pois

OS INTELECTUAIS DO ANTILIBERALISMO

a tanto montaria como decorrência inevitável de sua inclusão em um projeto de cunho governamental.

Além da orientação militarizante, a Organização Nacional da Juventude apresentava uma estrutura de funcionamento extremamente centralizada e de amplitude burocrática significativa. Dividida em comandos — superior, estaduais e municipais — deveria seguir um plano de funcionamento com definições hierárquicas rígidas e um rol de competências especificadas a cada nível superior. No organograma exposto, o papel do secretário-geral, sempre recorrente, levou Alzira Vargas a criticar o exagerado poder a ele atribuído. O volume de atribuições, de cargos e encargos previstos embasa os comentários de que se estaria criando um novo ministério, uma nova estrutura burocrática de custos operacionais e financeiros elevadíssimos.

Paralelamente, o custo político não parecia menor, fosse pela superposição de poderes, fosse pela invasão de áreas já constituídas e consagradas de poder nacional, como eram, sem dúvida, as Forças Armadas, particularmente o Exército. O ministro da Guerra sugere que a organização restrinja seu efetivo à faixa etária de oito a 17 anos, naturalmente com o propósito de retirar dela a responsabilidade sobre a formação militar, só cabível ao Exército. A preocupação do ministro pode ser avaliada pela análise de alguns artigos dos decretos-lei de março e de julho de 1938, que feriam agressivamente a autonomia do Exército na formação dos quadros militares da nação.

Reproduzo dois deles, a título de ilustração:

Art. 66 — Os membros dos Tiros de Guerra e associações congêneres nas quais se desempenhavam até agora os deveres militares passarão automaticamente aos quadros da Organização Nacional, uma vez instalado o Departamento Municipal Local.

Art. 67 — No período de transição que sucederá à publicação do presente decreto, os cidadãos maiores de 18 anos e menores de 21 poderão desobrigar-se do seu dever militar incorporando-se às fileiras da Organização que para tal fim estenderá até os 21 anos o limite de idade para os Pioneiros de 2º grau.[29]

ANTILIBERALISMO COMO CONVICÇÃO

Toda essa armação militarista não deixou de prever aspectos de orientação cívica e política necessária à propagação do novo regime. O culto à bandeira, o canto do Hino Nacional e do da Mocidade, as noções militares e patrióticas alimentariam a ideia suprema da unidade da pátria. A educação individual, praticada segundo a disciplina da organização, prepararia o jovem para exercício dos atos e deveres da vida civil, integrando-o, potencialmente, em uma milícia civil organizada. A organização deveria espelhar a vida familiar e social; deveria ser a matriz de comportamentos mais afinados com a nova realidade política do país. Para tanto, o projeto enaltecia "o culto fervoroso dos símbolos e cânticos nacionais e o cumprimento mais rigoroso da disciplina da Organização e dos seus deveres na família e na sociedade".[30]

Em 19 de setembro de 1938, Gustavo Capanema, ministro da Educação e Saúde, envia ao presidente da República seu parecer sobre o plano da Organização Nacional da Juventude. Avalia os três projetos de decreto (uma lei e dois regulamentos) e, apesar de iniciar a apreciação manifestando aplauso e apoio a "tão patriótica iniciativa", formula algumas objeções e sugestões a respeito. De início, sugere uma mudança no nome da instituição, denominando-a Mocidade Brasileira ou mesmo Juventude Brasileira. "Organização é palavra a ser usada com sentido meramente apelativo", diz ele. "Por outro lado, seria mais expressivo que na denominação da instituição estivesse marcado o seu vínculo. Mocidade Portuguesa é o título que os portugueses preferiram, parece-me que com razão."[31]

Considera extensa a finalidade da organização, que inclui educação cívica, moral, física, religiosa, ensino profissional, instrução militar e assistência, e concorda com as demais críticas sobre o caráter excessivamente militar imprimido ao projeto. "A juventude de oito a 18 anos passa a constituir uma tropa rigorosamente enquadrada, com um aparelhamento, uma disciplina, um método, uma atitude em tudo militares. Não acredito que tal organização seja aplaudida em nosso meio."[32] Reforça a discordância manifestada por Dutra, acrescentando que o ensino militar deve ser da atribuição exclusiva do Ministério da Guerra. "Dar a outro órgão o papel de preparar as reservas militares é enfraquecer, pela supressão da unidade de direção, a organização militar do país."[33] Sugere que se redefinam os limites da organização, restringindo seus objetivos a dois somente: a educação física e a moral e cívica. Capanema fundamenta sua sugestão com o exemplo da experiência portuguesa:

> O bom exemplo, nesta matéria, é a organização juvenil portuguesa. Foi instituída com finalidade singela. Diz a lei portuguesa (decreto-lei nº 26.611, de 1936, art. 40) que a Mocidade Portuguesa "abrangerá toda a juventude, escolar ou não, e se destina a estimular o desenvolvimento integral da sua capacidade física, a formação do caráter e a devoção à pátria, no sentido da ordem, no gosto da disciplina e no culto do dever militar".[34]

A exemplo daquele país, era preciso mobilizar a juventude brasileira sem entrar em confronto com as instituições tradicionalmente responsáveis pela segurança nacional. Na experiência do fascismo em Portugal, a instituição da Mocidade Portuguesa não se confundia com a organização paramilitar da Legião Portuguesa. Ao contrário, eram entendidas como organismos diferentes, jamais concorrentes. As características *prémilitares* da Mocidade e *paramilitares* da Legião tornavam-nas distintas na essência. A própria forma como eram compreendidas essas organizações deixava clara a distinção que os portugueses faziam. A Mocidade Portuguesa funcionava como apoio essencial à formação do efetivo a ser incorporado à Legião. Devia, portanto, concentrar esforços nos aspectos fundamentalmente *educativos*, reservando para a Legião toda a responsabilidade pela formação militarizante, necessária em um momento considerado excepcional da vida política portuguesa.

> Se pensarmos que a Legião precisa durar, todo o seu interesse inteligente está em que a Mocidade exerça a sua função formativa nas melhores condições, do que muito depende o apuramento do escalão dos "cadetes". Poucos anos depois dos 20 todos estes irão incorporar-se

ANTILIBERALISMO COMO CONVICÇÃO

na Legião. O sangue novo e bravo correrá, portanto, todos os anos no corpo daquele patriótico organismo. Não há necessidade de precipitar os acontecimentos com prejuízo de todos. Justificar-se-á ainda por muito tempo a Legião Portuguesa? Desde que a Mocidade exista não lhe faltarão elementos que a tornem cada vez mais forte. Mas, será para desejar que a sua duração seja por tempo indeterminado? A sua constituição representa no fundo uma triste realidade, uma anomalia social lamentável.[35]

Provavelmente inspirado na diferenciação básica entre os dois empreendimentos levados a cabo em Portugal, Capanema defende a tese de que no Brasil sejam delimitados objetivos essencialmente educacionais para a organização da juventude brasileira, sustando o projeto no que se orienta mais propriamente à formação de uma legião. No decorrer de sua apreciação reitera as críticas já formuladas anteriormente sobre a criação de um aparelho oficial de grandes proporções, constituído por numerosas dependências espalhadas por todo o país. "No fundo é uma espécie de ministério novo, destinado a superintender a educação da juventude em todos os seus aspectos, salvo no que se refere ao ensino ou instrução."[36]

A duplicação de aparelhos, ou seja, a divisão da área educativa em dois órgãos e da instrução militar em dois outros, originaria conflitos permanentes, sem falar nos atritos que geraria nos terrenos da assistência social e da saúde. "Posto o assunto nestes termos, só uma conclusão parece lógica, isto é, a Organização Nacional da Juventude deve ser uma instituição não separada do Ministério da Educação e a ele paralela, mas incluída na sua estrutura, como um de seus serviços."[37] Também nesse particular cita a experiência portuguesa de mobilização da juventude, que considera a única que se aproxima do ideal de organização brasileira.

Na Itália, na Alemanha e na URSS, as organizações juvenis são órgãos relacionados, mas não subordinados aos ministérios da educação; é que

OS INTELECTUAIS DO ANTILIBERALISMO

nesses países as organizações juvenis são não instituições de precípua finalidade educativa, mas órgãos políticos, entidades filiadas e encorpadas aos partidos únicos nacionais.[38]

Na análise de Capanema, a preocupação com o surgimento de estruturas paralelas não se restringiu à esfera dos ministérios. A forma centralizada e unitária com que foi pensada abriria espaço para conflitos com os governos estaduais, preteridos na estrutura de controle e funcionamento da organização. "A estrutura unitária da Organização Nacional da Juventude tem como consequência o fato já assinalado de ficar ela inteiramente desvinculada dos governos estaduais e municipais. É excluída toda ligação com os órgãos locais de administração de serviços de educação."[39] O ministro defende uma estruturação que siga o princípio federativo, o que implica uma redução do vasto campo de domínio do secretário-geral.

Da mesma forma que Eurico Dutra, Capanema é favorável à vinculação da organização às escolas públicas e privadas existentes. Manifesta-se ainda contrário ao plano de "instrutores", a quem faltariam os atributos pedagógicos essenciais ao desenvolvimento do projeto, que, insiste, deveria ser educativo por excelência. É esse o ponto crucial da divergência entre as orientações de Francisco Campos e Gustavo Capanema.

A tônica do projeto defendido por Campos era, sem dúvida, a mobilização política miliciana, bem próxima às experiências de organizações fascistas então em curso. Capanema busca fundamento na Mocidade Portuguesa, que, segundo ele, prioriza os aspectos cívico e educativo, distinguindo-se por não adotar o caráter partidário característico da mobilização das juventudes alemã e italiana. O ministro conclui pela necessidade de se redefinir o escopo do decreto-lei de forma que o Ministério da Educação possa se ocupar prioritariamente de seu desenvolvimento. Para isso, a primeira decisão a ser tomada deve ser a de excluir do projeto o ensino militar, o que naturalmente esvaziava o conteúdo paramilitar da organização.

Embora o projeto que tenha prevalecido não nos autorize a afirmar que tenha sido levada à prática uma experiência fascista no Brasil —

ANTILIBERALISMO COMO CONVICÇÃO

mesmo porque todo o conteúdo mobilizador foi sendo dele progressivamente retirado —, não há dúvida de que as experiências fascistas estavam na ordem do dia, sendo inúmeras vezes apontadas como bem-sucedidas. Um dos debates, e talvez o de maior ressonância no período, referia-se à crise, especificamente moderna, da sociedade e do Estado liberais. Evidentemente essa ressonância não é suficiente para equiparar a política autoritária do Estado Novo às experiências reconhecidamente fascistas. No entanto, como ideologia, o modelo de organização fascista esteve presente e, muitas vezes, de forma marcante na política brasileira.

A Organização Nacional da Juventude foi um ensaio fracassado de transformação dessa ideologia em prática política, e as restrições à perspectiva de mobilização política são corretamente associadas à natureza do regime implantado no Brasil: autoritário e essencialmente desmobilizador. Em um dos textos produzidos sobre aquela conjuntura, Fernando Henrique Cardoso sintetizou a diferença básica entre o fascismo e o nacional-estatismo dos regimes autoritários contemporâneos. O fascismo, diz ele, "corresponde a uma época determinada em que a dominação tipicamente burguesa reforçava, é certo, o papel do Estado, mas com duas características: o regime político fazia apelos de mobilização de massas e sustentava-se por intermédio de organizações partidárias e, em segundo lugar, a acumulação capitalista corria célere na busca de mercados externos. Havia, pois, uma ideologia de expansionismo e de grandeza nacional, popularmente aceita e alimentada tanto pela mística de líderes como pela organização de grupos políticos ativistas, cuja origem social e cuja base de ação imediata, nos casos da Alemanha e da Itália, foi a classe média assustada pelas consequências da crise de 29".[40] A configuração política dos regimes autoritários contemporâneos seria diversa, dado o predomínio dos fatores desmobilizadores e a utilização técnico-burocrática dos recursos políticos do Estado.

Os riscos inerentes à mobilização política das massas, entretanto, também foram considerados em experiências fascistas, como mostrava Gino Germani em seus escritos sobre o processo de socialização política

OS INTELECTUAIS DO ANTILIBERALISMO

da juventude na Itália e na Espanha.[41] A questão mais interessante da reflexão de Germani consiste na discussão das contradições internas, encontradas nos regimes fascistas, entre o estímulo e o controle verificados simultaneamente na política de mobilização. Em outras palavras, ele mostrava ali o conflito entre os ideais proclamados e o propósito básico de desmobilizar a classe operária; explicitava ainda o contraste entre o estímulo à participação ativa da juventude e a necessidade de manter o controle totalitário.

Comparando as experiências espanhola e italiana, e atribuindo à primeira um caráter mais autoritário e à segunda um mais totalitário, Germani chega a estabelecer similaridades entre ambas. O papel relevante que o partido oficial desempenhou na doutrinação política dos estudantes universitários foi característico da experiência italiana. Mais do que em sistemas similares, o fascismo italiano mostrou uma preocupação central com a juventude. Não somente a mobilização da juventude, afirma o autor, era o requisito básico para a continuidade do regime, como o conteúdo da ideologia e a tradição do movimento fascista incorporavam a glorificação da juventude como um de seus mitos essenciais. O controle desse processo pelo partido oficial provocava tensões constantes com setores do Ministério da Educação. A participação desse ministério acabava restrita a aspectos meramente formais e jurídicos. Como em todos os partidos totalitários, no partido único fascista a filiação não era aberta. Seus membros eram recrutados por meio das organizações de juventude. Assim, essas organizações operavam também como mecanismo de *treinamento e seleção* dos novos membros do partido. Eram órgãos fundamentalmente criados para formar "o homem fascista" e substituir a velha mentalidade pelo novo estilo político-social de vida. A efetiva interação entre o partido e o Estado, tão necessária à consolidação do regime que se implantava, era facilitada pelo fato de as organizações de juventude serem controladas partidariamente.

A descrição de Gino Germani é minuciosa: está ali exposto todo o mecanismo político de treinamento e seleção encontrado nas organizações juvenis. Em todo o processo, a ênfase maior era dada aos aspectos

ANTILIBERALISMO COMO CONVICÇÃO

políticos e ideológicos; tratava-se de implantar uma verdadeira escola de formação da futura elite do regime. Esses aspectos políticos e ideológicos eram fundamentados na filosofia das organizações e do partido, cabendo ao último a liderança tanto do processo de formação de escolas especiais para treinamento político quanto na definição da linha ideológica a ser seguida. O partido funcionava como filtro seletor de todo o processo, garantindo sua continuidade por meio de um controle marcadamente rígido.

A propalada promessa do fascismo — a redefinição da ordem política, econômica e social, a ideia de revolução permanente e a construção de um novo homem e de uma nova mentalidade — esbarrava na rigidez do controle totalitário. A difícil combinação entre liberdade de crítica e disciplina tornava a experiência pouco estimuladora. Ao longo do processo, o contraste entre a ideologia de mobilização política das novas gerações e o controle permanente e profundo das velhas gerações que compunham o partido rotinizava e burocratizava o processo, impedindo praticamente o surgimento de líderes. Germani observa que, poucos anos depois da implantação do fascismo na Itália, a apatia e a indiferença eram os traços mais marcantes da juventude italiana. Os jovens organizados viam constantemente abafados seus ímpetos de mobilização gerados pela retórica inicial de construção do regime. Sucessivamente, defrontavam-se com as barreiras que o partido colocava às respostas que poderiam dar aos estímulos oficiais. A esse impasse reagiam com descrença, indiferença e apatia, o que acabou criando problemas para a própria elite dirigente. A conclusão de Germani é a seguinte:

> (...) A evolução dos estudantes espanhóis sob o regime de Franco mostra um processo bastante similar ao que ocorreu na Itália fascista. A forma totalitária ou autoritária que o fascismo assumiu parece não haver alterado a natureza e as consequências do contraste entre mobilização e controle, ou entre o surgimento de um genuíno envolvimento político e a rígida defesa dos objetivos básicos do regime.[42]

OS INTELECTUAIS DO ANTILIBERALISMO

Tornou-se quase um imperativo compreender certos fenômenos políticos que ocorreram durante o Estado Novo tendo como pano de fundo a influência que a doutrina fascista teria exercido sobre a elite intelectual e política da época. Bolívar Lamounier foi um dos que ofereceram indicadores para uma reflexão sobre a formação do pensamento político autoritário na Primeira República. Preocupado em definir o que conceituaria como ideologia de Estado,[43] Lamounier afirmava que

> a formação da ideologia de Estado no caso brasileiro é inseparável da assimilação pelas elites intelectuais do país do conjunto de ideias sociológicas que se convencionou chamar de *protofascistas*; ou seja, daquelas correntes que, embora exercendo inequívoca influência na formação do fascismo como doutrina e como movimento político, são muito anteriores a ele, achando-se plenamente configuradas antes de 1910.[44]

A pesquisa sobre a Organização Nacional da Juventude me pareceu fortalecer a questão levantada por Lamounier, na medida em que se constituiu em exemplo da distância entre a atração que o fascismo poderia ter exercido como doutrina e a efetiva implementação como movimento político no Brasil. A evolução e as sucessivas reações e alterações a que esteve submetido o projeto inicial de Organização da Juventude atestam essa distância; mais do que distância, explicitam a tensão. De movimento político organizado passou a cívico-educativo, substituindo a dinâmica da mobilização miliciana por atividades essencialmente cívicas de enaltecimento de datas, vultos e símbolos nacionais. Essa nova conformação afasta os temores do Ministério da Guerra e ganha a aprovação e o apoio do ministro. Em carta ao presidente da República, datada de 27 de dezembro de 1938, o Ministério da Guerra pronuncia-se favorável a um novo decreto-lei sobre a criação da Juventude Brasileira.

ANTILIBERALISMO COMO CONVICÇÃO

Tenho a honra de submeter à apreciação de Vossa Excelência o incluso projeto de decreto-lei sobre a criação da "Juventude Brasileira", de autoria do Sr. General JOSÉ MEIRA DE VASCONCELOS, com o parecer favorável do Estado-Maior do Exército.

A Juventude Brasileira, como a imagina e propõe o seu autor, será uma instituição nacional e permanente, cujo objetivo essencial é a formação e a orientação cívica da mocidade, nos moldes da educação extraescolar de Baden Powell (escoteirismo).

O Estado-Maior do Exército julga não haver inconveniente na fundação da Juventude Brasileira, *nos termos exatos* em que está prevista no projeto de decreto-lei. Não devem, no entretanto, os encargos de seus diferentes órgãos ser atribuídos, exclusivamente, a militares, senão na fase primeira da organização. (...) se faça mister o elemento militar. Depois, melhor ficará a instituição sob a direção imediata do Conselho Superior de Segurança Nacional, coadjunto ao seu trabalho por funcionários de um ou mais ministérios.

Este ministério já teve ocasião de se manifestar sobre o projeto semelhante que cogitava da Organização Nacional da Juventude (ONJ).[45]

O novo projeto contribuiu para reforçar a autoridade do Exército. Orientar civicamente a juventude para o bom desempenho de suas funções como futuros "cidadãos soldados" é fundamentalmente diferente de militarizá-la nos quadros de uma nova organização. A primeira atividade é de reforço; a segunda, de competição.

OS INGREDIENTES DO MOVIMENTO CÍVICO

Uma prova de que as críticas ao projeto de Organização da Juventude foram absorvidas em sua quase-totalidade é o projeto de decreto-lei sobre a criação da Juventude Brasileira que se encontra no arquivo Getulio Vargas.[46] Consta nele a seguinte concepção básica: estabelecimento do 21 de abril como data de comemoração do movimento Juventude

OS INTELECTUAIS DO ANTILIBERALISMO

Brasileira; realce ao culto constante e fervoroso à bandeira nacional; definição de símbolos da unidade moral da juventude; estabelecimento de comemorações cívicas em todo o território nacional etc. O efetivo básico da agremiação seria constituído compulsoriamente pelos jovens matriculados em estabelecimentos de ensino oficial ou fiscalizado. Aos jovens não matriculados, a inscrição seria facultativa.

O projeto deve ser, aproximadamente, de novembro de 1938 ou mesmo de 1939. Conta com a participação ativa do Ministério da Educação e descarta alguns pontos básicos que caracterizavam a Organização Nacional da Juventude. É possível que represente uma proposta intermediária entre o primeiro projeto e o que acabou vingando, pelo fato de conter referências à educação pré-militar e de ter preservado parte da terminologia que constava do projeto inicial. Mesmo assim, a tônica militarizante sofreu um enfraquecimento considerável:

> As finalidades a que se propõe a Juventude Brasileira, em proveito da infância e da juventude, são essencialmente: a) a educação moral, cívica e física; b) a educação pré-militar; c) a educação doméstica.[47]

A militarização da juventude cedeu lugar ao plano de desenvolver "nos infantes e nos pioneiros inscritos na Juventude Brasileira o amor ao dever militar, a consciência das grandes responsabilidades do soldado, o conhecimento das técnicas elementares do serviço militar e os hábitos singelos e duros da vida de caserna e de campanha".[48]

Da terminologia inicial o projeto manteve a estrutura de formação de legiões, com "coortes", "pelotões", "grupos", "esquadras" e "divisões", cujo funcionamento previa a participação de comandantes retirados dos quadros de oficiais das Forças Armadas. "Vinte legiões da mesma cidade, do mesmo município ou de um grupo de municípios formarão uma divisão, que está comandada na forma do artigo 39 desta lei, por um oficial das Forças Armadas".[49] O decreto que foi aprovado e publicado no Diário Oficial suprime todas essas características mais incisivas de organização e educação militares.

ANTILIBERALISMO COMO CONVICÇÃO

Ainda nesse projeto há um aspecto curioso, embora não surpreendente, com respeito à educação moral e cívica. "A educação moral, cívica e física se destina aos homens e às mulheres. É destinada a educação pré-militar somente aos homens, e a educação doméstica somente às mulheres."[50] Os papéis são rigidamente distribuídos nos artigos 18 e 19. Nos homens, incentiva-se "o amor ao dever militar, a consciência das grandes responsabilidades do soldado". Nas mulheres, batizadas de "brasileirinhas" e "jovens brasileiras", consolida-se "o sentimento de que o seu maior dever é a consagração ao lar" e a elas se oferecem os "conhecimentos necessários ao cabal desempenho de sua missão de mães e donas de casa". Tal orientação durante o Estado Novo inseria-se na preocupação maior com a preservação da família tradicional como pilar básico da estabilidade social. Capanema teve participação ativa na elaboração de um projeto intitulado "O Estatuto da Família", que não chegou a ter muito sucesso.[51]

Quanto à educação cívica, privilegiou-se a formação de uma consciência patriótica:

> Na alma das crianças e dos jovens deverá ser formado o sentimento de que o Brasil é uma entidade sagrada e que a cada cidadão cabe uma parcela de responsabilidade pela sua segurança, pelo seu engrandecimento e pela sua perpetuidade, e ainda de que, a exemplo dos grandes brasileiros do passado, deve cada brasileiro de hoje estar por tal forma identificado com o destino da pátria que se consagre ao seu serviço com o maior esforço e esteja a todo momento pronto a dar por ela a própria vida.[52]

O Decreto-Lei nº 2.072, que institui a Juventude Brasileira, é datado de 2 de março de 1940 e qualifica a organização a ser implantada como uma corporação formada pela juventude escolar de todo o país, com a finalidade de prestar culto à pátria. Dispõe ainda sobre a obrigatoriedade da educação cívica, moral e física da infância e da juventude, fixando suas bases de execução. Publicado no Diário Oficial de

OS INTELECTUAIS DO ANTILIBERALISMO

11 de março de 1940, marca a ruptura definitiva com o projeto inicial da Organização da Juventude. Preservando a presença dos ministros da Guerra e da Marinha no Conselho Supremo, reserva-lhes a incumbência de dar "ao Ministério da Educação os necessários esclarecimentos quanto à orientação a ser ministrada à modalidade de educação referida no parágrafo único do artigo 13", que reza o seguinte: "As atividades destinadas a dar às crianças e aos jovens os conhecimentos elementares dos assuntos relativos à defesa nacional serão terrestres e marítimas, segundo as condições do meio em que vivam e na conformidade da inclinação de cada um." Estabelece ainda a criação em todo o país de centros cívicos destinados à realização das atividades da Juventude Brasileira.

Mesmo alterada em suas bases iniciais, a Juventude Brasileira entusiasma o Comissário Nacional da Mocidade Portuguesa, que faz chegar ao ministro da Educação uma carta de congratulação pela iniciativa tomada no Brasil.

> Foi com grande júbilo que acabo de ler nos jornais a notícia da publicação de decreto que cria a Mocidade Brasileira.
>
> Quero antes de mais nada felicitar o Governo Brasileiro na pessoa de V. Exa., por tão interessante iniciativa, cheia de promessas para o futuro.
>
> Como português, nada do que passa na grande Nação Brasileira me pode ser indiferente e a essa razão junto a do meu entusiasmo por esse País que a minha estadia veio afervorar — mas ainda outro motivo neste caso particular, me leva a dirigir a V. Exa. e é o de estar atualmente desempenhando as funções de Comissário Nacional Adjunto da Mocidade Portuguesa.
>
> O carinho que me liga à Organização portuguesa traduz-se em igual sentimento pela organização da juventude brasileira e faço sinceros votos para que as relações entre as duas obras sejam de íntima colaboração.
>
> Ponho-me ao inteiro dispor de V. Exa. para qualquer esclarecimento que a nossa experiência de três anos possa fornecer (...)[53].

ANTILIBERALISMO COMO CONVICÇÃO

OS PERIGOS DA MOBILIZAÇÃO: OS FANTASMAS DO PASSADO

A transformação da Organização Nacional da Juventude no movimento Juventude Brasileira reflete com clareza a opção por uma política de desmobilização. Para melhor compreender a ruptura com a proposta inicial de organização miliciana da juventude, é interessante associar essa decisão ao crescente bloqueio do governo ao movimento integralista, em franca ofensiva nos anos 1930.

Fundada em maio de 1932, a Ação Integralista Brasileira (AIB) começou a se ressentir, em 1935, das perseguições a ela dirigidas pelo governo. Tais perseguições, paradoxalmente, vinham acompanhadas de certo apoio que o próprio governo oferecia, o que acabava confundindo os líderes do movimento. A ambiguidade com que o governo tratava a AIB — ora manifestando sua aprovação, alimentando inclusive a possibilidade de uma aliança, ora reprimindo suas atividades — termina em dezembro de 1937, quando é decretada a dissolução da entidade. No entanto, o governo Vargas havia feito uso da força política do integralismo para desfechar o golpe de 1937. Em 1936, na época em que foi editada a Lei de Segurança Nacional, as relações do governo com a AIB eram marcadas por um reconhecimento estimulador aos líderes do movimento integralista, o que pode ser confirmado pelo noticiário abaixo reproduzido.

O nosso companheiro Secretário Nacional de Educação e Cultura Artística recebeu do exmo. sr. dr. Gustavo Capanema, d.d. ministro da Educação e Saúde Pública, um convite para que a mencionada Secretaria da Ação Integralista Brasileira prestasse a sua colaboração à I Exposição Nacional de Educação e Estatística, que se inaugurará no próximo dia 20 de dezembro, sob o patrocínio do referido Ministério.

Atendendo o convite recebido, o companheiro Secretário Nacional enviará diretivas aos Chefes Provinciais transmitindo-lhes instruções a fim de que, com diligência, possam colaborar na brilhante e patriótica iniciativa, uma das valiosas e grandes realizações do ministro Capanema.[54]

Quando ficou evidente para a chefia do integralismo a manipulação de que havia sido vítima, a tática de atuação política do movimento sofreu uma orientação que culminou com a abortada tentativa de conspiração e golpe, em 1938.

Da mesma forma que o movimento integralista, e com o agravante de ter sido concebida no interior do próprio governo, a proposta da Organização Nacional da Juventude caracterizava-se por um estilo altamente mobilizador, que a transformava em perigo semelhante ao da Ação Integralista Brasileira. O primeiro indicador da afinidade do projeto da Organização Nacional da Juventude com o movimento político de Plínio Salgado pode ser detectado na ligação que Francisco Campos manteve com a AIB, reiterando a importância do movimento integralista na consolidação da política autoritária que se implantava no Brasil. Esses contatos são mencionados por Plínio Salgado em carta a Getúlio Vargas, na qual expõe as perseguições que a AIB vinha sofrendo por parte do governo e a decepção da organização diante da ruptura de um pacto anteriormente estabelecido com o poder central. Plínio Salgado faz menção a um plano de ação que consistiria no apoio da AIB ao projeto político do Estado Novo em troca do consentimento e do apoio do governo ao desenvolvimento da ação integralista no Brasil.

> A influência do Integralismo na sociedade brasileira e nas Forças Armadas atingiria amplíssimas áreas e tocava as profundidades dos corações. Os comunistas e os governadores dos estados bem o sentiam. Desencadeava-se uma propaganda tenaz contra os princípios ensinados pelo Integralismo: os mesmos princípios políticos que serviam em grande parte à nova estrutura constitucional do País.
>
> Foi nessa ocasião que me procurou o Dr. Francisco Campos, com o qual me encontrei em casa do Dr. Amaro Lanari. Ele me falou dizendo-se autorizado pelo Sr. Presidente da República e me entregou o original de um projeto de Constituição que deveria ser outorgada num golpe de Estado, ao País. Estávamos no mês de setembro de 1937.

ANTILIBERALISMO COMO CONVICÇÃO

O Dr. Francisco Campos, dizendo sempre falar após entendimento com V. Exa., pediu o meu apoio para o golpe de Estado e a minha opinião sobre a Constituição, dando-me 24 horas para a resposta. Pediu-me também, o mais absoluto sigilo.[55]

Não parecia haver dúvida sobre a conveniência da ligação entre o integralismo e o poder central; a bandeira integralista de combate ao comunismo era uma arma fértil e eficaz de ajuda ao governo na contenção da ofensiva de esquerda. Ademais, uma concepção enraizada no culto à pátria, na valorização da nacionalidade, na prática de atividades cívicas e políticas traduzidas num patriotismo exacerbado não contrariava, em princípio, a implantação de um regime autoritário no Brasil. Ao contrário, poderia representar uma sólida base para a política do Estado Novo em processo de gestação.

Perguntei qual seria, na nova ordem, a situação da "Ação Integralista Brasileira" ao que o Dr. Francisco Campos me respondeu que ela seria a base do Estado Novo acrescentando que, naturalmente, o Integralismo teria de ampliar os seus quadros para receber todos os brasileiros que quisessem cooperar no sentido de criar uma grande corrente de apoio aos objetivos do Chefe da Nação (...).[56]

A ligação com o futuro projeto da Organização Nacional da Juventude foi feita na ocasião.

Em relação ao Integralismo, V. Exa. [Francisco Campos] falou-me da reorganização da nossa milícia. Tais palavras me encheram de confiança. Acreditei até que essa grande organização da juventude seria patrocinada pelo Ministro da Educação, uma vez que V. Exa. me dizia que esse Ministério tocaria ao Integralismo.[57]

OS INTELECTUAIS DO ANTILIBERALISMO

Todavia, alterações importantes redefiniram o curso dessas promessas. Em primeiro lugar, não coube ao chefe integralista a pasta da Educação, mas a Gustavo Capanema, que em outros tempos agira ao lado de Francisco Campos na construção da Legião de Outubro em Minas Gerais. Em segundo lugar, não coube ao Ministério da Educação a condução do projeto de organização miliciana da juventude. Por fim, não restou ao integralismo nem o apoio do governo. Se em termos de ideário a AIB representava um projeto extremamente conveniente ao regime, na prática a mobilização política que engendrava poderia trazer consequências imprevisíveis, na medida em que se constituía em força política organizada e paralela ao governo. Tão logo efetivado o golpe de 1937, o governo tratou de neutralizar essa força, dissolvendo, por decreto, a Ação Integralista Brasileira.

Já no início do Estado Novo, o chefe integralista ressentia-se de estar sendo preterido na nova ordem de poder.

> Fomos desde o primeiro dia do golpe, tratados como inimigos. Já não quero falar a V. Exa. o que se passou nos estados, antes mesmo do nosso trancamento oficial. Meus retratos foram rasgados por esbirros, meus companheiros presos e espancados, sendo numerosíssimos os telegramas que ao Dr. Campos foram apresentados, relativos às mais inomináveis violências em todos os pontos do País, onde os Governadores, irritados com o Estado Novo ao qual aderiram por interesses pessoais, vingavam-se nos integralistas, apontados como sustentáculos de V. Exa.[58]

Controlada a ofensiva da esquerda em 1935, a AIB passara a representar uma outra possibilidade de ameaça pelo grau de mobilização civil que detinha. Em fins de 1934, a AIB declarava contar com cem mil membros em suas fileiras,[59] o que tornava o movimento uma força significativa na arena política. Pela descrição de Robert Levine, pode-se perceber a dimensão dos riscos que a AIB representava em um sistema político marcado pelo autoritarismo desmobilizador:

ANTILIBERALISMO COMO CONVICÇÃO

(...) A milícia armada da AIB era o que o povo mais temia. Segundo os estatutos da AIB, cada célula tinha seu próprio depósito de armas pesadas e leves, e inventários regulares eram feitos e submetidos aos centros regionais e nacionais da AIB. Plínio aboliu formalmente a milícia quando o governo promulgou a sua Lei de Segurança Nacional de abril de 1935 (cujo alvo era, naturalmente, as esquerdas), mas criou em seu lugar uma Secretaria de Educação Moral e Física, também sob a orientação de Gustavo Barroso, o que vinha a dar na mesma coisa.[60]

Consentir no livre desenvolvimento do integralismo como força civil era assumir os riscos inerentes à proliferação de células que organizavam esquadrões paramilitares para a "educação moral e física", que poderiam, a qualquer momento, engrossar as fileiras da milícia integralista, autônoma e de âmbito nacional. Em trabalho sobre a participação das Forças Armadas na política de 1930 a 1945, José Murilo de Carvalho refere-se à reação militar ao integralismo da seguinte forma:

(...) o integralismo era mobilizatório, provocava reações políticas contrárias, mantinha, enfim, viva a atividade política. E isso era exatamente o que não interessava à cúpula militar que via a oportunidade de eliminar de vez a atividade política e conseguir assim eliminar também as perturbações disciplinares motivadas pelo partidarismo.[61]

Manter viva a atividade política, atribuindo à sociedade o direito à organização político-partidária, contrariava frontalmente o modelo autoritário cujos fundamentos e componentes foram sintetizados por Bolívar Lamounier. Na verdade, a construção de uma ordem política que reserva à sociedade o papel de ser tutelada pelo Estado não deixa espaço à organização, muito menos à mobilização política. A atividade política, principalmente a que se exerce pela via partidária, pressupõe uma convivência de conflitos, discórdias e interesses múltiplos expressos por distintas facções. Uma sociedade sem política aparentemente seria uma sociedade sem conflito. Dentro dessa matriz, prolifera e difundia-se, até com exagero, a ideia de que a política corrompe, deturpa e denigre a organização da sociedade. A verdadeira política deveria ser conduzida por critérios técnicos e científicos. O partidarismo seria o ingrediente básico do sentido pejorativo conferido à política; a organização corporativa seria a alternativa de recomposição institucional. Defendendo esse raciocínio, a elite política e intelectual do Estado Novo acaba reforçando um discurso já presente no pensamento político da Primeira República:

> (...) a instituição partidária é, aos olhos dos ideólogos do período estudado, fundamentalmente ilegítima: perigoso criador de artificialismos, o partido político seria acima de tudo um transmissor do vírus da facção, perturbador do estado natural da solidariedade.[62]

A reação da cúpula militar tanto ao movimento integralista como ao projeto da Organização Nacional da Juventude só pode ser compreendida dentro do marco mais amplo que define o perfil e os limites do regime autoritário em vigor no Brasil. No quadro que Lamounier chamou de "ideologia de Estado", uma integração político-social mobilizadora desfaria "a demarcação jurídica e burocrática entre Estado e sociedade".[63] A construção da ordem autoritária não tolera o perigo da mobilização de massas. Perdura a concepção do Estado como "Leviatã benevolente", guardião e força vital de uma sociedade igualmente benevolente. Nas palavras de Bolívar Lamounier, o Estado é benevolente porque reflete a sociedade em suas boas qualidades,

> e porque a corrige, severa mas afetuosamente, nas más; nos impulsos infantis do comportamento rebelde; nas ações altruístas, mas errôneas porque carentes de esclarecimento; e, sobretudo, naquelas que se alimentam de motivações alienígenas, alheias à sua índole e essência.[64]

ANTILIBERALISMO COMO CONVICÇÃO

O modelo de Estado autoritário tal como o define Lamounier — apesar de todos os componentes de fortalecimento e supremacia do Estado sobre a sociedade que efetivamente conserva — não pode ser confundido com o modelo político totalitário, não só pelo aspecto desmobilizador, mas pela ausência do partido estatal monopolista como instrumento básico de mediação entre o Estado e a sociedade.

Preocupado com a essência de constituição dos Estados democrático e autoritário, Franz Neumann apresenta cinco características de totalitarismo, das quais destaca a existência de um partido estatal monopolista como o elemento que o distingue politicamente.[65]

> "Isso se torna necessário", diz ele, "porque os tradicionais instrumentos de coação não são bastante para controlar uma sociedade industrial e (...) porque as burocracias e as Forças Armadas nem sempre são muito fiéis. O partido monopolista é um instrumento flexível que fornece a força para controlar a máquina do Estado e a sociedade e para se desincumbir da gigantesca tarefa de cimentar os elementos autoritários dentro da sociedade".[66] Neumann acrescenta que esse partido envolve um aspecto sociopsicológico que pertence ao que se chama comumente da "sociedade de massa".

Ora, o regime político autoritário do Estado Novo configura uma outra experiência que mais se aproxima do que Neumann conceitua como *ditadura simples*, exercida primordialmente pelo controle de instrumentos clássicos de domínio: Exército, política, burocracia e Judiciário. Ao contrário do modelo totalitário que o autor procurou definir, no Brasil a construção do regime contava com a participação e a interferência ativa das Forças Armadas, particularmente do Exército. Não obstante o peso da influência que o Exército exercia sobre o regime, a cúpula militar reagia energicamente a qualquer iniciativa que fizesse frente ao seu monopólio de poder como força organizadora. Assim, a "atividade política" ameaçava, o partidarismo corrompia, a Ação Integralista Brasileira e a Organização Nacional da Juventude tinham que ser neutralizadas.

OS INTELECTUAIS DO ANTILIBERALISMO

A preocupação de distinguir regimes totalitários de autoritários fez com que Juan Linz usasse como um dos critérios o contraste entre *ideologia* e *mentalidade*. Para ele, regimes políticos autoritários são aqueles

> em que existe certo pluralismo, limitado, não responsável, onde não há uma ideologia elaborada e coerente, mas sim uma mentalidade bastante característica, sem mobilização política, quer intensiva, quer extensiva, exceto em alguns momentos de seu desenvolvimento, e nos quais um líder (ocasionalmente um pequeno grupo) exerce o poder dentro de limites que, embora formalmente mal definidos, são na verdade bastante previsíveis.[67]

Sua reflexão sobre a experiência brasileira leva-o a considerar o Brasil um exemplo de regime autoritário. Nesse sentido, o Estado Novo não teria propriamente uma ideologia, mas apenas uma mentalidade característica. Ideologia estaria mais apropriada à concepção de regimes totalitários.[68]

Se nas experiências totalitárias mobilizantes o partido monopolista contraditoriamente estimulava e controlava a mobilização, no modelo autoritário brasileiro o Exército reprimiu e impediu de saída qualquer iniciativa mais consequente de mobilização política. Sendo correta a observação de Neumann de que todas as ditaduras totalitárias modernas nascem dentro das democracias, e que por isso a proposta totalitária utiliza a fachada de um movimento democrático, tendo que conservá-la mesmo quando já no poder,[69] a atuação do partido monopolista impede a observância do princípio pluralista, já que se apresenta como o único canal de expressão dos interesses veiculados na massa. Herdeiro de uma tradição histórica descomprometida com uma experiência pluralista arraigada, o autoritarismo brasileiro mais conserva uma tendência desmobilizante do que rompe com ela. E nesse processo é possível que a histórica participação do Exército na política tenha muito a explicar. E é nesse ponto que considero ainda interessante a advertência de Lamounier sobre a falsa conclusão a que se pode chegar de que o Brasil

ANTILIBERALISMO COMO CONVICÇÃO

viveu uma experiência fascista por uma associação precipitada entre a *presença do vocabulário protofascista* e a existência real de *política fascista*. As reações às diversas iniciativas e formulações políticas de Francisco Campos são um bom exemplo dessa distância entre *forma* e *atuação* política.

Quando Eurico Dutra redige seu parecer sobre a Organização Nacional da Juventude, o país tinha vivido a tentativa de golpe integralista, que apontara para os perigos de uma mobilização organizada. Como ministro da Guerra, Dutra não iria encampar uma proposta de organização miliciana da juventude que poderia, por seu caráter de organização paramilitar, funcionar como uma faca de dois gumes. A exemplo do integralismo, essa poderia tender mais para uma ameaça à ordem estabelecida do que para um apoio à sua consolidação. Da mesma forma, uma proposta desse teor não poderia contar com a aprovação do chefe do governo, que de saída encontrava nela dois sérios inconvenientes: a experiência passada com o integralismo e a discordância profunda manifestada pelo ministro da Guerra.

A transformação da Organização Nacional da Juventude em movimento cívico teve ainda um significado político que não deve ser desprezado: o de freio à pretensão de liderança de Francisco Campos em nível nacional. Da mesma forma que Plínio Salgado, o ministro da Justiça viu alimentada essa pretensão quando participou direta e ativamente na articulação do golpe de 1937 e na feitura da Carta Constitucional que traçou as bases do regime autoritário. No entanto, no momento de implementação do regime, o governo deixou clara a distância entre o traçado de uma política autoritária e as pretensões do ministro da Justiça. Plínio Salgado, na correspondência antes citada, refere-se à afinidade de Francisco Campos com o fascismo, da qual não partilhava. "De minha parte, como conheço as ideias *fascistas* do Sr. Campos, eu me imaginava mais próximo do pensamento do Presidente do que ele próprio." Tal afinidade transformou-se no argumento central usado por aqueles que combateram o projeto de Organização Nacional da Juventude.

Tanto a liderança de Plínio Salgado e com o movimento integralista quanto as pretensões de Francisco Campos e o projeto de Organização

Nacional da Juventude foram podados pelo Estado. Não havia razão para que o governo tivesse qualquer escrúpulo em sustar essas iniciativas quando já degustados os frutos que poderiam, sem perigo, oferecer. Retirar de Francisco Campos a liderança do movimento político da juventude e passá-la a Gustavo Capanema era assegurar os limites necessários ao desempenho da política autoritária no país; era assegurar a contenção da mobilização política considerada ameaçadora. As pretensões do novo ministro da Educação e Saúde eram mais modestas e muito mais convenientes: seguir à risca a orientação do governo federal para receber dele o apoio indispensável à sua atuação. Essa pretensão, além de não oferecer riscos, vinha ao encontro dos objetivos do governo de consolidar o novo regime.

Mas nem todos se conformaram com o rumo dado à organização da juventude. Dentro do Exército houve quem, embalado ao som do ideário fascista, mesmo que isoladamente, lançasse o seu protesto. O major Xavier Leal demonstrou sua decepção da forma que se segue:

(...) Não se compreende, pois, que se crie uma Juventude Brasileira e não se fixe imediatamente um programa de ação enquadrando-a dentro do programa de ação do Estado. Juventude Brasileira para só aparecer nos dias de festa nacional ou para nomear Diretorias e render homenagens aos vultos nacionais nos dias que lhe são consagrados não se justifica. *Precisamos de uma Juventude Brasileira orientada nos moldes das juventudes totalitárias*, embora adaptada ao nosso ambiente e às diretrizes do Estado Novo.

Que representam na Alemanha ou na Itália as Juventudes nazistas? Representam organismos vivos, imbuídos dos programas de Estado, que desempenham num determinado escalão as tarefas preparatórias do escalão superior inclusive a instrução pré-militar, de modo que qualquer membro dessas Juventudes possa evoluir naturalmente sem sobressaltos ou malabarismos, para este ou aquele setor da organização nacional. Em uma palavra, qualquer membro dessas Juventudes sabe para que se está preparando (...).[70]

ANTILIBERALISMO COMO CONVICÇÃO

No entanto, não seria no fim de 1941, quando já passado o momento crítico em que teve lugar a proposta da Organização Nacional da Juventude como organização miliciana, que teria eco um clamor dessa natureza. O movimento de Juventude Brasileira já se afirmara pela desmobilização e já fazia parte do folclore do civismo, a grande retórica nacional.

A DEMOCRACIA NÃO AGUENTA A DEMOCRACIA

Quando este texto estava praticamente finalizado, tomei contato com o artigo de Rogerio Dultra dos Santos, "Francisco Campos e os fundamentos do constitucionalismo antiliberal no Brasil", publicado na revista *Dados*,[71] em 2007. Uma vez mais, o tema do antiliberalismo de Francisco Campos mobilizou a atenção dos cientistas sociais. A leitura do texto de Santos foi estimulante em muitos aspectos. O primeiro — e sempre desejável — foi tomar contato com uma interpretação vista de perspectiva distinta daquela que me havia orientado. O *constitucionalismo antiliberal*, de Carl Schmitt (1888-1985), foi a chave de leitura de que Rogerio Dultra dos Santos se valeu para sugerir seu entendimento sobre o antiliberalismo de Francisco Campos. A persuasão por essa eleição interpretativa foi assim explicitada:

> Dados a sua influência e o seu grau de detalhamento técnico, o modelo schmittiano acabou por transformar-se no paradigma jurídico-constitucional das ditaduras ocidentais do século XX. A partir de Schmitt, a vaga conceituação de *Estado autoritário* é substituída por uma fórmula mais precisa. Ele desenvolveu uma doutrina cujo alvo foi a fraqueza constitucional do Estado democrático-liberal para o qual a Constituição de Weimar, de 1919, era o modelo clássico (Santos, 2007, p. 3).

Um segundo ponto, também interessante, foi perceber a confirmação de uma tendência analítica clássica, visitada em extensa bibliografia sobre o período no Brasil — a repulsa à oligarquização da Primeira República como justificativa e fundamento teórico-político essencial da crítica ao liberalismo. Campeou entre os intelectuais da chamada "matriz autoritária" de pensamento a convicção dos prejuízos para o desenvolvimento político brasileiro, vícios trazidos pela manutenção de práticas e costumes oligárquicos.

E, finalmente, a consideração de Francisco Campos como o intelectual que teria jurídica e politicamente forjado para o país o desenho institucional à feição do modelo antiliberal tributário de Carl Schmitt. Do lado do Estado, o modelo pretendia uma recomposição jurídica e estrutural capaz de sustentar o que viria com o golpe de 1937 e a outorga da Constituição que o formalizou, de autoria de Francisco Campos: um novo regime político.[72] Pela sociedade, o modelo se abria aos ditames do que veio com a emergência das massas. A fórmula de Campos previa uma dinâmica de sua inclusão pelo pacto de comunhão com o chefe do processo político. Assim se processaria o que Campos — na esteira de Schmitt — proclamaria como *democracia substancial*. A questão central para Campos, igualmente bem demonstrada por Santos, é enfrentar o anacronismo das instituições da democracia liberal diante de uma sociedade de massas. O aparecimento sociológico do fenômeno das massas desafiava as instituições políticas de cunho parlamentar. O antiliberalismo, então, seria uma consequência lógica e inevitável do liberalismo. E seu atenuador, caso a fórmula fosse excessivamente ácida, seria a constitucionalização substantiva de procedimentos que controlassem os frágeis estabilizadores ofertados pela formalidade liberal.

Intelectual de seu tempo, Francisco Campos adotará sem discussão, e, eu diria, com bastante convicção, as receitas do politicamente incorreto: os defeitos e fraquezas do arranjo liberal são identificados como "feminilidades do parlamentarismo". Plástico, mutante, volúvel e flexível, variado e imprevisível em suas manifestações, o Parlamento liberal [expressão da sociedade] reproduziria o movimento de uma sociedade multifacetada e complexa. Controlar seu fluxo seria, no ideal de nosso ideólogo da democracia *substancial*, rebater o feminino que insistia em

ANTILIBERALISMO COMO CONVICÇÃO

permanecer na retórica da persuasão, da negociação e da conversação — características da atividade parlamentar regida pelo liberalismo constitucional. Mas as conquistas de gênero fazem parte justamente do modelo de democracia frágil, insustentável, imprópria e inadequada ao livre curso da sociedade de massas... Suponho que tais conquistas conformariam um cardápio indigesto ao intelectual erudito e jurista mineiro Francisco Campos.

NOTAS

1. Ver, entre outros: Helena Maria Bousquet Bomeny, "A estratégia da conciliação: Minas Gerais e a abertura política dos anos 30". *In*: Angela Maria de Castro Gomes (Coord.). *Regionalismo e centralização política. Partidos e Constituinte nos Anos 30*, Rio de Janeiro, Nova Fronteira, 1980, p. 133-236 (Brasil, Século 20); Simon Schwartzman; Helena Maria Bousquet Bomeny; Vanda Maria Ribeiro Costa. *Tempos de Capanema*. Rio de Janeiro, Paz e Terra, 1984. [Segunda edição publicada em 2000 pela Paz e Terra e FGV Editora.]
2. Arquivo Oswaldo Aranha, OA 1939.04.18. CPDoc/FGV, Rio de Janeiro.
3. Arquivo Oswaldo Aranha, OA 1939.04.18. CPDoc/FGV, Rio de Janeiro.
4. Arquivo Oswaldo Aranha, OA 1939.04.18. CPDoc/FGV, Rio de Janeiro.
5. Arquivo Oswaldo Aranha, OA 1939.04.18. CPDoc/FGV, Rio de Janeiro.
6. Olavo Bilac. *A Defesa Nacional* (discursos). Rio de Janeiro, Liga da Defesa Nacional, 1917, p. 7.
7. Grupo de jovens oficiais brasileiros que, tendo estagiado no Exército alemão entre 1906 e 1912, retornou ao Brasil disposto a promover a modernização do Exército. O grupo recebeu esse nome em alusão ao movimento nacionalista de modernização da Turquia na mesma época. (*N. do A.*)
8. Cf. José Murilo de Carvalho, "As Forças Armadas na Primeira República: o poder desestabilizador". *In*: Boris Fausto. *História geral da civilização brasileira*, T. III, v. 9, *O Brasil republicano. Sociedades e instituições,* São Paulo, Difel, 1977.
9. Editorial de *A Defesa Nacional*, 10 de janeiro de 1942, n° 332.
10. *Nação Armada*, março de 1940, n° 4, p. 29.

OS INTELECTUAIS DO ANTILIBERALISMO

11. *Nação Armada*, março de 1940, n° 4, p. 30.

12. Arquivo Osvaldo Aranha, OA 1939.04.18. CPDoc/FGV, Rio de Janeiro, p. 4.

13. *Nação Armada* [Revista civil-militar consagrada à Segurança Nacional]. Rio de Janeiro, mar. de 1941, p. 26.

14. *Idem*, p. 29.

15. *A Defesa Nacional*, 10 de maio de 1944, Ano XXI, n° 360, p. 128.

16. Francisco Campos, *O Estado Nacional*. Sua estrutura, seu conteúdo ideológico, Rio de Janeiro, José Olympio, 1940, 257 p.

17. Mihail Manoilesco, *O século do corporativismo:* doutrina do corporativismo integral e puro, Rio de Janeiro, José Olympio, 1938.

18. Arquivo Getulio Vargas, GV 1938.03.00/1. CPDoc/FGV, Rio de Janeiro.

19. Arquivo Getulio Vargas, GV 1938.03.00/1. CPDoc/FGV, Rio de Janeiro, p. 2.

20. Arquivo Getulio Vargas, GV 1938.03.00/1. CPDoc/FGV, Rio de Janeiro, p. 1.

21. Arquivo Gustavo Capanema, outubro de 1938. CPDoc/FGV, Rio de Janeiro.

22. Arquivo Getulio Vargas, GV 1938.03.00/1. CPDoc/FGV, Rio de Janeiro.

23. Arquivo Getulio Vargas, GV 1938.03.00/1. CPDoc/FGV, Rio de Janeiro, p. 2 e 3.

24. Arquivo Getulio Vargas, GV 1938.03.00/1. CPDoc/FGV, Rio de Janeiro, p. 3 e 4.

25. Arquivo Getulio Vargas, GV 1938.03.00/1. CPDoc/FGV, Rio de Janeiro, p. 4 e 5.

26. Arquivo Getulio Vargas, GV 1938.03.00/1. CPDoc/FGV, Rio de Janeiro, p. 1.

27. Arquivo Getulio Vargas, GV 1938.03.00/1. CPDoc/FGV, Rio de Janeiro, p. 2.

28. Esta tentativa já fora esboçada por Francisco Campos em 1931, por ocasião da formação, em Minas Gerais, da Legião de Outubro. Campos conhecia bem o peso social do clericalismo católico mineiro para tomá-lo como aliado e base de apoio ao seu projeto legionário.

29. Arquivo Getulio Vargas, GV 1938.03.00/1. CPDoc/FGV, Rio de Janeiro, p. 35.

30. Arquivo Getulio Vargas, GV 1938.03.00/1. CPDoc/FGV, Rio de Janeiro, p. 19.

31. Arquivo Gustavo Capanema, 19 de setembro de 1938. CPDoc/FGV, Rio de Janeiro, p. 2.

32. Arquivo Gustavo Capanema, 19 de setembro de 1938. CPDoc/FGV, Rio de Janeiro, p. 3-4.

33. Arquivo Gustavo Capanema, 19 de setembro de 1938. CPDoc/FGV, Rio de Janeiro, p. 4.

34. Arquivo Gustavo Capanema, 19 de setembro de 1938. CPDoc/FGV, Rio de Janeiro, p. 4.

ANTILIBERALISMO COMO CONVICÇÃO

35. Organização Nacional da Mocidade Portuguesa. Boletim, 1937, Porto, Litografia Nacional, 1938, p. 6.
36. Arquivo Gustavo Capanema, 19 de setembro de 1938. CPDoc/FGV, Rio de Janeiro, p. 5.
37. Arquivo Gustavo Capanema, 19 de setembro de 1938. CPDoc/FGV, Rio de Janeiro, p. 7.
38. Arquivo Gustavo Capanema, 19 de setembro de 1938. CPDoc/FGV, Rio de Janeiro, p. 7 e 8.
39. Arquivo Gustavo Capanema, 19 de setembro de 1938. CPDoc/FGV, Rio de Janeiro, p. 8.
40. Fernando Henrique Cardoso, *Autoritarismo e democratização*, Rio, Paz e Terra, 1975, 3ª ed., p. 18.
41. Gino Germani, "Political socialization of youth in fascist regimes: Italy and Spain". *In:* Samuel P. Huntington; Clement H. Moore (Eds.). *Authoritarian Politics in modern society*, Nova York, Londres, Basic Books, 1970.
42. Germani, *op. cit*, p. 367.
43. Para Lamounier, a ideologia de Estado é a constituição de uma visão do mundo político que afugenta todas as representações que levam à noção de "mercado político", exorcizado em proveito das representações fundadas no princípio da autoridade e em supostos consensos valorativos. Esvazia-se o mercado político forjando-se o consenso autoritário. Cf. Bolívar Lamounier, "Formação de um pensamento político autoritário na Primeira República. Uma interpretação". *In:* Boris Fausto. História geral da civilização brasileira, v. 9, t. III, *O Brasil republicano. Sociedade e instituições*. São Paulo: Difel, 1977.
44. Lamounier, *op. cit.*, p. 361.
45. Arquivo do Exército. Minutas da correspondência do ministro da Guerra. Dezembro de 1938.
46. Arquivo Getulio Vargas, GV 1938.03.00/1, CPDoc/FGV, Rio de Janeiro.
47. Arquivo Getulio Vargas, GV 1938.03.00/1, CPDoc/FGV, Rio de Janeiro.
48. Arquivo Getulio Vargas, GV 1938.03.00/1, CPDoc/FGV, Rio de Janeiro.
49. Arquivo Getulio Vargas, GV 1938.03.00/1, CPDoc/FGV, Rio de Janeiro, artigo 12.
50. Arquivo Getulio Vargas, GV 1938.03.00/1, CPDoc/FGV, Rio de Janeiro, artigo 14.
51. Simon Schwartzman. "O estatuto da família". Rio: CPDoc/FGV, 1980, mimeo. *In: Cadernos de Pesquisa*, maio, nº 37, São Paulo: Fundação Carlos Chagas, 1981.

OS INTELECTUAIS DO ANTILIBERALISMO

52. Arquivo Getulio Vargas, GV 1938.03.00/1, CPDoc/FGV, Rio de Janeiro, artigo 16.
53. Arquivo Gustavo Capanema, Arq. GC g 1938.08.09, 12 de março de 1940. Carta de José Soares Franco ao ministro Gustavo Capanema. CPDoc/FGV, Rio de Janeiro.
54. Arquivo Gustavo Capanema, Arq. GC g 1938.08.09, recorte do jornal *A Offensiva*, Rio de Janeiro, 23 de setembro de 1936. CPDoc/FGV, Rio de Janeiro.
55. Carta de Plínio Salgado a Getulio Vargas. *In*: Hélio Silva. *1938 — Terrorismo em campo verde*, Rio de Janeiro, Civilização Brasileira, 1971, p. 367-8.
56. *Idem*, p. 368.
57. *Idem*, p. 373.
58. *Idem*, p. 376.
59. Robert Levine, *O regime de Vargas. Os anos críticos 1934-1938*, Rio de Janeiro, Nova Fronteira, 1980, p. 132.
60. *Idem*, p. 143.
61. José Murilo de Carvalho. "Forças Armadas e política, 1930-1945". Rio de Janeiro. CPDOoc/FGV, 1980, mimeo, p. 52.
62. Lamounier, *op. cit.*, p. 369.
63. Lamounier, *op. cit.*, p. 369.
64. Lamounier, *op. cit.*, p. 370.
65. Franz Neumann, *Estado democrático e Estado autoritário*, Rio de Janeiro, Zahar, 1969.
66. Neumann, *op. cit.*, p. 269.
67. Juan Linz, "Totalitarian and Authoritarian regimes". *In*: F. I. Greentin; Nelson W. Polsby (Eds.). *The handbook of political science*, v. 3. Reading (MA), Addison Wesley, 1975.
68. Uma discussão sobre as concepções desenvolvidas por Juan Linz pode ser encontrada em Bolívar Lamounier, "Ideologia em regimes autoritários: uma crítica a Juan J. Linz". *In*: *Estudos Cebrap*, n° 7, jan. fev. mar., São Paulo, Cebrap, 1974.
69. Neumann, *op. cit.*, p. 269.
70. *Nação Armada*, outubro, 1941, p. 329. "Juventude Brasileira". (Grifo nosso.) Rogerio Dultra do Santos, "Francisco Campos e os fundamentos do constitucionalismo antiliberal no Brasil". *Dados*, v. 50, n° 2. Rio de Janeiro: Inperj, 2007. Disponível em: www.scielo.br/scielo.php?script=sci_arttext&pid=S0011-52582007000200003&lang=pt.

ANTILIBERALISMO COMO CONVICÇÃO

71. A Constituição de 1937 foi pejorativamente chamada pelo jornalista Assis Chateaubriand de "Polaca", em alusão à Carta da Polônia (1921), que inaugurara o golpe de Estado naquele país. O apelido se incorporava à gíria nacional. Embora historiadores comentem a improcedência do apodo, "Polaca" acabou sendo um termo que fixou na memória a Constituição outorgada em 1937 por Getúlio Vargas.

CAPÍTULO 10 # Os projetos de modernidades alternativas na Rússia/URSS: as reconstruções da memória (séculos XIX e XX)*

Daniel Aarão Reis Filho**

---

* O presente artigo teve duas versões preliminares, em forma de apresentação oral: em mesa-redonda da Associação Nacional dos Professores Universitários de História (Anpuh-RJ), realizada na Universidade Federal Fluminense (UFF), em julho de 2006; e na abertura do curso de História Contemporânea/*lato sensu*, organizado pelo Departamento de História da UFF, em agosto de 2007. Os debates então ensejados muito contribuíram para revisões e aperfeiçoamentos, agora incorporados.

** Professor titular de História Contemporânea da Universidade Federal Fluminense (UFF). Pesquisador do Conselho Nacional de Desenvolvimento Científico e Tecnológico (CNPq).

OS INTELECTUAIS RUSSOS E AS MODERNIDADES ALTERNATIVAS

A sociedade russa, sobretudo a partir de meados do século XIX e até as revoluções do início do século XX, e também ao longo desse último século, foi um dos mais importantes cenários históricos em que se formularam e se implementaram projetos de modernidades alternativas em relação aos modelos liberais, gestados no ocidente da Europa e nos EUA.[1]

No século XIX, destacaram-se dois tipos de intelectuais comprometidos com a elaboração de alternativas aos padrões preconizados — e impostos — pelos liberais ocidentais: os *intelligenti* e os *intelectocratas*.[2] A saga dos primeiros é bastante conhecida. Revolucionários marginalizados enfrentaram com decisão e coragem o despotismo do Estado tsarista. Embora vencidos, ou talvez por causa disso mesmo, conservaram uma aura épica, que tem fascinado estudiosos e pesquisadores.[3] Segundo a conceituação que adoto, os *intelligenti* bifurcaram-se em duas grandes tendências. De um lado, os revolucionários, partidários de um enfrentamento radical com o Estado, cuja figura emblemática foi, sem dúvida, N. Tchernychevski, precursor de uma galeria de *heróis* revolucionários dos séculos XIX e XX, que chamo de *anjos vingadores*, por pretenderem, em nome do povo, vingar suas desditas e misérias, destruindo a Ordem conservadora e seus representantes reconhecidos.[4] De outro, os reformistas revolucionários, cuja figura emblemática foi A. Herzen, também partidário de transformações radicais na sociedade russa, mas profundamente crítico em relação às derivas autoritárias que poderiam emergir de um eventual vendaval revolucionário.[5]

Uma outra tendência, embora menos estudada, merece igualmente atenção: a dos *intelectocratas*, emblematicamente representados pelos irmãos Dmitri e Nicolai Miliutin, considerados pela nobreza conservadora como dirigentes de um *partido vermelho*, que se teria infiltrado na Corte tsarista na conjuntura efervescente que precedeu as grandes reformas dos anos 1860, entre as quais a abolição da servidão, decretada em 1861. Também comprometidos com a formulação e a realização de alternativas de modernização para a sociedade russa, os intelectocratas eram, contudo, partidários de um reformismo pelo alto, através do Estado, por desconfiarem da capacidade da sociedade, e das camadas populares em particular, de empreender, com eficácia, as transformações consideradas essenciais. Na perspectiva desses pensadores, só o Estado, ainda mais fortalecido, poderia levar o programa modernizador a bom termo, deixando-se para fases ulteriores a construção de dispositivos que permitiriam a participação ampliada do povo, que, devidamente instruído, num prazo mais ou menos longo, poderia então tomar parte nas deliberações concernentes à ordem pública.[6]

Intelligenti e *intelectocratas* formularam paradigmas, constituíram tradições que teriam inegável importância histórica. Em grande medida, reconhecida consensualmente, os revolucionários do século XX são herdeiros dessas tradições.

Meu interesse, neste artigo, é refletir sobre esses paradigmas e tradições à luz de duas grandes questões, consideradas fundamentais: a Comuna Rural e o Estado imperial. Analisar como surgiram e foram pensadas no âmbito dos debates ocorridos no século XIX, por ocasião das reformas dos anos 1860 e 1870. E como mais tarde seriam retomadas, e reconstruídas, no contexto das revoluções russas do século XX.

OS PROJETOS DE MODERNIDADES ALTERNATIVAS NA RÚSSIA/URSS

COMUNA RURAL: AS REFORMAS DO SÉCULO XIX E AS REVOLUÇÕES DO SÉCULO XX

A Comuna Rural russa, em meados do século XIX, era já uma instituição ancestral, cujas origens remontam à noite dos tempos. O nome russo que a designava, *mir*, era carregado de sentido simbólico: significava, ao mesmo tempo, *paz* e *universo*.

No *mir* agrupavam-se os camponeses russos, os *mujiks*, vivendo em aldeias, as casas tradicionais construídas de madeira, encostadas umas nas outras, apertando no espaço os laços de convivência. Os *mujiks*, amarrados pela servidão, trabalhavam nas terras dos senhores e também em suas terras comuns, comunitárias, distribuídas e redistribuídas periodicamente pela assembleia dos pais de família, a *obchina*, segundo dois critérios básicos: os braços, disponíveis para o trabalho, e as bocas, a serem alimentadas. Em suma, tinham a posse familiar da terra, mas mesmo essa era temporária. Quanto à propriedade, era comum, do conjunto da aldeia.

Os *mujiks* enfrentavam rudes e primitivas condições de trabalho. À mercê dos senhores, de seus caprichos, ambições e ganância, rasamente instruídos, quase todos analfabetos, viviam famintos de terra, de alimentos, de justiça e de saberes. Um mundo próprio, áspero, as dificuldades e o desespero da vida consolados pela densidade espiritual, mesclando-se aí, de forma eclética, múltiplas referências religiosas, um certo fatalismo político, a espera milenarista por um bom tsar, o *paizinho* (o *batiúchka*), e, quando era o caso, para combater o frio, a fome e a angústia, doses fortes de álcool, proporcionadas pela vodca.[7]

Constantemente subestimados pelas gentes instruídas e citadinas, considerados massas amorfas e resignadas, os *mujiks*, ao contrário, e não raro, irrompiam na vida social e política por meio de ações individuais e coletivas, em protesto contra suas condições de vida e de trabalho, demandando reformas e revoluções naquele mundo de humilhações e de injustiças.

A derrota russa na Guerra da Crimeia (1853-1855) evidenciaria os *pés de barro* do gigante, o caráter *reacionário* do regime imposto por Nicolau I (1825-1855), a crise de referências em que o império se encontrava. Sintoma, consequência e fator dessa crise, começaram a se multiplicar as revoltas camponesas, o *galo vermelho* e seus cantos bárbaros de destruição e de vingança.

O novo tsar, Alexandre II, e seus conselheiros próximos, cedo e rapidamente perceberam o caráter profundo da crise e localizaram sua pedra de toque: a servidão e o cortejo de misérias associadas, humanas e materiais.[8] Deslancharam então, na segunda metade dos anos 1850, um grande debate: era preciso reformar um conjunto de instituições e, em particular, abolir a servidão. Antes que os de baixo as arrancassem pela força, havia que concedê-las por cima, através do Estado, a velha história dos anéis e dos dedos.

Instaurado o debate, mesmo que limitado às alturas da sociedade, surgiram correntes diferentes, divergentes, adversárias. A nobreza conservadora nada queria ceder. A nobreza liberal aceitava o princípio do fim da servidão, mas, quanto às modalidades, surgiam distintas propostas.

Na corte imperial, onde se constituíram, por determinação do novo tsar, comissões de estudo das reformas a serem empreendidas, um grupo de *intelectocratas*, emblematicamente representados pelos irmãos Miliutin, queria fazer das reformas um instrumento de fortalecimento do Estado e enfraquecimento decisivo da nobreza e das demais classes *particularistas*, acusadas de egoísmo social, incapazes de perceber, e assumir, os interesses superiores da sociedade e do Estado. Visavam aqui, e sobretudo, a nobreza.

Enquanto isso, nas margens, agitavam-se os *intelligenti*: A. Herzen, mais comedido, tendia a se aproximar dos *intelectocratas*. As reformas pelo alto, se bem conduzidas, poderiam emancipar a sociedade, evitando-se as destruições apocalípticas que ele temia como liberticidas. Por outro lado, N. Tchernychevski, embora formalmente prudente, parecia mais decidido a embarcar na aventura do enfrentamento radical. Radicalizar as tensões e destruir o Estado, revolucionar a sociedade de alto a baixo, essas eram as condições para, de fato, abolir a servidão e mudar a vida. Reformas parciais seriam uma farsa, muletas para um doente que carecia de remédios fortes.

OS PROJETOS DE MODERNIDADES ALTERNATIVAS NA RÚSSIA/URSS

Em todos os argumentos a questão da Comuna Rural aparecia como central. O que fazer do *mir*? Como considerá-lo no contexto das reformas necessárias e, em particular, no que dizia respeito à abolição da servidão?

Entre *intelectocratas* e *intelligenti* havia acordos básicos.[9] Rejeitavam os modelos e os padrões de modernidade liberal que se consolidavam no ocidente da Europa. A Rússia, para não se desfazer, e se desagregar, tinha que escolher um caminho próprio, específico, de acordo com suas tradições, embora reformando-as. Compartilhavam nesse sentido a ideia de que a Comuna Rural, o *mir*, era uma instituição essencial do passado, fundamental à identidade russa, uma reserva decisiva na elaboração de uma outra modernidade, alternativa.

Na Comuna enraizava-se a *alma russa*: gregária, solidária, comunitária, igualitária, social, socialista (para os mais radicais), libertária — dela a sociedade dependia para preservar e desenvolver as virtudes *russas*: generosidade, sinceridade, hospitalidade, ajuda mútua, solidariedade, igualdade e liberdade, espírito de luta e perseverança.[10]

Entretanto, havia igualmente divergências, e não pouco profundas. Os *intelligenti* imaginavam a Comuna Rural como a base de uma Rússia regenerada e socialista, igualitária e livre — um socialismo agrário, russo, saltando por sobre o capitalismo liberal ocidental, considerado brutalmente desumano, monstruoso, um sistema que nascera e se desenvolvia *jorrando sangue por todos os poros*.[11] Mesmo entre eles, contudo, por exemplo, entre A. Herzen e N. Tchernycheveski, havia sensibilidades diferentes e distintas expectativas quanto à irrupção de um processo revolucionário. Como já foi referido, o primeiro temia o ímpeto liberticida da revolução. O segundo confiava de forma otimista em sua dinâmica regeneradora e redentora.

Já os *intelectocratas* preconizavam o reforçamento do *mir*, mas sob controle do Estado. À Comuna seriam atribuídas consideráveis porções de terra (alguns, mais radicais, aventavam a hipótese de conceder toda a terra aos *mujiks*), mas, ao mesmo tempo, a ela também caberiam tarefas estatais — recolhimento de impostos, recrutamento para as Forças Armadas e exercício do controle policial sobre as populações. Havia

OS INTELECTUAIS DO ANTILIBERALISMO

ali o medo do despertar de forças centrífugas. Se o Estado não mantivesse o controle, argumentavam os *intelectocratas*, poderia se desembestar o espírito rebelde, indisciplinado e indisciplinável do povo, à sombra do caos, desagregador. Só uma política de instrução e educação, a longo prazo, sob direção do Estado, poderia conduzir aquelas gentes à razão e a uma obra social positiva e construtiva. Do embate entre todas essas tendências, com suas diversas variantes, prevaleceu, afinal, uma engenhosa mescla, eclética, resultante do entrecruzamento de pressões e de contrapressões.

A servidão foi, de fato, abolida e os *mujiks* tiveram ampliadas suas terras. Mas não ganharam toda a terra. E ainda tiveram que pagar por ela pesados preços, frequentemente muito acima dos que eram cobrados no mercado. As prestações anuais desses encargos se estenderiam por décadas, gravando com seu fardo as possibilidades emancipacionistas da abolição e as condições de prosperidade dos *mujiks*.[12] Além disso, as Comunas assumiram, como acima referido, um conjunto de funções estatais, perdendo autonomia. Por outro lado, a nobreza também se enfraqueceu, e decisivamente, nunca mais tendo recuperado sua força e seu prestígio. As indenizações que recebeu pelas terras cedidas aos *mujiks* foram, afinal, quase integralmente, para as arcas do Estado, para pagar dívidas acumuladas de que esse era o credor. Assim, o Estado foi o grande vitorioso. Nesse preciso sentido, a perspectiva geral que os *intelectocratas* queriam imprimir às reformas foi preservada. No entanto, desgastados pelos embates, e decepcionados pelo fato de que suas propostas mais radicais não tinham sido aprovadas, não poucos, como N. Miliutin, seriam sacrificados ao ressentimento da nobreza, perdendo postos e posições.

Quanto aos *intelligenti*, denunciaram a reforma como um embuste e uma farsa. Mesmo A. Herzen sentiu-se burlado em suas expectativas. Nas publicações periódicas que dirigia, principalmente nas páginas d'*O Sino* (*Kolokol*), acusaria com veemência a parcialidade e as insuficiências das reformas e também as perseguições que logo se abateriam contra a *intelligentsia* russa.[13]

No entanto, ao contrário da expectativa dos *intelligenti*, e dos próprios *intelectocratas* mais radicais, que apostavam na ideia de que a so-

OS PROJETOS DE MODERNIDADES ALTERNATIVAS NA RÚSSIA/URSS

ciedade, e os *mujiks* em particular, reagiriam, insatisfeitos, não foi isso
o que ocorreu. As contradições sociais tenderam a se atenuar. À exceção
de violentas revoltas localizadas, duramente reprimidas, as evidências
de um processo geral de insatisfação social, visíveis na segunda metade
dos anos 1850, pareciam se esvair.[14]

O Estado imperial, de fato, não se limitara a decretar a abolição da
servidão. Todo um conjunto de reformas, abrangendo a educação, a
justiça, a administração civil das cidades e das províncias (criação das
Dumas e dos Zemstvas), as Forças Armadas, entre outras, contribuíram
para a abertura de novos horizontes, diluindo impasses que pareciam
catastróficos, abrindo válvulas de escape, incorporando sensibilidades e
inteligências antes marginalizadas e reprimidas.[15] Nem todas as oposições tinham sido silenciadas ou/e eliminadas. Entre as nações não russas
e os *intelligenti*, ondas de protesto continuariam a agitar a sociedade e a
questionar o Estado. Mas o Império reencontrara condições de paz social e relativa prosperidade.[16]

No último quarto do século XIX, o desenvolvimento do capitalismo
na Rússia, sobretudo nas décadas de 1880 e 1890, a crescente diferenciação social entre os *mujiks*, combinados com as políticas de reforma
agrária, embora de pouco êxito (P. Stolypin), pareciam atestar o definha-
mento da Comuna Rural como grande questão social e como base para
a construção de uma alternativa russa à modernidade ocidental.[17]

A crítica marxista elaborada no âmbito do Partido Operário Social-
Democrata Russo/POSDR, especialmente a obra de V. Lênin, tendia,
pelo menos nos últimos anos do século XIX, a subestimar as possibilidades do socialismo agrário.[18] Quanto aos herdeiros mais diretos da
tradição *populista*, organizados no Partido Socialista Revolucionário/
SRs, ainda que insistissem formalmente na importância-chave da Comuna Rural, tendiam, cada vez mais, a ser considerados portadores de
um projeto arcaico, ou arcaizante.[19]

Entretanto, as revoluções russas de 1905 e 1917 reatualizariam a
questão.[20] Em 1905, a interrupção da guerra com o Japão permitiria ao
Estado reconstituir suas reservas políticas e militares. A partir daí, uma
combinação dosada de concessões e de repressão matou a revolução.

OS INTELECTUAIS DO ANTILIBERALISMO

Já o mesmo não foi possível em 1917. O *galo vermelho* voltaria então a cantar seus cânticos de guerra, destruição e vingança. A guerra camponesa levantou-se com inaudita veemência: expropriação e nacionalização das terras, distribuição delas pelos comitês agrários segundo as bocas e os braços. A velha utopia camponesa, afinal, realizada. Quando os bolcheviques *assaltaram os céus* em outubro, em Petrogrado, a revolução agrária já era uma realidade, esperando apenas o reconhecimento jurídico.[21]

V. Lênin, evidenciando mais uma vez seu *gênio tático*, curvou-se às realidades emergentes e prontamente fez o Conselho dos Comissários do Povo/CCP, instaurado pelo congresso soviético logo após a vitória da insurreição de outubro, reconhecer as reivindicações camponesas, criando as condições para uma aliança política com os SRs de esquerda. O Decreto da Terra, expedido ainda na manhã de 25 de outubro, com efeito nacionalizaria as terras, atribuindo aos comitês agrários, em cada aldeia, o direito de distribuí-las segundo critérios a serem decididos autonomamente.

Formou-se estranha aliança entre os bolcheviques, que se figuravam como marxistas ortodoxos, identificados com a classe operária e a moderna indústria, e a tradição populista das utopias camponesas, consideradas arcaicas. As chaminés e os arados. As foices e os martelos. Apesar de contradições importantes, a aliança social entre operários e camponeses, os pobres das cidades e dos campos, consolidou-se ao longo da guerra civil.

No obelisco da Praça Vermelha, simbolicamente, V. Lênin faria inscrever, borrando as marcas de antigos tsares, os nomes dos revolucionários dos séculos XIX e XX. A vitória permitia entrelaçar A. Herzen e N. Tchernychevski, Fourier e K. Marx, apagando diferenças antes vistas como insanáveis, atestando, mais uma vez, o triunfo da *verde árvore da vida*.[22]

Assim, em 1921, vencida a guerra civil, e apesar das devastações por ela produzidas, a antiga Comuna Rural recuperara seus títulos. Os marxistas tinham o poder, mas os *mujiks*, as terras. Um paradoxo histórico: o poder bolchevique concretizava os sonhos dos populistas,

OS PROJETOS DE MODERNIDADES ALTERNATIVAS NA RÚSSIA/URSS

fazendo dos companheiros de V. Lênin os herdeiros legítimos dos *intelligenti* do século XIX. Mas a peça não se encerrara, haveria outros atos naquela história.

A primeira metade dos anos 1920 foi um tempo de prosperidade e de paz social. Em 1926, sob os ditames da chamada Nova Política Econômica/NEP, a Rússia revolucionária, transformada em União Soviética desde 1922, recuperara os níveis de produção de antes da guerra.[23] No entanto, cercada num mundo hostil, deparava-se com os desafios de um projeto de desenvolvimento econômico autônomo.

A velha pergunta voltava a martelar: o que fazer? De onde extrair os recursos essenciais para financiar a modernização da sociedade e do país? E havia também a questão não menos essencial dos ritmos.

Naqueles tempos de hesitações e de tateamentos, N. Bukharin cunhou o conceito de *desenvolvimento ótimo*. As necessidades do progresso não deveriam levar ao rompimento da aliança com os *mujiks*. Os ritmos deveriam harmonizar-se com as demandas das grandes maiorias. Assim, projetos *maximalistas* deveriam ser cuidadosamente evitados, pois eles determinariam doses catastróficas de repressão.

As propostas de Bukharin perderam o embate para uma ampla frente de *industrialistas*, capitaneada por J. Stalin. Predominaria então a ideia épica de que havia que desencadear um processo rápido de *decolagem*, ancorado em grandes polos, e para isso era necessário, através do Estado, coletivizar a agricultura.[24] Mais uma grande revolução. Agora, pelo alto.

Os *mujiks* seriam transformados pelo discurso do poder em fatores de atraso, mobilizando-se referências de um marxismo europeu ortodoxo que denunciava o camponês limitado, mesquinho, avarento, pequeno, incapaz de perceber as necessidades de conjunto da sociedade e da revolução. Os camponeses, agrupados em seus mundinhos estreitos, eram como um *saco de batatas podres*, liderados pelo egoísmo dos *kulaks*, parasitas sociais que haveria que eliminar da paisagem social.

Os destacamentos de ferro do Estado partiram para o assalto dos campos numa orgia de sangue e de destruição. Arrasou-se a grande conquista agrária da revolução, a utopia da Comuna Rural. Em seu lugar, as grandes fazendas estatais, que financiariam o processo de industrialização acelerado, inaudito, que revolucionou a União Soviética e fez dela o modelo de socialismo do século XX.

Os bolcheviques não eram mais os herdeiros dos *intelligenti*. Uma inesperada, nova e poderosa metaformose tinha se operado. Eles agora surgiam no cenário da história como continuadores dos *intelectocratas*. Realizando através do Estado uma obra que os irmãos Miliutin nunca haveriam de ter imaginado, sequer em seus devaneios mais delirantes. No mesmo movimento, ocorreu a recuperação do Estado como fator-chave de modernização alternativa.

O ESTADO, AS REFORMAS DO SÉCULO XIX E AS REVOLUÇÕES DO SÉCULO XX

O Estado tsarista tem sido considerado, segundo as conjunturas históricas, em chave diversa. Ora a historiografia o apresenta como fator básico de modernização, acelerador do desenvolvimento econômico e de reformas sociais e culturais — é o caso do Estado sob liderança de Pedro, o Grande, na transição do século XVII para o século XVIII; ou de Catarina II, na segunda metade do século XVIII; ou ainda de Alexandre II, nos anos 1860 e 1870, empreendendo as reformas que mudaram as instituições político-jurídico-administrativas imperiais, entre as quais, inclusive, e principalmente, a abolição da servidão. Nessa mesma chave, a historiografia russa e, depois, como veremos, a soviética analisarão o expansionismo geográfico, político-militar, em todas as direções da rosa dos ventos, capitaneado e estimulado pelo Estado, como *modernizador e civilizador*. Assim, como os demais Estados europeus em seus processos de expansão, o Estado imperial e, mais tarde, o soviético carregarão sobre os ombros o fardo de *civilizar* culturas e povos bárbaros, na tradição iluminista, um papel essencialmente progressista.

Entretanto, em muitos momentos, o Estado aparecerá como fator de atraso, de obscurantismo, de repressão e congelamento. Seus líderes e dirigentes serão então acusados de inépcia, responsáveis por tempos de sombra, de estagnação, de regressão ou de desagregação.

Perdem-se aí de vista, não raro, as complexas relações entre sociedade e Estado, o Estado como um *constructo* social, e os líderes, e mesmo os tsares, como expressão de uma vontade coletiva. Nos anos 1860 e 1870, sob Alexandre II, já observamos os debates e as divergências em relação à Comuna Rural, o papel histórico que deveria assumir numa Rússia reformada.

Sobre o Estado, as divergências eram ainda mais profundas. Os *intelectocratas* o queriam como fator decisivo no processo das reformas. Preconizavam a retomada da tradição, ou do mito, do Estado sob Pedro, o Grande. Era preciso fortalecer a autocracia e enfraquecer as classes *egoístas*, *parasitas*, particularmente a nobreza. Por outro lado, o Estado fortalecido constituiria a única barreira disponível para deter a eventual irrupção das massas, consideradas sempre ameaçadoras, caóticas, com seus ímpetos destruidores e bárbaros.

Entre os *intelligenti*, havia nuanças importantes. N. Tchernyveski e a corrente revolucionária que passaria a inspirar, a dos *anjos vingadores*, desconfiavam do, e mesmo recusavam o, potencial reformador do Estado tsarista. Segundo esse ponto de vista, a ideia das reformas pelo alto era uma ilusão a ser combatida. Só a derrocada da autocracia abriria horizontes para as profundas reformas de que a sociedade carecia. No lugar do poder tsarista, como fruto de uma autêntica revolução social, surgiria um novo Estado, esse, sim, capaz de comandar e efetuar as transformações necessárias.

A. Herzen interpretava uma outra tendência, que chamamos de reformista-revolucionária. A favor de mudanças, anelava mediações e temia irupções vulcânicas. O Estado reformador apoiado em movimentos sociais autônomos talvez fosse sua equação preferida. Decepcionado com os termos em que se configurou, afinal, a abolição da servidão, considerados tímidos e inconsequentes, demasiadamente conciliadores em relação às tendências conservadoras da nobreza, Herzen passou a engrossar o campo favorável ao combate sem tréguas contra o Estado tsarista, embora sempre se demarcando da fúria revolucionária dos mais radicais, o que o levaria entre esses ao isolamento social e político. Depois de concretizadas as reformas, ao longo da segunda metade do século XIX, essas tendências divergentes, por meio de diferentes líderes e organizações, se consolidariam.

De um lado, a tradição intelectocrata geraria outros e novos grandes gestores. O próprio D. Miliutin, que permaneceu como ministro da Guerra de Alexandre II até o fim de seu reinado, fazendo notáveis mudanças modernizadoras nas Forças Armadas russas, particularmente no Exército. A figura de P. Stolypin e seus projetos de reforma agrária — a ideia de fragmentar a Comuna Rural, incentivando por meio do financiamento estatal a criação de uma classe de pequenos proprietários rurais empreendedores. Ou ainda a de S. Witte, o ministro industrialista, preconizando a intervenção estatal no sentido de assegurar as melhores condições para o desenvolvimento econômico capitalista na Rússia. Todos esses, na tradição dos *intelectocratas*, realçariam, sempre, o papel do Estado, principal força de que dispunha a sociedade russa para alavancar projetos de modernização alternativa.

Em contraste, a tradição dos *intelligenti*, nas margens, à margem, comprometidos, e cada vez mais, com a proposta de destruir o Estado tsarista, fator de atraso e de obscurantismo. A Rússia era o cárcere dos povos, a começar pelo próprio povo russo, sempre humilhado e perseguido, e a autocracia era o seu carcereiro, um inimigo abominável com o qual não havia diálogo possível. A saga dos *intelligenti* foi uma das mais notáveis aventuras revolucionárias do século XIX, suscitando admiração em toda parte, aquela galeria de mulheres e de homens inabaláveis em suas certezas, determinados, entregando a vida, imolando-se, quando era o caso, na luta intransigente pela liberdade e pela emancipação social.

Os marxistas russos, desde que se constituíram os primeiros grupos nos anos 90 do século XIX, até a fundação do primeiro partido social-democrata russo, em 1903, se integrariam, nesse particular, à tradição de luta aberta contra a autocracia. Imbuídos, embora, da perspectiva da *cientifização* da política, que os tornava singulares entre todos os revolucionários, os únicos a deterem a *verdade* sobre o futuro da revolução social e da humanidade, nunca regateariam homenagens explícitas às virtudes da tradição *populista russa*. Mesmo que *utópicos*,[25] eram exem-

OS PROJETOS DE MODERNIDADES ALTERNATIVAS NA RÚSSIA/URSS

plares do ponto de vista da determinação e da perseverança, da coragem e do heroísmo com que enfrentavam as perseguições e as adversidades, e também muito se podia aprender com aspectos importantes de suas práticas políticas, em particular suas formas de organização, adaptadas aos rigores da polícia política imperial.[26]

A indisposição radical em relação ao Estado tsarista contribuiria para alimentar tendências refratárias ao Estado em geral. Elas não se limitavam ao âmbito dos partidos políticos revolucionários, mas impregnavam a sociedade como um todo. Os poderosos movimentos sociais favoráveis à organização dos soviets e dos comitês agrários, nas revoluções de 1905 e de 1917, organizações de poder descentralizadas e horizontais, *par excellence*, devem ser compreendidos nesse contexto de rejeição ao centralismo estatal.

Da mesma forma, e não como expressão de hipocrisia política, ou de *oportunismo* tático, devem ser percebidas certas configurações aparentemente estranhas, como, por exemplo, as alianças estabelecidas, em muitos momentos do ano *vermelho* de 1917, entre bolcheviques, SRs de esquerda e grupos anarquistas. Não as interpreto apenas e tão somente como convergências imediatas, momentâneas. Expressavam igualmente uma rejeição profunda às tradições centralistas e autocráticas do Estado imperial russo.

Caberia chamar a atenção para uma obra emblemática de V. Lênin, *O Estado e a revolução*, produzida em 1917, no calor da luta e dos acontecimentos revolucionários, e que evidenciava e suscitava convergências e aproximações com SRs de esquerda e anarquistas. O líder bolchevique recuperou então, em seu texto, a experiência da Comuna de Paris, lida por K. Marx, com uma ênfase extrema, e *anarquizante*, num poder descentralizado e radicalmente democratizado. A revolução soviética, em curso, era apresentada, e interpretada, como uma retomada da gesta revolucionária de 1871.[27]

Nos embates de 1917, a disseminação dos soviets nas cidades e dos comitês agrários nos campos parecia apontar na direção de uma reorganização radical do Estado, descentralizando e horizontalizando as instituições responsáveis pela ordem. Nesse quadro, como sustentava V. Lênin

OS INTELECTUAIS DO ANTILIBERALISMO

no texto referido, os mais simples cidadãos poderiam assumir e executar, em revezamento, as tarefas de gestão e de administração dos interesses públicos. Essas expectativas generosas e, em certa medida, visionárias, contudo, não se realizaram.

Já no quadro da guerra civil, predominariam lógicas militarizadas e centralistas. O aproveitamento parcial das burocracias civis e militares do antigo regime, sob controle do Exército Vermelho e dos bolcheviques, tornara-se quase inevitável, apesar das desconfianças e protestos de muitos revolucionários.[28] Em 1921, vitoriosa, afinal, a revolução e consolidado o novo poder, os mais argutos, entre eles, é claro, V. Lênin, logo perceberiam que o Estado tsarista fora derrotado, mas não destruído.

Substituindo-se, na prática, aos soviets, que, embora não extintos, perderiam, em grande medida, sua vitalidade enquanto *parlamentos populares*, afirmou-se a realidade da ditadura revolucionária[29] e, em particular, da ditadura do partido único, instaurada de modo aberto na sequência da derrota da insurreição de Kronstadt, em 1921.[30]

Os bolcheviques se viram firmemente encarapitados nas cúpulas do poder, mas se mostravam incapazes de deter um processo poderoso, mas silencioso e sorrateiro: como uma gigantesca esponja, a máquina do Estado e os procedimentos burocráticos tradicionais iam absorvendo e modelando, às vezes em sentidos opostos, a vontade transformadora e revolucionária das elites bolcheviques.

Tornou-se conhecida a metáfora de V. Lênin a respeito do motorista que está no volante, mas não controla mais o automóvel, que despenca, sem freios, ladeira abaixo.[31] A multiplicação de instituições de cúpula para *controlar os controladores*, entre as quais a Comissão Central de Controle (CCC) e a Inspeção Operário-Camponesa (IOC), foi de muito pouca valia. Os bolcheviques enredavam-se na armadilha que haviam criado, ou que, segundo eles, havia sido imposta pelas circunstâncias. No contexto da ditadura revolucionária de partido único, restringidas de modo radical as liberdades de expressão e de manifestação, as atividades internas de controle replicavam o processo de burocratização que se destinavam a combater.

OS PROJETOS DE MODERNIDADES ALTERNATIVAS NA RÚSSIA/URSS

Nos anos 1920, entretanto, pelo menos enquanto esteve em vigência a Nova Política Econômica/NEP, continuavam autorizadas, às vezes, é verdade, apenas como ritual, as críticas contundentes à *burocracia*, considerada uma herança abominada do Estado tsarista. Nas versões oficiais, seria, certamente, vencida no tempo pelo persistente trabalho dos revolucionários e também pela modernização que a revolução haveria de imprimir à vida e aos costumes soviéticos.[32]

Entretanto, no contexto da revolução pelo alto, a partir de fins dos anos 1920, surgiriam novas configurações, metamorfoses imprevistas.

De um lado, a ruptura da aliança operário-camponesa, o desencadeamento de uma outra guerra civil, imposta pela coletivização das terras e pela formação de unidades coletivas de produção nos campos, rigidamente controladas, regidas e dirigidas pelo Estado. De outro, a fixação de metas ultravoluntaristas para o desenvolvimento industrial, a proposta de alcançar o chamado *desenvolvimento máximo*, cumprindo em quatro anos as metas programadas para cinco, com ritmos frenéticos de crescimento.

O novo modelo supunha uma sociedade *mobilizada*.[33] Em dois sentidos: um movimento *político* permanente, para alcançar e superar as metas, e ainda identificar, desmascarar e isolar os *inimigos do povo*, que, de forma aberta ou velada, estavam ali, infiltrados, infiltrando-se, tentando, de todas as maneiras, sabotar a realização dos planos que iriam salvar a União Soviética, os seus povos e o socialismo; um movimento *social*, mais profundo e decisivo, misturando as gentes em migrações maciças, *horizontais*, e as promovendo, em termos *verticais*, de baixo para cima, num processo notável de *plebeização* do poder.[34]

Para viabilizar esse processo complexo, levantou-se novamente um tremendo Leviatã, um Estado hipertrofiado, centralista, centralizado, a ditadura revolucionária se refazendo como *modernizante*, uma alternativa de modernidade tanto mais evidente quando contrastada com a profunda crise em que chafurdavam então as economias e as sociedades liberais capitalistas.

O Estado reencontrou aí seu caráter construtivo. O fenômeno alcançou o apogeu quando se forjou, de modo lento, mas determinado, a

OS INTELECTUAIS DO ANTILIBERALISMO

recuperação *positiva* do império tsarista, que, segundo algumas versões, teria desempenhado, se bem analisado, um papel modernizante, progressista, principalmente em relação aos povos *atrasados* do Cáucaso e da Ásia central e oriental.

Os bolcheviques dos anos 1930, metamorfoseados, convertidos em *intelectocratas*, tenderiam a observar com outros olhos, mais favoráveis, os gestores do Estado tsarista, seus precursores, desqualificando como *idealistas* e *utópicos* os que insistiam em sublinhar apenas a dimensão repressiva das tradições imperiais: haveria que destacar ali a presença do moderno, do progresso, do avanço cultural e civilizacional. Nesse sentido, em suas reconstruções, os bolcheviques se veriam assemelhados aos franceses e ingleses na África e na Ásia. O processo de civilização dos *bárbaros* tinha um custo, era preciso assumi-lo.

Não reconhecê-lo não seria fazer o jogo dos inimigos? O jogo solerte do Ocidente capitalista, sempre disposto a desmerecer as tradições russas e sua busca exemplar de alternativas de modernidade?

O fenômeno da celebração do Estado alcançaria padrões inéditos por ocasião da Segunda Guerra Mundial. O próprio partido, como instituição dirigente, praticamente desapareceu, salvo nas litanias oficiais. Basta dizer que não realizou congresso entre 1939 e 1953. Até mesmo o Comitê Central esvaziou-se como centro de poder, substituído por comissões e comitês *ad hoc*, nomeados e regidos por J. Stalin. No contexto de um culto exacerbado da personalidade do Chefe, o hino da Internacional foi substituído por um outro, de ressonâncias musicais russas, considerado mais apropriado. E o Exército Vermelho se tornou Exército soviético. Longe de se extinguir, como pretendia a utopia de V. Lênin, plasmada em *O Estado e a revolução*, o Estado socialista hipertrofiava-se e se agigantava.[35]

Durante a Segunda Guerra Mundial, não gratuitamente chamada pelos russos e pelos soviéticos como *A grande guerra pátria*, a recuperação da *dimensão positiva* do Estado jogou, sem dúvida, um papel importante no coesionamento da sociedade russa, tentando contribuir, ao mesmo tempo, para que os não russos vissem com outros olhos o Estado que os havia avassalado no passado.

AS RECONSTRUÇÕES DA MEMÓRIA E AS METAMORFOSES DO PASSADO E DO FUTURO

Ao longo do tempo, como pudemos observar, construíram-se e desconstruíram-se incessantemente, segundo as exigências das conjunturas e as escolhas dos atores sociais e políticos, as noções e as conotações relativas à Comuna Rural e ao Estado. A proposta da Comuna Rural, enaltecida pela tradição populista como base indispensável para a proposta do socialismo agrário russo, que *saltaria* a etapa capitalista, relativamente desativada como referência nos últimos anos do século XIX, reapareceu com força inaudita, e imprevista, nas revoluções de 1905 e 1917.

Os próprios bolcheviques, liderados por V. Lênin, renderam-se à sua força, incorporando, com agilidade e presteza (o *gênio tático* de Lênin) as reivindicações dos movimentos sociais camponeses. Ocorreu, então, e afinal, a instauração da Utopia camponesa: nacionalização da terra e distribuição dela pelos comitês agrários. Em certo sentido, a Comuna Rural reinaugurada. Uma exigência da revolução social.

Mais tarde, no entanto, no âmbito da revolução pelo alto, a Comuna e as tradições camponesas seriam reconsideradas como fator de entrave, de atraso e de barbárie. Depois de terem ido aos céus, entre 1917 e 1921, como base fundamental da aliança operário-camponesa, desceriam agora aos infernos. Foram simplesmente eliminadas do panorama social, destruídas em meio a orgias de deportações e de mortes. O *mujik*, reinventado como cidadão de segunda classe, teria que trabalhar nas unidades coletivas estatais de produção, sob o guante pesado do poder revolucionário.

Por outro lado, o Estado, sempre abominado nas diferentes vertentes da tradição revolucionária, voltada para a desconstrução e a destruição e, depois da revolução, para um processo gradual que o levaria à extinção, acabou sendo recuperado como fator essencial na obra da construção do socialismo. Nessa releitura, o Estado deixou de ser um fator de entrave e de atraso para se tornar um dispositivo de avanços, de modernização e de progresso. De objeto de ódio passaria, com seu chefe, a objeto de culto e de amor.

OS INTELECTUAIS DO ANTILIBERALISMO

A disciplina da História foi, evidentemente, um elemento-chave nesse processo. A história oficial soviética adaptou-se a todas essas mudanças, empreendendo-as com decisão e coragem, acendendo e apagando luzes conforme as necessidades supostas da revolução e do socialismo, mesmo porque as dúvidas e as hesitações eram punidas com a prisão, a deportação e a morte.

Para muitos, o triunfo dessas metamorfoses enseja movimentos de relativismo e de um certo cinismo, como se essas reconstruções não fizessem mais do que reafirmar a máxima pirandelliana: *assim é se lhe parece*. Para outros, no entanto, o que essas metamorfoses podem ensinar é que certos passados nunca passam, pelo menos enquanto deles depende a construção de propostas para organizar a sociedade. Em outras palavras, enquanto permanecem como objeto de interesse das gentes e da sociedade, as referências do passado estão sempre em reelaboração, reconstruídas/desconstruídas, nessa luta incessante — e vã — dos vivos para dominar os mortos e controlar o futuro.

NOTAS

1. Tenho pesquisado há alguns anos a temática das modernidades alternativas e o papel dos russos, da Rússia e da URSS na formulação de projetos alternativos aos padrões liberais, cf. D. Aarão Reis, 2000, 2004 e 2007. Para a conceituação dos diferentes matrizes liberais, cf. S. Bernstein, 1998.

2. O termo intelectual é tomado aqui de acordo com sua primeira acepção, forjada nos embates ocorridos na França por ocasião do *affaire* Dreyfuss, em 1898. Refere-se a todo(a)s que, independentemente de suas ocupações profissionais, manifestam-se a propósito de assuntos ou temas que interessam à Cidade. Para uma discussão do conceito, cf. D. Aarão Reis, 2000; J. Benda, 1975; N. Bobbio, 1997; A. Gramsci, 1989; J. F. Sirinelli, 1986 e 1996; E. Said, 1994; E. Shills, 1972; M. Winock, 1997.

3. Cf., entre tantos outros, a obra clássica de F. Venturi, 1972, e mais: I. Berlim, 1988; W. Bannour, 1974; E. H. Carr, 1968; E. Lampert, 1957 e 1965; M. Malia, 1971; M. Raeff, 1966, e A. Walicki, 1979.

OS PROJETOS DE MODERNIDADES ALTERNATIVAS NA RÚSSIA/URSS

4. Cf., além dos autores citados na nota anterior, N. Tchernychevski, 1953 e 2000, e C. S. Ingerflom, 1988.

5. Aproprio-me do termo formulado por C. N. Coutinho no Brasil dos anos 1980, conferindo ao mesmo o sentido de reformas profundas, cuja implementação tende a revolucionar as estruturas sociais, políticas e econômicas de uma determinada sociedade. Cf. A. Herzen, 1974, 1984, 1870 e 1853; para os estudos a respeito de Herzen, cf. D. Aarão Reis, 2007; E. Acton, 1979; I. Berlim, 1956 e 1988 e M. Malia, 1965-1971.

6. Para o emprego do conceito e um estudo a respeito da ação dos intelectocratas, cf. D. Aarão Reis, 2000 e 2004. Para as obras das duas figuras emblemáticas da tradição intelectocrata do século XIX, cf. D. Miliutin e N. Miliutin, 1919, coleções 869, 1.184 e 1.287. Para estudos dessa tradição, considerada de um ângulo *iluminista*, cf. F. Miller, 1968, e W. Lincoln, 1977, 1974, 1975, 1990, 1982 e 1970; cf. também o clássico estudo de A. Leroy-Beaulieu sobre N. Miliutin, 1884; para um estudo sobre a tradição do reformismo pelo alto no século XVIII, cf. M. Raeff, 1957. Na Rússia imperial, os *intelectocratas* criaram diversas estruturas de sociabilidade altamente operacionais, como, entre outras, a Sociedade Geográfica Imperial. Cf. P. P. Semenov, 1896, e a obra clássica da Sociedade, organizada pelo mesmo, o *Dicionário Geográfico da Rússia Imperial*, cf. P. P. Semenov, 1863-1885.

7. Para o mundo rural russo, cf. M. Confino, 1991; T. Emmons, 1968; M. Florinsky, 1953; A. Haxthausen, 1972; M. Lewin, 1985; P. N. Miliukov, 1932; P. Pascal, 1970; R. Portal, 1963 e 1971; M. Raeff, 1982; N. Riasanovsky, 1994; H. Seton-Watson, 1988.

8. A denúncia da servidão como chaga social e fator de miserabilização das relações sociais já vinha de longe, desde fins do século XVIII. Cf. D. Aarão Reis, 2001; G. Fisher, 1958; A. Radishchev, 1994/1966. Para uma análise histórica específica do reinado de Nicolau I, cf. N. Riasanovsky, 1959. Para um estudo da conjuntura dos anos 1960, após a Guerra da Crimeia, cf. M. Confino, *op. cit.*, 1991.

9. A historiografia corrente costuma estudar separadamente os *intelligenti* e os *intelectocratas*, cf. notas 3 e 6. Defendo a hipótese de que são evidentes as pontes e os pontos de contato entre essas duas tradições reformadoras e revolucionárias. Trata-se de identificá-las e analisá-las.

10. Havia uma corrente basicamente conservadora, embora igualmente diversa, que também adotava a Comuna Rural como essencial à *alma russa*. Eram os

OS INTELECTUAIS DO ANTILIBERALISMO

chamados eslavófilos. Considerados tradicionalmente como conservadores, mereceriam, a meu ver, eles também, uma revisão historiográfica que procurasse, para além de preconceitos consagrados, ressituá-los no grande debate sobre reforma e revolução na Rússia dos séculos XIX e XX. Cf. A. Walicki, 1979 e 1971.

11. A metáfora, conhecida, é de K. Marx, que a emprega em O *capital*. Na conjuntura dos anos 1950 e 1960, não se tem notícia de um diálogo maior entre K. Marx e os *intelligenti* russos. No exílio inglês, A. Herzen dele se distanciaria, com críticas a suas tendências consideradas *autoritárias* e *sectárias*. Mais tarde, K. Marx estabeleceria fecundo diálogo com os herdeiros de A. Herzen e N. Tchernychevski. Cf. as obras já referidas de A. Walicki, 1971 e 1979.

12. Em 1905, mais de 40 anos depois da reforma, os *mujiks* continuavam pagando pelas terras obtidas. Ameaçado pela revolução, o tsar, afinal, dispensou o pagamento das últimas prestações.

13. N. Tchernychevski foi então preso. Passou longas décadas na prisão e/ou no exílio. Só foi libertado, e mesmo assim com a liberdade vigiada, poucos anos antes de sua morte.

14. Para estudos sobre o impacto das reformas, cf. B. Eklof, J. Bushnell e L. Zakharova, 1994.

15. A historiografia liberal e, em certa medida, também a soviética tenderam a sublinhar, como os *intelligenti* da época, as insuficiências das reformas empreendidas. Não faltaram, inclusive, os que analisaram as revoluções do século XX como consequências das insuficiências das reformas, num claro exercício de *história retrospectiva*. Nas controvérsias sobre a eficácia das reformas, tendo a considerá-las relativamente exitosas, principalmente por terem conseguido afastar as sombras da conjuntura pré-revolucionária da segunda metade dos anos 1950. Com efeito, o Império, apesar de sobressaltos, conheceria décadas de *paz social*. Para o debate a propósito, cf. a referência da nota 15, as da nota 7 e também T. Emmons, 1968, e P. A. Zaionchkovski, 1952 e 1960.

16. Para as nações não russas, sublinhe-se o estado permanente de *agitação* na Polônia russa e a insurreição de 1863. Para os movimentos da *intelligentsia*, a *ida ao povo* dos anos 1970, que projetou os *narodniks/populistas*, e os atentados contra personalidades do Estado praticados pela *Narodnaia Volia* (Vontade/Liberdade do Povo), entre os quais, e principalmente, o que levou ao justiçamento do tsar Alexandre II, em 1881.

17. Cf. P. Waldron, 1998.

OS PROJETOS DE MODERNIDADES ALTERNATIVAS NA RÚSSIA/URSS

18. Cf. os trabalhos de G. Plekhanov e a clássica obra de V. Lênin: *O desenvolvimento do capitalismo na Rússia*.

19. Para o estudo dos SRs, cf. J. Baynac, 1979 e J. Baynac e outros, 1975.

20. A década de 1890, em alguns momentos, seria marcada por revoltas camponesas dignas de registro. Evidências de que a questão camponesa permanecia viva, latejando. Dependendo das circunstâncias, poderia reaparecer como chaga viva naquela sociedade marcada ainda por desigualdades sociais gritantes. As aventuras guerreiras de 1905 e 1914 lacerariam as feridas, promovendo as explosões revolucionárias de 1905 e de 1917. Para o estudo das revoluções russas e seus desdobramentos soviéticos, cf. D. Aarão Reis, 2007; M. Lewin, 1985, 1995 e 2005; M. Ferro, 1967, 1969, 1976 e 1980; e N. Werth, 1984 e 1992.

21. Cf. S. Grosskopf, 1976. A autora fala num *outubro* camponês, que teria se realizado em agosto-setembro de 1917.

22. V. Lênin, justificando suas heresias, gostava de citar a frase de Goethe sobre a superioridade da árvore verde da vida em relação à árvore cinzenta da ciência.

23. A partir de 1920, o poder revolucionário emitiu uma série de decretos e leis, garantindo amplas liberdades de produção e de venda aos *mujiks*. A essa legislação, posteriormente, atribuiu-se o nome de Nova Política Econômica, a NEP.

24. Cf. C. Bettelheim, v. 2, 1977.

25. Na tradição marxista, que se autoconsidera científica, o termo utopia, durante décadas, assumiu uma conotação quase pejorativa, associado a propostas irrealistas, miragens, correspondentes à *infância* dos movimentos sociais. Com Marx e o marxismo, viria o tempo da ciência e da maturidade. A revolução social, segundo certos marxistas, migraria da esfera do desejo irreal para o campo da viabilidade prática. Do reino do sonho para o campo da eficácia.

26. K. Marx, nos últimos anos de vida, chegou a manter correspondência com líderes populistas, admirando-os por sua coragem e determinação. Tendo estudado o russo para analisar os materiais em primeira mão, considerou então o sonho dos *populistas*, a hipótese de a Rússia *saltar* a etapa capitalista. Não a excluiu, embora a vinculando a uma revolução geral europeia. Em sua vasta obra, V. Lênin, e também outros marxistas, se refeririam com respeito à tradição populista, embora, é claro, sempre sublinhando suas limitações e seu caráter geral *utópico*. V. Lênin também chamaria a atenção para a necessidade de

OS INTELECTUAIS DO ANTILIBERALISMO

os marxistas russos estudarem e incorporarem a experiência de luta clandestina das organizações populistas.

27. Há uma polêmica, iniciada ainda no século XIX, e que se estende aos dias de hoje, entre anarquistas e marxistas sobre o significado e as *lições históricas* da experiência da Comuna de Paris. Desde M. Bakunin, os anarquistas criticam K. Marx e os marxistas de terem feito, a propósito da Comuna de Paris, o trabalho do cuco: chocar ovo alheio.

28. Dezenas de milhares de oficiais tsaristas lutariam em posições de comando no Exército Vermelho, assistidos — e controlados — por comissários políticos que deveriam coassinar as ordens de movimentos e de engajamentos de tropas.

29. Embora não reste dúvida a respeito do declínio dos sovietes como parlamentos populares (salvo na perspectiva da historiografia soviética, oficial), é preciso ressaltar que esses organismos continuaram desempenhando importante papel na construção e manutenção do consenso em torno do poder. Não é razoável, assim, como quer a historiografia liberal, visualizá-los como se fossem *bichos empalhados*, apenas ornamentos, sem vida. Continuaram, ao contrário, mantendo grande capacidade de organização e de incorporação das gentes nos trabalhos correntes das administrações locais e regionais. O que perderam foi a capacidade de determinar as políticas públicas gerais. Essa dimensão, essencial em 1917, simplesmente desapareceu, reconfigurando-se o chamado Soviete Supremo como um *parlamento da unanimidade*.

30. Para a insurreição de Kronstadt, cf. P. Avrich, 1975 e 1979.

31. Cf. R. Linhart, 1976.

32. Todas as oposições mais expressivas no interior do partido bolchevique, entre outras a corrente dita do centralismo-democrático, a Oposição Operária e a crítica de L. Trotsky e de alguns de seus correligionários, retomariam, de modo mais ou menos sofisticado, as críticas à burocratização do processo revolucionário. Sintomaticamente, no entanto, nenhuma delas questionaria a ditadura do partido único. Não queriam, ou não podiam, se dar conta de que estava aí uma das raízes políticas fundamentais do fenômeno que criticavam com tanta contundência. Cf. C. Bettelheim, t. 1, 1974; e também R. Linhart, *op. cit.*, na nota anterior.

33. Cf. J. Sapir, 1990.

34. Cf. N. Werth, 1992.

35. Mencione-se o fato de que, sem ter sido formalmente banida, a obra *O Estado e a revolução*, de V. Lênin, passou a ser considerada com desconfiança e hostilidade. Se fosse encontrada em bibliotecas particulares era considera um *agravante* no julgamento dos eventuais acusados.

BIBLIOGRAFIA

ACTON, Edward. *Alexander Herzen and the role of the intellectual revolutionary*. Cambridge: Cambridge University Press, 1979.

AVRICH, P. *La tragédie de Cronstadt, 1921*. Paris: Seuil, 1975.

_____. *Les anarchistes russes*. Paris: Maspero, 1979.

BANNOUR, Wanda (Org.). *Les nihilistes russes. N. Tchernychevski, N. Dobrolioubov, D. Pisarev*. Paris: Aubier Montaigne, 1974.

BAYNAC, J. *Les socialistes-révolutionnaires, 1881-1917*. Paris: R. Laffont, 1979.

BAYNAC, J.; SKIRDA, A.; URJEWICZ, Ch. *La terreur sous Lénine, 1917-1924*. Paris: Le Sagittaire, 1975.

BENDA, J. *La trahison des clercs*. Paris: Grasset, 1975.

BERLIN, I. *Pensadores russos*. São Paulo: Companhia das Letras, 1988.

_____. Introduction. *In*: HERZEN, A. *From the Other Shore*. Tradução de M. Budberg, London Oxford Paperbacks, 1956.

BERSTEIN, S. (sous la direction de). *La démocratie libérale*. Paris: PUF, 1998.

BETTELHEIM, C. *Les luttes de classes en URSS*. 4 v. Paris: Maspero-Seuil, 1974, 1977, 1982 e 1983.

BOBBIO, N. *Os intelectuais e o poder*. São Paulo: Unesp, 1997.

CARR, E. H. *The romantic exiles*. Londres: Penguin Books, 1968.

CONFINO, M. "Sociétés et mentalités collectives en Russie sous l'Ancien Regime". *In: Cultures et sociétés de l'Est*, n° 13. Paris: Institut du Monde Soviétique et de l'Europe Centrale et Orientale/Imseco, 1991.

_____. "Idéologies et mentalités: Intelligentsia et intellectuels en Russie aux XVIII et XIXème siècles." *In: Cultures et Sociétés de l'Est*, n° 13. Paris: Institut du Monde Soviétique et de l'Europe Centrale et Orientale/Imseco, 1991, p. 389-421.

EKLOF, Bem; BUSHNELL, John; ZAKHAROVA, Larissa. *Russiaís great reforms, 1855-1881*. Indiana: Indiana University Press, 1994.

EMMONS, T. *The Russian Landed Gentry and the Peasant Emancipation of 1861*. Cambridge, 1968.

FERRO, M. *La révolution de 1917*. Paris: Aubier-Montaigne, 1967 e 1976, 2 v.

_____. *Des soviets au communisme bureaucratique*. Bruxelas: Complexe, 1980.

_____. *La grande guerre, 1914-1918*. Paris: Gallimard, 1969.

GINZGURG, Lydia. *Byloie i Dumi Guertzena* (passado e meditações de Herzen). Leningrado, 1957.

GROSSKOPF, S. *L'alliance ouvrière et paysanne en URSS, 1921-1928. Le problème du blé*. Paris: Maspero, 1976.

HERZEN, A.; OLIVIER, Daria (Eds.). *Passé et méditations (Byloie i Dumy)*. Apresentação, tradução e notas de Daria Olivier. Lausanne: L'Age d'Homme, 1974.

HERZEN, A. *Who is to blame?* Tradução, anotação e introdução de Michael R. Katz. Cornell University Press, 1984.

_____. *Du développement des idées révolutionnaires en Russie*. Londres: Jeffs, Libraire, Burlington Arcade, 1853.

FIELD, Daniel. *The End of Serfdom: Nobility and Bureaucracy in Russia, 1855-1861*. Harvard: Harvard University Press, 1976.

FISCHER, G. *Russian Liberalism. From Gentry to Intelligentsia*. Cambridge, Mass., 1958.

GRAMSCI, A. *Os intelectuais e a organização da cultura*. Rio de Janeiro: Civilização Brasileira, 1989.

HAXTHAUSEN, A. *Studies on the Interior of Russia*. Chicago: Chicago University Press, 1972.

INGERFLOM, C. S. *Le citoyen impossible. Les racines russes du léninisme*. Paris: Payot, 1988.

LAMPERT, E. *Studies in Rebellion*. Londres: Routledge and Kegan Paul, 1957.

LEROY-BEAULIEU, A. *Un Homme dÍEtat Russe (Nicolas Miliutine) díaprès sa correspondance inedited. Etude sur la Russie et la Pologne pendant le règne d'Alexandre II (1855-1872)*. Paris: Hachette, 1884.

LEWIN, Moshe. *Rússia/USSR/Rússia*. Nova York: New Press, 1995.

_____. *The making of the soviet system*. Nova York: Pantheon Books, 1985.

_____. *The soviet century*. Londres: Verso, 2005.

LINCOLN, W. B. *Nikolai Miliutin, an Enlightened Russian Bureaucrat of the 19th Century*. Newtonville: Oriental Research Partners, 1977.

_____. "N. A. Miliutin and the St. Petersburg Municipal Act of 1846: A Study of Reform under Nicholas I". *Slavic Review*, XXXIII, nº 1, março, 1974, p. 55-68.

_____. "Reform in Action: The Implementation of the Municipal Reform Act of 1846 in St. Petersburg". *Slavonic and East European Review*, LIII, nº 131, april, 1975, p. 531-541.

OS PROJETOS DE MODERNIDADES ALTERNATIVAS NA RÚSSIA/URSS

_____. The great reforms. Autocracy, bureaucracy, and the politics of change in Imperial Russia. DeKalb: Northern Illinois University, 1990.

_____. *In the vanguard of reform. Russiaís Enlightened Bureaucrats, 1825-1861.* Illinois: Northern Illinois University Press, 1982.

_____. "The Circle of Grand Duchess Elena Pavlovna, 1847-1861". *Slavonic and East European Review*, XLVIII, nº 112, julho, 1970, p. 373-387.

LINHART, R. *Lénine, les paysans, Taylor.* Paris: Seuil, 1976.

MALIA, M. "Qué es la intelligentsia rusa?" *In:* MARSAL, Juan F. *et al. Los intelectuales políticos.* Buenos Aires: Nueva Visión, 1971, p. 23-46.

_____. *Alexander Herzen and the birth of Russian Socialism.* Harvard: Universal Library Edition, 1965, Harvard University Press (reedição de 1971).

MILIUTIN, D. A., DNEVNIK, P. A. (Org.). *Zaionchkovskii.* 4 v. Moscou: 1947-1950.

_____. *Vospominaniia general-felídmarshala grafa Dmitriia Alekseevicha Miliutina.* Tomsk, 1919.

_____. Arkhiv Akademii Nauk, St. Petersburg. Arkhiv Imperatorskavo Ruskovo Geografitcheskovo Obchestva/ Arquivo da Sociedade Imperial Russa de Geografia.

MILIUTIN, N. Tsentral'nyi Gosudarstvennyi Istoricheskii Arkhiv, Rossia, São Petersburgo: coleção 869 (Arquivos de N. A. Milituin).

_____. Rossia, São Petersburgo: coleção 1.184 (Ministério do Interior).

_____. Tsentral'nyi Gosudastrennyi Istoricheskii Arkhiv, coleção 1.287 (Ministério do Interior — Arquivo do Departamento de Economia).

_____. Arkhiv Akademii Nauk, St. Petersburg. Arkhiv Imperatorskavo Ruskovo Geografitcheskovo Obchestva/Arquivo da Sociedade Imperial Russa de Geografia.

_____. *Abolition du servage en Russie.* Paris, s/n, 1863.

MILLER, F. A. *Dmitrii Miliutin and the Reform Era in Russia.* Nashville, s/n, 1968.

ORY, Pascal; *Sirinelli*, Jean-François. *Les intellectuels en France (de líaffaire Dreyfuss à nos jours).* 2ª ed. Paris: Armand Colin, 1992.

PASCAL, P. *Civilisation paysanne en Russie.* Paris: L'Âge d'Homme, 1970.

PIPES, Richard. *Russia under the Old Regime:* Londres: Oxford University Press, 1974.

_____. (Org.). *Revolutionary Russia: a symposium.* Harvard: Harvard University Press, 1968.

OS INTELECTUAIS DO ANTILIBERALISMO

PORTAL, R. *Histoire de la Russie*. Paris: Hatier, 1971, 2 v.

_____. (Org.). *Le statut des paysans libérés du servage*. Paris: The Hague, 1963.

RADISHCHEV, Alexandr. *Putichestvie iz Peterburga v Mascvy*. Paris: Bookking International, 1994.

_____. *A journey from St. Petersburg to Moscow*. Cambridge: Harvard University Press, 1966.

RAEFF, M. *Comprendre l'Ancien Régime russe. Etat e société en Russie Impériale*. Paris: Seuil, 1982.

_____. *Michael Speransky, Statesman of Imperial Rússia, 1772-1839*. Paris: The Hague, 1957.

_____. *The Decembrist Movement*. Englewood Cliffs: Prentice Hall, 1966.

_____. "The Russian Autocracy and Its Officials". *Harvard Slavic Studies*. V. IV. Cambridge, 1957.

_____. *Origins of the Russian Intelligentsia*. Nova York: Harcourt, Brace & World, 1966.

REIS FILHO, Daniel Aarão. "Intelectuais e política nas fronteiras entre reforma e revolução". *In*: REIS FILHO, Daniel Aarão (Org.). *Intelectuais, história e política*. Rio de Janeiro: 7 Letras, 2000, p. 11-34.

_____. "Entre ética e política, entre reforma e revolução: os intelectuais na longa marcha das alternativas ao capitalismo liberal (séculos XIX e XX)." *In*: TEIXEIRA DA SILVA, Francisco Carlos; MATTOS, Hebe; FRAGOSO, João (Orgs.). *Escritos sobre história e educação, em homenagem a Maria Yedda Leite Linhares*. Rio de Janeiro: Mauad/Faperj, 2001, p. 151-170.

_____. (Org.). *O manifesto comunista, 150 anos depois*. Rio de Janeiro: Contraponto, 1998.

_____. "À procura de modernidades alternativas: a aventura política dos intelectocratas russos em meados do século XIX." *In*: RIDENTI, Marcelo; ROLLAND, Denis (Orgs.). *Intelectuais e Estado*: São Paulo/Unicamp e Paris/Harmatan. 2004.

_____. "Alexandre Herzen: um estrangeiro no mundo, um revolucionário." *In*: CASTRO GOMES, Angela (Org.). *Direito e cidadania: justiça, poder e mídia*. Rio de Janeiro: FGV, 2007.

_____. *Uma revolução perdida. A história do socialismo soviético*. São Paulo: Fundação Perseu Abramo, 2007 (reedição atualizada).

RIASANOVSKY, N. V. *Histoire de la Russie*. Paris: Laffont, 1994.

_____. *Nicholas I and Official Nationality in Russia, 1825-1855*. Berkeley, Los Angeles: University of California Press, 1959.

OS PROJETOS DE MODERNIDADES ALTERNATIVAS NA RÚSSIA/URSS

_____. *A parting of ways. Government and the educated public in Russia. 1801-1855*. Oxford: Oxford at the Clarendon Press, 1976.

SAID, E. *Representations of the Intellectual*. Nova York: Random House, 1994.

_____. *O orientalismo: o Oriente como invenção do Ocidente*. São Paulo: Companhia das Letras, 1988.

_____. *Cultura e imperialismo*. São Paulo: Companhia das Letras, 1996.

_____. *Reflexões sobre o exílio*. São Paulo: Companhia das Letras, 2003.

SAPIR, J. *L'économie mobilisée. Essai sur les économies de type soviétique*. Paris: La Découverte, 1990.

SEMENOV, P. P. *Istoria Paluvíkovoi Diatelínosti Imperatorskavo Ruskovo Geografitcheskovo Obchestva, 1845-1895*. São Petersburgo, s/n, 1896.

_____. (Org.). *Geografitcheskii Slavari Rossiskoi Imperii*, 5 v. São Petersburgo, s/n, 1863-1885.

SETON-WATSON, H. *The Russian Empire, 1801-1917*. Nova York: Oxford University Press, 1988.

SHILS, E. "Intellectual, tradition, and the traditions of intellectuals: some preliminary considerations." *Daedalus*, v. 101, n° 2, 1972, p. 21-34.

SIRINELLI, J. F. "Os intelectuais". *In:* RÉMOND, R. (Org.). *Por uma história política*. Rio de Janeiro: UFRJ/FGV, 1996, p. 231-269.

_____. "Le hasard ou la nécessité? Une histoire en chantier: l'histoire des intellectuels". *Revue d'Histoire*, Vingtième siècle. N° 9, janvier-mars, 1986.

STARR, S.F. *Decentralization and Self-Government in Russia, 1830-1870*. Princeton, s/n, 1972.

_____. "August von Haxtausen and Russia". *The Slavonic and East European Review*. V. XLVI, n. 107, july, 1968.

TCHERNYCHEVSKI, N. *Que faire?* Paris: Syrtes, 2000.

_____. *Select Philosophical Essays*. Moscou: Foreign Languages Publishing House, 1953.

VENTURI, F. *Les intellectuels, le peuple et la révolution. Histoire du populisme au XIXème siècle*. Paris: Gallimard, 1972, 2 v.

VUILLEUMIER, Marc. *De l'autre rive*. Traduit par Alexandre Herzen Fils. Genebra, Skaltine, 1870.

WALDRON, Peter. *Between two revolutions. Stolypin and the politics of renewal in Russia*. Illinois: Northern Illinois University Press, 1998.

WALICKI, Andrzej. *A History of Russian Thought. From the enlightenment to marxism*. Stanford: Stanford University Press, 1979.

WERTH, N. *Histoire de l'Union Soviétique*. Paris: PUF, 1992.

_____. *Etre communiste en URSS sous Staline*. Paris: Gallimard, 1984.

_____. *Populismo y marxismo en Rusia*. Barcelona: Estela, 1971.

WINOCK, Michel. "As ideias políticas". *In:* RÉMOND, R. (Org.). *Por uma história política*. Rio de Janeiro: UFRJ/FGV, 1996, p. 271-294.

_____. *Le siècle dês intellectuels*. Paris: Seuil, 1997.

WOODCOCK, George. *História das ideias e movimentos anarquistas*. Porto Alegre: L&PM, 2002, 2 v.

ZAIONCHKOVSKII, P. A. *Otmena krepostnogo prava v Rossii*. Moscou: s/n, 1960.

_____. *Voennie Reformi, 1860-1870 godov v Rossii*. Moskva, s/n, 1952.

CAPÍTULO 11　# O constitucionalismo e o regime fascista*

Goffredo Adinolfi**

---

* Artigo traduzido do italiano por Ricardo Luiz Safia de Campos.
** Doutor em História pelo Instituto Superior de Ciências do Trabalho e da Empresa (ISCTE), em Lisboa, e investigador de pós-doutoramento da mesma instituição.

Como se sabe, o tema que trata da constitucionalização do fascismo não é nada novo. O primeiro a tratá-lo foi provavelmente Alberto Aquarone no seu célebre texto *L'organizzazione dello Stato Totalitário*.[1] Assim, o que pretendemos neste espaço é nos colocarmos dentro da perspectiva daqueles constitucionalistas que, a partir do final do século XIX, começaram a escrever sobre a crise do Estado italiano e a descrevê-la, contribuindo para a ascensão do fascismo: ajudando a divulgar suas ideias, escrevendo regras e teorizando novos modelos. Buscaremos entender como, e até em que ponto, esse processo encontrou obstáculos e, ainda, até em que ponto o fascismo rompeu com tudo o que o havia precedido. Sobretudo, procuraremos entender quais foram as bases graças às quais o regime se constituiu com tanta facilidade e por que, com a mesma facilidade, o fascismo acabou por derreter como neve ao sol.

Antes de mais nada, é preciso ter sempre em mente que o fascismo se apresentou como algo à parte das elites políticas da sua época, como o sintoma de um mal, como o caos e, paradoxalmente, também como um possível remédio para esse mal, uma espécie de solução dolorosa à qual seria preciso recorrer para sair de um perigoso impasse. A doença era o caos, a bolchevização do país, a instabilidade governamental e, por fim, o superpoder do Parlamento sobre o Executivo. Mas havia também milhares de soldados que voltavam do *front* inválidos e sem trabalho e também o nascimento de partidos fortes e organizados. Em uma única palavra, o caos era o destino óbvio de um país profundamente mudado no qual as velhas elites estavam rapidamente perdendo seu espaço.

OS INTELECTUAIS DO ANTILIBERALISMO

Massificando a sociedade, a Primeira Guerra Mundial surtiu um efeito secundário, em grande parte inesperado: a introdução das massas no jogo político. Assim sendo, o mundo de 1918 apresentava-se totalmente diferente em relação àquele de 1914. O símbolo mais evidente dessa mudança — considerada uma doença das oligarquias liberais — foi a vitória nas eleições de 1919 dos partidos de integração de massa, tanto de inspiração socialista quanto de inspiração católica. Eram aquelas oligarquias liberais que, diante da perda da hegemonia cultural, ou, concordando com Croce, das direções ético-políticas do país, se amedrontaram com o que consideravam ser um excesso de democracia. O fascismo foi visto como o remédio, ainda que em 1922 nem mesmo essa elite pudesse saber quais seriam as contraindicações desse medicamento: pensava-se apenas que, para recuperar o espaço perdido, seria suficiente um rearranjo no processo democrático.

Essa realidade mudou num breve transcorrer de pouco mais de dois anos, quando o fascismo compreendeu que seu fraco aliado momentâneo podia ser liquidado e ao mesmo tempo integrado a um regime diferente, o qual ainda não se podia conhecer. Um regime verdadeiramente revolucionário, dado que pela primeira vez colocava o partido único como centro vital do Estado.

Por essa razão, a tentativa de totalitarização do imprevisto e imprevisível Estado italiano deve ser colocada no quadro da crise desse mesmo Estado que sucede o pós-Primeira Guerra. É exatamente a partir deste ponto que iniciamos a nossa análise de como e quem se ocupava do Estado e quais eram suas regras. Os constitucionalistas que buscavam prescrever remédios para sua doença.

CONSTITUIÇÕES E FIM DO LIBERALISMO (1919-1925)

A Itália nascida em 1861 como resultado da agregação da península ao Reino da Sardenha herdou desse o Estatuto Albertino, outorgado em 1848 pelo rei Carlos Alberto. Tratava-se de Constituição flexível que não fazia distinção entre leis ordinárias e lei fundamental. Na verdade,

O CONSTITUCIONALISMO E O REGIME FASCISTA

no transcurso da sua aplicação, a Constituição havia sido ligeiramente modificada por costume segundo o qual o governo, que oficialmente deveria responder unicamente perante o rei, acabava precisando de confiança também do Parlamento. Este, por sua vez, estava dividido entre uma Câmara de Deputados eletiva e um Senado de nomeação régia, que entre si concorriam para aprovar as leis. A reforma eleitoral desejada pelo presidente do Conselho de Ministros, Giovanni Giolitti (1912), reforça o caráter parlamentar do Estatuto, volta a introduzir o sufrágio universal masculino e traz o antigo sistema eleitoral de majoritário para proporcional.

Os efeitos da reforma foram explosivos: nas eleições de 1919, e sucessivamente nas de 1921, a Câmara Baixa acabou sendo completamente subvertida. O velho Partido Liberal, expressivo e pouco estruturado, acabou sendo completamente esmagado pela vitória do Partido Popular de inspiração católica e também pelo Partido Socialista. A formação de ambos era filha de um novo modo de entender a política, por vezes baseado no envolvimento das massas, impulsionados por um secular esquecimento nas trincheiras da Grande Guerra (1914-1918) e sucessivamente pela luta política.

O sistema institucional e partidário delineado entre 1919 e 1921 entrou, na verdade, desde o início de suas investidas, em uma crise agudíssima, dilacerado entre um passado distante e um futuro para o qual o reino ainda não estava pronto. A monarquia em um sistema de partidos pouco coesos, conforme aponta Gaetano Mosca,[2] podia exercer uma grande função na escolha da elite governativa. Ocorre que esse espaço de manobra ficou drasticamente reduzido com o nascimento de partidos fortemente organizados e ideologizados, que se transformaram, esses também, em instituições marcadamente parainstitucionais e pré-constitucionais.

Outra fonte de instabilidade advinha do fato de que entre as três formações (socialistas, católicos e liberais) não havia possibilidade de acordo. Sendo assim, governos frágeis se sucediam entre eles sem solução de continuidade. Giolitti, protagonista do cenário político italiano do fim do século XIX e início do século XX, entende que mais uma vez

OS INTELECTUAIS DO ANTILIBERALISMO

poderia jogar com astúcia, desfrutando dos conflitos existentes entre as diversas formações presentes no Parlamento. Foi assim que nas eleições de 1921 decide se aliar ao Movimento Fascista de Benito Mussolini, mesmo tendo o fascismo se apresentado como uma força antissistema contra a Monarquia e os "tubarões" que haviam lucrado sobre os auspícios da Primeira Guerra Mundial; e, além do mais, tinha dado bons sinais de arrependimento nas suas lutas contra o Partido Socialista e contra o sindicalismo. O movimento, que depois viria a se transformar no Partido Nacional Fascista, em 1921 entrou no Parlamento com uma pequena "patrulha" formada por apenas 35 deputados. A experiência do velho estadista não logrou ser bem-sucedida, e os novos deputados acabaram se revelando muito pouco maleáveis e menos ainda dispostos a se deixarem integrar num sistema que parecia de todo superado.

Um derradeiro e essencial ponto de instabilidade advinha da escassa legitimidade que o sistema parlamentar suscitava. Também nesse ponto o quadro se mostra mais do que complexo, devendo, portanto, ser analisado com um pouco de cautela. Existiam pelo menos quatro correntes; cada qual, a seu modo, propunha reformas em sentido contrário a uma maior democratização do sistema. Opunham-se à entrega do poder as duas novas formações, seja aquela católica ou mesmo aquela socialista, que saíram vencedoras das eleições de 1921. Havia os elitistas, dentre os quais Mosca era seguramente o principal representante; os nacionalistas (Alfredo Rocco, Giacomo Acerbo e Giovanni Gentile); os fascistas, dentre os quais Sergio Panunzio, que foi um de seus principais teóricos; e, enfim, os liberais, como Vittorio Emanuele Orlando, membro destacado do constitucionalismo italiano.

As quatro visões partiram de quatro diferentes soluções do problema em questão; a *orlandiana* demonstrava a desproporcional dificuldade liberal com relação ao momento político, que continuava sendo distante com relação às elaborações jurídicas. A estabilidade do Estado era algo muito importante para que fosse submetida à influência das contradições sociais, sobretudo em uma Itália que, apesar de fisicamente unida, era um país profundamente dilacerado em termos sociais.[3] Por conseguinte, o sufrágio universal era também uma experiência errada e

O CONSTITUCIONALISMO E O REGIME FASCISTA

excessivamente apressada ou até, quiçá, vista como incompatível com as vicissitudes do Reino de Savoia.

Mosca acentuava no seu discurso a estabilidade do Executivo, em torno da qual todo o resto da estrutura constitucional tinha o dever de se mover, e que havia anos voltava-se contra o parlamentarismo como fonte principal da crise italiana. O parlamentarismo, segundo Mosca, era uma forma de governo equivocada e determinava não uma crise no sistema, mas sim uma crise de sistema, da qual apenas se sairia com as profundas mudanças.[4] Quais? Também nesse caso a solução era um retorno à Carta Constitucional, e ainda, a atribuição ao rei dos seus legítimos poderes de influência.[5] É importante recordar como Mosca fez parte daquele pequeno grupo de intelectuais liberais, ao lado de Orlando, Benedetto Croce e Luigi Albertini, este diretor do *Corriere della Sera*, que num primeiro momento prescreveram o remédio fascista e que depois acabaram se arrependendo, conforme veremos, colocando-se como oposição ativa ao regime.

Diferente o caso dos nacionalistas, dentre os quais um dos maiores expoentes foi Alfredo Rocco. No cerne do pensamento de Rocco encontramos um Estado essencialmente diferente daquele teorizado pelo pensamento liberal do século XVIII, o qual era centralmente representado pelo indivíduo. Diferentemente das críticas de Mosca ou mesmo de Orlando, a posição de Rocco se distanciava do pensamento liberal, esvaindo-se por um caminho mais decisivamente antidemocrático e anti-individualista, no qual o Estado não estava mais a serviço do indivíduo, mas era o indivíduo que estava a serviço de um Estado, que, da síntese de seus vários componentes e de seus conflitos, resulta orgânico e acima de todas as partes.[6]

Por fim, tem-se a posição de Sergio Panunzio, homem próximo ao primeiro Mussolini e teórico do Estado corporativo e sindical, figura bastante típica do fascismo militante e proveniente do movimento socialista no qual defendera posições radicais e antirreformistas. Marcadamente inspirado pelas teses de Georges Sorel, Panunzio defendia uma revolução que levasse ao poder os sindicatos representantes das classes trabalhadoras. Com a eclosão da Primeira Guerra Mundial em 1914, e

OS INTELECTUAIS DO ANTILIBERALISMO

frente à relutância do governo italiano em participar, alinhou-se com Mussolini, e em contraposição ao pacifismo socialista, a respeito de posições intervencionistas. A partir desse momento Panunzio acompanhará as vicissitudes do fascismo até a sua fundação em 1919; depois de um breve período no governo, retornará à carreira universitária, tornando-se em 1924 professor titular de Filosofia do Direito.

É essa, em poucas linhas, a síntese das várias almas que contribuíram para o isolamento das ideias democráticas. Na realidade, o quadro foi decisivamente mais complexo do que esse até aqui analisado. Os pontos nodais da crise do sistema italiano devem de fato ser observados a partir da análise das décadas anteriores, num tempo em que a guerra não existia e que, portanto, a reforma do sistema eleitoral deveria ter sido aprovada. Quem dá o impulso é Santi Romano, um dos reconhecidos mestres do constitucionalismo italiano. Em um de seus discursos, com o eloquente título "Crise do Estado moderno",[7] Romano teoriza uma separação entre o Estado — cuja tarefa deveria ser unificar os vários elementos no interior de seu território, sem que houvesse confusão entre eles — e o indivíduo. O Estado que se personificava, ainda que fosse imaterial, era, segundo Romano, a base do Estado moderno. Nele os vários componentes e os indivíduos agem de acordo com sua própria soberania, não como detentores de um direito próprio, e sim "como órgãos do Estado, a partir do qual explicam e atuam pela vontade suprema dele".[8] A crise do Estado residiria, assim, na formação de associações sindicais ou patronais que prejudicam sua unidade.

Romano se diferencia de Rocco, porque reconhece e atribui um papel positivo à pluralidade dos ordenamentos jurídicos no interior do Estado. Dessa maneira, introduz no debate a problemática dos grupos sociais, embora eles ainda estejam subordinados. Romano se opôs à doutrina normativista de Kelsen, individualizando o elemento que caracteriza o direito na presença e no interior do grupo social de uma organização que tende ao fim da ordem.

Foi nesse ambiente que Mussolini moveu seus passos rumo à tomada do poder. Ele também parecia caracterizado por uma profunda dificuldade, para não dizer incapacidade, que o assemelhava a boa parte dos pro-

O CONSTITUCIONALISMO E O REGIME FASCISTA

tagonistas daquele momento, de entender as grandes mudanças produzidas entre final do século XIX e o começo do século XX. Conforme explica Bonfiglio,[9] os partidos políticos, no âmbito da jurisprudência da época, não eram nem mesmo contemplados. A natureza jurídica do partido havia sido profundamente modificada, determinando o fim do dualismo — baseado no conflito entre Parlamento e governo e entre chefe de governo e chefe de Estado — que deveria, assim, abandonar essa posição em favor de uma visão monista, baseada, nesse caso, na coincidência de visões entre o Parlamento e o governo, expressão de sua maioria.

No dia seguinte à marcha sobre Roma das colunas fascistas em 28 de outubro de 1922, o rei Vittorio Emanuele III encarregou Mussolini de formar um novo governo. Ainda que a história do regime fascista se inicie com um executivo de coalizão recolhendo-se na tradição liberal, o caráter subversivo do fascismo foi rápida e completamente manifestado. Em 15 de dezembro de 1922, Mussolini e alguns de seus subordinados estabeleceram parte das linhas de ação que acabaram caracterizando a estratégia do Partido Nacional Fascista (PNF) num futuro próximo: a instituição do Grande Conselho Fascista (GC) e a reforma majoritária da lei eleitoral.

O Grande Conselho Fascista, órgão ainda informal, se reuniu pela primeira vez em 12 de janeiro de 1923 e, estatutariamente, deveria se reunir no dia 12 de cada mês exatamente às 12 horas. Tratava-se de entidade ainda não definida, ou a meio caminho entre instituição estatal e aparato de partido, e que se propunha, desde a sua constituição, como centro motriz da revolução fascista. Dele faziam parte entre outros os ministros fascistas do governo, os membros da direção do partido, o diretor chefe de segurança pública, o Estado-Maior da Milícia e o diretor de imprensa da presidência do Conselho. O Grande Conselho se apresentava de fato como órgão bastante ambíguo. Por um lado nasceu com a proposta de controlar as múltiplas e conflituosas tendências internas do PNF; por outro, apresentava-se como o principal instrumento que tinha como escopo demolir o Estado liberal. Um exemplo marcante do que estamos dizendo foi a subordinação das milícias voluntárias à Segurança de Estado. Ou seja, uma organização paramilitar do partido dentro das próprias hierarquias militares. Inseria-se pela primeira vez no Estado um organismo partidário que, por sua vez, se autocontrolava, resultando, assim, substancialmente inócuo. Na reunião de 15 de outubro de 1923, o Grande Conselho estabeleceu as novas estruturas do partido: Grande Conselho, Conselho Nacional e Diretório Nacional.

Foram confusos e contraditórios os primeiros passos rumo à construção do regime. Mussolini controlava o Estado por meio do partido e o partido por meio do Estado. Dessa maneira, buscava sobrepor-se às diferenças e divergências das duas entidades.

No período do primeiro governo de Mussolini foi central a elaboração da reforma eleitoral favorecendo o Grande Conselho Fascista. Uma comissão especial havia apresentado duas moções. A primeira, de Michele Bianchi, previa uma acentuada distribuição, com maioria de 2/3, das cadeiras do Parlamento ao partido, ou à coalizão de partidos, que tivesse vencido as eleições, enquanto a outra terça parte deveria ser distribuída proporcionalmente. O Senado continuava não sendo eletivo. A segunda moção, apresentada por Roberto Farinacci, apontava que deveria ser reintroduzido o colégio majoritário uninominal.

Acabou por prevalecer outra moção, apresentada à Câmara pelo vice-secretário da presidência, Giacomo Acerbo, que, assim como Rocco, era nacionalista. A Câmara, em que tinham assento 35 deputados do Partido Nacional Fascista, aprovou a reforma em 21 de julho de 1923, com a maioria de 223 votos contra 123. No Senado, a diferença foi de 165 votos favoráveis contra 41contrários à moção. É oportuno recordar também que, entre outros, tanto Mosca quanto Orlando votaram a favor da moção. Assim como acontecera nas eleições de 1919 e de 1921, a lei tendia à redução de poderes do Parlamento. Na visão de Arrigo Solmi,[10] a lei acabava por contemplar o desejo daqueles que aspiravam a um retorno aos ditames do Estatuto Albertino, o que, formalmente, colocava o Executivo na esfera dos poderes da Monarquia. Não sendo *tout court* uma reforma constitucional, a nova lei eleitoral conturbava o equilíbrio entre governo, Parlamento e Monarquia, acabando por acentuar o poder do primeiro.

O CONSTITUCIONALISMO E O REGIME FASCISTA

Foram convocadas novas eleições para 6 de abril de 1924. A chapa em que, ao lado dos fascistas, apareciam alguns liberais obtém mais de 60% dos votos. Tratava-se de uma vitória decisivamente determinada pela violência perpetrada pelo corporativismo fascista contra qualquer forma de oposição. Exatamente da maneira como o deputado socialista Giacomo Matteotti denunciou à Câmara dos Deputados, mas que acabou indo para além das mais brandas expectativas do futuro *Duce*.[11]

Com a esmagadora maioria obtida na Câmara, poderiam pular etapas no caminho da reestruturação das instituições italianas. O Grande Conselho trabalhava o tempo todo para elaborar as bases sobre as quais o novo Estado, bem como o PNF, deveria se apoiar. Em 4 de setembro de 1924, por designação do Diretório Nacional do PNF, foi nomeada uma comissão de 15 membros: cinco senadores, cinco deputados e cinco estudiosos, para discutir a relação entre Poder Legislativo, Estado nacional e imprensa; Estado nacional e institutos de crédito; Estado nacional e seitas secretas; Estado nacional, partidos e organizações sindicais. A Santi Romano, presente na comissão, foi dada a tarefa de estreitar relações atinentes ao equilíbrio entre Poder Legislativo e Poder Executivo. Ainda que insistindo na necessidade de se manterem os princípios de governo parlamentar ou de gabinete, propunha introduzir no ordenamento italiano, de um lado, a concentração de poderes de governo e, de outro, colégios institucionais que "dessem lugar a uma representação de interesses de classes e de forças sociais, que por assim se queira".[12]

As prescrições de tal comissão acabaram sendo rapidamente superadas por novos acontecimentos, restando, assim, letra morta. Com o discurso de 3 de janeiro de 1925, no qual Mussolini assume a responsabilidade política pelo assassinato do deputado socialista Giacomo Matteotti, todo o quadro político se movia rumo à construção de um regime totalitário no qual apenas um partido teria direito à cidadania: o Nacional Fascista.

TRÊS DE JANEIRO DE 1925: O NASCIMENTO DE UM REGIME

Uma vez descrita a fase por meio da qual se obtém a maioria na Câmara, cabe analisar com atenção o caso do Senado. Isso porque, tratando-se de uma assembleia não eletiva, mas de nomeação régia, era mais difícil conquistá-la, sobretudo por representar sensivelmente a continuidade das instituições, sendo assim um obstáculo a mudanças radicais. Ainda que entre 1922 e 1927 fossem poucos os senadores fascistas, as reformas não esbarraram em impedimentos significativos, graças, por um lado, à oposição silenciosa da maioria, e por outro, ao apoio decisivo de uma minoria.[13]

O biênio que vai de 1925 até 1926 marcou o fim da colaboração do PNF com os outros partidos e a guinada para a criação de um regime mais decisivamente fascista. Rocco foi nomeado por Mussolini ministro da Justiça, ficando no cargo de 5 de janeiro de 1925 a 20 de julho de 1932, os anos centrais da construção do novo regime.

A comissão dos 15 é substituída pela comissão dos 18. Por ocasião do discurso de 3 de janeiro, ocorrem explicações práticas às novas diretrizes impostas pelo presidente do Conselho.[14] A comissão era dividida em dois grupos. O primeiro era encarregado de estudar a relação entre Poder Executivo e Poder Legislativo; o segundo estava ocupado da relação entre Estado e cidadãos, individualmente ou associados. A comissão, composta por fascistas, nacionalistas e liberais, ainda que dividida sobre questões relacionadas a como introduzir as "forças vivas" no Estado, concordava tanto no tocante à crítica radical ao sufrágio universal, considerado responsável pela fraqueza do Estado, quanto em relação a estabelecer diretrizes para uma nova forma de governo. Com relação a esse segundo ponto, havia, portanto, consenso que à solução para a paralisia do governo seria a separação entre Executivo e Legislativo por meio do "retorno ao estatuto", conforme colocamos anteriormente.

Até as extremamente fascistas leis de dezembro-janeiro de 1925-1926, parecia que a revolução fascista deveria limitar-se a ajustes constitucionais, dentre os quais o retorno a um governo constitucional.[15] Boa parte da doutrina sublinhou que modificações na Constituição não comportariam necessariamente perturbação ao Estatuto. Também que o

O CONSTITUCIONALISMO E O REGIME FASCISTA

objetivo da revolução fascista era restituir o justo equilíbrio aos poderes do Estado, recuperar o prestígio da Coroa, além de fazer um governo forte e conter a excessiva ingerência parlamentar.

Quem mais ficou descontente com a linha adotada pela comissão dos 18, como se pode perceber, foram exatamente os fascistas, que, como bem recorda Perfetti,[16] pretendiam intervenções mais incisivas, bem como uma descontinuidade mais acentuada com relação ao perturbador regime liberal.

Em 24 de dezembro de 1925 vem introduzida no regulamento a figura do chefe de governo, primeiro-ministro e secretário de Estado. Resolve-se dessa maneira a desgastada questão sobre forma de governo, conferindo à Itália a sorte de um governo constitucional. O chefe de governo era responsável agora tão somente diante do rei; já o Parlamento perdia não apenas a importante intervenção de veto, mas não podia nem mesmo apresentar a "ordem do dia", papel agora exclusivo do chefe de governo.

Não se tratava de fato do tão esperado retorno aos termos do Estatuto Albertino e, portanto, a uma forma de governo constitucional, como escreveu Solmi. Em verdade, pelos termos da reforma não se tratava de um governo do rei, mas sim de um governo do primeiro-ministro. Mosca, que não havia sido nada benevolente com a ordem liberal conforme havia se caracterizado nos primeiros anos do século XX, encontrou-se, na condição de senador, diante da paradoxal posição de dever exprimir seu juízo negativo sobre a reforma, chegando até mesmo a defender o tão odiado regime parlamentar.[17] Já Alfredo Rocco era, em 1927, decisivamente mais entusiasmado: a revolução havia chegado e, depois de um século de liberalismo, finalmente o indivíduo seria submetido à nação.[18]

A Lei 100, de 31 de janeiro de 1926, contribui para a definição das atribuições do chefe de governo, instituindo a possibilidade de emanar dele as normas jurídicas. Se, por um lado, essa lei tencionava aumentar o poder do governo, por outro tinha como objetivo conter o problema dos decretos-leis, usados autônoma e abundantemente por ministros e pela burocracia.[19] De fato, escapava de Mussolini o controle completo sobre os atos de seus ministros. Essa norma institui um complexo meca-

OS INTELECTUAIS DO ANTILIBERALISMO

nismo, pelo qual cada proposta, para ser aceita, deveria ser anteriormente votada pelo Conselho Ministerial. Rocco sublinhava que graças a essa norma o governo adquiriu a faculdade de promulgar leis em sentido formal, assumindo poderes que eram do Parlamento. Dessa maneira, ataca profundamente as bases do estado de direito.[20] Segundo Rocco e Carlo Saltelli,[21] de qualquer forma se estava agora diante da clássica divisão de poderes típica do Estado moderno, mas que, no entanto, era passível de aperfeiçoamentos, não devendo, assim, ser interpretada de maneira muito rígida.

O Parlamento havia sido privado de todas as suas funções principais, continuando formalmente como órgão central de criação de leis. Na mesma direção apontavam os comentários de Santi Romano, para quem a Lei 100 não necessariamente renegava o princípio da divisão de poderes, mas o aparava, com o objetivo de não reduzir a unidade orgânica do Estado.[22] A idolatria do Estado apontada por Romano aparentemente parecia contrastar com a sua teoria do pluralismo dos ordenamentos jurídicos, dos quais falamos anteriormente. Todavia, conforme pondera Norberto Bobbio, por um lado a teoria podia ser interpretada no sentido de uma liberação progressiva dos indivíduos e dos grupos da opressão do Estado e, por outro, manifestava o temor de uma possível desagregação. Romano, que era teoricamente pluralista, porém ideologicamente monista, acreditava no poder superior de organização do Estado. Portanto, aquilo que o diferenciava dos nacionalistas era a relatividade atribuída ao conceito de monismo.[23]

Para completar o quadro da nova legislação foi promulgado o decreto régio de 6 de novembro de 1926, com o qual foi dada faculdade aos prefeitos para dissolver todas aquelas associações contrárias ao ordenamento nacional e que, ao mesmo tempo, introduzia o exílio para os crimes de caráter político. Substancialmente, o único partido ao qual foi concedido sobreviver foi o Nacional Fascista, que, agora único, deixava a condição de "parte".

Em 9 de novembro foram declarados inaptos ao mandato parlamentar os 120 deputados que haviam se manchado com a culpa de serem oposição ao fascismo e, por fim, com a lei de 25 de novembro, foi introduzido o delito de reconstituição de associações e organizações dissolvidas por ordem da autoridade pública.[24]

A nova forma de governo instituída com as leis aprovadas entre 1925 e 1926 era dificilmente caracterizada por meio de categorias que haviam definido o século XIX e o início do século XX italianos, senão adotando um complexo jogo de palavras. Segundo *Ranelletti*, não obstante a anomalia advinda do fato de que o Poder Executivo não era exercido diretamente pelo chefe de Estado, mas sim pelo chefe de governo, encontrava-se diante da instituição de forma de governo constitucional pura. Isso, dado que tanto o chefe de governo quanto seus ministros eram responsáveis unicamente perante o rei, o qual, implicitamente, aprovava a direção política.[25] Donato Donati tinha posição contrária, entendendo que a forma institucional recentemente elaborada era uma espécie de governo presidencial no qual o rei não devia necessariamente dividir a direção política do governo por ele nomeado.[26]

Como se pode perceber, os estudiosos se interrogavam com uma certa aspereza sobre o fenômeno do fascismo, buscando rigor na interpretação das reais mudanças da forma de Estado e de governo, por meio de sempre novas e elaboradas categorias de análise. Entre tais categorias encontramos aquela da "constituição material" desenvolvida por Mortari, da qual falaremos adiante com mais profundidade. Por agora basta apontar como, segundo essa teoria, para um correto estudo do direito público, devemos considerar tanto a finalidade política do Estado quanto os sujeitos que dessa finalidade são portadores: os grupos sociais dominantes e os partidos políticos que constituem a expressão politicamente ativa. Substancialmente, o constitucionalismo italiano buscou enquadrar os novos organismos instituídos pelo fascismo na elaboração jurídica do ordenamento liberal.

DO PARTIDO-ESTADO AO ESTADO-PARTIDO (1928-1939)

Concluídas as descritas etapas de reorganização das instituições italianas, abre-se no biênio 1928-1929 a fase de introdução do partido único no Estado, por meio da reforma do Grande Conselho Fascista. E, ainda, a atribuição de poderes de ministro ao secretário do PNF, sistematizando juridicamente, conforme aponta Nicola Macedonio,[27] uma situação de fato.

Tanto o Grande Conselho Fascista quanto o Partido Nacional Fascista deixavam de ser órgãos privados, transformando-se, para todos os efeitos, em organismos de peso constitucional. Ao grande conselho supremo, órgão máximo da revolução fascista, competia expressar-se sobre tudo que dissesse respeito ao bom andamento do partido único e, assim, sobre tudo que fosse pertinente à vida do Estado. Isso considerando que o partido era a principal fonte de elites políticas, e agora mais que nunca, dada a coincidência entre o cargo de chefe de governo e presidente do Grande Conselho.

Uma etapa intermediária desse processo de conquista do Estado foi a mudança radical dos critérios de constituição da Câmara dos Deputados. A última reforma já havia se encarregado de prejudicar profundamente a representatividade da Câmara. Todavia, em 17 de maio de 1928, assim como compete a um Estado orgânico, foi introduzido um regime de tipo plebiscitário no qual o Grande Conselho era chamado para compor uma lista única de 400 pessoas sendo submetida à validação dos italianos. Assim, por uma gama de motivos, tratava-se de um primeiro esboço do processo de corporativização do país, que em 1939 levaria à formação da Câmara dos *fasci* e das corporações. Isso tudo por várias razões: em primeiro lugar, dado que quem deveria escolher, ou seja, o Grande Conselho, era em parte composto, conforme vimos, pelas forças vivas do país; em segundo lugar, dado que, na compilação da lista, os membros do Grande Conselho deveriam levar em consideração o parecer dos vários sindicatos, bem como de outros entes corporativos; e, por fim, dado que o direito de voto era acordado entre homens que demonstravam pagar contribuição sindical.

A consulta plebicitária feita em 24 de março de 1929, ou seja, logo após a reforma, representou em seguida, e ao mesmo tempo, um começo e um fim. Trata-se do início oficial do novo regime e do fim do processo de aniquilação do Estado liberal, conforme apontou Antonio Giolitti:

O CONSTITUCIONALISMO E O REGIME FASCISTA

Esta lei, que, confiando a escolha dos deputados ao Grande Conselho Fascista, retira da Câmara qualquer possibilidade de oposição de caráter político, assinalando a distinção decisiva do regime fascista com relação ao regime presente no estatuto, trata-se de um ponto inicial no sentido de uma fascitização do Estado.[28]

Romano, de qualquer maneira, mantém estanque o marco de continuidade do atual regime com relação ao antecedente, descrevendo o novo processo eleitoral como sendo uma variante em relação ao regime anterior.[29]

Os novos equilíbrios constituíam efetivamente o paradoxo pelo qual toda a estrutura do Estado liberal estava ainda de pé, com a não pequena exceção de que o poder de participar das decisões de Estado era apenas do partido único. Na visão de Romano, a Câmara dos Deputados continuava sendo o elo que jungia Estado e nação, ou seja, Estado e povo. A grande mudança interposta com as novas reformas constitucionais residia no fato de que a soberania popular era substituída pela soberania do Estado. Na nova ordem, o povo já não era mais chamado a exprimir sua vontade, senão para aprovar a lista única proposta pelo Grande Conselho Fascista. Além do que a vontade do povo deveria sempre coincidir com a vontade do Estado.[30]

Outra reforma significativa foi a elaborada pela lei de 9 de dezembro de 1928, modificada em 14 de dezembro de 1929, com a qual o Grande Conselho deixava de ser órgão de partido, tornando-se órgão constitucional. Faziam parte do Grande Conselho, entre outros, o chefe de governo, os presidentes das duas Câmaras, os principais ministros do governo (é preciso ter em mente que, conforme havia sido estabelecido anteriormente, agora ser fascista não era condição *sine qua non* para fazer parte do Grande Conselho), o secretário do Partido Nacional Fascista, o presidente do Tribunal Especial para a Segurança do Estado e, ainda, os presidentes das confederações nacionais dos sindicatos fascistas. O cargo era reconhecido mediante decreto real que aprovava a proposta feita pelo chefe de governo.

Os deveres atribuídos ao Grande Conselho apontavam para duas direções principais. Em primeiro lugar, o novo órgão deveria desenvolver um papel de caráter consultivo com relação ao governo, atuando no

OS INTELECTUAIS DO ANTILIBERALISMO

tocante à condução política e econômica, e também em matéria de revisão do Estatuto Albertino. Em segundo lugar, o Grande Conselho deveria manter uma lista alternada de possíveis sucessores ao cargo de chefe de governo, redigir a lista dos deputados e, por fim, organizar tudo aquilo que concerne à vida do partido. Com relação à lista de possíveis sucessores para o cargo de chefe de governo, o constitucionalismo tinha opinião discordante sobre o valor que ela deveria ter para o rei e se deveria ou não ser vinculante. Segundo Mortati, essa lista era meramente formal, tratando-se apenas de uma indicação para o rei, que, dessa maneira, se mantinha livre de fazer as suas escolhas.[31]

A mesma lei de 14 de dezembro inovava profundamente também no que dizia respeito à vida do Partido Nacional Fascista, cujo estatuto era aprovado mediante decreto real sobre proposta do chefe de governo e do Conselho de Ministros, procedimento semelhante àquele previsto para a nomeação do secretário. Substancialmente, em tudo e para tudo o Partido Nacional Fascista se transformava num órgão subordinado ao Estado. Portanto, o fim último era, por meio das suas organizações, aproximar o Estado das massas.[32]

Dessa maneira, a constitucionalização do Grande Conselho foi uma etapa fundamental no processo de *fascistização* do Estado e da construção de um regime sobre o qual os constitucionalistas tiveram muito que discutir, e também muita dificuldade para encontrar uma síntese. Síntese essa sempre dividida entre as três correntes apontadas até aqui: continuístas, fascistas e nacionalistas.

Panunzio, por exemplo, acabou se irritando com relação à subestimação que seu colega Romano fez do poder originário do Partido Nacional Fascista, que, em seus dizeres, deveria ocupar os primeiros capítulos dos manuais de direito constitucional, sendo ele mesmo um "Estado em potência" ou, ainda, um "Estado em miniatura".[33] Na visão de Panunzio, o Grande Conselho era o apogeu dessa construção, reunindo em um único órgão as hierarquias do Estado, bem como aquelas do partido, sem, todavia, fundi-las em uma única categoria.

Rocco sublinhava como dos seis anos de governo Mussolini derivava um novo arranjo da sociedade, bem como um novo tipo de Estado, con-

O CONSTITUCIONALISMO E O REGIME FASCISTA

tradizendo, nesse sentido, a posição de Romano, que tendia mais a sublinhar as continuidades.[34]

Substancialmente, para além de toda a retórica da época, parece completamente compartilhada a posição sobre o assunto de Aquarone, segundo o qual partido e Grande Conselho haviam sido relegados ao descaso pelo chefe de governo, o qual, por sua vez, tinha como objetivo consolidar sua posição no regime e liquidar com duas instituições possivelmente incômodas.[35]

A CÂMARA DOS *FASCI* E DAS CORPORAÇÕES. RUMO A UM NOVO ESTADO?

Com a instituição da Câmara dos *fasci* e das corporações, em 1939 chegou-se à conclusão sobre um percurso de reestruturação do Estado e, contemporaneamente, se privou o Grande Conselho do único poder verdadeiro do qual era de fato investido: o de escolher os membros da Câmara dos Deputados. Nesse quadro, o regime não tinha mais força para levar às últimas consequências o próprio projeto. O Senado, completamente subjugado pela vontade do chefe de governo, continuava sendo o último símbolo da Itália liberal, além do Estatuto Albertino, que em grande parte estava ainda vigente.

Em 7 de outubro de 1938 o Grande Conselho aprovou o projeto de lei sobre o reconhecimento da Câmara dos *fasci* e das corporações, que posteriormente seria aprovado pelo Parlamento. A característica fundamental da nova Câmara é que seus membros, como tal, se transformavam automaticamente pelo fato de pertencerem a outros organismos do regime, entre os quais os mais importantes eram o Conselho Nacional do Partido, as Secretarias Federais e o Conselho Nacional das Corporações. Uma vez que a Câmara tinha vida permanente, estava implícito no texto da reforma o fim do conceito de legislatura. Concomitantemente, cada um de seus membros deixava de ser conselheiro nacional se houvesse perda do cargo em um dos órgãos do regime.

Na posse do Poder Legislativo de maneira quase exclusiva pelo mesmo Poder Executivo, Mussolini buscava, dessa maneira, demolir aquilo

OS INTELECTUAIS DO ANTILIBERALISMO

que se pode definir como uma das bases de constituição do Estado moderno, que é a separação de poderes. Com a reforma de 19 de janeiro de 1939, o governo passa a centralizar o Poder Legislativo e o Executivo e, com a conclusão da XXIX legislatura, é introduzida a nova Câmara, que, como o Senado, tinha poderes meramente consultivos.

Foi Panunzio que mais uma vez se adiantou sobre a tese da descontinuidade, apontando que, com a nova Câmara, o princípio da organização teria substituído definitivamente e de maneira irreversível o da representação. Isso por meio de um bicameralismo permanente no qual à Câmara dos *fasci* e das corporações cabiam funções econômicas e, ao Senado, funções políticas.[36] É preciso observar que não havia sido modificado o artigo 3º do Estatuto Albertino, deixando, assim, inalterado o princípio liberal segundo o qual se atribuía o poder legislativo às Câmaras. Foi nesse contexto que Panunzio sublinhou como o processo de formação das leis deveria ser extraído não da norma, mas do costume, em favor do qual o poder supremo de legislar cabia ao governo.[37] Uma posição que não era completamente equivocada se considerarmos que depois de tudo, ou desde 1926, as Câmaras não tinham qualquer tipo de autonomia desde o momento em que a ordem do dia havia começado a ser estabelecida pelo governo.

Contrariamente a Panunzio, a grande maioria da doutrina estava então ocupada em salvar os princípios do estado de direito. Romano permanece indefinido até o momento em que, em 1940, após a introdução da Câmara dos *fasci* e das corporações, julga estar definitivamente superado na Itália, quer seja o governo parlamentar, quer seja o governo constitucional puro. Coloca, assim, a nova categoria de regime de chefe de governo anteriormente formulada por Panunzio e Mortari durante os anos 1930.[38] Mortari, de sua parte, insistia que a teoria da separação de poderes, agora atual, não deveria ter um sentido absoluto ou mesmo conflitante, mas que deveria, sim, ser mitigada pelo princípio da harmonização de poderes, introduzido pelo fascismo.[39] Ranelletti também mantém inalterado o conceito de estado de direito típico do Estado constitucional moderno; o que mudava segundo ele era o conceito de representação. Explicava que todas as relações entre indivíduos e Estado eram reguladas por normas jurídicas; o Estado fascista, por sua vez, atuava na separação clássica dos poderes Executivo, Legislativo e Judiciário.[40]

Todavia, existe um aspecto que até agora havíamos negligenciado, mas que merece ser enfrentado: depois de 20 anos de reforma, qual era o papel do rei, qual era a parcela jurídica da assim chamada diarquia, ou mesmo a natureza daquele poder compartilhado e fluido entre rei e *Duce*? O rei ocupava o primeiro lugar no tratamento dos órgãos constitucionais do *Manual de direito público* de Ranelletti. E, assim, nem mesmo depois da reforma de 1939, conforme esperado por Panunzio fazia alguns anos, o Partido Nacional Fascista, considerado a base das reformulações do novo Estado, aparecia entre os órgãos mais importantes: o rei mantinha posição de supremacia.[41] Poder-se-ia contestar essas posições, segundo as quais os poderes do rei, de representante do chefe de governo, eram rápidos e condicionados por escolhas realizadas pelo Grande Conselho Fascista. Todavia, Ranelletti parecia convencido de que o rei agia com completa autonomia e que, de nenhum modo, essa sua independência seria prejudicada pelas reformas, mas que, ao contrário, seus poderes seriam absolutamente aumentados, haja vista o governo haver se tornado responsável unicamente pelos confrontos com a Coroa. Ranelletti, na sua análise, era impiedoso no tocante aos confrontos do Grande Conselho Fascista:

Órgão meramente consultivo, as deliberações, também sobre questões políticas, esperam unicamente do governo do rei; os pareceres do Grande Conselho não são para o governo vinculados, ainda que tenham para o governo um altíssimo valor político.[42]

Esse é, em síntese, o quadro institucional do alvorecer da dúplice derrota da Itália e do fascismo na Segunda Guerra Mundial. Ranelleti, quando escrevia, provavelmente sabia apenas que o regime fascista era forte e que dominava com unidade o país, mas que, não obstante tudo isso, não havia sido suficientemente enérgico na anulação do Estatuto Albertino. O único grande princípio que havia sido cravado era aquele da soberania popular, e sobre esse ponto as várias almas do constitucionalismo estavam de acordo.

OS INTELECTUAIS DO ANTILIBERALISMO

Já fazia tempo que Mussolini, buscando maior autonomia, havia se distanciado dos seus hierárquicos. Tanto o Conselho de Ministros quanto o Grande Conselho Fascista haviam sido, pelo menos até 1935, verdadeiros centros de discussão entre as várias almas do fascismo, e agora se transformavam em meros meios de ratificação de decisões tomadas por outros.[43] Isso enfraquecia bastante o regime tanto quanto seu chefe, que estava cansado de compartilhar, ainda que uma pequena porção de poder, com seus hierárquicos. A legitimação que antes advinha do PNF era agora procurada pelo *Duce* na intensa relação que mantinha com Hitler, seu invejado aliado. Abandonava, assim, seu partido, que, por mais que tivesse se tornando um empecilho, havia sempre garantido estabilidade e força diante das depreciadas oligarquias liberais e monárquicas.

A suspeita levou o *Duce* a desenvolver projeto de novas reformas. Dos diários de Giuseppe Bottai tomamos conhecimento de que Santi Romano buscou reformular a Lei 100, de 1926, com o objetivo de concentrar futuramente o poder no chefe de governo, atribuindo unicamente a ele a faculdade de apresentar leis a serem assinadas pelo rei.[44] Era janeiro de 1941, quando o importante hierarca escrevia essas passagens, a Itália aliada da Alemanha estava em guerra e o Grande Conselho, cuja última decisão havia sido a de não beligerância, fazia tempo tinha parado de se reunir.

O epílogo demonstrará como o aspecto institucional não era completamente secundário no fascismo, dado que o PNF havia se tornado regime no ditame dos procedimentos jurídicos, bem como a sua conformidade com os procedimentos legais o rei e o regime teriam sido liberados de Mussolini: nenhuma traição, como foi depois estabelecido nos lúgubres processos de Verona de 1944. Quando, na primavera/verão de 1943, era então evidente para todos a porção da derrota, foi justamente primeiro por meio do Grande Conselho (24-25 julho 1943) e depois pela desconfiança do rei que o fascismo chegou ao fim da linha.

CONSIDERAÇÕES FINAIS

Na metade dos anos 1930 o regime fascista, pioneiro, com a União Soviética, em regimes de partido único, deixava aos poucos de ser uma exceção. Depois de 1933, com a tomada do poder do Partido Nacional Socialista dos Trabalhadores na Alemanha, o constitucionalismo começou a se interrogar sobre a porção inovadora desse fenômeno.

As dúvidas não deveriam ser poucas, haja vista, até alguns anos antes, os partidos não serem nem mesmo considerados elementos essenciais para análise da estrutura constitucional de um país.

Entre 1935 e 1936 foi realizada no Circolo Giuridico Milanese uma série de conferências intitulada "Os Estados europeus com partido político único",[45] cujo objetivo era a necessidade de "levar em consideração a nova figura do Estado com partido político único".[46] Exceto pelo fato de que a direção política fosse desenvolver um partido único,[47] quais eram, portanto, os elementos que caracterizavam os regimes italiano e alemão?

Durante os 20 anos do fascismo, aos quais correspondia, não por acaso, a continuidade político-institucional do velho Estado liberal, o partido, diferentemente do que acontecera na Alemanha, nunca dominou o Estado. Pelo contrário, haja vista que o PNF não apenas não era sujeito autônomo de direito, mas a sua existência era subordinada à existência do Estado.[48] O estatuto do partido e a nomeação de seu secretário aconteciam mediante decreto assinado pelo rei, sinal de uma pesada hipoteca sobre a vida interna do partido.[49] Pela interpretação de Ranelletti, no novo ordenamento constitucional não era mais o partido que indicava a direção política, mas sim o governo e o Estado.[50] Foram poucos os autores que colocaram em discussão a natureza essencialmente jurídica do conceito de Estado. Se na Alemanha a crise do Estado da República de Weimar levou à reflexão antiformalística, na Itália continuou a se manter o caráter científico tradicional representado por Romano e Ranelletti, e também por Mortati.

Abriu-se, assim, uma frutífera discussão sobre o conceito de regime político, apontando, quer seja para colocar limite ao valor do Estatuto

Albertino, quer seja para interpretar e justificar as mudanças da forma de Estado e da forma de governo, antes de qualquer coisa, a institucionalização do Partido Fascista.

Os estudiosos da época já sabiam que era difícil elaborar uma síntese sobre a questão relativa ao dualismo Estado-partido. Giovanni Salemi, em um de seus artigos escritos na *Revista Italiana de Direito Público*, recorda-nos que os êxitos dependem, muitas vezes, unicamente do ponto de vista adotado.[51] Unia os estudiosos a conclusão de que, com os anos 1930, o PNF teria perdido completamente o seu caráter de parte, demonstrado também pelo fato de que os estatutos do partido tivessem se transformado, para todos os efeitos, em atos estatais não mais relativos ao partido.

Conforme explica Gustavo Zagrebrlsky, foi Mortati que retomou de maneira consistente as teorias de Carl Schmitt e introduziu na Itália uma visão completamente diferente.[52] Mortati foi o jurista que elaborou a noção de função *de* e *do* governo como sendo uma quarta função do Estado, independente e predominante sobre as outras e que sucessivamente sujeitou o mesmo governo ao papel dominante de partido único, como portador exclusivo da Constituição em sentido material, segundo sua própria ideologia. A atenção de Mortati estava voltada para a construção teórica de dois pilares constitucionais do Estado fascista: o governo e o partido. Em sintonia com Carl Schmitt e com posição oposta, a doutrina formalística do direito acreditava que apenas aquilo que existe como entidade política merece ser juridicamente considerado. O problema dos partidos continuava, dado que as forças das constituições materiais nunca eram absorvidas inteiramente na estrutura formal do Estado.

O partido único era, dessa maneira, uma necessidade categórica, sendo, portanto, confirmada a necessária unicidade do partido. Vem negado ao pluralismo político o direito de ser tematizado como problema constitucional, uma vez que, consequentemente, se o pluralismo existisse não poderia existir o Estado. O que Mortati faz é, portanto, colocar a Constituição à frente, contrariando, assim, as teses formalísticas do século XIX, que, por sua vez, enxergavam o sustentáculo do

O CONSTITUCIONALISMO E O REGIME FASCISTA

sistema no Estado, como princípio, quer seja da Constituição, quer seja das forças políticas. Carl Schmitt inverte esse axioma: atualmente não se pode mais definir o político partindo do Estado; todavia, aquilo que hoje se pode chamar de Estado deve, ao contrário, ser entendido a partir do político. O que estava acontecendo é que seria necessário, depois da Primeira Guerra, atualizar-se rumo a uma sociedade profundamente diferente: um Estado concreto não pode pensar existir senão como organização jurídica de uma coletividade ordenada segundo uma ideia política e a Constituição material não pode deixar de conter essa coletividade.

NOTAS

1. Alberto Aquarone, *L'organizzazione dello Stato totalitário*, Turim, Einaudi, 1995 (prima edizione, 1965).
2. Gaetano Mosca, *Appunti di Diritto Constituzionale*, Milão, Societá Editrice Libraria, 1921.
3. Cf. Salvatore Bonfiglio, *Forme di governo e partiti politici*, Milão, Giuffrè Editore, 1993, p. 2.
4. Gaetano Mosca, *Teoria dei governi e governo parlamentare*, Turim, Utet, 1982, p. 43.
5. *Ibidem*, p. 52.
6. "O Estado está em crise: o Estado vai dia a dia dissolvendo-se em uma multidão de agregados menores, partidos, associações, ligas, sindicatos, que o vinculam, paralisam e sufocam; o Estado perde, com movimento uniformemente acelerado, um por um, os atributos da soberania". Alfredo Rocco, "Crisi dello Stato e Sindacati", *La lotta contro la reazione antinazionale*, Milão Giuffré Editore, 1938, p. 691.
7. Santi Romano, "Lo Stato moderno e la sua crisi", *Prolusioni e discorsi accademici*, Modena, Società Tipografica Modenese, 1931.
8. *Ibidem*, p. 72.
9. Salvarore Bonfiglio, *op. cit.*
10. Arrigo Solmi, *La riforma costituzionale*, Milão, Alpes, 1924.
11. Renzo de Felice *Mussolini il fascista*, Turim, Einaudi, 1966

OS INTELECTUAIS DO ANTILIBERALISMO

12. Alberto Aquarone, *op. cit.*, p. 350-376.
13. Cfr., Musiedlak, Didier, *Lo Stato fascista e la sua classe politica*, Bolonha, Il Mulino, p. 350-359.
14. "Estudar os problemas atualmente presentes na consciência nacional e atinentes às relações fundamentais entre o Estado e todas as forças que esse deve conter e garantir". Alberto Aquarone, *op. cit.*, p. 360-376.
15. Entende-se com tal fórmula um governo responsável unicamente perante o rei, e não mais diante do Parlamento.
16. Francesco Perfetti, *La Camera dei fasci e delle coporazioni*, Roma, Bonacci Editore, 1991.
17. "Ora, se hoje se dissesse claramente que ao governo parlamentar vem substituindo o governo constitucional, admito que pode se discutir seriamente a proposta. Mas, ao invés disso, na relação que acompanha a estrutura da lei se diz expressamente que o chefe de governo não corresponde ao antigo chanceler germânico, não ficando por isso, no poder para além de quando queira o rei fazê-lo ficar. E, ainda, está dito claramente que o chefe de Estado o manterá no poder até quando aquele complexo de forças econômicas, políticas e morais que sustentava o gabinete, e que vez ou outra o desfazia, manifestar-se com votos do Parlamento. A questão era, portanto, clara. No fundo não se quer acordar com o rei a livre escolha do seu governo, e não se quer também que essa escolha seja influenciada pelos votos do Parlamento. (...) Assistimos, digamos assim sinceramente, às exéquias de uma forma de governo; não teria nunca acreditado em ser eu apenas a fazer a comemoração fúnebre do regime parlamentar". Gaetano Mosca, *Partiti e sindacati nella crisi del regime parlamentare*, Bari, Laterza 1949, p. 277-284.
18. "Revolução, penso, sem dúvida. Revolução não tanto por ser um movimento violento do povo, culminado com a conquista do poder em virtude de um ato de força, mas, sobretudo, por ter mudado radicalmente os ordenamentos (...) Como se vê, eu coloco, sobretudo no novo arranjo jurídico e moral criado pelo fascismo, a sua íntima virtude revolucionária", a qual é o ponto central da revolução fascista: " a subordinação do indivíduo à nação." Alfredo Rocco, *op. cit.*, *"La trasformazione dello Stato"*, p. 771-780.
19. Alberto Aquarone, *op. cit.*
20. Cf., Carlo Saltelli, *Potere esecutivo e norme giuridiche*, Prefácio de Alfredo Rocco, Roma, Tipografia delle Mantellate, 1926.
21. Arrigo Solmi, *op. cit.*, p. 55.

O CONSTITUCIONALISMO E O REGIME FASCISTA

22. Santi Romano, *Il consiglio di Stato, studi in occasione del centenario*, Roma, Istituto Poligrafico dello Stato, 1932.
23. Cf. Norberto Bobbio, Teoria e ideologia nella dottrina di Santi: Romano. *In*: Biscaretti di Ruffia (Org.), *Le dottrine giuridiche oggi e l'insegnamento di Santi Romano*, Milão, Giuffrè Editore, 1977, p. 139-159.
24. Cfr., Aquarone, *op. cit.*, p. 100-103.
25. Oreste Ranelletti, *Istituzioni di diritto pubblico*, Padova, Cedam, 1940, p. 20-25.
26. Donato Donati, "Il governo del re nella classificazione delle forme di governo", *Rivista Italiana di Diritto Pubblico*, 1933.
27. Cf., Nicola Macedonio, *Il gran consiglio del fascismo, organo della costituzione*, Roma, Angelo Signorelli, 1937.
28. Ver Salvatore Bonfiglio, *op. cit.*, p. 68.
29. Cf., Santi Romano, *Corso di diritto costituzionale*, Padova, Cedam, 1933.
30. *Ibidem*, p. 210-212.
31. Costantino Mortati, *L'ordinamento del governo nel nuovo ordinamento italiano*, Roma, Anonima Romana Editoriale, 1931, p. 35-47.
32. Santi Romano, *Corso di diritto costituzionale*, *op. cit.*, p. 123-128.
33. "O partido cria o Estado, e o Estado, criado pelo partido, se assenta por sua vez no partido", Sergio Panunzio, "Il Partito", *Rivoluzione e costituzione*, Milão, Treves, 1933.
34. Alfredo Rocco, *op. cit.*, *Ordinamento e attribuzioni del Gran consiglio del fascismo*, discurso pronunciado diante do Senado em 16 de novembro de 1928.
35. Cf., Alberto Aquarone, *op. cit.*
36. Sergio Panunzio, *La Camera dei fasci e delle corporazioni*, Roma, Arti Grafiche Trinacria, 1939, p. 11.
37. "Não se pode nem mesmo entender seus caracteres e os limites da função legislativa segundo o novo sistema se não se parte do pressuposto constitucional d que a direção política e a função do governo são superiores, e que vêm antes das funções legislativas, e que os órgãos do governo, o Grande Conselho e o Comitê Corporativo Central, são hierarquicamente superiores aos órgãos legislativos." *Ibidem*, p. 13-15.
38. Cf., Salvatore Bonfiglio, *op. cit.*, p. 78.
39. "O elemento característico da concessão fascista consiste na conciliação com que esta tende a atuar entre a exigência de manutenção dessa esfera de auto-

OS INTELECTUAIS DO ANTILIBERALISMO

nomia e aquela da subordinação da mesma ao interesse geral. Conciliação que se busca conseguirnão por meio de uma regulação do comportamento, que suprime a mesma autonomia, mas preponderantemente com a formação, sobretudo por meio da atuação do partido, e com o auxílio de sanções indiretas, de regras de costume, revoltas a disciplinar o espontâneo exercício dos direitos subjetivos nas várias explicações em que esses possam se apresentar". Costantino Mortati, *Esecutivo e legislativo nell'attuale fase del diritto costituzionale italiano*, Annali della Regia università di macerata, v. XIV, 1940.

40. Oreste Ranelletti, *Istituzioni di diritto pubblico*, Padova, Cedam, 1940.

41. "Ele (o rei), segundo os ditames do agora vigente Estatuto Albertino, é o chefe supremo do Estado, dele representa a unidade e dele coordena os poderes. O Estado é íntegro de um governo monárquico representativo, ou seja, o governo encontra sua legitimação nos ditames da Constituição. A Coroa tem a faculdade de nomear os senadores, o chefe de governo, os ministros representam o Estado perante outros Estados. O rei não coloca os outros órgãos constitucionais do Estado em condição de subordinação diante dele. Seria incompatível com o caráter constitucional desse e do Estado." Oreste Ranelletti, *op. cit.*, p. 216-217.

42. *Ibidem*, p. 230-235.

43. "Dez de outubro de 1942 — Conselho de Ministros sempre mais enfraquecido. Passam as medidas entre a indiferença geral (...) Mussolini parece sem vontade ou ausente. O descolamento da nossa ação de governo se descobre enfim a todos, também aos mais benevolentes". Giuseppe Bottai, *Diario (1935-1944)*, Milão, Biblioteca Universale Rizzoli, 1987, p. 328.

44. Cf., *Ibidem*, p. 248.

45. Oreste Ranelletti, *Gli Stati europei a partito politico unico*, Milano, Panorama, 1936.

46. *Ibidem*, p. 7.

47. *Ibidem*, p. 6.

48. "O Partido Nacional Fascista, hoje de partido não tem mais que o nome. Esse se colocou no ordenamento do nosso Estado como uma instituição de direito público, subsidiária e integradora do Estado." *Ibidem*, p. 19.

49. *Ibidem*, p. 20.

50. "O Estado, transcendendo o breve limite das vidas individuais, representa a consciência imanente da nação; o partido é a organização capilar do regime, que introduz o povo na vida política geral do Estado." *Ibidem*, p. 25.

51. Giovanni Salemi, *"L'organizzazione nazionale del Partito Fascista e i suoi rapporti con lo Stato"*, Rivista Italiana di Diritto Pubblico, 1936, Parte I, 23, p. 309-330.
52. Gustavo Zagrebelsky, *"Premessa"*. In: Costantino Mortati, *La costituzione in senso materiale, op. cit.*, p. 7-38.

BIBLIOGRAFIA

AQUARONE, Alberto, *L'organizzazione dello Stato totalitario.* Torino: Einaudi, 1995.

BONFIGLIO, Salvatore. *Forme di governo e partiti politici.* Milano: Giuffrè Editore, 1993.

DE FELICE, Renzo. *Mussolini il fascista,* La conquista del potere (1921-1925). Torino: Einaudi, 1966.

FEROCI, Virgilio *Istituzioni di Diritto Pubblico,* Milão: Ulrico Hoepli, 1939.

GAMBINO, Luigi (a cura di). *Il realismo Politico di Gaetano Mosca.* Torino: G. Giappichelli Editore, 2005.

MACEDONIO, Nicola. *Il Gran Consiglio del fascismo,* organo della costituzione. Roma: Angelo Signorelli, 1937.

MORTATI, Costantino. *La costituzione in senso materiale.* Milano: Giuffrè Editore, 1998.

MOSCA, Gaetano. *Appunti di diritto costituzionale* Milão: Società Editrice Libraria, 1921.

MUSIEDLAK, Didier. *Lo Stato fascista e la sua classe politica.* Bolonha: il Mulino, 2003.

MUSIEDLAK, Didier. *Mussolini.* Parigi: Presses de Sciences Po, 1995.

PANUNZIO, Sergio. *Il sentimento dello Stato.* Roma: Libreria del Littorio, 1928.

PANUNZIO, Sergio. *Rivoluzione e Costituzione.* Milão: Fratelli Treves, 1933.

PERFETTI, Francesco. *La Camera dei fasci e delle coporazioni.* Roma: Bonacci Editore, 1991.

RANELLETTI, Oreste. *Istituzioni di Diritto Pubblico.* Padova: Cedam, 1940.

ROCCO, Alfredo. *Scritti e discorsi politici (1921-1934).* Milão: Giuffrè Editore, 1938.

ROMANO, Santi. *Corso di Diritto Costituzionale.* Padova: Cedam, 1933.

UNGARI, Paolo. *Alfredo Rocco e l'ideologia giuridica del fascismo.* Brescia: Morcelliana, 1974.

CAPÍTULO 12 A historiografia vai à guerra: a
derivação *Voëlkisch* e o nazismo

Francisco Carlos Teixeira da Silva*

---

* Professor titular de História Moderna e Contemporânea da Universidade Federal do
Rio de Janeiro (UFRJ).

Muito antes da chegada de Adolf Hitler ao poder, em 1933, boa parte da sociedade alemã estava "conquistada" por um conjunto de ideias — muitas delas contraditórias e confusas — que marcariam o ideário do nacional-socialismo. Alguns historiadores, muitas vezes de uma posição preconceituosa — quer dizer, de um local de fala militantemente de oposição —, imaginam o nacional-socialismo como uma doutrina pobre e feita, aos retalhos, para grupos sociais culturalmente deficientes ou mesmo desesperados. Supõe-se aqui o irracionalismo nacional-socialista como inaceitável para grupos intelectuais ou para uma classe média esclarecida da Alemanha, impondo-se a violência como única forma de dominação no Terceiro Reich. Entretanto, uma análise mais detalhada da cena política e cultural da Alemanha, antes de 1933, nos mostra uma lenta e continua adesão da sociedade e suas instituições a um conjunto de ideias autoritárias que facilitaram e familiarizaram os círculos culturais alemães com o nacional-socialismo. Assim, a derrota alemã em 1918 — a Catástrofe no dizer alemão — e, mesmo antes, a propaganda pangermanista do imediato pré-guerra geraram um forte embate sobre a natureza do Estado alemão nos mais altos círculos da cultura do país. Tal debate penetrou profundamente nas universidades alemãs e seus institutos de pesquisa, incluindo-se aí os tradicionais veículos de divulgação científica.[1]

Nessa época, o conjunto dos historiadores alemães — *Der Professorat* — participou ativamente da definição do que seria autenticamente alemão e popular, em oposição ao que se considerava exótico e antinacional, em especial o liberalismo e o marxismo. Tal debate acabou por desalojar os velhos representantes da academia alemã — na maioria das vezes conservadores aristocratas e refratários a uma visão de mundo centrada no apelo às massas. Abriram-se, assim, espaços para os "jovens professores" prontos para defender o Estado e uma pretensa "cultura nacional alemã".

A historiografia alemã, no século XIX e até os anos 30 do século XX, era marcadamente orientada ora pelo kantismo — com forte viés idealista, buscando um sentido geral de aperfeiçoamento da condição humana na sucessão, aparentemente sem sentido, de fatos e datas —, ora pelo hegelianismo, autoritário e de direita. O marxismo e outros hegelianismos de esquerda eram simplesmente ignorados. Um sistema quase feudal de recrutamento dos professores para as universidades e de pesquisadores para os institutos e museus impedia a entrada de qualquer dissidente no campo da "ciência histórica", como então se dizia. O caso do historiador Eckart Kehr — senhor de uma vastíssima e erudita obra, mas de nítida formação socialista — é um exemplo brilhante do processo de exclusão acadêmica.[2]

A figura marcante no cenário historiográfico alemão — entre 1825 e o fim da República de Weimar, entre 1930 e 1933 — foi Leopold von Ranke (1785-1886), capaz de formar uma geração inteira de historiadores, definindo temas nobres para estudo e ensino nas universidades, bem como a escolha das fontes — de origens primordialmente estatais e diplomáticas — e um método, que se queria científico e objetivo. Coube a Ranke a definição das bases do estudo do Estado alemão, alinhado permanentemente com o conceito de legitimidade e continuidade, ainda derivado das decisões do Congresso de Viena, de 1815. No seu conjunto, a historiografia rankiana será marcada pelo historismo clássico alemão.[3] Dois dos principais historiadores dos séculos XIX e XX na Alemanha, Jacob Burckhardt (1818-1897) e Friedrich Meinecke (1864-1954), serão tributários do debate sobre o assim chamado "sistema rankiano". A dominância do Estado como tema central da historiografia dividiria, entretanto, os dois grandes ícones da historiografia pós-rankiana. Para Burckhardt, a cultura, enquanto um sistema original de valores

A HISTORIOGRAFIA VAI À GUERRA

de uma época, seria o grande objeto de estudo da História, um tema muito mais relevante do que o Estado. O avanço da sociedade de massas, das grandes cidades industriais e das multidões mantidas em condições sub-humanas nas fábricas será sempre para Burckhardt sinônimo de barbárie. Já Meinecke seguirá os passos de Ranke e buscará no Estado o sujeito transcendente da História. Contudo, mesmo aqui, um viés diferenciador marcaria a díade Ranke-Meinecke: para o primeiro, profundamente impregnado pelo hegelianismo, o Estado é a realização da História (ao menos quando o Estado reconhece sua tarefa de somar-se ao *Volksgeist* — o sentido que a nação busca em suas instituições políticas — e consegue realizá-lo). Já para Meinecke, ao menos o Meinecke maduro, a razão de Estado — a *Realpolitik* — guia muito mais claramente as ações dos estadistas do que uma pretensa busca da realização da História.

DEPOIS DA CATÁSTROFE

Após 1919 — com a Revolução Bolchevique na Alemanha, o fim do Império criado por Bismarck e a imposição do Tratado de Versalhes — a historiografia voltou-se para a busca de um sentido (uma velha obsessão alemã) dos acontecimentos. Enquanto muitos historiadores buscavam refutar a cláusula da "culpa alemã" no desencadear da guerra em 1914, outros procuravam explicar o destino do Estado alemão e o seu papel na História. A grande maioria — conservadores e nacionalistas — estava de acordo com o fato de que a República de Weimar — constitucional, liberal e representativa — era exótica à história alemã, não tendo amadurecido "sob um céu e sobre uma terra" alemães... A ideia de repúblicas copiadas da Constituição americana ou de princípios gerais emanados da Revolução Francesa — como no momento surgiam na Europa central e oriental, além da América Latina — era considerada a-histórica, artificial e exótica. Cada povo deveria ter seu próprio *Volksgeist*, o conjunto civilizacional que o caracterizaria e o faria único na História. Assim, impor ao povo alemão uma Constituição copiada da vivência histórica de outro povo (única para esse, pertencente à sua própria história e, por isso mesmo, não copiável pelos demais) era impor uma "ditadura" contra a nação. Nesse sentido, para os historiadores formados sob o regime bismarckiano e sob influência direta de Ranke, a República, tal como funcionava entre 1919 e 1930, era uma flor exótica, temporária e que deveria ser extirpada. A questão que se colocava então era estabelecer a natureza de um Estado genuinamente alemão, baseado ora na experiência do Império bismarckiano (1871-1919), ora nas formas corporativas e autoritárias imaginadas a partir de uma pretensa Idade Média alemã e extremamente em moda nas regiões católicas da Alemanha e Áustria-Hungria.[4]

Tal retomada do modelo rankiano da História — que aparentemente entrara em crise com a fundação da República em 1919 — colocará, de imediato, uma questão fundamental para os historiadores: o tema da continuidade na historiografia alemã. Os grandes historiadores se perguntarão sobre a existência de nexos entre o chamado "sistema das grandes potências", tal como definido por Ranke, e o jogo da grande política na época do imperialismo, que redundara na destruição do Estado alemão durante a Grande Guerra de 1914. A resposta, para um setor influente de historiadores, estaria na percepção de que o "sistema" se ampliaria, agora em escala planetária, e receberia novos parceiros — como o Japão ou os Estados Unidos. Contudo, o sistema das grandes potências, tal como anunciado por Ranke, continuava válido, marcando as relações internacionais por uma violenta concorrência de prestígio e poder agora em escala planetária.

O ensaio que centralizará todo o debate sobre o chamado "Renascimento rankiano" — *Rankerenaissance,* a partir do início do século XX, com seu ápice nos anos 1920 — será intitulado *As grandes potências* (*Die Großen Mächt*), publicado em 1833.[5] A tese central de Ranke, nesse pequeno e seminal estudo, explicita os pontos centrais da historiografia conservadora alemã do século XIX até o Terceiro Reich, a saber: *i.* a centralidade do Estado como sujeito transcendental da História; *ii.* toda história, como história universal, ou seja, como história dos diversos sujeitos interagindo (Estado face a Estado); e *iii.* a guerra e o conflito como o paroxismo da História. Tais teses, centradas em uma forte definição historista e culturalista do Estado (com Herder e Hegel enquanto suportes), serão, durante o "Renascimento rankiano," apropriadas por um bom número de historiadores alemães no sentido de dotá-las de um conteúdo racialista, visando à sua apropriação para os projetos militaristas do nazismo. É nesse sentido que o campo da História irá constituir-se, das vésperas da Grande Guerra até o Terceiro Reich, em um território de combate, com os historiadores "oficiais" operando apropriações sucessivas dos temas históricos com claros objetivos políticos.

Para a maioria dos historiadores conservadores, foi a derrota da Alemanha, na Grande Guerra, a origem da imposição de formas exóticas de organização político-institucional ao país sob a forma da República weimariana. Somar-se-ia a isso a presença, como redator do texto constitucional, de Hugo Preuss (1860-1925), jurista e intelectual judeu e cosmopolita. O modelo de tudo que seria "antialemão". Da mesma forma, os "marxistas" do SPD/*Sozilistedemokratischepartei* seriam os responsáveis pela República. Inventava-se aí o caráter antigermânico da República na Alemanha. São essas as bases do mito político que alimentaria o ódio nazista contra o Tratado de Versalhes e a "traição" que judeus e socialistas teriam cometido contra a Alemanha. O famoso discurso do general Von Hindenburg no *Reichstag* (Parlamento) alemão se exculpando da derrota militar e acusando uma traição interna — o mito do *Dolchstoß*, ou "punhalada pelas costas" — só irá alimentar ainda mais a agenda nazista. Coube, então, aos círculos universitários alemães iniciar o debate sobre a "culpa" alemã na guerra e a explicação da derrota como um fator exógeno à história nacional.[6] Duas teses centrais em discussão na academia alemã terão forte impacto sobre o debate político e serão apropriadas pelo embate ideológico entre conservadores, nacionais-conservadores e, por fim, os nazistas, a saber: *i.* a derrota como traição; e *ii.* a natureza exótica das instituições republicanas na Alemanha.

As razões da derrota residiam, por sua vez, na ampliação do sistema das grandes potências e na incapacidade do Estado alemão imperial de entender as transformações em curso. Assim, o conceito rankiano de

OS INTELECTUAIS DO ANTILIBERALISMO

sistema das grandes potências dava provas de extrema flexibilidade, adaptabilidade e capacidade de múltiplas apropriações. A historiografia rankiana, e seus temas centrais, mantinha sua capacidade explicativa nos meios acadêmicos e universitários nacionais, reapropriadas em sentido ultranacionalista. Cabia, contudo, uma atualização do conceito rankiano. Essa seria a tarefa da nova geração de historiadores alemães. Contudo, em primeiro lugar deveriam ver-se livres da casta professoral conservadora, por demais aristocrática e elitista em face da ascensão das massas ao cenário político.

OS DEBATES NA *HISTORISCHE ZEITSCHRIFT*

O conjunto de teses propostas pela nova geração de historiadores apontava para a instrumentalização da história contemporânea. Assim, defendiam-se os seguintes pontos: o contato e as relações do Ocidente com as novas nações, mesmo aquelas ainda consideradas *bárbaras*, levariam ao surgimento de novas potências, como no caso do Japão. A ação ocidental representaria um despertar do mundo, constituindo-se, dessa forma, numa ação criativa. A dinâmica civilizatória residia, ainda, no Ocidente e, no próprio Ocidente, cabia à Europa a liderança do sistema mundial das grandes potências.

Esse amplo debate se dá no interior da mais importante revista de História do país, a *Historische Zeitschrift* (Revista Histórica), criada por H. Von Sybel em 1859. A revista — doravante *HZ* — manter-se-á, até os nossos dias, como um influente meio de debates, tendo conhecido várias gerações de historiadores alemães. Meinecke, com sua herança rankiana, foi seu diretor entre 1893 e 1934, quando, por oposição ao nacional-socialismo, foi obrigado a abandonar suas funções acadêmicas na Alemanha. A partir de então, jovens historiadores, alguns alunos do próprio Meinecke — portanto a segunda geração de rankianos —, assumiram a direção da *HZ* e a inclinaram em direção ao pensamento autoritário e racialista. Muitos realizaram uma apropriação abusiva de Ranke, buscando no *Volksgeist* — o encontro do Estado com a nação por meio da criação de instituições políticas originais e nacionais e da noção de sistema das grandes potências — a justificativa de apoio ao hitlerismo.

Um entre esses jovens historiadores, prontos para expulsar os velhos mestres conservadores da academia e substituí-los com posturas autoritárias e racistas, foi Max Lenz (1850-1932). Mesmo antes da derrota de 1919, para esses jovens cabia construir uma visão de mundo capaz de justificar as atitudes da Alemanha enquanto grande potência. Para Lenz, por exemplo, a grande expansão europeia, entre 1880 e 1914, é a ação do *Genius des Occidents* que age sobre o planeta, através do sistema das grandes potências.[7]

Na obra de Lenz, fartamente publicada na *HZ*, são as mesmas condições do século XVIII — a disputa entre os Estados europeus pela hegemonia — que estariam presentes nos anos 20 e 30 do século XX, só que agora em escala planetária. As "premissas rankianas" continuariam agindo sobre as potências: a pressão militar e política nas fronteiras (agora levadas aos confins do mundo), a dinâmica demográfica e a ameaça à soberania e à existência estatal autônoma. Em especial a demografia e a "saúde física" dos povos deveriam despertar fortemente a atenção dos Estados, em virtude da fecundidade das raças coloniais. Esses riscos eram os fatores que despertariam nos povos a "vontade de potência". Assim, reunir forças e robustecer o Estado, despertar o gênio nacional e enfrentar o perigo eram as tarefas fundamentais, fazendo com que, mais uma vez, residisse nas relações internacionais o significado sempre contemporâneo da História Universal.[8]

Max Lenz insiste, em sua obra, na identificação entre Ranke e Bismarck — o teórico e o político do sistema das grandes potências — descrevendo um quadro em que o historiador aparece como precursor e teórico que teria conformado a política do Chanceler de Ferro: está aí a fonte de uma pretensa "escola Ranke-bismmarckniana", que florescerá nos últimos anos de Weimar e sob o nacional-socialismo. A concepção de grande potência em Ranke seria, assim, a contrapartida "científica" da ação de Bismarck. Em verdade, ao contrário do que Lenz escrevia, Ranke considerava a continuidade histórica entre as diversas "épocas" condição essencial para se escrever a História, não acreditando em grandes rupturas ou revoluções, no que seguia claramente Edmund Burke. Mesmo sendo a História Universal um jogo de contradições, estas não se resolviam pela total superação dos termos anteriores, mas sim por meio da formação de amplos mosaicos de cunho político e civilizacional, em que as diferenças conviviam conflitivamente.

A caracterização de uma época, como, por exemplo, a do imperialismo, era, a um só tempo, justa e desnecessária. Para Lenz não era necessário utilizar o conceito "imperialismo", tal como vinha sendo feito — em especial, em face da contaminação do conceito por uma forte valoração moral decorrente das análises humanistas e moralistas da social-democracia europeia. Na verdade, a "época" imperialista era uma expansão da *Idee der Nationalität*,[9] ou seja, a época em que a "ideia de nacionalidade" superou as fronteiras da Europa e projetou-se sobre todos os continentes. Não se trata de uma reprodução da "ideia de nacionalidade" para outros povos, mas, isso sim, de projeção/expansão da "ideia de nacionalidade" europeia sobre os demais continentes, com a "nação" inglesa, ou alemã, se realizando na Ásia e África. Esse é o sentido de imperialismo na obra de Lenz.

Evidentemente, os povos desprovidos da vontade de potência, mais fracos, acabariam por ser dominados por potências mais fortes — essa seria uma decorrência inevitável, inscrita na luta pela existência (o chamado *Daseinkampf*). Já em 1919, Lenz publica uma obra que repete, significativamente, o título do mais influente ensaio de Ranke — *Die Große Mächte*, As grandes potências — em que opera uma notável derivação biologizante da noção rankiana de sistema das grandes potências. Claramente influenciado pelo social-darwinismo, descreve os conflitos internacionais em termos de uma luta pela vida, com a sobrevivência do mais apto, ou seja, do mais forte. Tais conceitos são, de todo, estranhos ao conjunto da obra de Ranke. Com sua formação luterana e quietista, poderia aceitar a onipresença do mal e a luta permanente dos princípios do Bem e do Mal na História, mas jamais aceitaria uma "naturalização" da História, onde a "mão da Providência" nada teria a dizer ou se realizaria por meio de uma luta pela existência, em que o Estado-nação fosse tratado como um mero organismo.[10]

A HISTORIOGRAFIA VAI À GUERRA

Lenz opera aqui uma inovação teórica de grave repercussão em termos da grande historiografia alemã: a introdução do darwinismo social, acompanhado de uma hierarquização racialista, na História. Por meio da combinação do conceito rankiano de sistema das grandes potências, em eterna disputa, e de luta pela existência, abre as portas para as concepções nazistas das relações internacionais.

A HISTORIOGRAFIA COMO BIOLOGIA

A introdução do darwinismo e a naturalização da História apontavam, já naquele momento, para uma profunda cesura na historiografia dos jovens rankianos. Cada vez mais as bases "culturais" de J. G. Herder (1744-1803), contidas no pensamento rankiano, cediam espaço para uma visão centrada no desempenho da raça no interior da natureza selvagem do sistema das grandes potências. Ora, os princípios básicos da obra rankiana residiam claramente em Herder (que influencia, nesse sentido, também a obra de Hegel, em especial *Os fundamentos da filosofia do direito*, de 1821). Assim, no seu conjunto, Ranke apontava como *Volksgeist* a capacidade de uma nação de reconhecer suas próprias raízes culturais, contidas no folclore, na arquitetura e na literatura, e que agiriam como cimento da nacionalidade. No conjunto da sua obra, Ranke jamais considerou o sangue/raça como um elemento definidor de um *Volksgeist*. Os povos capazes de criar civilizações — os chamados *Volksträger*, ou portadores de cultura — tinham uma longa história, muitas vezes forjada em guerras contra outros povos, mas não se definiam por um sangue excludente.

Com a obra de Lenz vemos o início de uma derivação racial capaz de explicar todo o movimento da História — a irrupção, antes mesmo do Terceiro Reich, de uma concepção racialista da história que facilitará a adesão à ideologia nazista. Mesmo as versões anteriores de uma pretensa superioridade do homem branco — e seu fardo civilizacional em face dos povos de cor do mundo — baseavam-se na superioridade cultural da Europa. O darwinismo social, aliado aos conceitos raciais de

OS INTELECTUAIS DO ANTILIBERALISMO

Gobineau e outros, se expande e aparece na historiografia alemã, agora aceita nos mais altos círculos da cultura nacional. Nada disso teria maior importância se o clima político e intelectual na universidade alemã não apontasse claramente para a busca de uma resposta "científica" para caracterizar a "verdadeira natureza" do Estado alemão. A História começou a ser fortemente manipulada para subsidiar a ideia de uma exclusividade alemã nela — uma variante da tese do *Sonderweg*, a via especial da Alemanha ao longo de sua história. A *HZ* será largamente um veículo de tal debate. Quando os termos da discussão tornam-se por demais místicos e absolutamente contrários ao rigor do "seminário" rankiano, os jovens historiadores tratarão de afastar a velha geração, perplexa e chocada, de conservadores apegados ao rigor do método.

QUANDO OS HISTORIADORES ADEREM

Os termos fundamentais da equação histórica serão, a partir de então, raça e cultura, espírito e sangue. Na História de Ranke, conforme com o humanismo de Herder, todos os povos têm seu lugar numa vastíssima História Universal — o chamado mosaico da história universal. Em Lenz, bem ao contrário, só os povos fortes sobreviverão — e isso significa os que constituíram Estados compactos, homogêneos do ponto de vista racial, aguerridos e belicosos. Meinecke, o último repositório do humanismo conservador de Ranke, se revoltará contra o risco de identificar Estado e raça, premonição das consequências terríveis daí decorrentes. Desde 1908, numa vigorosa resposta ao pangermanismo exaltado em vigor no Império alemão, publica *Cosmopolitismo e Estado nacional*. Nessa obra, Meinecke retoma o velho espírito cosmopolita alemão, invocando Goethe e Humboldt, como exemplos de que o que era alemão era também universal. Meinecke advertira, já naquele momento, para o "encolhimento" do pensamento alemão, centrado sobre si mesmo, e mostra, de forma incontestável, como Ranke — claramente em oposição ao nacionalismo da escola borrússica[11] — pensava a Europa e via nela a fonte da *Kultur*. Não havia espaço para o exclusivismo racial, com

A HISTORIOGRAFIA VAI À GUERRA

restrição a qualquer povo por ser inferior e indigno de viver a *Kultur*. Meinecke, sem citar o autor — a fonte poderia voltar-se contra ele, posto ser um judeu —, ia buscar em Heinrich Heine — patriota revolucionário, liberal-radical alemão — a inspiração de sua obra: "...o patriotismo dos alemães constituiu-se, assim, com seu coração encolhendo [*enger wird*], odiando o estrangeiro, negando-se a ser um cidadão do mundo [*Weltbuerger*], negando-se a ser um europeu, para ser apenas um alemão".[12]

A História de Lenz, por sua vez, abandonava o velho humanismo para contentar-se com uma história patriótica, fortemente marcada pelo elogio à guerra, como o grande momento, o paroxismo, da luta pela existência: "...todas [as potências] são fundamentalmente ofensivas, e quem ataca exerce frequentemente apenas um poder preventivo — *Praevenire* — visando a reunir forças e eliminar uma ameaça que mais tarde poderá prejudicá-la".[13]

Ao mesmo tempo, justificava a violência, posto que o domínio estrangeiro poderia atuar como uma etapa na construção do caráter nacional, como no caso do domínio britânico na Índia. Cedo ou tarde a Inglaterra teria que enfrentar um poder *hindu*, constituído em vontade nacional. Assim, caberia à Alemanha defender as nacionalidades oprimidas, como árabes e hindus, como uma forma de avançar a História.

A POLÍTICA EXTERNA COMO REALIZAÇÃO DO ESTADO

Tais condições confirmariam a tese conservadora do *Primat der Aussen Politik* (o primado da política externa) sobre todas as demais formas de exercício da política (incluindo aí a partidária no interior da República, vista como um "mercadejar" em praça pública). Ao mesmo tempo, o sistema das grandes potências mostrava sua flexibilidade, expandindo seus limites ao âmbito planetário, onde agem as mesmas forças que atuavam no cenário europeu. Existiria uma permanente concorrência, uma guerra seca — *Trockner Krieg* — entre as grandes potências, na qual não haveria amigos, apenas rivais e oponentes em busca da realização de seus interesses.[14] O transbordamento das rivalidades europeias era produto do "congestionamento" de poder sobre a Europa, onde não haveria mais espaço para a ampliação das áreas de influência. As duas grandes superpotências — os anglo-saxões e os russos — representavam poderes antinaturais, posto irem além do princípio das nacionalidades e, por isso mesmo, estavam condenadas ao colapso. Residiria neste ponto o risco para esses impérios colossais: as nacionalidades não permaneceriam sempre sob o domínio estrangeiro. Ao contrário, a pureza racial do Estado-nação alemão, baseado na superioridade da *Kultur* alemã — mistura de *Blutt und Boden*, sangue e solo —, garantiria ao país seu papel de líder do sistema das grandes potências. O século XX apresentava, assim, um significado todo novo: o processo de formação de novas nacionalidades, com o necessário colapso dos velhos impérios e a emergência das potências racialmente puras.[15] Nesse contexto, a Alemanha teria uma missão única: num mundo hostil, deveria manter e garantir a diversidade cultural e a existência dos demais povos. Para a realização de sua "missão", era necessário criar os meios eficazes: a corrida armamentista. Da mesma forma, após a derrota de 1919 e das imposições do Tratado de Versalhes, o rearmamento alemão era fundamental para a realização da tarefa histórica do país.[16]

Com o historiador, e companheiro de Lenz, Erich Marcks (1861-1938), o conceito de imperialismo desprende-se inteiramente de qualquer base material, ainda presente em Lenz — demografia, poder econômico — para ser considerado enquanto ideia.[17] Tratar-se-ia da expansão, para fora do espaço europeu, da *energia nacional* — conceito puramente espiritualizado e dotado de forte poder místico — dos povos europeus. Dessa forma, nada há de novo no imperialismo — não existiria "último estágio" — apenas a continuidade lógica do permanente crescimento das potências europeias.[18] As ideias de Marcks garantiram um imenso sucesso ao historiador. Desde 1892 era professor titular de história moderna e contemporânea na Universidade de Berlim, passando, no fim dos anos 1920, a dirigir a mais popular coleção de história do país, a *Propyläen Weltgeschichte*, sendo um dos primeiros historiadores a saudar o advento do Terceiro Reich em 1933.[19]

Para Marcks, o novo jogo internacional de poder configura, ainda uma vez, uma unidade, como o fora antes a Europa — o sistema no sentido rankiano, com seu embate permanente de contradições: "...a Terra tornou-se uma unidade de contradições, uma unidade de trabalho, de trocas, de lutas, composta das velhas e novas potências, como a América e o Japão".[20]

DO *VÖLKISCH* À DERIVAÇÃO RACISTA

Com Marcks, o sistema das grandes potências representaria, ainda, para além do sentido do próprio século, a unidade da História com o presente, a atualização permanente do espírito nacional. A atualização da ideia de "sistema" impunha dois imperativos: *i.* a reunião das massas em torno do Estado e *ii.* a possibilidade de uma personalidade capaz de liderá-las em direção a uma política imperial. Assim, a realização da ideia nacional em âmbito mundial importava, no plano interno, a superação do liberalismo, da República e das instituições representativas. A figura, e a ação, de um líder carismático, inconteste, na liderança do país era a imposição necessária para a construção do império mundial alemão, a realização da tarefa histórica da Alemanha.

As divisões das massas, as lutas partidárias, o mercadejar permanente do jogo parlamentar são elementos de desunião e enfraquecimento da potência mundial. Num mundo hostil e em eterna luta pela existência, como no de Lenz e Marcks, era imperativo um poder forte, incontestável, capaz de exercer de imediato suas prerrogativas. Meinecke falará, ainda no âmbito *Völkisch*, pela primeira vez, em uma *Vertauensdiktadur*, uma ditadura da confiança, como forma de governo adequada aos alemães na época do imperialismo.[21] Aqui, os neorrankianos se encontravam — as duas gerações expressavam claramente seu profundo desdém pela democracia e os valores republicanos. Milhares de estudantes, bem como o grande público consumidor de cultura histórica — nos institutos, museus e exposições — estarão constantemente bombardeados por tais concepções de história. Tanto em Lenz quanto em Marcks havia uma perfeita concordância de se buscarem meios para a realização da "missão" alemã. Impunha-se reconhecer que a construção desse império, obra da espada, só era possível por ser a Alemanha uma *Kulturnation*; o poder puro e simples era vazio e inútil, só a ideia — a *Kultur* — dava-lhe conteúdo.

Meinecke, em permanente movimento de oscilação entre as diversas concepções de seus jovens alunos, dirá, ainda em 1914, ser essa uma "terrivelmente má utilização da *Kultur* pelo Estado, uma vez que todo Estado-nação tinha uma *Kultur*", e não apenas a Alemanha. Contudo, o conservadorismo antidemocrático e antirrepublicano de Meinecke não implicava uma concepção belicista, imperialista e racialista da História.[22] Ainda crítico em relação a Burckhardt, para quem o poder será sempre mau, não importando se será exercido por uma nação racialmente pura e por um líder carismático ungido pela massa — Burckhard sempre afirmará que *die Macht in sich bose sein,* o poder é mal em si! —, Meinecke acreditará que ainda há uma possibilidade de enobrecer a política por meio da *Kultur*. Realizar-se-ia a união sempre buscada entre ideia e poder, Estado e *Kultur*, pondo fim a um dualismo enunciado desde Kant. Tal monismo desembocaria numa visão otimista de um Estado civilizador, realizador e protetor conforme o humanismo de Goethe, Fichte e Humboldt. Contudo, e apenas Meinecke não se apercebia, tais tempos já haviam sido, infelizmente, superados.

Meinecke, ainda na direção da *HZ*, mas já sob pressão de seus jovens alunos que aceitava publicar na revista, insistia: a *Kultur* não poderia, ou não deveria, ser uma arma do Estado — logo, escrever a História impunha libertar-se de qualquer intrusão do Estado. O historiador não poderia estar a serviço do Estado por mais *nacional* que esse fosse.

Ora, uma das obras mais populares de Lenz era exatamente *Der deutsche Gott* (O Deus alemão), publicada em 1914! Retomando Lutero e sua noção de luta correta, Lenz coloca o destino nas mãos de um deus vingador que "nos lábios e nas mãos do Exército da Alemanha" refaz o mapa da Europa.[23] Ao propor um deus germânico, Lenz entra em choque com um dos pontos de partida do pensamento rankiano: a unidade fundamental dos povos europeus. Em Ranke as tendências se

A HISTORIOGRAFIA VAI À GUERRA

enfrentam permanentemente, dando o sentido de luta da História. Em Lenz é a necessidade da vitória da *Kultur* germânica. Em caso de derrota, a própria *Kultur* deveria se extinguir, sufocada num mar da mediocridade das massas em ascensão. Uma comparação ousada e de fundo poderia mostrar o paralelismo entre as teses de Lenz e a concepção de "missão" alemã de Adolf Hitler.

Em Lenz a guerra assume o aspecto de força criativa — não mais, como em Ranke e Hegel, um fato triste, mas também um processo inevitável e, sim, um objeto em si mesma. O batismo de sangue, *Bluttafel*, conseguia anular toda a divisão imposta ao Estado pelo liberalismo. Cessavam, na guerra, as querelas partidárias, o individualismo, a preguiça e a criminalidade: os mais altos valores da raça se impunham. A guerra une a massa em torno do poder, elimina os partidos, libera as forças profundas da nação, conforme o depoimento de um participante convicto da Grande Guerra:

> A guerra de 1914 não foi imposta às massas — e Deus é testemunha — mas, bem ao contrário, foi desejada por todo o povo... Também para mim estas horas foram como uma libertação de dolorosas impressões da juventude. Assim, começou para mim, como para todo alemão, a época mais inesquecível e sublime de toda a minha existência terrena. Ante os acontecimentos desta luta gigantesca, todo o passado se reduzia a um nada insípido. Com uma orgulhosa melancolia, penso nas primeiras semanas desta luta heroica da qual o favor da fortuna me permitiu participar...[24]

O elogio do uso da força e da violência assumia, também em Marcks, um ideal estetizante, com notáveis conexões com a estética militarizada de grandes heróis alemães, como F. L. Jahn (1778-1852), o *Turnvater* — ou o pai da ginástica e dos exercícios de massa na Alemanha no século XIX. A massa masculina de guerreiros uniformizados, com o aniquilamento de toda individualidade, prenuncia as associações falocratas do nacional-socialismo, tais como os *SS* e os *SA*. O heroísmo dos "corpos-fracos", os *Freikorps* do imediato pós-Grande Guerra, deveria ser coroado pelo princípio da autoridade.[25]

Pairava sobre o conjunto da obra de Lenz e Marcks uma forte ideologia denominada ao seu tempo de *Völkisch* — Popular —, corrente de pensamento extremamente nacionalista que, desde 1875-80, dominará meios intelectuais e políticos das elites alemãs.[26] A característica central do *Völkisch* será seu acentuado racismo. De um lado, o elogio à raça loura de olhos claros e, de outro, o profundo desprezo pelos judeus. Os temas de autores como Joseph von Goerres (1776-1848), em especial a ideia de que nenhum alemão estava livre do destino do seu povo, bem como o velho ódio de F. Gentz (1764-1832) — o autor da máxima "Os judeus são o nosso mal" — aliar-se-ão ao elogio da raça, como em Jahn. Agora dava-se uma total identidade entre povo e *Kultur* — transformando ambos em uma só unidade orgânica, viva e pulsante. Negava-se, ao mesmo tempo, a tradição de Goethe e Humboldt, que via a identidade superior da Europa como resultado da união fundamental dos povos românicos e germânicos.

NO CAMPO DE COMBATE DA HISTÓRIA

Em 1918/19, a Catástrofe se abatera de forma brutal sobre os alemães — derrota militar, fim do *Reich* e deposição dos Hohenzollern, fim do Império Habsburgo, dispersão de minorias alemãs entre os Estados "sucessores" na Europa central e ao longo do mar Báltico. Nenhum dos grandes intelectuais, incluindo aí os historiadores, advertira para o risco de uma derrota e, mesmo no início de 1918, se discutia a assinatura de um tratado de paz com anexações. De Meinecke a Max Weber se acreditava na possibilidade de uma reorganização da Europa favorável à Alemanha, em especial no chamado *Baltikum* (o litoral báltico da Polônia até a Lituânia, ainda sob ocupação alemã e dos chamados *Freikorps*). É nesse clima que se impõe o Tratado de Versalhes, gerando perplexidade e revolta. Em especial o Artigo 231, dito "da culpabilidade alemã da guerra":

A HISTORIOGRAFIA VAI À GUERRA

Os governos aliados e seus associados declaram, e a Alemanha reconhe-ce, que a Alemanha e os que lutaram a seu lado são responsáveis, como autores, por todas as perdas e danos que sofreram os governos aliados e seus associados, assim como seus nacionais, em consequência da guerra que lhes foi imposta pela agressão da Alemanha e dos que lutaram a seu lado (*Auswaetingen Amt, Reichsgesetzblatt, Akten,* Ministério do Exterior, Diário Oficial, Atos, p. 958, 1919).

Formulado originalmente visando a garantir as indenizações de guerra, inclusive para a população civil (como o pagamento de pensões e inde-nizações para viúvas, órfão e por destruição de bens civis), desde o pri-meiro momento de discussão o Artigo 231 assumiu um evidente caráter político e moral. Tratava-se de "punir" a Alemanha, mesmo que fosse agora a República, por seu militarismo e expansionismo ao tempo do Império. Os governos da França e da Bélgica, humilhados desde há mui-to pela arrogância de Berlim, empenharam-se fortemente em promover um julgamento moral dos derrotados. As formulações liberais e univer-salistas sobre direito internacional do presidente Wilson, com sua visão das relações internacionais por meio de um utopismo democrático e do idealismo, facilitaram a atuação francesa. Formulava-se uma explicação tipicamente liberal, e que será em breve apropriada pela esquerda, das razões da guerra a partir das estruturas sociais internas da Alemanha.[27] Tratava-se de uma vigorosa recusa à tese central rankiana do "primado da política externa".[28] Toda a análise de Versalhes sobre as origens da Grande Guerra se centralizará — como em 1945 sobre o papel da Ale-manha e do Japão — nas estruturas internas de poder e nas hierarquias sociais da Alemanha. Para homens como Lloyd-George e Wilson, a de-mocracia seria a melhor solução para a emergência de uma Alemanha pacifista. Invertendo a preeminência da política externa nos debates do campo histórico alemão, Versalhes imporá a tese da origem interna do militarismo germânico — numa linha liberal/socialista muito próxima de Eckart Kehr, para maior horror dos historiadores alemães.

Já nas negociações, em Versalhes, surgiu a versão de uma Alemanha insatisfeita com sua própria prosperidade e que "fiel à tradição prussia-

OS INTELECTUAIS DO ANTILIBERALISMO

na" — era o troco da França pela humilhação imposta pela Prússia em 1871 — buscava hegemonizar e subjugar a Europa como "havia subjugado a Alemanha".[29] A França distinguia entre o *Reich* e a Alemanha, essa sob tirania da Prússia.[30] Assim, a ideia de uma Alemanha *prussificada* — visão dominante durante as negociações em Versalhes — assumiu a dignidade de verdade histórica.

Em reação, o conjunto dos historiadores alemães será chamado, já no primeiro minuto, a desfazer as premissas do julgamento contido no Artigo 231 do Tratado de Versalhes. Essa será uma tarefa incontornável da História na época da República de Weimar e encontrará, por terrível coincidência, os meios historiográficos alemães profundamente envolvidos pelo Renascimento rankiano e seus grandes temas. Pelo menos dois historiadores alemães participarão, diretamente, das negociações de paz: Hans Delbruck (1848-1929) e Hans Oncken (1869-1945), ao lado de Max Weber. Caberá a estes historiadores, dois neorrankianos, retomar a discussão da política externa e demonstrar que residiam aí — e não em qualquer atavismo prussiano herdado das estruturas antipopulares — as origens das guerras, relançando com fervor as teses de Ranke.

Um grupo significativo de historiadores, com Delbruck à frente, recusava a culpabilidade exclusiva da guerra, mas reconhecia que a política do *Reich* após a queda de Bismarck, em 1890, não oferecera mais qualquer coerência — *die Zic-Zac Politik*, a chamada "política do ziguezague". Ora, em face do *Professorat*, estabelecido nas universidades, institutos e nas editoras, tal posição era associada pura e simplesmente à traição.[31] Havia uma notável vinculação emocional entre a maioria dos historiadores e o velho *Reich* bismarckiano e, muitas vezes, com a dinastia deposta (os Hohenzollern). Em especial, tornava-se "insuportável" a crítica à estrutura política e institucional do *Reich* ou à atuação de Bismarck: a revisão da *Kanonische Autorität* da historiografia borrússica não podia ser feita. Essa havia, notoriamente, se esgotado por volta de 1900, daí o êxito de neorrankianos como Otto Hintze e F. Meinecke. Mas, agora sob impacto da guerra e da derrota, retomava-se o esquema rankiano, absolutamente realista, das relações internacionais. Entretanto, não se poderia partir de uma crítica à "missão da Prússia". Qualquer passo nessa direção poderia, objetivamente, reforçar as posições do outro lado do Reno, identificar-se com o infeliz Artigo 221 do Tratado de Versalhes e levar o historiador ao perigoso terreno da revisão — sinônimo de traição.

O resultado da guerra é o retorno à noção de sistema mundial enquanto uma unidade contraditória, em que direitos iguais das grandes potências — e não um direito em face de um não direito — se enfrentavam permanentemente em busca da hegemonia e do equilíbrio. O caráter agressivo das relações internacionais, a indistinção do bem e do mal em face do direito próprio de cada um e da inevitabilidade da guerra — como em Hegel — eram buscados como elementos explicativos da Grande Guerra em oposição às teses liberais do Tratado de Versalhes. Nesse contexto, a política de alianças, a corrida armamentista e as tentativas de encercamento de potências pelas demais — praticadas por todos, sem exceção — norteavam as relações internacionais.[32] Dessa forma, a continuidade entre o *Reich* e a República era uma exigência, já que a República não poderia ter uma política externa diferente da política imperial, posto que a política externa da Alemanha teria que permanecer "alemã".

A HISTÓRIA COLOCA-SE A SERVIÇO

No campo da historiografia, o *Professorat* mostrava-se plenamente saudoso das estruturas políticas do século XIX sob o *Reich* alemão. Em suma, para utilizar um viés de análise proposto por Arno Mayer, o local de fala do professorado alemão — tremendamente *embeded* nas estruturas sociais conservadoras e devedor dos favores do poder para sua ascensão em museus, academias e institutos — implicava um forte saudosismo do Império. O caráter "plebeu" da República, a busca de se abrirem — o que, em verdade, foi em vão durante o período weimariano — as instituições aos talentos, via concursos democráticos, horrorizava a grande maioria dos intelectuais encastoados nas instituições culturais e científicas alemãs.

OS INTELECTUAIS DO ANTILIBERALISMO

Embora fosse clara a continuidade temática e o comprometimento político e social da maioria dos historiadores alemães, dava-se também forte diferenciação interna: Meinecke, Delbruck e Oncken, os mais notáveis historiadores da República, distinguiam-se claramente de Lenz, Marcks ou Otto Westphal. Este, por exemplo, irá aderir e apoiar plenamente o nacional-socialismo, colocando Hitler na mesma linha de desenvolvimento que ligava Carlos V, Napoleão e Bismarck, defendendo o surgimento do grande homem como uma imposição da raça.[33] Enquanto os três primeiros, em especial Meinecke, encaravam com realismo, embora com algum desgosto, a República de Weimar, os demais mal podiam suportá-la. Os tradicionais ensinamentos da *Machtteorie*, ou teoria do poder — sobre a imperiosidade da união nacional de todos os alemães, com o fim das lutas partidárias internas, para reconquistar uma posição de força no mundo — levarão Marcks e Lenz a inculpar a social-democracia e o movimento popular pela derrota de 1918. Com esses historiadores, a lenda da "punhalada pelas costas", *Dolchstoßlegende*, assumia ares de explicação "científica", recobrindo a propaganda de ódio contra a República e contra os pacifistas e, assim, justificando a terrível série de atos terroristas que marcarão o início da história republicana alemã entre 1919 e 1923.

A historiografia contemporânea cunhou uma expressão axiomática para definir Weimar: uma República sem republicanos. Por analogia poderíamos dizer que Weimar era uma República sem historiadores. Nenhum dos segmentos políticos na academia, nos institutos ou na universidade se conformou com as novas estruturas do poder: para os setores "nacionais", a República era sinônimo de traição (nesse caso, não havia qualquer continuidade com a História alemã: a República era artificial); para os chamados republicanos racionais (ou razoáveis), *Vernunftrepublikaner*, era uma questão de oportunidade e tempo (sendo assim, era necessário garantir a continuidade de algumas das instituições "alemãs"); enquanto para a esquerda, como Eckart Kehr, a República representava a repressão sanguinária da Revolução (e, aí, via-se na República liberal-representativa uma perfeita continuidade com um passado recente alemão). Mais ainda: em Kehr o imperialismo assumia o papel de diversionismo das massas, em forma de manipular o descontentamento popular interno por meio da busca incessante de prestígio internacional. Contra o "primado da política externa", Kehr propunha um retorno às análises de classe e aos seus conflitos: era o primado da política interna.[34]

Meinecke, por sua vez, agia muito claramente em favor de uma rápida consolidação das instituições sob a República. Para ele, o risco maior residia na desagregação social e na perda de uma massa de funcionários que guardava, no seu modo de vida, a tradição da eficácia da burocracia alemã. Tratava-se, fundamentalmente, da conservação do *Beamtentum* (a burocracia oficial) como garantia básica de funcionamento do Estado. A burocracia, com seu corpo social considerado "profissional", suprapartidário, de funcionários, seus mecanismos clássicos de recrutamento e controle, deveria garantir o funcionamento do Estado para além das disputas parlamentares. Desde as obras fundamentais de Hintze, retomadas do ponto de vista sociológico por Max Weber, que as ideias originais de Ranke sobre a burocracia ganhavam largo espaço político. O *Beamtentum*, incluindo os corpos burocráticos, a máquina do Exército, a diplomacia e o *Professorat*, era um "corpo" representativo tão legítimo quanto — ou mais legítimo do que — a representação parlamentar. O Parlamento não era uma instituição "alemã", enquanto a burocracia de Estado era portadora da ideia de germanidade. Assim, a manutenção da própria existência de um modo alemão de organizar o Estado e suas instituições dependia claramente da conservação dessa burocracia. Nisso residem, para autores como Mayer, as raízes da derivação *Völkisch* das instituições alemãs, num primeiro momento, para depois aderirem plenamente ao nacional-socialismo. Siegfried Kracauer, num estudo clássico sobre a burocracia,[35] irá propor — numa linha não muito distante de alguns escritos de Leon Trotsky — que o processo de fascistização da Alemanha inicia-se claramente por suas instituições e seus corpos burocráticos. Não será surpresa, nesse sentido, que alguns desses corpos burocráticos venham a se constituir em pilares do Estado nazista.[36]

Os *Vernunfrepublikaner* convergirão politicamente em direção a dois pontos fundamentais: a crítica à democracia partidária e a busca de

OS INTELECTUAIS DO ANTILIBERALISMO

um princípio de liderança — o homem providencial dotado de carisma ou o *Führerprinzip*. Para eles, o próprio caráter da sociedade no século XX obrigava a integração do proletariado à política. Assim, a atitude aristocrática do conservadorismo tradicional — com horror ao acesso das massas ao cenário político — era considerada ultrapassada e nefasta. Contudo, o processo de integração das massas ao cenário político nacional não poderia se dar nos moldes "franceses", com explosões cíclicas do poder popular em barricadas. Era necessário conduzir as massas, daí a importância de um homem providencial, dotado de carisma. Tal processo, é claro, não poderia se realizar por meio da vida partidária e da democracia liberal, de caráter representativo. Era necessário buscar a cooperação entre a burguesia e o proletariado sob formas de mobilização do trabalho em grande corpos cívicos, liderados e guiados pelo Estado. Impunha-se, assim, a integração de todos os grupos — não há mais lugar para partidos. A derrota servira, ao menos, para superar o *Reich* enquanto um *Obrigeiskeitsstaat*, um Estado autoritário, centrado em suas elites e desligado da massa. O novo Estado deveria ser "popular", ou seja, incorporar as camadas sociais excluídas pelo antigo *Reich*. Ao mesmo tempo, impunha-se, tal como sugerira Max Weber, uma presidência forte, com poderes que não poderiam ser desafiados pelo Parlamento liberal. Assim, no caso da República, a partir da crise de 1930, quando o Parlamento já não mais consegue formar gabinetes e estes são sustentados diretamente pela presidência, Meinecke vê uma evolução positiva, e não uma crise.

Um papel especial cabia à imensa gama de militantes do nacional-socialismo: à massa parda não era atribuído perigo. Ao contrário de Burckhardt, que via com horror a mobilização das massas por homens oportunistas que as jogavam contra as instituições, Meinecke, como outros grandes intelectuais de Weimar, assumirá, por trás da exigência de colaboração e união social, uma atitude de desprezo em face das pungentes contradições da época.

Lenz, Marcks e outros historiadores se colocarão, por sua vez, na total oposição à República de Weimar. Não admitirão qualquer crítica, por ser antinacional, ao antigo *Reich*. Destacam, a partir das observações iniciais de Ludwig Dehio (1888-1963, ele mesmo vítima de expurgo nazista), as diferenças entre as práticas políticas de 1815 e 1918: a França após ameaçar por 20 anos o conjunto da Europa, depois de levar a destruição a Moscou, Viena e Berlim, fora tratada com boa vontade e admitida no novo concerto das nações a partir do conceito conservador de legitimidade. A Alemanha, por sua vez, tinha seu território amputado, seu poderio aniquilado e seu povo humilhado e era, por fim, afastada do sistema das grandes potências e marginalizada na própria Europa. A Áustria-Hungria, um Império antigo, deixava, por sua vez, de existir, depois de quatro séculos no sistema das grandes potências, contrariando a legitimidade da História e abrindo caminho para terríveis lutas de reequilíbrio na Europa central.

O que havia acontecido na História que os historiadores alemães não compreendiam? Dehio e seus colegas talvez devessem interpor a 1815 e 1918 o ano de 1871 — o choque e o horror pelas práticas prussianas/alemãs em busca da hegemonia na Europa.

CONTINUIDADE E IDENTIDADE NA HISTÓRIA

Depois do Tratado de Versalhes e da Revolução Bolchevique, a política internacional será cada vez mais nacional e popular.[37] O sentimento *Völkisch* encontrava na explicação da derrota um dos seus mais importantes e populares temas de pesquisa e de publicação. Da mesma forma, a historiografia parecia paralisada e mostrava-se incapaz de formular qualquer grande análise das condições da derrota alemã para além da lenda da traição. Abria-se, bem ao contrário, uma imensa brecha entre as forças políticas existentes em Weimar. Na manhã da derrota, em 1918, Lenz, retomando um antigo lema conservador, anunciava: *"...il faut vouloir vivre et savoir mourir"* [ele deve querer viver e saber morrer], não muito distante das tentativas de Hitler, em 1945, de arrasar a Alemanha por ser, ela mesma, culpada da derrota. Tirada de seu trabalho ordeiro e pacífico, a Alemanha estava ameaçada em sua existência. Era a "bancarrota do pensamento político ale-

OS INTELECTUAIS DO ANTILIBERALISMO

mão" e com ela o fracasso da razão. Havia uma saturação do irracional na análise política que transbordava sobre a História, promovendo uma deriva em direção à irrazão, expressa claramente na ideologia *Völkisch*. A universidade e os intelectuais alemães estabelecidos não foram capazes de promover um explicação e, a partir de então, reconstruir um papel para o país. O fulcro do debate será centrado na questão do caráter nacional alemão, sua originalidade e sua imensa continuidade histórica entre o Primeiro Reich — o Sacro Império Romano da nação alemã — e o Segundo Reich — o Império criado por Bismarck em 1871. Essas deveriam ser as bases para a reconstrução da Alemanha. Assim, a utopia intelectual alemã, depois de 1918, residia no passado, em ter como futuro a restauração do passado, e assim reeditar — agora numa sociedade industrial de massas — as formas corporativas e autoritárias do Império medieval alemão (o Primeiro Reich) e o prestígio mundial do *Reich* de Bismarck. A responsabilidade de tais intelectuais será imensa na preparação da opinião pública para o estabelecimento do regime nazista.

Esses mesmos intelectuais se perguntavam se haveria, ainda, continuidade nessa História ou os rompimentos teriam sido de tal monta que nada mais restava da velha Europa. Para Marcks e Lenz, o sistema de potências não havia acabado. Mesmo sendo duro e profundo o golpe, a paz vingativa de Clemenceau inscrevia-se no mesmo quadro de Luís XIV e Napoleão. A paz imposta à revelia de toda a tradição, bem como a Liga das Nações, seria apenas uma máscara recobrindo as exigências de hegemonia das potências vitoriosas. O retorno dos Estados Unidos ao isolacionismo, em 1919, permitiria, na análise de Dehio, a restauração do sistema europeu. Oncken dirá, em 1924, que o sentido da História reside no nascer e renascer desse "duradouro processo" e que, de qualquer forma, a História alemã caminha em direção a um "destino de poder". Novamente os projetos imperialistas que estiveram em voga às vésperas da Grande Guerra, em especial uma Mitteleuropa — uma Europa central — organizada por Berlim, impunham-se aos professores alemães.

A HISTORIOGRAFIA VAI À GUERRA

A HISTORIOGRAFIA DESCOBRE O HORROR

Numa conferência de historiadores, em 1948, a primeira após o fim da ditadura nacional-socialista, Friederich Meinecke sintetiza 150 anos de História alemã: "Ranke e Burckhardt são, ambos, os maiores pensadores da história que o século XIX produziu no âmbito da cultura alemã."[38] Definia então a obra dos dois grandes historiadores como "dois mundos distintos", campos espirituais que se friccionam e se afastam permanentemente. De um lado, Ranke: otimista, identificando nas contradições históricas — figuradas enquanto crise e guerra entre Estados — um jogo de energias positivas, apostando claramente num progresso material e na vitória da *Kultur*; de outro lado, Burckhardt: pessimista, identificando — desde a prática política do Renascimento — o Estado como mal "em si", contrário à ambição do progresso e descrente quanto ao futuro da *Kultur* perante a terrível ameaça suposta na ascensão das massas.

A atitude rankiana fora, até a emergência do Terceiro Reich, a mais influente e formadora de opinião, ocupando praticamente todos os espaços públicos do campo da História. Já Burckhardt, como Nietzsche, permanecera como uma singularidade estetizante, uma possibilidade de sábio recolhimento perante um mundo hostil e, por fim, imprópria para um Império em expansão. O sucesso de Ranke explicar-se-ia, assim, de forma bastante clara: "Considerações históricas e participação no seu próprio tempo e no seu destino formariam uma insuperável unidade interna no espírito do historiador."[39]

O recolhimento e o pessimismo do historiador de Basel mostravam-se impróprios e incômodos, não apresentavam qualquer perspectiva e anunciavam para já a barbárie embebida no moderno mundo industrial, de massas e tentado pelas formas plebeias de democracia. Conservadorismo social? Sem dúvida. Porém, tratava-se de conservadorismo em face de um outro conservadorismo. A *Machtpolitik* de Ranke apresentava, por sua vez, o Estado de forma positiva e infundia na elite no poder um incontestável otimismo. No poder, diria Ranke, surge uma essência espiritual, um gênio primitivo; o Estado tornava-se, assim, a mais original e rica criação do espírito humano, um pensamento divino. Meine-

OS INTELECTUAIS DO ANTILIBERALISMO

cke, sobre as ruínas de Berlim, perguntava a respeito dos rumos da historiografia alemã em 1948: teria sido a hegemonia do pensamento rankiano a melhor possibilidade para a história intelectual do país? Os últimos 14 anos da vida política alemã responderão a Meinecke.

Ranke combinava duas atitudes aparentemente irreconciliáveis: o apartidarismo na História e a declaração de princípios conservadores. Como conservador defendia a "velha monarquia", como historiador criara uma dialética baseada na oposição dos elementos vivos da História. Procurava mostrar como só a monarquia sabia apropriar-se do que havia de positivo no seu inimigo. Assim o fez Bismarck combinando as eleições gerais — o voto universal — com o *Reich* aristocrático e hierárquico, a política social com o imperialismo. O resultado fora a derrota das forças revolucionárias e a continuidade, sem saltos, da História alemã antes e depois de 1871. Mas o elogio da vitória da velha monarquia não seria, em si, uma visão partidária? Para Ranke, não. A vitória das forças populares representaria, em verdade, o fim de toda a tradição; o igualitarismo destruiria o choque das diferenças e a História, em vez de infinito desabrochar das energias nacionais, entraria em uma noite sem fim.

Ora, essa "noite da História" não seria apenas um certo colorido que qualquer visão histórica comporta? Não teria Ranke, aqui, se traído e projetado sobre suas seguras premonições os seus próprios medos? Estabelecido no coração do Império Hohenzollern, considerado como conselheiro de reis e ministros, poupado da insuportável tarefa das aulas e subvencionado nas suas incessantes atividades arquivísticas, não haveria medo de ver tudo ruir à sua volta? Esse seguramente era o medo da geração seguinte de historiadores. Em uma república liberal-representativa, como Weimar depois de 1919, teriam de concorrer com todos os jovens talentos em ascensão. Teriam de assumir os riscos dos cursos e concursos e veriam, assim, os grandes corpos sociais portadores da tradição — *die Traditionträger* —, tais como a burocracia de Estado, terem suas atribuições e privilégios contestados. O elogio da historiografia alemã ao passado — a tese da incrível continuidade entre o passado medieval, o Primeiro Reich, o *Reich* bismarckiano do século XIX e, enfim, o estabelecimento do Terceiro Reich com um homem providencial e caris-

A HISTORIOGRAFIA VAI À GUERRA

mático no século XX — mal escondia a ideia-chave de perfeita continuidade na história alemã. Cabia ao *Beamtentum* — os corpos de burocratas do Estado — ser o portador — *träger* — de tal conjunto de valores civilizacionais — *Kultur*. Assim, com muito pouca humildade, o sujeito da história — o ator transcendental que dava sentido ao tempo histórico — era o próprio corpo de funcionários, que, no particular, identificava-se com a própria condição e o lugar de fala do historiador.

Como corolário, esses funcionários buscaram em seus valores (típicos de tais corpos burocráticos do Estado, e não só o professorado, como ainda a diplomacia, os militares, os gestores etc.) o próprio sentido de *Kultur*, traduzindo uma situação de classe em sinônimo de civilização. Assim, de posse do Estado, impuseram ao conjunto da sociedade alemã seus próprios valores enquanto *Kultur* e, *portanto, como o único conjunto de valores genuinamente alemães*. Tais valores implicavam, na pura tradição do *Reich* imperial, a obediência cega, a severidade no cumprimento do dever, a pontualidade obtusa, o agudo sentido de hierarquia, a repetição mecânica de tarefas e a crença religiosa da existência natural, ou mesmo divina, de um *cursus honorum* — um percurso profissional — penoso para todos os *newcomers*.

Com Ranke e sua primeira geração de historiadores obsessivamente ocupados com o Estado e suas razões, tal conjunto de falas conformou uma abordagem profundamente conservadora da História, justificando práticas militaristas e imperialistas. Com a segunda geração de rankianos, a *Rankerenaissance* do século XX, tais falas sofrerão uma tremenda mutação, assumindo cada vez mais uma dimensão racialista e biologizante, servindo à perfeição para uma explicação nacional-socialista do mundo. Essa foi a tarefa de historiadores como Lenz, Marcks e Westphall.

NOTAS

1. Para um debate sobre a natureza da ideologia nacional-socialista — quer dizer, na sua inteireza e capacidade de sedução —, temos hoje um amplo espectro na

OS INTELECTUAIS DO ANTILIBERALISMO

historiografia especializada, começando com o belíssimo livro de Peter Reichel, *Der Schöneschein des Dritten Reiches* (tradução francesa publicada pela Editions Odile Jacob, 1993, *La fascination du nazisme*), Hamburgo, Carl Hauser Verlag, 1991; ver ainda o livro de Eberhard Jäckel, *Hitler idéologue*. Paris, Calman-Lévy, 1973. Na visão derivada de Hermann Rauschning, o primeiro formulador de uma imagem de Hitler como um pragmático oportunista, devemos citar o instigante trabalho de Philippe Burin, *Ressentiment et Apocalipse*, Paris, Seuil, 2004. A grande questão é separar o personagem histórico de Hitler — possivelmente um oportunista desprovido de convicções para além do antissemitismo visceral — do conjunto de ações e debates que durante os anos 1920 e 1930 marcaram a conquista do poder pelos nazistas, o que implicou a formulação de um conjunto de ideias altamente sedutoras para amplos segmentos sociais do país. Por fim, para um debate sobre a inteireza do nacional-socialismo enquanto alavanca revolucionária capaz de mobilizar as massas — em clara concorrência com o liberalismo e o marxismo —, ver David Schoenbaum, *Die Braune Revolution* (A revolução parda), Munique, DTV, 1980, e a importante coletânea de François Knopper *et al. Le national-socialisme: une révolution?*, Toulouse, Le Mirail Presse Universitaire, 1997.

2. Para uma análise de tais mecanismos de exclusão de intelectuais nas instituições alemãs (no Império e na República) e seu impacto na carreira de Kehr, ver Hans-Ulrich Wehler, *Einleitung* (Introdução), em E. Kehr, *Der Primat der Innenpolitik* (O primado da política interna), Berlim, Ullstein Buch, 1976.

3. Entendemos aqui por historismo — diferentemente de historicismo — uma corrente historiográfica, originada em Ranke, e marcada pela busca da objetividade, contida nos documentos históricos sujeitos a estreita exegese crítica (interna e externa). Da mesma forma, o historismo construirá o Estado como o ator principal da História, um fenômeno único, só acontecido — em sua singularidade — uma vez na História, em condições únicas ("sob um céu e sobre uma terra"), incapaz de ser transplantado e universalizado (bem ao contrário das teses liberais do século XIX, baseadas em uma crença em um direito universal, comum a todos os homens). Ao mesmo tempo, ao contrário do marxismo, o historismo — por essa razão uma vertente do pensamento conservador — não admite a evolução das sociedades humanas. Para Ranke, não há progresso na História e não seria possível criar hierarquias de sociedades, ou, conforme sua expressão, "todas as épocas são imediatas a Deus *(Jede Epoche ist unmittelbar zu Gott)*. No conjunto da obra de Ranke, o verbo

A HISTORIOGRAFIA VAI À GUERRA

"desenvolver" nunca é aplicado aos fatos históricos, sendo sempre usada a expressão "florescer" (árvores florescem sempre como árvores!). O estabelecimento do "seminário" e o rigor no uso e na crítica das fontes em Ranke decorrem claramente da sua absoluta crença na objetividade do trabalho do historiador, cabendo ao pesquisador "...simplesmente o dever de demonstrar como propriamente [a História] aconteceu" (*er soll, blos zeigen wie es eigentliche gewesen*). Para um debate da obra de Ranke, ver Francisco Carlos Teixeira da Silva, *Europa ou o concerto das nações. A historiografia conservadora de Leopold von Ranke*. Tese de titulação em história moderna e contemporânea. Instituto de Filosofia e Ciências Sociais. Rio de Janeiro: Universidade Federal do Rio de Janeiro, 1993.

4. Para um amplo debate sobre a historiografia alemã, ver Jörg Rüsen, *et al.*, *Geschichtsdiskurs* (O discurso da história), 2 v., Frankfurt, Fischer Verlag, 1994.

5. Trabalhamos com a edição alemã Leopold von Ranke. *Die Großen Mächte* (As grandes potências). *In: Politisches Geschichte* (História política), Göttingen, Vandengoeck, 1955, p. 3-73. Há uma tradução brasileira na coletânea publicada pela Editora Ática, São Paulo, 1979.

6. Para o debate sobre o Tratado de Versalhes, ver Joachin Hoffmann, *Die Großen Krisen* (A grande crise), Berlim, Verlag M. Diesterweg, 1972, p. 31-ss.

7. M. Lenz, *Deutschland im Kreis der Grossmaechte* (A Alemanha entre as grandes potências), 1871-1914, Berlim, Wiss. Ak. Verlag, 1914, p. 30-ss.

8. Max Lenz, *Eine Historische Schriften* (Alguns escritos históricos), Munique, Cotta, 3 v., 1910, p. 316.

9. Ver o melhor balanço dessa discussão em H. U. Wehler, *Bismarck U. Der Imperialismus* (Bismarck e o imperialismo), Munique, DTV, 1968.

10. M. Lenz, *op. cit.*, p. 590.

11. Entendemos por escola borrússica — Prússia, em latim — o nacionalismo militarista em voga nos altos círculos militares, agrários e financistas alemães às vésperas da Primeira Guerra Mundial e que acreditavam na preeminência da formação social e institucional do autoritarismo prussiano como modelo para toda a Alemanha.

12. H. Heine, *Schriften und Gedichte* (Escritos e poemas), Frankfurt, DTV, 1968, p. 31.

13. M. Lenz, *op. cit.*, p. 590.

14. Temos aqui as bases hegelianas do conservadorismo da maioria das teses referentes às relações internacionais que formarão a base do pensamento e da ação

OS INTELECTUAIS DO ANTILIBERALISMO

nacional-socialista em relação aos demais países. Ética e moralidade, noções kantianas, serão consideradas não só errôneas nas relações entre as grandes potências como, ainda, perigosas. A política externa nacional-socialista agirá em conformidade com tal visão, assumindo e desencadeando políticas de extrema crueldade nas relações com os demais povos.

15. Lenz, *op. cit.*, p. 295.
16. Para uma severa análise da política externa da Alemanha até 1914, numa perspectiva claramente antirrankiana, ver Fritz Fischer. *Krieg der Illusionen* (A guerra das ilusões), Kronberg, Ätheneum-Droste, 1978.
17. E. Marcks, "Die Imperialistische Idee in der Gegenwart" (A ideia de imperialismo no presente). *In: Englands Machtpolitik* (A política de poder da Inglaterra), Berlim, Duncker, 1903, p. 190.
18. Para o debate, ver W. Momsen, "Europaeischer Finazimperialismus vor 1914" (O imperialismo financeiro europeu antes de 1914). *In: HZ*, 224, 1977, p. 60.
19. Marcks foi tornado membro honorário do Instituto de História Moderna da Alemanha, criado pelo Terceiro Reich em 1935, e nomeado sucessivamente para as Academias de História da Prússia, Saxônia, Baviera e Áustria.
20. E. Marcks, *op. cit.*, p. 366.
21. E. Fehrenbach, "Rankerenaissance und Imperialismus in der wilhelminischen Zeit" (O Renascimento rankiano e o imperialismo na época guilhermina". *In:* Vários, *Geschichtswissenschaft in Deutschland* (A ciência histórica na Alemanha), *op. cit.*, p. 61.
22. Para o debate das posições de Meinecke, ver o importante livro de H. J. Krill, *Die Rankerenaissance* (O renascimento rankiano), Berlim, Goeschensche Verlag, 1962.
23. M. Lenz, *op. cit.*, p. 116.
24. Adolf Hitler, *Mein Kampf* (A minha luta). Berlim, NEL Verlag, 1934, p. 162. Comparar com Krill, *op. cit.*, p. 303-2.
25. M. Benoist-Méchin, *Histoire de L'Armée Allemande*, Paris, Albin Michel, 1964, t. I, 1918-19, p. 234. Para uma excelente análise da estetização falocrata da História, ver George Mosse, *The Image of Man*, Oxford, University Press, 1999.
26. A palavra *Völkisch*, também grafada como *Voelkisch*, é um derivado de *Volk*, povo, em alemão. No fim do Império Alemão (o chamado Segundo Reich, entre 1871 e 1919), era usada como uma expressão geral de denominação dos

A HISTORIOGRAFIA VAI À GUERRA

grupos conservadores, antiliberais, antidemocráticos e antissocialistas, que defendiam uma especificidade histórica — "popular" — puramente alemã, nacionalista e autoritária.

27. P. Renouvin, *Le Traité de Versailles*, Paris, Flammarion, 1969, p. 129.

28. Arno Mayer desenvolveu uma importante interpretação da política e das instituições europeias às vésperas da Grande Guerra a partir da permanência de elementos dominantes no *Ancien Régime* nas instituições políticas — tais como a diplomacia e as Forças Armadas — dos países centrais do chamado sistema das grandes potências. Para Mayer, a partir de um suporte teórico que combina análise de classe marxista e schumpeteriana, o conservadorismo sobreviveu na Europa graças ao caráter "embebido" dos grupos sociais aristocrático-agrários no poder político nacional. Ver Arno Mayer, *A força da tradição*. São Paulo, Companhia das Letras, 1990, p. 133-ss.

29. Operava-se aqui uma notável distinção entre Prússia — sinonímia de militarismo, *Junkertum* (grande propriedade) e rigidez burocrática — e Alemanha, identificada com a cultura da Renânia e da Baviera, operosa, culta e pacífica. Evidentemente tal distinção abria as portas para o desmembramento do país, risco bastante concreto entre 1919 e 1923. Michael Stürmer. *Bismarck und die Preußisch-deutsche Politik* (Bismarck e a política prussiano-alemã), Munique, DTV, 1970, p. 227-ss.

30. B. Faulenbach. "Deutsche Geschichtswissenchaft zwischen Kaiserreich und NS-Diktadur" (A ciência histórica alemã entre o império e a ditadura nazista) *In*: *Geschichtswissenschaft in Deutschland* (A ciência histórica na Alemanha). *op. cit.*, p. 66.

31. Para uma análise do professorado alemão, ver Fritz K. Ringer, *Die Gelehrten* (Os sábios), Munique, DTV, p. 125-ss.

32. Andreas Hillgruber, *Grossmachtpolitik und Militarismus im* 20 *Jahrhundert* (Política de grande potência e militarismo no século XX), Duesseldorf, Droste, 1978.

33. Otto Westphal, *Das Reich. BD.1: Germanentum und Kaisertum* (O Reich, germanismo e império). Berlim, wiss, Akademie Verlag, 1941.

34. Para o debate, ver E. Kher, *Der Primat der Innenpolitik* (O primado da política interna) (1930). Franfurt, Ullstein, 1970; H. U. Wehler, "Moderne Politikgeschichte oder 'Grosse Politik des Kabinette' (A moderna história política ou a grande política de gabinete). *In*: *Geschichte U. Gesellschaft. ZFT. F. Hist. Sozialwissenchaft 1*, 1975, p. 344-ss.

OS INTELECTUAIS DO ANTILIBERALISMO

35. S. Kracauer, *Die Beamten*. Fischer, Frankfurt, 1998.
36. Para uma análise detalhada das instituições do Terceiro Reich e sua continuidade com relação ao Império, e mesmo com a República de Weimar, ver o debate coletivo entre os historiadores Hans Buchheim, Martim Broszat, Hans-Adolf Jacobsen e Helmut Krausnick. *In*: Hans Buccheim, *et al.*, *Anatomie des SS-Staates* (Anatomia do Estado-SS), Munique, DTV, 1967. Para um debate teórico extremamente rico de sugestões de pesquisa, ver a obra básica de Franz Neumann, *Behemoth: The Structure and Practice of National Socialism 1933-1944*, Nova York, Oxford University Press, 1942, 1944.
37. Ver, para esse debate, Fred Hallyday. *Repensando as relações internacionais*, Porto Alegre, EDUFRGS, 1999.
38. F. Meinecke, *Ranke und Burckhardt* (Ranke e Burckhardt), Berlim, Akademie Verlag, Heft 27, 1948, p. 3.
39. *Idem, op. cit.*, p. 4.

CAPÍTULO 13 Um salazarista francês:
Jacques Ploncard d'Assac*

Olivier Dard

* Traduzido por Véra Lucia Reis.

Este artigo trata da segunda parte da vida e do itinerário de Jacques Ploncard d'Assac (1910-2005), personagem da história dos direitos nacionalistas franceses no século XX. Esse tradicionalista católico, cedo inscrito
na Ação Francesa,* porém, sem dúvida, marcado mais por Édouard Drumont do que por Charles Maurras,[1] foi, durante o período entre guerras
e sob a ocupação, um jornalista engajado na luta antimaçônica e antissemita, o que lhe valeu ser condenado à morte por contumácia em 29 de
maio de 1947.[2] Sua expressão então se transforma. De Lisboa, ele multi-
plicou as contribuições de tendência jornalística e teórica (deve-se a ele,
notadamente, uma síntese sobre as *Doctrines du nationalisme* [Doutrinas
do nacionalismo][3] que serviu de *vade mecum* para numerosos militantes
nacionalistas dos anos 1960 e 1970. Ele também se afirma na mídia portuguesa, tanto na imprensa escrita (*Diário da Manhã*) quanto na radio-
fônica (ele lê seus editoriais em "La Voix de l'Occident" [A voz do
Ocidente], difundida para a França no início dos anos 1960).

O presente estudo centra-se na função de transmissor que Jacques Ploncard d'Assac manteve entre a França e Portugal. Ele participou da divulgação das ideias nacionalistas francesas por meio de prefácios de
traduções de obras, em especial as de Maurras. Ploncard d'Assac também pode ser considerado um embaixador primordial do salazarismo
na França, contudo, não foi o primeiro, visto que, desde o entre guerras,

---

* Movimento que pretendia a restauração da Monarquia na França. (*N. do T.*)

OS INTELECTUAIS DO ANTILIBERALISMO

António de Oliveira Salazar (1889-1970) foi beneficiado com uma crônica ligada à publicação de seus discursos, prefaciados por Maurice Maeterlinck, bem como retratos, notadamente os de Henri Massis, ou biografias,[4] sem esquecer as reportagens, os artigos e as obras[5] publicados sobre o Estado Novo. Imediatamente após o segundo conflito mundial, enquanto os discursos antissalazaristas crescem na França,[6] os escritos favoráveis a Salazar continuam a proliferar, alimentados particularmente pelas brochuras do Secretariado de Propaganda do regime[7] e pela publicação de alguns de seus escritos principais[8] Na virada dos anos 1950 e 1960, Salazar é objeto de diversos ensaios de Louis Mégevand,[9] Paul Sérant[10] e Peter Fryer e Patricia McGowan Pinheiro.[11] Ploncard d'Assac não se contentou em elogiar Salazar, mas estudou e comentou o pensamento salazarista,[12] analisou a experiência corporativa do Estado Novo[13] e propôs uma biografia alentada de seu principal dirigente.[14]

Quando Ploncard d'Assac decide escrever e publicar sobre Salazar, o campo é inexplorado. Ele domina o conjunto da produção redigida em francês sobre o ditador português, que cita e comenta. Contudo, embora sintetize, ele também inova, porque, seguro de seu conhecimento sobre o homem e o regime, movido também por suas próprias convicções, ele entende apresentar Salazar aos leitores, principalmente os franceses, por meio de determinado prisma, o de um dirigente marcado pela Ação Francesa que ergue alto o estandarte da defesa do Ocidente.

A ambição dessa contribuição, portanto, é menos a de esclarecer sobre o próprio Salazar do que sobre sua percepção e sua representação na França. A leitura das obras que lhe dizem respeito mostra que a escrita de Salazar é um exercício bem regulado, obedecendo a cânones bem precisos. A apresentação de Salazar por Ploncard d'Assac não é, pois, compreensível sem que se levem em conta os escritos que o precederam. Tal como seus predecessores, e muito classicamente, Ploncard d'Assac insiste no homem; ele inova mais quando apresenta sua doutrina e, sobretudo, o combate em favor da defesa do Ocidente, tendo como pano de fundo a derrota da Argélia francesa. O Salazar pintado por Ploncard d'Assac fala, assim, de modo bem inteligível, a uma parte, muito minoritária, mas absolutamente não desprezível, da sociedade francesa dos anos 1960.

O HOMEM SALAZAR

Do entre guerras aos anos 1960, as biografias ou os estudos dedicados a Salazar começam por uma apresentação do "homem". Assim é que o jornalista António Ferro inicia sua bem conhecida obra, prefaciada pelo próprio Salazar, e traduzida para o francês em 1934, com um capítulo sobriamente intitulado "O homem". Esse livro fixa alguns traços das biografias de Salazar publicadas posteriormente. Alguns, propriamente portugueses, como o paralelo estabelecido com o *Desejado*, o rei Sebastião, morto em 1578, cujo corpo jamais foi encontrado, e que um dia deveria voltar;[15] outros acentuam as qualidades morais de um "professor silencioso que não gostava de discursos nem de gestos, que não levava debaixo do braço um programa de ação":[16] Salazar, homem de Estado (homem de Estado ideal, chegou mesmo a escrever Maurice Maeterlinck),[17] logo, antítese de homem político. As biografias favoráveis a Salazar possuem outra característica introduzida com Ferro e repetida até Ploncard d'Assac: todos os autores as reproduziram. Embora ele não viaje para o estrangeiro (com exceção de algumas visitas à Espanha, ele foi simplesmente a Liège, via Paris, em 1927, para o congresso da JOC),* ele recebe e dá entrevistas. Salazar contou suas conversas com António Ferro:

> O senhor António Ferro preparou sua enquete com cuidado; fez as perguntas quc quis — c às vczcs é cada pergunta! —, conduziu o diálogo, interrompendo-o bruscamente ou fazendo-o desviar de seu curso natural todas as vezes que considerou necessário; ele aprofundou ou tratou por alto os mais variados temas, segundo o grau de sua dúvida ou da força de sua convicção, numa palavra, à vontade. Docilmente, eu respondi em termos precisos a esse interrogatório — ou melhor, a esse exame sem tentar escapar dos mais difíceis assuntos, sem me prolongar naqueles que me teriam mais agradado.[18]

---

* Juventude Operária Católica. (*N. do T.*)

OS INTELECTUAIS DO ANTILIBERALISMO

A reserva de Salazar é, evidentemente, relativa. Essas recepções lhe permitem aperfeiçoar não o que se poderia chamar de sua imagem (o termo seria, sem dúvida, inadequado e anacrônico), mas de sua representação e de sua estatura junto aos visitantes, notadamente franceses, que ele conquistou amplamente para suas ideias e para a sua ação.

Ao receber seus visitantes com um cerimonial bem regulado, e ao fazer dessas trocas verdadeiros "diálogos", para retomar a fórmula de Henri Massis, Salazar controla sua comunicação[19] e sabe poder contar com verdadeiros embaixadores no momento em que seu regime pode ser criticado no exterior.[20] Louis Mégevand, que não esconde nem sua "simpatia" nem sua "admiração", é, a esse respeito, específico:

> Tendo tido a muito boa sorte de me aproximar diversas vezes e longamente do chefe do Governo português, de conversar em toda confiança com ele, apreciei sua inteligência notável, a delicadeza de seu coração, a grandeza de seu caráter, aquela alta "humanidade" que ele traz em si.[21]

Henri Massis, que se encontrou com Salazar três vezes, em 1938, 1952 e 1960, faz esta avaliação:

> O senhor Salazar jamais fala em vão; ele pensa diante de nós, e tudo o que ele diz ensina. Ele ouve e se escuta por meio de outrem; por isso ele interroga sem cessar, bem como interroga a si mesmo, e se as mesmas perguntas retornam continuamente é porque, para o senhor Salazar, trata-se sempre, no fundo, da mesma coisa. É o tom simples, natural, do homem de pensamento que o Presidente Salazar continuou sendo, que eu desejei fazer ouvir por meio de suas afirmações.[22]

É também o homem de pensamento que o filósofo Gustave Thibon exalta, num retrato de 1956: "Conheço a obra de Salazar e conheci o homem. E de todos os nomes que me vêm à mente, quando penso nele, o de sábio assume espontaneamente o primeiro lugar."[23]

UM SALAZARISTA FRANCÊS

De todas as obras publicadas sobre Salazar, uma vai mais longe do que as outras, uma vez que apresenta um Salazar privado. Trata-se da narrativa publicada por Christine Garnier sobre suas "férias com Salazar". Jovem jornalista e romancista (nasceu em 1915), Christine Garnier, que passou um mês na quinta de Vimieiro, inaugurou com sua narrativa de entrevistas com Salazar uma nova coleção publicada na Grasset e intitulada "Grandes figuras do mundo", que reproduz na capa Salazar e a jovem, fotografados num jardim.[24] A solidão e a "sabedoria" de Salazar se tornam instrumento de promoção, tanto mais que, desde a primeira entrevista que ela apresenta, Christine Garnier explica ter exposto seu mal-estar a Salazar:

> (...) falaram-me muito do senhor, Presidente, e o que me disseram não me era tranquilizador. Para uns, o senhor é um santo, e não demorariam, depois de sua morte, a beatificá-lo. Para outros, o senhor é um chefe desprovido de sensibilidade, de humanidade. E (...) alguns (...) me asseguraram que a companhia das mulheres lhe era insuportável.

A resposta que segue humaniza Salazar, ao mesmo tempo que o mostra, conforme a imagem bem conhecida:

> Dessa vez, Salazar cai na gargalhada. Nesse momento ele parece espantosamente jovem (...) "Talvez sejam as mulheres que eu me recusei a receber que me constroem essa reputação", exclama ele. "Os deveres de meu cargo me obrigam a me manter afastado. Na verdade eu não tenho a liberdade de conceder audiência a todos os que ma pedem: os minutos que tomo ao meu trabalho, eu os roubo ao Estado. Mas, acredite, a companhia das mulheres me é, ao contrário, muito agradável!"[25]

Ao abordar a questão Salazar, Ploncard d'Assac, que leu o conjunto das obras publicadas em francês sobre o assunto, e as cita uma após outra, não rompe com o cânone de apresentação tradicional de uma abordagem do homem. Assim, o capítulo que ele dedica em suas *Doctrines du nationalisme*, que intitulou de "António de Oliveira Salazar ou um homem livre", começa com uma longa evocação de suas qualidades morais: "Independente, livre, humano, tendo aprendido a conhecer os homens e a vida, e não deseja (...) nada."[26] Na verdade, Ploncard d'Assac, que se apoia nos escritos de Salazar devidamente citados, que ele completa com seu próprio testemunho, também participa da construção da imagem que o dirigente português entende oferecer de si mesmo e propõe uma interpretação de algum modo autorizada e registrada. Por ocasião da publicação dos escritos de Ploncard d'Assac, Salazar não chegou a redigir um prefácio, como o fez para António Ferro, no qual formulava suas "hipóteses" sobre as "questões relativas ao homem", do qual falava na terceira pessoa. Todavia, quando Ploncard d'Assac publicou em 1952 um estudo sobre o pensamento de Salazar, modificou o título a pedido daquele: "O senhor Salazar teve a gentileza de manifestar algum interesse por este estudo. Eu o intitulara *O salazarismo*. Ele não gostou absolutamente da expressão e pediu que eu o intitulasse *O pensamento de Salazar*." E Ploncard d'Assac acrescenta: "A observação é interessante porque destaca preocupação do senhor Salazar em não aparecer como um fazedor de sistema." Anos mais tarde, quando publicou sua biografia, Ploncard d'Assac tomou o cuidado de publicá-la por ocasião do aniversário do dirigente português, que ficou tocado com isso, e ele continuou a visitá-lo mesmo depois do derrame que o deixou paralisado até sua morte, em 1970.[27]

O PENSAMENTO DE SALAZAR APRESENTADO E COMENTADO POR PLONCARD D'ASSAC: UM DISCÍPULO DE MAURRAS

Embora Ploncard d'Assac seja incontestavelmente apegado à personalidade de Salazar, em seus escritos ele se interessa principalmente pelo homem de Estado e pelo doutrinário, por aquele que "lega à posteridade" uma "obra política" assim apresentada: "Seis volumes de capa cinza, 2.700 páginas intituladas *Discursos e notas políticas*, escritas entre

UM SALAZARISTA FRANCÊS

1928 e 1968, às quais se deve acrescentar um volume em que se coletam 14 entrevistas dadas por escrito entre 1950 e 1965."[28] Como sublinha com razão Ploncard d'Assac, "não se encontra nenhuma exposição sistemática de sua doutrina". Essa situação significa a recusa da vontade de formulação de ideias e desenha a fisionomia geral do conjunto que resulta da condição própria a Salazar (ele é primeiramente um homem de governo), mais do que de sua abordagem geral do político que não poderia ser reduzido a uma doutrina.

Ploncard d'Assac vê em Salazar um empirista: "Ele procurou antes procedimentos de governo do que doutrinas."[29] Para Ploncard d'Assac, o dirigente português não é evidentemente um homem sem doutrina, ou princípios, e seu analista, que o cita, insiste nas "grandes certezas que ainda estão vivas na consciência da nação e em torno das quais sua unidade moral pode ser mais facilmente reconstituída: Deus, Pátria, Autoridade, Família, Trabalho."[30] Quando ele escreve que Salazar "procurou procedimentos de governo mais do que doutrinas, entendemos que, além dos princípios essenciais, ele sempre deu provas da maior liberdade de espírito, recusando deixar-se fechar nos sistemas, nas construções ideológicas, nos apriorismos."[31]

A leitura de Ploncard d'Assac pode ser feita em dois níveis. Numa primeira abordagem, ele analisa detalhadamente a obra do professor de Coimbra. Com o apoio de citações, Ploncard d'Assac faz de Salazar um dos construtores do pensamento nacionalista do século XX (ele não deixa de indicar as ocorrências do termo em sua obra), apresenta de modo detalhado sua concepção da nação e do Estado, sua "arte de governar", e insiste simultaneamente na sua rejeição do liberalismo e do totalitarismo. Ao citar o dirigente português, Ploncard d'Assac resume a constituição do Estado Novo numa fórmula que ele toma emprestada ao próprio Salazar: "A ditadura da razão e da inteligência."

Importa menos aqui a análise precisa do pensamento de Salazar do que as relações que Ploncard d'Assac opera. Não satisfeito em avaliálas, ele certamente conhece os escritos de Salazar; contudo, ele próprio reconhece que os textos que ele dedica exatamente à análise de seu pensamento em *Doctrines du nationalisme* (13 páginas) são apenas

OS INTELECTUAIS DO ANTILIBERALISMO

"observações extremamente breves sobre um pensamento rico em nuances, tão sutil". Não é apenas uma convenção de estilo, pois a ambição de Ploncard d'Assac não é escrever uma obra sobre o pensamento político de Salazar (ele publicou em 1952 *O pensamento de Salazar*), mas compor uma obra sintetizadora (especialmente destinada às novas gerações), apresentando uma sucessão de monografias sobre atores que ele considera como as principais figuras do nacionalismo europeu, de Édouard Drumont a Maurras, passando por Paul Bourget, José Antonio Primo de Rivera,[32] Benito Mussolini ou Adolf Hitler... e ainda, em Portugal, António Sardinha. Acrescentemos que Ploncard d'Assac lê a obra de Salazar com o olhar e a bagagem de um tradicionalista francês. Ele vê em Salazar o herdeiro dos "mestres da escola contrarrevolucionária" e o associa diretamente aos principais autores franceses dessa corrente: "(...) ele praticava a 'política experimental' preconizada por Joseph de Maistre, ele buscava a 'constituição essencial da humanidade', segundo a expressão de Bonald, e, como Maurras, submetia suas ideias ao julgamento do 'empirismo organizador'."

A referência a Maurras é fundamental. Antes de tudo porque, trazida para a cena nacionalista do Hexágono,* que Ploncard d'Assac conhece muito bem, ela remete a debates nascidos durante o entreguerras, em particular por ocasião do surgimento, em 1937, dos *Discursos*, de Salazar, prefaciados por Maurice Maeterlinck. Pierre-Marie Dioudonnat, em seu estudo sobre o semanário *Je suis partout*, sublinha que a "experiência Salazar tem valor de mito para os redatores mais tradicionalistas, ou mais velhos", de Bernard de Vaulx a René Richard, que, como Henri Massis no ano seguinte, veem neles a aplicação das ideias da Ação Francesa.[33] Este é categórico e assim analisa as ideias de Salazar:

> Mas essas ideias — dirão — são as que a doutrina de Charles Maurras propagou; nelas estão todo Maistre, todo La Tour du Pin, todo Fustel e também o ensinamento social das grandes encíclicas! Sim, essas ideias são as nossas; mas ei-las aplicadas, realizadas por um homem que gover-

---

* Epíteto da França, em alusão à forma geométrica do país. (*N. do T.*)

UM SALAZARISTA FRANCÊS

na, encarnadas numa experiência atual, inscritas numa história viva. A vitória delas, o sucesso delas nos prova que nossas ideias não eram abstrações, filhas do espírito de sistema, mas das *realidades disponíveis* das quais uma nação tira proveito para renascer.[34]

Citemos ainda Pierre Gaxotte que, quase 20 anos depois, em seu comentário, enaltece um discurso de Salazar: "Assim é que, com orgulho, um francês encontra num discurso muito importante do senhor Presidente Salazar [sobre a necessidade de limitar o poder], uma teoria que provém do passado mais distante de sua história nacional". E Gaxotte acrescenta: "Entre nós, ninguém pode esquecer o que o senhor Salazar escreveu: 'É dos franceses que eu sou mais devedor.'"[35]

Portanto, Ploncard d'Assac não inova quando pretende fazer de Salazar um dirigente maurrassiano. Conhecendo bem o pensamento maurrassiano e o de Salazar, Ploncard d'Assac não dissimula divergências reais, especialmente sobre a monarquia, mas esforça-se por minimizá-las. Ao mesmo tempo, introduz com lirismo a leitura pública que Salazar manda fazer da carta que Charles Maurras lhe dirigiu de Clairvaux, e na qual o velho prisioneiro louva

o abrigo de felicidade merecida que seu povo experimenta, a grande obra de estabilidade e prosperidade que valeu ao senhor o respeito universal [e que] representa tão grandes bens, tão raros hoje em dia, que um grande número de europeus a ela se apegou como ao próprio patrimônio.

Maurras, que, essencialmente, "embora não acredite muito no sentido físico de uma raça latina (...), de todo o coração (...) confessa o espírito latino, ou melhor, greco-latino".[36] Em outras cartas, dirigidas notadamente a Henri Massis, Maurras foi ainda mais explícito: "O senhor lhe transmitirá minha velha admiração, eu diria quase que minha ternura, pois ele conferiu à autoridade, ou melhor, ele lhe devolveu o mais humano dos rostos!"[37] O interesse que Salazar demonstra

OS INTELECTUAIS DO ANTILIBERALISMO

pela pessoa e pelas ideias de Maurras é incontestável, e Ploncard d'Assac cita com benevolência as frases ditas a Christine Garnier pelo dirigente português quando ele enfatiza: "Mas vocês não podem imaginar a que ponto os estrangeiros, habituados a admirar a França e moldados pelo calor de sua cultura, se sentem feridos pelas verdadeiras amputações que foram impostas ao seu país, como nos casos de Pétain ou de Maurras..."[38] Ploncard d'Assac não cita a continuação da conversa, instrutiva, contudo:

> Salazar me fala nesta manhã de sua formação maurrassiana e da influência que a bandeira de guerra "Antes de tudo a política" teve sobre sua vida pública? Ele me conta que recentemente recebeu uma carta calorosa de Maurras, escrita na prisão? Não. Ele continua num tom ainda apaixonado: "Agindo desse modo, seu país demonstra que não pôde encontrar uma maneira de escapar do impulso de movimentos apaixonados a fim de manter, altos e firmes, verdadeiros modelos da glória e da indulgência francesas. Você deve dizer aos seus compatriotas: é indispensável que os franceses de hoje não traiam o espírito da França!"

Não se poderia — salvo se se fizesse o julgamento da intenção do dirigente português — ver em sua atitude uma atitude de esquiva: ele já se explicou sobre a questão com António Ferro, cujas fórmulas Christine Garnier retoma.[39] A atitude da jovem jornalista é significativa: ela parece esperar que Salazar proclame sua dívida, a tal ponto a filiação lhe parece evidente. Ploncard d'Assac acompanha o tom e solicita regularmente uma interpretação maurrassiana da política de Salazar, fazendo preceder da seguinte fórmula a última citação que apresenta de Salazar numa biografia: "Salazar (...) se volta resolutamente para o empirismo organizador."[40] A certeza de Ploncard d'Assac é interessada. Ela ilustra antes de tudo a projeção dos maurrassianos franceses sobre o dirigente português: na França não houve nem pretendente monarca passível de restabelecer a monarquia, nem Monck, salvo se se considerar como tal o Marechal Pétain, o que Maurras fez. A atitude de Ploncard d'Assac

UM SALAZARISTA FRANCÊS

mostra, sobretudo, que ele subestima, conscientemente ou não, as divergências entre o salazarismo e o maurrassianismo. Ploncard d'Assac conhece a história política e intelectual portuguesa do início do século XX,[41] já que, antes de desenvolver estudos sobre Salazar, apresenta um capítulo sobre António Sardinha, fundador do integralismo. Para ele, é a oportunidade de se pronunciar sobre a influência do nacionalismo francês:

> Em todo caso, não se pode negar que a escola nacionalista francesa, porque foi a primeira a reagir, despertou a atenção nos países igualmente ameaçados pelas Internacionais, e, pelo valor e riqueza de sua argumentação, exerceu influência incontestável sobre movimentos similares. Influência que tocava mais a forma, a dialética, do que o fundo, visto que cada movimento encontrava em sua história, em seus costumes e em suas tradições razões suficientes para essa defesa biológica do corpo social que é o nacionalismo.[42]

Essa citação provoca diferentes comentários. Certamente, Ploncard d'Assac, sem dúvida por motivos oportunistas, considera que a questão da influência da Ação Francesa sobre o integralismo lusitano seria uma "querela ultrapassada" e que é preciso saldar, levando-se em consideração que cada nacionalismo tem "um caráter próprio", mesmo que se tenha de reconhecer "a parte de universalidade que a ideia contém".[43] Ao mesmo tempo, é preciso saber que diferenças ele estabelece entre a "forma", a "didática" e o "fundo" (seriam noções tão facilmente separáveis?), ou ainda que opinião ele atribuiu aos integralistas lusitanos: eles "não negam a semelhança dos dois movimentos; o que eles negam é que o integralismo tenha sido 'uma cópia' da Ação Francesa".[44] De fato, a pesquisa histórica recente, começando pelos trabalhos de Ana Isabel Sardinha Desvignes, mostrou até que ponto a recepção do maurrassianismo em Portugal no início do século XX foi um fenômeno profundo, mas declinado no plural, "uma história movimentada, uma história em várias vozes", oscilando entre "as necessidades de pura reivindicação genealógica para uns, a tentação da divulgação política para outros", ou ainda, para muitos integralistas, por um desejo de resistência respeitosa, certamente, mas muito resistente ao "nacionalismo integral" francês".[45] Aliás, pode-se acrescentar, quanto ao integralismo, que a Ação Francesa parisiense se interessa pouco por ele e que algumas de suas maiores figuras não se uniram mais tarde ao regime de Salazar (a exemplo de Rolão Preto, admirador de George Valois e fundador do nacional-sindicalismo),[46] ou, ao contrário, romperam com o integralismo e o monarquismo para seguir Salazar (Pedro Teotônio Pereira ou Marcello Caetano). No que diz respeito ao próprio Salazar, embora ele tenha conhecido de perto as teorias integralistas e tenha incorporado parte delas, a começar pelo corpus corporativista e municipalista, ele deixou de lado a questão do regime, o que leva Ana Isabel Sardinha Desvignes a frisar: "Monarquista de coração, mas pragmático em política, o ilustre professor de Coimbra jamais questionará o princípio adquirido do regime republicano."

Essa constatação remete imediatamente ao sentido que se dá a "político antes de tudo", já que a questão do regime é um ponto intocável de doutrina do maurrassianismo. As posições de Salazar são claras, e ele se explicou longamente sobre isso com António Ferro quando este o interrogou sobre sua "formação política": "René Richard, numa página sobre Portugal publicada em *Je suis partout*, atribui ao senhor uma formação maurrassiana." Salazar não foge nem se esconde.

> Eu não pude receber o senhor Richard em Caramulo por motivo de saúde. Se tivéssemos conversado, eu certamente lhe teria dito que ele deveria corrigir essa afirmação. Li os livros políticos de Maurras; eles seduzem pela clareza, pela lógica da construção... se se admitem suas premissas. Porém, entre os admiradores incondicionais do doutrinário francês e eu, existe uma diferença, digamos, de atitude, que tem influência dominante no campo da ação. Para Maurras e seus discípulos, o fenômeno político é o fenômeno social por excelência e a política o grande fator da vida dos povos, determinante da evolução deles. Seu estandarte de guerra "política antes de tudo" fala claramente e sintetiza

admiravelmente a dinâmica dos maurrassianos puros. Mas o que essa expressão contém é um erro em história e em sociologia e constitui um perigo para a formação das novas gerações. Certamente a política tem seu lugar, preenche uma função, importante, dominante em determinados momentos. Sem ela, não haveria Ditadura, eu não estaria aqui... Mas a vida de um país é mais complexa, mais ampla, escapa aos órgãos e à ação do poder mais do que muitos poderiam crer: a história de uma nação não é apenas a história de seus conquistadores, de seus grandes reis; ela é, sobretudo, a resultante do trabalho que o meio impõe aos homens e das qualidades e defeitos dos homens que nela vivem. Considero salutar para a juventude a máxima de Maurras "política antes de tudo"; ela opõe a interrogação (que é uma resposta negativa) de Demolins: "Tem-se interesse em tomar o poder?" Isso evitaria que ela pensasse que o problema nacional se resolve unicamente pelo assalto aos órgãos do Estado.[47]

Ploncard d'Assac conhece essa resposta de Salazar, que ele cita e comenta em sua biografia, explicando que Salazar e Maurras "não estavam tão distantes um do outro na interpretação exata do 'política antes de tudo'".

Ploncard d'Assac se baseia numa frase de Salazar que diz que a política havia possibilitado a Ditadura e a inflecte no sentido maurrassiano, lembrando que "na ordem dos meios, como Maurras sempre disse, houve o movimento militar, a Ditadura e ele mesmo em situação de realizar as reformas necessárias". E Ploncard d'Assac cita a fórmula bem conhecida:

É preciso mudar o quadro político. Nada é possível sem essa limpeza e essa desobstrução. Um regime normal tornará possível muitas coisas caridosas, generosas e justas. Um regime anormal as corromperá e as tornará, por sua vez, corruptoras.

OS INTELECTUAIS DO ANTILIBERALISMO

Todo o problema reside em saber o que é um regime normal: para Maurras, só pode ser a monarquia, o que, aliás, pensam os integralistas portugueses maurrassianos. Embora Maurras tenha podido criar à altura da França a fórmula do "compromisso nacionalista", o objetivo sempre foi imutável e a pergunta sobre sua exequibilidade, levando-se em conta o contexto político e social da França, jamais foi feita. Salazar raciocina de modo muito diferente e aponta, por meio de sua crítica do "política antes de tudo", uma das principais falhas da Ação Francesa, sua relação com a ação e a realidade política.[48] Contrariamente ao que escreve Ploncard d'Assac, que quer absolutamente insistir nas convergências entre os dois pensamentos, são as divergências que dominam nessa questão. Embora Salazar tenha um pensamento político, ele é também um homem de ação e um homem de Estado que arbitra. Ele não se contenta em rejeitar uma "interpretação estreita" do "política antes de tudo", que Ploncard d'Assac nega ser a de Maurras, que gostaria que a mudança de regime resolvesse *ipso facto* todos os problemas. Salazar considera que a questão do regime é um problema secundário e que a restauração monárquica é uma quimera sem futuro político. Ele se explica pondo os pingos nos is com o risco de se afastar dos integralistas:

> O problema do regime embaraça e envenena a marcha dos governos em Portugal, governos de direita, principalmente. É preciso deixá-lo de lado, mas sem subterfúgios, evitando todas as manifestações e todas as declarações que possam fazê-lo renascer na primeira oportunidade (...) O que eu peço aos monarquistas, ou melhor, o que eu lhes aconselho, é, ao entrar na vida do Estado, renunciar à ideia falsa e perigosa de que colaborar na situação atual é dar um passo rumo à realização de seu ideal respeitável.[49]

Certamente Ploncard d'Assac está em situação de enfatizar que Portugal não é a França, mas, operando esse *aggiornamento*, Salazar pode retomar por conta própria muitos elementos do "aparelho teórico integralista".[50]

Inversamente, a Ação Francesa, durante os anos 1930, vê temas inteiros de seu projeto, da defesa da autoridade ao corporativismo, escapar-lhe e serem retomados por outros. Desse modo, sua incapacidade e impotência política contrastam singularmente com sua influência cultural. Que Salazar tenha tido ao mesmo tempo uma cultura maurrassiana e uma empatia pela figura de Charles Maurras, é incontestável. Contudo, significativamente ele esclareceu as coisas diante de Michel Déon, ex-secretário de Maurras, que o visitou em 1959: "(...) quando eu mencionei Maurras, Doutor Salazar me interrompeu: 'Recebi dele uma bonita carta, anos atrás, pouco antes de sua morte. Era um grande escritor, um grande filósofo político, mas não conheceu o poder. O poder é outra coisa.'"[51] De fato, embora Salazar seja reconhecido pelos maurrassianos franceses como um dos seus, ele está longe de ter aplicado o programa deles, ou lhes seguido o método. Nem por isso é menos homenageado nesse meio, tendo Ploncard d'Assac chegado até mesmo a publicar em 1964 um *Dictionnaire politique de Salazar,* diretamente inspirado naquele que trata de Maurras.[52]

O DEFENSOR DO OCIDENTE

A terceira parte desta apresentação, referente aos incidentes de 1960, é especialmente voltada para a atualidade de então. Certamente, o tema da "defesa do Ocidente" já tem uma história velha de vários decênios, já que foi lançado na França durante os anos 1920 por Henri Massis.[53] Relacionado com os anos 1960 e destinado a um público francês, ele se articula prioritariamente com o perigo comunista e o perigo progressista na Igreja, assimilados a formas de subversão, e, mais ainda, se encarna num decidido apoio à política portuguesa em Angola e Moçambique. Mostramos, aliás, como a propaganda do regime encontrava na França transmissores na imprensa de ultradireita da época, que, de *Europe Action* a *Jeune Révolution,* retoma, por sua própria conta, brochuras divulgadas pelas autoridades lusitanas (Agência Geral do Ultramar, edições Panorama), ou pela agência Aginter Press, sediada em Lisboa a partir de

1966.[54] A ação de Ploncard d'Assac, a partir de 1962, foi muito importante, já que então ele se tornara uma voz conhecida, ouvida e recomendada em todas essas publicações (e também em algumas associações de repatriados da Argélia), a "voz do Ocidente". De Lisboa, difunde diariamente em francês, em dois horários, 18h15 ou 19h30 e às 23h (hora francesa, com duração de 45 minutos). Lidos ao microfone, os editoriais de Ploncard d'Assac foram reproduzidos na França em forma de revista (*La Voix de l'Occident*) ou de fitas gravadas. Embora Ploncard d'Assac aborde em seus editoriais o conjunto da atualidade política, diplomática e religiosa internacional, trata também longamente de Maurras[55] e ainda do regime português, apresentado como antídoto contra os males que corroem o Ocidente, em particular a França, já que a política argelina da V República é vilipendiada, enquanto a firmeza da política portuguesa é exaltada.

Dessa abundante produção, destacaremos um texto emblemático, "O apelo de Salazar ao Ocidente", no qual Ploncard d'Assac, mais do que comentar o discurso pronunciado por Salazar por ocasião da recepção dos chefes militares que o cumprimentaram pelo 36º aniversário da Revolução Nacional, pretende destacar que ele soa mais como um "apelo a todo o Ocidente", antes de tudo aos franceses: "Ao ouvi-las (aquelas palavras), verão que, sem querer, transportamos e evocamos outras situações dolorosas e trágicas e imaginamos a repercussão que tais palavras, ditas em outro lugar, teriam nesse momento." E Ploncard d'Assac cita três frases:

> A unidade das Forças Armadas exige um fundamento moral e, na realidade das coisas, a adesão espiritual à Pátria. Quando a nação não é mais nos espíritos o primeiro valor a ser defendido, ainda existem soldados, porém não mais exército. Existem apenas homens que não sabem o que fazer de suas armas.

Em seguida: "A unidade nacional é a condição da unidade das Forças Armadas; as Forças Armadas, por sua vez, são o último batalhão que,

UM SALAZARISTA FRANCÊS

nas crises graves, defende o destino e a consciência da Nação." Finalmente: "Esses conceitos explicam muitas coisas da história de nosso tempo." No momento em termina a guerra da Argélia francesa, tendo como pano de fundo o processo da OAS* e da execução de alguns de seus membros, Ploncard d'Assac pode concluir para os ouvintes que sem dúvida não estabeleceram a mesma aproximação: "Como, de fato, não ver a história de nosso tempo — e eu penso na mais imediata, na mais recente — depender estreitamente do papel das Forças Armadas na Nação?"[56]

O antigaullismo de Ploncard d'Assac, nascido durante o segundo conflito mundial, fortaleceu-se por ocasião do surgimento da V República e da perda da Argélia. A oposição dos dois políticos e dos dois dirigentes é evidente para Ploncard d'Assac. Embora não ataque o general de Gaulle ao microfone (é provável que Salazar não tivesse deixado que o fizesse),[57] elogia o governo português e critica a V República por meio de alusões bastante explícitas, esclarecendo, por exemplo, que

> (...) a unidade das Forças Armadas, a unidade da nação não podem acontecer senão na afirmação da integridade da Nação. Qualquer outra política, mesmo apoiada na tirania, divide a tal ponto as Forças Armadas e a nação que se destrói a si mesma. Desse modo, não há pelotão de execução que possa restaurar a unidade das Forças Armadas, nem polícia que possa unir a nação. Tudo desaba porque se negou condições para a prova da sobrevivência da nação que se debate e se salva, sozinha.[58]

O quadro geral das intervenções de Ploncard d'Assac está estabelecido. Ao mesmo tempo que defende a política estrangeira do regime português e exalta os princípios do nacionalismo e do tradicionalismo católico, únicos passíveis de manter um Ocidente ameaçado, ataca sem descanso as doutrinas e os meios que considera elementos de desagrega-

---

* Organisation Armée Secrete (Organização Exército Secreto), movimento clandestino nacionalista de direita da França que se opôs à independência da Argélia e chegou a organizar um atentado contra o presidente Charles de Gaulle. (*N. do T.*)

ção e de subversão: comunismo, católicos progressistas, trustes. Como quadro geográfico de suas intervenções, privilegia a Europa e, sobretudo, a África, nas quais Portugal é apresentado como cabeça de ponte do Ocidente e símbolo da civilização para o maior benefício da Europa, e também para os próprios africanos.[59]

CONCLUSÃO

Fiel até o fim a Salazar, Ploncard d'Assac foi mais crítico em relação a seu sucessor, Marcelo Caetano. Contudo, permaneceu em Portugal e só voltou à França em 1974. Ali publicou uma "Carta política mensal" e continuou a escrever obras. A experiência portuguesa não deixou de ser fundamental. Retomando, em 1978, suas "impressões" sobre aquele "quarto de século de exílio passado às margens do Tejo", Ploncard d'Assac apresenta a seguinte resposta:

> Primeiramente, lembrar a grande figura do doutor Salazar, que aceitou me honrar com sua confiança e sua amizade. Em seguida, o extraordinário interesse de ver o essencial de nossas ideias no poder, e a fragilidade de todo poder assim que ele deixa — como fez, lamentavelmente, Marcelo Caetano — de se apoiar em seus princípios constitutivos.[60]

É, portanto, uma participação de falecimento que faz esse adepto do salazarismo, de cujos escritos sobre o tema se pode concluir que foi ao mesmo tempo um sintetizador e um transmissor, já que se esforçou, depois de outros, mas com melhor conhecimento de seu pensamento, em fazer de Salazar um dirigente maurrassiano. Que essa análise seja contestável não diminui em nada a importância de que se reveste para compreender o maurrassianismo francês, suas frustrações diante de sua derrota política e de seu medo do estrangeiro. Finalmente, Ploncard d'Assac foi um transmissor da doutrina salazarista e da política portuguesa que deu a conhecer a muitos nacionalistas franceses e europeus.

UM SALAZARISTA FRANCÊS

As resenhas e as traduções de suas obras desenham uma geografia significativa a esse respeito. Na França, as obras de Ploncard d'Assac são resenhadas, favoravelmente, pelo conjunto da imprensa nacional, de *Aspects de la France* até *Europe en Action*, passando por *Rivarol*, e, ao mesmo tempo, pelas revistas de jovens estudantes. No estrangeiro, Ploncard d'Assac é lido e apreciado em Portugal (notadamente por João Ameal),[61] é também traduzido e comentado na Espanha (seis obras traduzidas entre 1969 e 1975), na Itália (três títulos traduzidos) e ainda na Bélgica. Esse salazarista francês foi, portanto, durante os anos 1960 e 1970, um transmissor em escala europeia, tanto de Salazar e seu regime (sua biografia está publicada em quatro línguas) quanto das *Doutrinas do nacionalismo*, que não foi um *vade mecum* militante destinado apenas aos franceses.

NOTAS

1. Entrevista com Jacques Ploncard d'Assac, *in: Lecture et tradition. Bulletin littéraire, Contrerévolutionnaire*, Chiré-en-Montreuil, n° 69, février-mars, 1978, p. 5. O número lhe é dedicado.

2. Depois de uma colaboração para *L'Écho de Saône et Loire* de Autun, ele publicou na grande imprensa parisiense (*L'Intrinsigeant, Paris-Midi, La Liberté*), em pequenas revistas nacionalistas (*La Lutte*, fundada em 1927, e *La Libre Parole*, relançada em 1928) e, ao mesmo tempo que escrevia para o *Petit Oranais*, do doutor Molle. Na esteira de Henry Coston, militou na Frente Nacional Operário-Camponesa, promovida por esse em 1933, e no Partido Popular Francês de Jacques Doriot. Finalmente, sob o pseudônimo de Fergus, publicou livros e brochuras antissemitas: *Pourquoi je suis anti-juif* [Por que sou antijudeu], *Le juif démasqué* [O judeu desmascarado] etc. Mobilizado em 1939, prisioneiro durante 13 meses, Jacques Ploncard retomou suas atividades logo que retornou do cativeiro. Participou da política antimaçônica do Estado francês (foi condecorado com a Francisque em 1943), em virtude de sua colaboração com Bernard Faÿ no inventário dos arquivos do Grande Oriente de França, que forneceu documentação para diferentes organizações, dentre as quais o Centro de Ação e de Documentação, fundado por Henry Coston em março de

OS INTELECTUAIS DO ANTILIBERALISMO

1941 com o apoio do nazismo ocupador. Jornalista da imprensa colaboracionista, antissemita e antimaçônico (*L'Appel, Au Pilori, Les Documents maçonniques* etc.), Ploncard d'Assac foi também secretário-geral adjunto da Associação dos Jornalistas Antijudeus, criada em dezembro de 1941, e tem como referência Édouard Drumont. Sobre todos esses pontos, remeter à notícia bibliográfica de LENOIRE, Michaël, "Henry Coston e Jacques Ploncard d'Assac", *in* TAGUIEFFF, Pierre-André (Dir.), *L'Antisémitisme de plume, 1940-1944, Etudes et documents* [O antissemitismo escrito, 1940-1944, Estudos e documentos], Paris, Berg International Éditeur, 1999, p. 370-384.

3. A primeira edição data de 1959. A obra foi reeditada várias vezes. A terceira edição, publicada em 1978 pelas Éditions de Chiré, introduz novos elementos sobre Salazar não constantes das precedentes (apresentação de seu pensamento até sua morte e algumas lembranças pessoais do autor).

4. Charles Chesnelong, *Salazar*, Paris, Baudinière, 1939.

5. Entre as obras, destacamos as de Schreiber, Émile, *Le Portugal de Salazar*, Paris, Denoël, 1930, e de De Poncis, Léon, *Le Portugal renaît* [Portugal renasce], Paris, Beauchesne, 1936 (reedição em 2005 pelas Éditions Saint-Rémi). Também traduziram então para o francês alguns autores estrangeiros, notadamente o conhecido jornalista e ensaísta alemão Friedich Sieburg, autor do célebre *Dieu est-il français?* [Deus é francês?], que publicou em 1938, nas Éditions de France, *Le Nouveau Portugal. Portrait d'un vieux pays* [O Novo Portugal. Retrato de um velho país]. Para um panorama da recepção do modelo do Estado Novo na França dos anos 1930, ver Emmanuel Hurault, "Le modèle portugais" [O modelo português], *in* Marc-Olivier Baruch e Vincent Duclert (Dir.), *Serviteurs de l'État. Une histoire politique de l'Administration française 1875-1945* [Servidores do Estado. Uma história política da Administração francesa], Paris, La Découverte, 2000, p. 439-447, que articula sua tese em três tempos: "1930-1933: descoberta e criação de um mito"; "1934-1936: o mito em ação", "1937-1940: o mito perenizado e padronizado".

6. Citaremos em especial o artigo de Luís Martin Serrano "Salazar sans masque" [Salazar sem máscara] em *Les Temps Modernes*, agosto de 1952.

7. Apontamos notadamente *La pensée de Salazar: le plan de mises en valeur. Principes et premisses* [O pensamento de Salazar: o Plano de Fomento. Princípios e premissas], Lisboa, Secretariado Nacional de Informação, 1953, ou *O pensamento de Salazar*, Lisboa, Secretariado Nacional de Informação, 1955.

UM SALAZARISTA FRANCÊS

8. *Salazar, príncipes d'action* [Princípios de ação], prefácio de Pierre Gaxotte, retrato de Gustave Thibon. Paris, Fayard, 1956.
9. Louis Mégevand, *Le vrai Salazar* [O verdadeiro Salazar], Paris, Nouvelles Éditions Latines, 1958.
10. Paul Sérant, *Salazar et son temps* [Salazar e seu tempo], Paris, Les Sept Couleurs, 1961.
11. Peter Fryer e Patricia Pinheiro McGowan, *Le Portugal de Salazar*, Paris, Ruedo Ibérico, 1963 [trata-se da tradução de uma obra publicada em inglês em 1962].
12. Ploncard d'Assac publicou em 1952 *O pensamento de Salazar*.
13. Jacques Ploncard d'Assac, *L'État corporatif. L'expérience portugaise. Doctrine et législation.* [O Estado corporativo. A experiência portuguesa. Doutrina e legislação], Paris, La Librairie Française, 1960.
14. Jacques Ploncard d'Assac, *Salazar*, Paris, La Table Ronde, 1967. A obra teve uma segunda edição aumentada pela editora Dominique Martin Morin em 1983.
15. António Ferro, *Le Portugal et son chef* [Portugal e seu chefe], precedido de uma "nota sobre a ideia de ditadura" por Paul Valéry, Paris, Grasset, 1934, p. 65. A obra, publicada em francês, inclui um capítulo suplementar em relação à edição portuguesa, intitulado "Depois da conferência de Londres". Sobre António Ferro, ver Godoffredo Adinolfi, "António Ferro e Salazar: entre poder e revolução". *In:* Francisco Carlos Palomanes Martinho e António Costa Pinto (Dir.), *O corporativismo português O Estado, política e sociedade no salazarismo e no varguismo*, Rio de Janeiro, Civilização Brasileira, 2007, p. 109-137. O tema do rei escondido não é apenas português, como mostra a obra de Yves-Marie Bercé, *Le roi caché. Sauveurs et imposteurs. Mythes politiques populaires dans l'Europe moderne* [O rei escondido. Salvadores e impostores. Mitos políticos populares na Europa moderna], Paris, Fayard, 1990. Acrescentamos que o sebastianismo não se limita ao mito do rei escondido, mas é um dos mitos essenciais na cultura portuguesa do século XVII até Salazar. Ele está na base de teorias políticas e culturais que se esforçam por demonstrar a vocação universalista portuguesa fiadora de um destino nacional e de sua difusão internacional, e fiadora também de um papel primordial, de certo modo místico, que Portugal deveria ter no mundo (Mito do Quinto Império). O sebastianismo, apenas uma das variantes do messianismo português, constitui para a direita salazarista uma das fontes inspiradoras de uma das mais importantes construções ideológicas do regime: a de Portugal e de Salazar como "últimos bastiões

OS INTELECTUAIS DO ANTILIBERALISMO

do Ocidente". Agradeço vivamente a Ana Isabel Sardinha Desvignes, leitora atenta deste texto, por essa anotação sobre o sebastianismo.

16. António Ferro, *op. cit.*, p. 65.

17. "Introduction" de Maeterlinck. *In:* Oliveira Salazar, *Une révolution dans la paix*, Paris, Flammarion, 1937, p. VIII.

18. "Prefácio de Oliveira Salazar", *in:* António Ferro, *op. cit.*, p. 24.

19. A situação é clássica e o estudo sobre o ditador português pode ser contextualizado com trabalhos existentes sobre outros ditadores, em particular no caso de Mussolini, ao qual Salazar é muito atento, referindo-se com alguns de seus interlocutores ao livro de entrevistas do Duce com Emile Ludwig Didier, publicado pela primeira vez em 1932; ver a primeira parte da obra de Didier Musiedlack, *Mussolini imaginaire* [Mussolini imaginário], Paris, Presses des Sciences Po, 2005.

20. Henri Massis concentra toda a primeira parte do prefácio de seu volume *Salazar face a face* no caso do motim do Santa Maria e da "tripulação do capitão Galvão e de seus capangas", o que lhe permite denunciar, citando o *Figaro*, "a intoxicação" instigada por uma "certa imprensa internacional". A essa agitação e a essas manobras, ele opõe a personalidade de Salazar (Henri Massis, *Salazar face a face. Trois dialogues politiques* [Salazar face a face. Três diálogos políticos], Genève, La Palatine, 1960, p. 9-26).

21. Louis Mégevand, *op. cit.*, p. 7-8.

22. Henri Massis, *Salazar face a face, op. cit.*, p. 20-21.

23. "Portrait de Salazar", por Gustave Thibon, in *Salazar, Principes d'action...*, p. 239.

24. Bernard Grasset já havia publicado o livro de Ferro. Na quarta capa da obra de Garnier, que ele assina com suas iniciais, sublinha: "Este livro inaugura uma coleção na qual o editor deseja apresentar ao público francês outras grandes figuras do mundo sob o aspecto familiar. Compreenderão, porém, que esta coleção não se inspira em nenhuma preocupação política, mas apenas na curiosidade em relação aos homens?". Lembremos ainda que Grasset já tem em seu catálogo um dos maiores sucessos de livraria sobre Portugal, o *Itinéraire portugais* [Itinerário português], do escritor viajante Albert T'Sestervens (1885-1974), amigo de Blaise Cendrars, publicado em 1940 e reeditado em 1952.

25. Cristine Garnier, *Vacances avec Salazar*, Paris, Grasset, 1952, p. 12-13. A obra foi publicada em português em 1952, sob o título de *Férias com Salazar*, Lisboa, em parceria com António Maria Pereira. Foi também traduzida para o espanhol

e publicada em 1953 sob o título de *Vacaciones con Oliveira Salazar,* Madri, La Editorial Católica, 1953. Acrescentemos, por fim, uma edição americana: *Salazar in Portugal. An Intimate Portrait,* Nova York, Farras Straus, 1954.

26. Jacques Ploncard d'Assac, *Doctrines du nationalisme...,* p. 343.

27. *Idem,* p. 377-383.

28. *Idem,* p. 376.

29. *Idem,* p. 346.

30. Discurso de 3 de maio de 1952, citado em *ibidem.*

31. *Idem,* p. 347.

32. Lesdema Ramos e Onesimo Redondo são estudados, mas não se encontra nenhum capítulo sobre Francisco Franco.

33. Pierre-Marie Dioudonnat, *Je suis partout 1930-1944. Les maurrassiens devant le fascisme* [Os maurrassianos diante do fascismo], Paris, La Table Ronde, 1973, p. 150.

34. Henri Massis, *Chefs* [Chefes], Paris, Plon, 1939, p. 94.

35. Prefácio de Pierre Gaxotte en *Salazar, principes d'action...* [Salazar, princípios de ação...], p. 10.

36. Citado em Jacques Ploncard d'Assac, *Salazar...,* p. 252-253.

37. Henri Massis, *Salazar face a face...,* p. 101.

38. Christine Garnier, *op. cit.,* p. 177.

39. De fato, Christine Garnier cita aqui afirmações de António Ferro às quais retornaremos *infra.*

40. Jacques Ploncard d'Assac, *Salazar...,* p. 350.

41. Ele utiliza em especial a obra de João Ameal, *Panorama do nacionalismo português,* publicada em Lisboa, em 1932.

42. Jacques Ploncard D'assac, *Doctrines du nationalisme...,* p. 328.

43. *Idem,* p. 329.

44. *Idem,* p. 330.

45. Ana Isabel Sardinha Desvignes, "L'Action Française au Portugal (1910-1918): quelques repères pour l'histoire d'une réception", *in*: Olivier Dard e Michel Grunewald (Dirs.), *Charles Maurras et l'étranger. L'étranger et Charles Maurras,* Bruxelles, PIE-Peter Lang, 2009, p. 266.

46. Ver António Costa Pinto, *The blue shirts. Portuguese Fascists and the New State* [Os camisas-azuis. Fascismo português e o Estado Novo], Nova York, Columbia University Press, 2000.

47. António Ferro, *op. cit.,* p. 236-238.

OS INTELECTUAIS DO ANTILIBERALISMO

48. Ver Michel Leymarie e Jacques Prévotat (Dirs.), *L'Action Française. Culture, société, politique* [A Ação Francesa. Cultura, sociedade, política], Villeneuve d'Ascq, Presses Universitaires du Septentrion, 2008, e Olivier Dard, "La part de la ligue dans l'identité et le rayonnement de 'l'Action française'", *in*: Olivier Dard e Nathalie Sévilla (Dirs.), *Le phénomène ligueur sous la III République* [O fenômeno da liga na III República], Metz, Centre Régional Universitaire Lorrain d'Histoire, nº 36, 2008, p. 152-177.

49. António Ferro, *op. cit.*, p. 85-86.

50. Ana Isabel Sardinha Desvignes, *op. cit.*, p. 269.

51. Michel Déon, *Mes arches de Noé* [Minhas arcas de Noé], Paris, La Table Ronde, 1978, p. 127. A respeito de Salazar, Déon observa (p. 125): "O único homem político cuja vida, pensamento e obra me inspiraram respeito."

52. No *Dictionnaire politique et critique*, elaborado sob a incumbênciae de Pierre Chardon e publicado em 1932 (À la Cité des Livres), bem como, mais tarde, nos complementos devidos a Jean Pélissier, não se encontra entrada nem sobre Salazar nem sobre o salazarismo. Apenas a entrada "Portugal" remete a um artigo publicado na *l'Action Française* em 1910.

53. Tomamos a liberdade de remeter a Olivier Dard, "Henri Massis e a defesa do Ocidente", *in*: Pascal Morvan (Dir.), *Droit, politique et littérature. Mélanges en l'honneur du professeur Yves Gauchet* [Direito, política e literatura. Miscelâneas em homenagem ao professor Yves Gauchet], Bruxelles, Bruylant, 2008, p. 261-263.

54. Tomamos a liberdade de remeter a Olivier Dard, "Réalités et limites de l'internacionalisation de l'anti-colonialisme de la guerre d'Algérie au début des années 70: l'exemple des droites radicales françaises e de leurs liens internationaux" [Realidades e limites da internacionalização do anticolonialismo da guerra da Argélia ao início dos anos 70: o exemplo das direitas radicais francesas e seus laços internacionais], *in*: Olivier Dard e Daniel Lefeuvre (Dirs.), *L'Europe face à son passé colonial* [A Europa diante de seu passado colonial], Paris, Riveneuve Éditions, 2008, p. 261-263.

55. Ver seu livro *Le poids des clefs de Saint Pierre* [O peso das chaves de São Pedro], seguido de *Le reste de la vérité* [O restante da verdade], publicado em Portugal em 1966 e divulgado pela Libraire Française, dirigida então por Henry Coston, p. 215-230.

56. Jacques Ploncard d'Assac, "L'appel de Salazar à l'Occident", *in*: *La Voix de l'Occident*, nº 2, juillet 1962, p. 46.

UM SALAZARISTA FRANCÊS

57. Tanto mais que a França pediu, e obteve, que o alcance da difusão de *La Voix de l'Occident* fosse reduzido e ao governo português foi solicitado, por sua vez, a neutralização dos militantes antissalazaristas na França (Victor Pereira, *L'État portugais et les portugais en France de 1957 à 1974* [O Estado português e os portugueses na França de 1957 a 1974], tese de doutorado, Paris, Institut d'Etudes Politiques 2007, p. 743).

58. Jacques Ploncard d'Assac, "L'Appel de Salazar...", p. 46.

59. Ver especialmente os volumes 7 ("L'erreur africaine" [O erro africano]) e 11 ("L'Afrique trahie" [A África traída], de *La Voix de l'Occident*.

60. *Lecture et Tradition...*, p. 7.

61. Ana Isabel Sardinha Desvignes nos indicou a existência de correspondência entre os dois: nos papéis de Ameal, conservados na Biblioteca Nacional de Lisboa, encontram-se nove cartas de Ploncard d'Assac a Ameal, entre 1949 e 1964, e duas cartas (copiadas por ele mesmo) de Ameal a Ploncard d'Assac. Não consultamos essa correspondência.

CAPÍTULO 14 # O pensamento antiliberal espanhol: intelectuais e políticos antiliberais na Espanha do primeiro terço do século XX*

*Miguel Ángel Perfecto García***

---

* Texto traduzido do espanhol por Maria Alzira Brum Lemos.
** Professor titular de História Contemporânea da Universidade de Salamanca.

PANORAMA DO PENSAMENTO ANTILIBERAL NA ESPANHA: DE SUAS ORIGENS AO FIM DO SÉCULO XIX

As origens do pensamento contrarrevolucionário na Espanha

Apontou-se repetidamente a estreita relação entre a Revolução Francesa, geradora do liberalismo continental, e os fenômenos contrarrevolucionários europeus e, logicamente, espanhóis. Mas a verdade é que as origens doutrinárias do pensamento contrarrevolucionário são anteriores a 1789 e representam uma reação ante o novo pensamento ilustrado que se estende por toda a Europa, com o apoio, em muitos casos, de parte das monarquias absolutas, convertidas ao despotismo ilustrado.

Ao longo do século XVIII, não apenas nasce uma corrente de pensamento reformadora que põe em questão os fundamentos ideológicos da sociedade tradicional europeia, mediante a análise racional do mundo, o individualismo e a autonomia pessoal do homem, como também uma reação defensiva antiilustrada pré-romântica que se acha influenciada pela corrente iluminista. Essa corrente de pensamento irá evoluindo com o tempo, adaptando-se às distintas mudanças do liberalismo, até converter-se em parte substancial do conservadorismo europeu do último terço do século XIX.

Na Espanha, como em parte da Europa, Estados alemães e Itália, a reação antiliberal não veio imposta pela ocupação militar das tropas

OS INTELECTUAIS DO ANTILIBERALISMO

francesas entre 1808 e 1813, nem sequer pelas notícias, práticas ou pelos princípios exportados pela França revolucionária. Na verdade, o início do pensamento e do movimento contrarrevolucionário espanhol remonta ao último período do reinado de Carlos III, o ilustre monarca reformador, e vai evoluindo à medida que a Revolução Francesa radicaliza suas posições ideológicas. Daí que nesta tensão dialética, revolução-contrarrevolução, encontra-se a explicação das vicissitudes e frustrações do liberalismo na Espanha.

Os grupos mais hostis ao reformismo ilustrado eram basicamente a nobreza e a Igreja, pois, por serem as camadas privilegiadas, tinham muito a perder com o processo reformista. O descontentamento da nobreza, que não formava um grupo homogêneo, não se manifestou na elaboração de um pensamento defensivo anti-ilustrado nem na defesa de uma alternativa política determinada, mas na luta ao lado do príncipe herdeiro Fernando, o futuro Fernando VII, contra o valido do rei Carlos IV, Manuel Godoy, apresentado como a encarnação do reformismo em crise devido a uma certa marginalização política da nobreza tradicional, substituída nos aparelhos do Estado por ilustrados.

O outro estamento irreconciliável com a ilustração era a Igreja Católica; nesse caso, a hostilidade ao pensamento e à ação ilustrados era total. Os eclesiásticos não podiam aceitar sem lutar princípios ilustrados tão importantes como a defesa da razão como instrumento central do conhecimento humano sem subordinar-se aos dogmas e à doutrina religiosa; tampouco podiam ceder diante das ideias do livre-pensamento, da tolerância, incluída a religiosa, da existência de direitos naturais do indivíduo ou da separação da sociedade civil da religiosa.

As ideias políticas (forjadas por padres pertencentes a ordens religiosas como capuchinhos, franciscanos ou jesuítas) do primeiro pensamento contrarrevolucionário espanhol, que remonta, como dissemos, aos anos 80 do século XVIII, eram bastante primitivas, e a maioria de seus autores não tinha muita amplitude intelectual (P. Cevallos, Fernández do Valcárcel, Pérez e López etc.).

A primeira obra apologética católica antirrevolucionária foi escrita por P. Fernando do Cevallos com o título *A falsa filosofia, ou o ateísmo,*

O PENSAMENTO ANTILIBERAL ESPANHOL

deísmo e materialismo e demais novas seitas incitadas a crime de Estado contra os soberanos e suas regalias, contra os magistrados e potestades legítimas, seis volumosos tomos em que defendia a ideia de que os filósofos eram inimigos da sociedade e que a queriam destruir. Ao ataque contra a filosofia seriam acrescentados outros raciocínios centrados nos argumentos em defesa do absolutismo monárquico apoiado na origem divina do poder e na aliança eterna entre a Igreja e a monarquia, cuja missão era a defesa da religião e evitar a heresia em forma de autonomia de pensamento do homem.

As notícias da França e a chegada à Espanha de clérigos e aristocratas fugidos configuram uma segunda onda de escritores, como frei Diego José do Cádiz (*O soldado católico na guerra de religião,* 1794) e P. Hervás y Panduro, que dão um passo além na argumentação exposta anteriormente, introduzindo a teoria da conjuração que tanto êxito tem entre os conservadores espanhóis até nossos dias. Segundo essa teoria, exposta no livro de P. Hervás y Panduro, *Causa da Revolução da França de 1789,* publicado em 1807 (embora finalizado em 1794), a revolução foi o resultado de uma conjuração das forças do mal representadas por filósofos, franco-maçons, jansenistas e liberais contra as forças do bem (a monarquia absoluta e a Igreja Católica), cujo objetivo era "declarar a guerra à religião e aos ricos... À religião declarou guerra porque ela, com sua doutrina, opõe-se ao vício e porque tem templos e ministros com bens temporais; e aos ricos devia declará-la porque eles possuem riquezas e usualmente têm o mando para castigar o vício".

Outro argumento central no pensamento contrarrevolucionário espanhol é o caráter estrangeirizante das doutrinas ilustradas e liberais frente ao pensamento autêntico espanhol — a tradição escolástica dos séculos XVI e XVII, coisa que repetirão autores tão relevantes quanto Marcelino Menéndez Pelayo, em sua *História dos heterodoxos espanhóis,* escrita no último terço do século XIX.

No entanto, embora seja real a influência francesa e britânica nos ilustrados e liberais espanhóis do século XIX — a Ilustração foi uma corrente de pensamento europeia —, é igualmente verdade que parte das fontes doutrinais utilizadas pelos contrarrevolucionários espanhóis era também estrangeira; na verdade, ilustrados e anti-ilustrados bebem de correntes de pensamento que impregnam todos os países. No caso dos anti-ilustrados, exerceu uma enorme influência a obra de Bossuet, o bispo francês preceptor do delfim da França, pai da teoria da origem divina do poder e, portanto, do absolutismo monárquico; ou a do abade Barruel, traduzido pelo jesuíta Hervás y Panduro, que tinha defendido a aliança entre o Altar e o Trono, o imobilismo social ou a apologia da violência e a "santa intolerância". Predicaram da mesma forma autores como o aristocrata saboiano Joseph De Maistre, fundador do pensamento tradicionalista europeu e um dos que primeiro escreveram contra a Revolução Francesa, no livro *Considerações sobre a França*, de 1796, em que afirmava o caráter satânico da Revolução Francesa e a ideia da revolução como castigo divino pelos pecados dos homens.

A terceira fase da contrarrevolução espanhola começa em 1808, com a intervenção francesa na Espanha, a substituição do rei Carlos IV pelo irmão de Napoleão, José I, e a ocupação da maioria das cidades pelas tropas francesas. Essa atuação engendrará uma reação por parte do povo espanhol, que considerará os franceses estrangeiros e invasores, iniciando-se uma guerra irregular com intervenção inglesa mais tarde, que foi na verdade uma guerra civil, dado que parte dos ilustrados espanhóis apoiou as reformas do novo rei José I Bonaparte.

O vazio de poder, consequência da ida obrigada da família real para a França, as suspeitas das velhas autoridades diante do levante popular antifrancês e a criação popular de juntas provinciais substituídas pela Junta Central — além do próprio desenrolar desastroso da guerra, que aconselhou as novas autoridades antifrancesas a refugiarem-se, primeiro em Sevilha e mais tarde em Cádiz — permitirão a um reduzido grupo de liberais bem organizados forçar a convocação das Cortes como uma Assembleia unicameral e com voto por cabeça, e não estamental.

A guerra e Revolução Liberal vão se desenvolver conjunta e inseparavelmente até a expulsão dos franceses em 1813, o que explica em parte as dificuldades na construção de um novo sistema político de tipo liberal.

A derrota contrarrevolucionária na convocatória de uma assembleia (Cortes de Cádiz) com voto por cabeça teve a ver com sua desorganização e a influência econômica e social exercida por Cádiz, cidade de comerciantes burgueses que apoiavam os esforços dos liberais e a utilização por esses de novos meios de comunicação, instrumentos de mobilização social, como a imprensa, só usada pelos liberais a partir de 1811. Para alguns, como P. Rafael de Vélez, autor de *Preservativo contra la irreligión*, publicado em 1812 — furioso ataque contra o pensamento moderno e uma denúncia dos planos contra a religião e o Estado —, houve uma chantagem liberal contra a maioria assustada pela desordem da rua e das galerias onde se realizavam as Cortes; fosse como fosse, a batalha mal tinha começado.

Em 1811 aparecem os primeiros jornais contrarrevolucionários, dirigidos por aristocratas e clérigos, como *El Censor de Cádiz, El Sol de Cádiz*, dirigido por P. Rafael do Vélez, e *Procurador general de la nación*, que se dedicam a atacar a obra liberal das Cortes defendendo as Cortes estamentais, o repúdio à soberania nacional e seu poder constituinte. Para eles, a soberania residia no monarca a partir da origem divina do poder e, portanto, não podia pertencer à nação, definida como uma "unidade orgânica", fruto da união do monarca e seu povo, hierarquicamente estruturada e na qual o monarca é o supremo poder, que se constituía como cabeça de um corpo moral junto com o povo. O eco do romantismo alemão é bastante evidente.

Essa concepção organicista e corporativista da nação não podia assumir os critérios de representação individual típicos do liberalismo e se ligava diretamente às propostas que filósofos e escritores alemães e austríacos estavam defendendo na Europa desde o fim do século XVIII e início do XIX, como J. G. Herder, Adam Múller, J. Fichte ou o próprio aristocrata saboiano Joseph de Maistre.

Esses autores eram conhecidos na Espanha, como se pôde comprovar na discussão nas Cortes sobre a reforma da Igreja, em que os liberais usaram como argumentos de oposição não só a doutrina das duas sociedades sustentada pelo agustinismo político, mas também as colocações de De Maistre, que defendia a superioridade do Papa sobre os reis aduzindo à infalibilidade papal, 60 anos antes de ser aprovada no Concílio Vaticano I.

OS INTELECTUAIS DO ANTILIBERALISMO

A contribuição doutrinal contrarrevolucionária será a base de um sistema de ideias alternativo ao liberalismo. No eixo desse sistema encontra-se a noção de ordem natural, muito diferente da liberal, ligada à terra e a suas leis eternas criadas por Deus. Essa ordem natural é transplantada para a sociedade humana na forma do organicismo. O organicismo, ou a consideração de que a sociedade se encontra naturalmente organizada e hierarquizada em agrupamentos naturais, família, município, grêmio, teve considerável êxito como alternativa à sociedade de classes.

Outro elemento capital no pensamento antiliberal e contrarrevolucionário é o historicismo. A História se transforma em argumento e razão de ser da sociedade do Antigo Regime; mas a História não no futuro como progresso, mas no passado como tradição; daí o nome de tradicionalismo que recebeu depois essa corrente antiliberal.

O terceiro elemento do pensamento antiliberal, além do organicismo e do historicismo, é a ideia de nação concebida como um "corpo místico", resultado da união do monarca e seu povo, ou, como diria De Maistre: "A sociedade é uma agregação ao redor de um centro comum, o soberano."

Isso reflete um protorromantismo na formulação da teoria da "constituição histórica" da nação — defendida igualmente por alguns ilustrados como Jovellanos — vinculada, por sua vez, a um novo conceito de nação como uma unidade territorial, política e religiosa diferente, na qual a religião se transforma em suporte social e garantia de ordem. Porque, como afirmavam os contrarrevolucionários espanhóis, "sem a presença de Deus o homem se vê dominado por suas paixões e destrói o ordenamento político tradicional".

Os argumentos antiliberais serão também enriquecidos com a progressiva formação do mito do liberalismo estrangeirizante, afrancesado, produto da maçonaria e ateu.

O golpe de Estado de Fernando VII na sua volta à Espanha, com a dissolução das Cortes, recupera o protagonismo para o absolutismo monárquico e a volta aos princípios tradicionais. Mas nos últimos momentos do reinado de Fernando VII tem lugar uma radicalização do grupo abso-

O PENSAMENTO ANTILIBERAL ESPANHOL

lutista da Corte, que deriva numa profunda divisão por causa da sucessão ao trono entre a filha de Fernando VII, Isabel, proposta como herdeira, embora as leis bourbônicas proibissem seu direito ao trono, e o irmão do rei, Carlos María Isidro, que se considerava o herdeiro legítimo.

Sob a direção de Dom Carlos, que tomou o nome de Carlos V, começa uma primeira guerra civil, que durará de 1833 até os anos 40 do século XIX, em torno da qual se cruzam as ideologias antagônicas: as liberais apoiarão Isabel II e as tradicionalistas o movimento carlista, nova denominação da opção absolutista e antiliberal.

O programa carlista não apenas aduzia razões dinásticas, como argumentava com vigor contra os projetos liberais, centrando-se na defesa política e jurídica do Antigo Regime, simbolizado nos postulados "Deus, Pátria e Rei", aos quais se acrescentaria oportunisticamente a defesa dos foros, as leis tradicionais de origem medieval que regiam territórios como o País Basco e Navarra.

Carlismo, tradicionalismo e integrismo

O carlismo conseguiu o apoio majoritário da Igreja Católica, de amplos setores do grupo de camponeses opostos às reformas econômicas liberais, de parte dos artesãos das cidades, sobretudo no norte da Espanha, e da pequena nobreza rural. Por seu lado, a nova rainha Isabel II contou com o apoio de uma parte do alto clero, da nobreza latifundiária e da burguesia liberal.

Apesar da derrota militar em 1841 (não será a última, pois em 1868 provocará uma nova guerra civil, da qual sairá outra vez derrotado) e da consolidação de um sistema político de liberalismo moderado, o carlismo, como movimento político e social, não desaparecerá na Espanha, continuará muito vivo e como uma alternativa ideológica na forma de tradicionalismo ao longo do século XIX e durante parte do século XX, estendendo uma ideologia antiliberal que se encarnou em notáveis escritores espanhóis do século XIX, como Juan Donoso Corte, Aparisi y Guijarro e Marcelino Menéndez Pelayo, e Juan Vázquez de Mella e Víctor Pradera no século XX.

OS INTELECTUAIS DO ANTILIBERALISMO

O carlismo se apresentou como uma alternativa política antiliberal de tipo legitimista à monarquia bourbônica, mas foi também um movimento social e ideológico de indubitável importância ao longo de todo o século XIX e parte do século XX.

Como alternativa política, expõe uma restauração monárquica "legítima" nos descendentes do Carlos María Isidro de claro matiz contrarrevolucionário, descentralizadora-*fuerista* e católica intransigente. Como movimento social e ideológico, o tradicionalismo foi muito mais amplo, uma vez que englobou escritores e políticos que não se reconheciam exclusivamente na restauração de uma monarquia legitimista, mas na defesa de uma série de valores que estavam inspirados na posição da Igreja em Cádiz no início do século XIX.

Entre os elementos ideológicos mais destacados do pensamento tradicionalista que tiveram enorme influência no antiliberalismo dos séculos XIX e XX, destacaríamos: a) a reinterpretação da tradição; b) a identificação entre a religião católica e o espanhol; c) a idealização do passado histórico da Espanha e da América; d) uma nova noção de nação de tipo identitário e impositivo de raiz romântica apoiada na religião.

A partir dos anos 40 do século XIX, e coincidindo com o triunfo do moderantismo na política nacional espanhola, a Igreja Católica começa a construir sua própria versão nacionalizadora por meio da identificação entre catolicismo e essência espanhola.

Um dos autores mais importantes da corrente tradicionalista espanhola (alguns a denominam conservadorismo autoritário) na primeira metade do século XIX foi o escritor e político Juan Donoso Cortes (1809-1853), que reinterpreta a tradição como "idealização do passado e continuidade histórica de um povo". Para ele, a tradição é um sentimento que se funda no respeito aos antepassados, às crenças e aos costumes, à língua e ao caráter de uma etnia.

Em sua obra capital, *Ensaio sobre o catolicismo, o liberalismo e o socialismo*, Donoso parte de uma visão providencialista da História para afirmar que o conhecimento humano foi irradiado por Deus aos homens, o que o leva a afirmar que existe uma ordem política estabelecida por Deus à qual os homens devem submeter-se; em consequência,

O PENSAMENTO ANTILIBERAL ESPANHOL

as autoridades devem obrigar o indivíduo à obediência se este romper seus deveres políticos e sociais.

Na base de seu pensamento está uma visão pessimista do homem, culpado do pecado original e, consequentemente, inclinado à desordem, o que explica, como afirma, que quando as nações prescindem do catolicismo e aceitam o liberalismo e o racionalismo, produz-se o mal no mundo.

Nem é preciso destacar o eco dos escritores católicos austríacos, alemães ou franceses do romantismo de princípios de século nesse pensamento.

Enquanto o modelo liberal insistia na nação como sujeito da soberania e protagonista da História, para a versão conservadora nacional-católica o protagonismo correspondia ao "povo de Deus", que, em busca de sua unidade espiritual, forjava uma nação peculiar vinculada ao catolicismo. A Espanha foi grande enquanto respondeu aos parâmetros de sua submissão à religião e entrou em decadência quando começou a se afastar da religião e caminhar para o "modernismo".

Para o catolicismo espanhol, os aspectos centrais da nacionalidade espanhola giraram sempre em torno da unidade espiritual da Espanha obtida pela retomada aos muçulmanos e pela expulsão dos judeus. A nação espanhola unida por obra dos reis católicos justificava sua expansão no mundo — colonização da América, das Filipinas etc. — pela necessidade da evangelização católica e pela extensão do idioma castelhano.

Jaime Balmes (1810-1848), clérigo catalão, difusor da neoescolástica espanhola e que tentou aproximar o carlismo do moderantismo, também expôs em seus textos o novo modelo nacionalizador de caráter conservador que identificava espanholismo com catolicismo. A História, especialmente os séculos medievais, comentava, havia modelado a Espanha ao redor de dois eixos: a religião e a monarquia. Balmes defendia como programa político a reconstituição social da nação segundo seus elementos sociais e antigas tradições. Frente ao nacionalismo liberal, voluntário e cívico, como vimos, aponta-se o romantismo político de raiz germânica, que privilegia a comunidade sobre o indivíduo

OS INTELECTUAIS DO ANTILIBERALISMO

e seus direitos civis em sua versão mais conservadora, próxima das posições teocráticas.

Para Balmes, a religião católica não era apenas o fundamento de todo poder, mas também a base da nação espanhola; dessa perspectiva, podemos dizer que Balmes e seu grupo neocatólico foram os antecedentes doutrinais do nacional-catolicismo, aspecto fundamental na ditadura do general Franco no século XX.

A identificação entre catolicismo e Espanha obrigou os neocatólicos a estudar a história do país para validar sua principal tese, a de que a Espanha era uma realidade graças à religião católica. A reelaboração da história foi possível por obra de títulos como *Compendio de historia de España,* de Antonio Cavanilles, *Historia de la literatura española*, de Amador de los Ríos, *Historia eclesiástica de España*, de Vicente de la Fuente, e *Historia de España*, de Manuel Merry, escrito em 1876; tudo isso culminaria com a monumental obra de Marcelino Menéndez Pelayo, *Historia de los heterodoxos españoles*.

Em todos esses relatos constata-se uma interpretação bíblica da história da Espanha, a partir da inata religiosidade dos seus primitivos habitantes, que culmina com a vitória do cristianismo.

Para Marcelino Menéndez Pelayo, a unidade da Espanha foi dada pelo cristianismo e construiu uma nação peculiar, diferente do resto da Europa. "Por ela", diz, "fomos nação, e grande nação... Espanha, evangelizadora da metade do círculo; Espanha, martelo de hereges, luz do Trento, espada de Roma, berço de Santo Inácio, essa é nossa grandeza e nossa unidade. Não temos outra."

Um elemento destacado nessa construção nacionalista de Menéndez Pelayo foi a perpetuação do mito do inimigo da Espanha, o heterodoxo, o herege, o antiespanhol. A anti-Espanha era o inimigo interno, o partidário da revolução e do liberalismo, da indiferença religiosa ou do ateísmo, e era preciso combater esse inimigo porque era inimigo da nação.

Em sua definição de herege, reafirma três ideias principais: que a heresia era uma planta exótica na Espanha; que os hereges e as heresias espanholas são aberrações da verdade católica e de sua religião, que

O PENSAMENTO ANTILIBERAL ESPANHOL

manteve o princípio da unidade católica; e que, portanto, ser herege na Espanha supunha deixar de ser católico e espanhol.

A tese fundamental de *Historia de los heterodoxos españoles* está em consonância com estes princípios: "O gênio espanhol é eminentemente católico: a heterodoxia é entre nós um acidente e rajada passageira."

Na obra de Menéndez Pelayo se reúnem três dimensões: a recuperação filológica e histórica da continuidade hispânica na América; a legitimação científica de pressupostos ideológicos conservadores; e a fundamentação religiosa do trabalho espanhol na América. Efetivamente, Menéndez Pelayo contribuiu decisivamente para a construção de um modelo nacionalista católico cujo percurso forjou as duas ditaduras do século XX: a de Miguel Primo de Rivera e a de Francisco Franco.

Com as posições carlistas e tradicionalistas desenvolveu-se também o pensamento integrista católico. A posição integrista católica nasce por volta de 1888, quando vários católicos, entre outros Ramón Nocedal, afastam-se do tradicionalismo carlista e põem ênfase não na volta à monarquia "legítima" e tradicional, mas na defesa dos interesses da Igreja Católica a partir de uma perspectiva confessional da política e do poder.

O programa político do integrismo era praticamente teocrático, pois aspirava a que as normas civis fossem subordinadas à norma religiosa e à instituição eclesiástica. Como aponta o especialista em Igreja na Espanha, Domingo Benavides, "o integrismo católico era uma espécie de demagogia religiosa que supôs um grave obstáculo para a participação dos católicos na política da nação, e nesse trabalho obstrucionista contou com o apoio do irmão menor: o partido carlista. O resultado foi não apenas a divisão dos católicos espanhóis em relação à atitude a adotar frente à monarquia liberal moderada de Alfonso XII, filho de Isabel II, mas também as próprias tensões geradas com o Vaticano, que desejava, sobretudo com Leão XIII, a aproximação com a monarquia alfonsina considerada 'um mal menor'".

OS INTELECTUAIS DO ANTILIBERALISMO

A crise de fim de século e a construção de um novo pensamento antiliberal na Europa e na Espanha no início do século XX

Parece evidente que no final do século XIX aparecem sintomas de decadência do modelo político, social e econômico liberal que tinha triunfado em quase toda a Europa a partir da metade do século.

Em primeiro lugar, as transformações econômicas do grande capitalismo colocavam em questão os velhos dogmas do liberalismo econômico, pois, enquanto os Estados protegiam sua indústria, havia uma luta feroz por descobrir novos mercados para os produtos e capitais europeus.

Em segundo lugar, o aparecimento de novos atores políticos e sociais, como os sindicatos e partidos operários, que repudiam a hegemonia da sociedade burguesa ao defender um novo modelo de valores claramente críticos ao capitalismo.

Em terceiro lugar, assistimos ao desenvolvimento de uma cultura de massas favorecida por um sistema público de educação universal e pela imprensa escrita. Essa cultura de massas debilita o controle político da oligarquia liberal e estimula a garantia do sufrágio universal masculino, que obrigará os partidos de elite a se transformar em partidos de massas. Em quarto lugar, desenvolve-se em toda a Europa, em conexão direta com o novo colonialismo europeu sobre a África e a Ásia, um novo conceito de nacionalismo conservador, imperialista e xenófobo, que estabelece uma classificação das sociedades em civilizadoras e escravas, as quais será preciso conduzir pelo caminho indicado pela Europa.

Todos esses traços, resumidamente expostos, refletem a mudança de civilização que, coincidindo com a crise de fim de século, sofre a Europa, e cuja consequência mais importante é o esgotamento do velho modelo ideológico ilustrado-liberal que tinha dominado o panorama intelectual do século XVIII. Não é estranho, por conseguinte, que, diante do declive do liberalismo e do conservadorismo clássicos, surja com força um conservadorismo radical em cuja perspectiva o engrandecimento da nação, entendida como organismo coletivo, ocupava um lugar prioritário.

O PENSAMENTO ANTILIBERAL ESPANHOL

Nos âmbitos da direita conservadora se estende um clima de pessimismo que tem a ver igualmente com as novas colocações ideológicas do irracionalismo, do vitalismo, do repúdio à democracia e do novo nacionalismo integral dos filósofos europeus. Personalidades como o alemão Oswald Spengler e seu livro *A decadência do Ocidente*, de 1918, o francês Charles Maurras, fundador do partido Ação Francesa, com seu *Pesquisa sobre a monarquia* (1900), a obra antissemita de Chamberlain *Os fundamentos do século XIX*, de 1899, as obras do filósofo Nietzsche, a teoria das elites de Wilfredo de Pareto etc. refletem uma mudança de rumo e a extensão de um sentimento de desapego dos valores liberais e constitucionais do século XIX.

"Não é estranho, portanto", dizia Stuart H. Hugues num livro intitulado *Consciência e sociedade. A reorientação do pensamento social europeu 1890-1930,* "que os escritores do decênio de 1890 ou do início do século XX sentissem que estavam remontando meio século atrás para restituir a honra àqueles valores da imaginação que seus predecessores imediatos tinham ludibriado."

A corrente de pensamento neorromântica do final do século XIX não supôs a restauração da ideologia romântica do início do século, mas o repúdio da visão positivista da Ilustração, e para isso recupera elementos de compreensão do mundo e da sociedade como a subjetividade, o irracionalismo, o gosto pela História e pela religião, o repúdio das instituições representativas, a defesa de um modelo de nacionalismo integral diretamente aparentado com o nacionalismo essencialista germânico, o conceito de elite e hierarquia social etc. Essa situação europeia se dá também na Espanha como consequência de nossa particular crise de fim de século: a guerra que travaram em 1898 Estados Unidos e Espanha por Cuba e Filipinas.

A derrota militar frente aos Estados Unidos e o subsequente abandono das últimas colônias americanas tiveram impacto político, social e ideológico de primeira magnitude na Espanha, bem como em todo o continente americano. "Quando os Estados Unidos entraram em Cuba em 1898 e venceram a Espanha de forma decisiva, foi mais que uma vitória militar", afirmam os historiadores Skidmore e Smith. "Foi uma

OS INTELECTUAIS DO ANTILIBERALISMO

luta simbólica que impressionou toda a América Latina... enfatizou uma preocupação latino-americana comum: os Estados Unidos estavam racialmente destinados a se apoderar da América Latina?"

O desastre de 1898 serviu para impressionar muitos espanhóis e fazê-los refletir sobre a identidade da Espanha, seu futuro e seu papel internacional. Como consequência, uma nova geração de intelectuais, conhecida como Geração de 98, realiza um processo de reflexão sobre as causas da decadência da Espanha e as alternativas a essa situação. A crise de 1898 se converte, assim, no catalisador de um enorme esforço de escritores, jornalistas e políticos, conhecido com o nome de regeneracionismo, que pretendia contribuir com soluções para os "males da Espanha" em busca de sua modernização política, cultural, econômica e social.

A expressão "geração do desastre" é de Gabriel Maura, que a utiliza pela primeira vez em 1908, e foi tomada por Azorín, que cunhou o nome Geração de 98. Sem esse ambiente de pessimismo, sem essa crise da consciência nacional, dificilmente compreenderíamos o papel literário e político que os homens de 1898 exerceram no início do século XX.

"Aqueles que em 1898 saltaram renegando contra a Espanha constituída e pondo a nu os laços da pátria", disse Miguel de Unamuno, "foram, uns mais, outros menos, uns ególatras... só nos uniam o tempo e o lugar e talvez uma dor comum: a angústia de não respirar naquela Espanha."

Na verdade, apesar das enormes diferenças entre eles, a de 1898 constituiu a primeira geração de "intelectuais" no sentido contemporâneo do termo, ou seja, um grupo de escritores, artistas, profissionais, acadêmicos etc. que sai a público para fustigar os políticos e propor medidas regeneradoras para a nação; entre esses, Miguel de Unamuno, Pio Baroja, Ramiro de Maéztu, Ángel Ganivet e o catalão Joan Maragall difundiram um clima espiritual herdeiro do romantismo que se manifestava em "uma consciência historicista no coletivo e uma angústia existencial no individual".

O que subjazia sob a intervenção pública dos intelectuais era seu interesse em procurar alternativas novas contra a política oligárquica do sistema da Restauração e a desconfiança radical nas suas instituições parlamentares; e Miguel de Unamuno gozou de uma liderança moral indiscutível entre eles, tanto nos últimos anos do século XIX quanto no início do século XX.

Seja como for, no discurso de alguns membros destacados da Geração de 98, como Azorín, Baroja, Maeztu, Ganivet etc., encontramos um conjunto de traços ideológicos que refletem seu desencanto com a política e o sistema liberal por meio da crítica sistemática à Restauração alfonsina — causa da prostração da Espanha —, da crítica à democracia e ao sistema parlamentarista e de uma concepção de nacionalismo essencialista que exalta uma imagem da Espanha, ligada a Castela, mística e missionária.

A influência nos escritores de 1898 de pensadores como Nietzsche, Schopenhauer, Bergson e Kierkegaard reforça a conexão espanhola com o novo pensamento antiliberal e neorromântico europeu.

A Geração de 98 estenderá sua influência até a Primeira Guerra Mundial, quando outros escritores e pensadores políticos adquirirão importância em uma Espanha que despenca, pelo afundamento de seu sistema político social (a Restauração alfonsina), em direção à vertigem de uma ditadura.

A CRISE DO LIBERALISMO NA EUROPA E NA ESPANHA NO PRIMEIRO TERÇO DO SÉCULO XX. A FORMAÇÃO DE UMA NOVA DIREITA RADICAL

Na maioria dos Estados europeus, a crise de fim de século (o caso Dreyfus na França e o Adua na Itália etc.) significou o aparecimento de uma nova direita, com um forte componente nacionalista, e da crítica sistemática aos princípios da velha sociedade liberal, resgatando doutrinas antiliberais.

Mas a crise europeia depois da Primeira Guerra Mundial implicou uma clara ruptura com o liberalismo conservador e o aparecimento de uma nova direita radical autoritária, que apoiava sua proposta na mobilização social; no culto à violência; no repúdio ao modelo liberal parlamentarista e democrático, com a exigência de um Estado nacional forte, capaz de ordenar todos os aspectos da vida social, econômica e política; e na oposição radical às ideologias operárias (socialistas, anarquistas ou comunistas), consideradas responsáveis pela dissolução da ordem social.

Na Europa do primeiro terço de século, os princípios democráticos foram atacados de duas perspectivas diferentes e opostas, pela esquerda, com o exemplo da revolução soviética e as dificuldades de integração da social-democracia, e pela direita, por uma nova direita radical, que se apresenta como modernizadora e antiburguesa e acusava o sistema liberal de ineficaz e incapaz de responder aos novos desafios do século XX.

No caso espanhol, podemos datar a crise do sistema político liberal pouco antes da Primeira Guerra Mundial, coincidindo com o assassinato, em 1913, do líder liberal reformista José Canalejas.

A partir desses anos, notam-se cada vez mais sintomas de decomposição do velho sistema político da Restauração, organizado desde 1875 como um bipartidarismo oligárquico e caciquista apoiado por uma aristocracia latifundiária, uma burguesia enobrecida e uma Igreja todopoderosa, com um forte peso do rei como cabeça do Poder Executivo e afastamento institucional dos grupos políticos e sociais republicanos, socialistas ou nacionalistas periféricos.

O aparecimento, no último terço do século XIX, de novos fenômenos políticos e sociais — como os nacionalismos basco e catalão, o crescimento do movimento socialista e anarquista entre a classe operária, o próprio crescimento da industrialização, que reduziu o peso da Espanha agrária em favor da urbana — e a intensa mobilidade social que geraram tinham erodido os princípios básicos sociais e políticos da sociedade conservadora a favor de uma nova sociedade mais urbana e móvel, menos apegada às velhas tradições caciquistas camponesas e em busca da democratização política e da modernização social.

A Primeira Guerra Mundial, durante a qual a Espanha ficou neutra, agudizou esse processo transformador, fomentado pelos enormes benefícios econômicos e uma enorme alta dos preços, que trouxeram como consequência o aumento dos conflitos sociais em Barcelona — onde se concentrava a indústria têxtil espanhola. Como se não bastasse, a pre-

O PENSAMENTO ANTILIBERAL ESPANHOL

sença política do Exército na defesa corporativa, com o apoio nada dissimulado do monarca, acrescenta mais um elemento à instabilidade do regime político liberal. O pretorianismo militar irá acentuando sua influência sociopolítica no marco da crescente intervenção militar espanhola no Marrocos — concedido à Espanha na Conferência Internacional de Algeciras de 1906 — derivada da resistência marroquina a esse assentamento.

Nesse clima de crise política, o nacionalismo catalão deu mais um passo ao exigir uma Constituição federativa para o Estado que correspondesse, diziam, "à estrutura da sociedade espanhola dividida em nacionalidades, em povos de personalidade definida". Para isso, em 1917, convocará como arma de pressão uma assembleia do Parlamento em Barcelona, com a finalidade de exigir mudanças constitucionais e um governo que representasse a vontade soberana do país. A proibição governamental reduziu o alcance dessa convocatória, integrada exclusivamente pelos nacionalistas catalães e pelos grupos de esquerda republicanos e socialistas; mas essa agitação política foi utilizada pelos grupos operários para desencadear uma greve geral contra a difícil situação econômica e a alta dos preços dos alimentos que tinha igualmente um componente político evidente: a reivindicação de um governo provisório e de cortes constituintes. A repressão brutal à greve de agosto de 1917 pelo governo, com a ajuda do Exército, estendeu nos meios operários a ideia da incapacidade dos políticos de fazer mudanças significativas e preparou o caminho para a recepção da Revolução Russa na Espanha.

Entre 1917 e 1923 sucederam-se diversos governos de concentração que refletiam a instabilidade política e a incapacidade do sistema de se reformar; enquanto o conflito operário em Barcelona crescia sem cessar com uma autêntica luta de classes entre empresários e operários, os catalães levavam a cabo uma nova campanha para conseguir um estatuto de autonomia no marco de uma constituição fortemente centralista e ocorriam os desastres militares no Marrocos frente aos resistentes nativos.

O receio em círculos militares e civis conservadores, incluída a casa real, das iniciativas catalãs, tachadas de separatistas, e o medo da burguesia industrial da desordem pública em Barcelona, com o aumento do terrorismo anarquista e a crescente instabilidade governamental, fruto da divisão dos dois partidos da vez (conservadores e liberais), fizeram com que parte da direita espanhola pensasse na necessidade de uma mudança de rumo autoritária, que evitasse a decomposição do sistema político e impedisse o fantasma de uma revolução social considerada iminente.

Todos estes elementos — instabilidade governamental, insuficiente democratização política, ingerência política do Exército, falta de integração institucional dos nacionalismos periféricos (basco e catalão), excessivo poder real e profunda conflituosidade social, consequência das difíceis condições de vida da classe operária, a que se deve acrescentar o papel de uma Igreja todo-poderosa que continuava controlando a educação e a sociedade — mostram um panorama crítico, que desemboca no colapso definitivo do regime da Restauração Liberal construído por Antonio Canovas em 1874.

Na Espanha, os precursores das correntes autoritárias da direita no início do século XX foram os mauristas, seguidores do político conservador Antonio Maura, que tinham pretendido a mobilização das "pessoas de ordem" em torno de um programa nacionalista e interclassista frente a uma ordem social que se achava ameaçada pela crise do bipartidismo espanhol. Diante do perigo iminente de uma revolução social impunha-se a mobilização defensiva da classe média, bem como soluções antiparlamentaristas e pró-ditatoriais.

Como afirmava Antonio Goicoechea, líder das Juventudes Mauristas, admirador do francês Charles Maurras e de sua Ação Francesa e, mais tarde, colaborador da ditadura,

> a democracia não é o desarmamento do poder público, nem o sequestro das faculdades do Poder Executivo. Do regime da liberdade entregue a si mesmo nasceu uma tirania cem vezes pior do que a tirania dos oligarcas, porque não há regime que engendre predomínio mais verdadeiro por parte dos capitalistas e que impulsione mais facilmente e mais sem piedade os fracos contra a parede.

O triunfo do fascismo na Itália em 1922 levou inclusive a que o jornal do maurismo, *La Acción,* difundisse as doutrinas mussolinianas, enquanto fazia solicitações ao rei e ao Exército para que "corrigissem o rumo do Estado estabelecendo um novo sistema".

Em setembro de 1923, o capitão-geral da Catalunha, Miguel Primo de Rivera, se revolta contra o governo liberal e lança um manifesto ao país no qual aponta a necessidade de uma mudança de regime com o fim de acabar com o caciquismo, sanear a administração e a vida pública, liquidar o terrorismo anarquista e a conflituosidade social e acabar com o separatismo nacionalista.

Para isso propunha um período ditatorial transitório, com o fim de impor a ordem e abordar os problemas do sistema político. No entanto, rapidamente se comprovou, apesar da acolhida benevolente da opinião pública e de muitos intelectuais espanhóis, que esse regime ditatorial não ia durar 90 dias, mas que tinha uma evidente inclinação a se institucionalizar, pelo menos depois de 1924, quando o ditador já havia criado o seu próprio partido, a União Patriótica.

Organizado como um partido de massas que se apresentava como contrário aos partidos, atraiu desde o começo os tradicionalistas, mauristas e social-católicos com a ideia, como aponta o professor Gil Pecharromán, de que devia superar a dinâmica competitiva dos partidos monárquicos para transformar-se na base do ordenamento político futuro que definiria a nova legalidade constitucional; por outro lado, os militantes da União Patriótica teriam um lugar privilegiado nesse ordenamento.

A União Patriótica facilitou a criação de um grande partido conservador de massas, mediante a mobilização das classes médias, e acelerou o rearmamento ideológico da direita espanhola, ao possibilitar a afluência ao seu seio de correntes doutrinárias muito díspares e o amadurecimento de uma escola de pensamento radical em contato com a direita autoritária europeia.

A divisão do período ditatorial em dois períodos, 1923-1925 e 1926-1930, obedece à própria evolução do regime, exposto inicialmente pelo próprio general Miguel Primo de Rivera como um período transitório,

OS INTELECTUAIS DO ANTILIBERALISMO

para mais tarde tentar construir um novo tipo de Estado antiliberal e corporativo, a partir de 1926. Como refletia o manifesto de Primo de Rivera de 5 de setembro de 1926, "fracassado o sistema parlamentarista, só um louco pensaria em restabelecê-lo na Espanha. O Governo e a União Patriótica têm a concepção de um Estado de nova estrutura: a célula principal da nação tem que ser o município, e dele a família, com suas antigas virtudes e seu moderno conceito cidadão, o núcleo a província e a vértebra principal, que dirija todo o sistema, o Estado".

Começa um período de institucionalização política em um sentido antiliberal e autoritário, com um conjunto de ideias que enlaçava as velhas correntes tradicionalistas espanholas com a nova direita radical europeia e o novo nacionalismo integral e que se expressava na construção de uma alternativa social corporativa e antissindical, uma opção política autoritária com uma forte concentração do poder no Executivo (Projeto Constitucional de 1929), com um Parlamento com influências corporativas afastado do modelo democrático, e tudo isso acompanhado por uma proposta econômica nacionalista oposta ao liberalismo econômico e defensora da intervenção estatal permanente na economia, para proteger a indústria nacional, criar indústrias e bancos especializados e fomentar as obras públicas.

A ditadura de Miguel Primo de Rivera não foi simplesmente, como se afirmou, um mero interregno entre a Restauração monárquica e a Segunda República, mas um período em que se debateu, elaborou e experimentou toda uma bateria de projetos sociais e políticos antiliberais, tanto de raiz nativa quanto europeia, que influirá decisivamente nos anos posteriores, época republicana e franquista. Se a ditadura de Primo de Rivera é a consequência do colapso do sistema da Restauração, convém lembrar que esse se produz no marco de uma crise generalizada do modelo político, social e econômico liberal em toda a Europa depois da Primeira Guerra Mundial.

É verdade que o regime ditatorial fracassou na sua tentativa de construir um novo Estado corporativo e autoritário influenciado pelo fascismo italiano. Na Espanha dos anos 1920 não se davam condições políticas e sociais que favorecessem a reação autoritária dos grupos de direita es-

O PENSAMENTO ANTILIBERAL ESPANHOL

panhóis, apesar da fascinação que o modelo italiano — naqueles anos em construção — exercia sobre tradicionalistas, mauristas, social-cristãos etc. No entanto, como acertadamente aponta o professor Gil Pecharromán, o reconhecimento por parte dos grupos de direita da ditadura de Primo de Rivera supunha a aceitação da ruptura da legalidade constitucional, na crença de que a quebra do sistema só podia ser evitada marginalizando o reformismo democrático e acolhendo a figura de um ditador que se erigisse com o apoio da Coroa e do Exército como princípios dispensadores de legitimidade.

Entre os mais destacados ideólogos da proposta antiliberal espanhola encontramos o ministro do Trabalho, Eduardo Aunós Pérez, caudilho da alternativa corporativista ditatorial; o ministro da Fazenda, José Calvo Sotelo, antigo maurista e líder do Bloco Nacional durante a República; o escritor da Geração de 98 e protofascista Ramiro de Maeztu; o poeta gaditano José María Pemán, impulsionador do partido União Patriótica e anos depois importante colaborador do franquismo; o ideólogo do nacionalismo católico José Pemartín; e o escritor Ernesto Giménez Cavalheiro, editor da *Gaceta Literária* e defensor do fascismo italiano.

O grupo de intelectuais e políticos que tentou construir um novo Estado antiliberal era heterogêneo. Entre eles se destacavam três ideologias básicas: o tradicionalismo, representado pelos escritores e políticos Víctor Pradera, Juan Vázquez de Mella e pelo poeta José María Pemán ou por José Pemartín e pelo escritor Ramiro de Maeztu, a cavalo entre o tradicionalismo e o protofascismo; a corrente social-católica, liderada por Ángel Herrera Areja, que manteve posições ambíguas de receio diante de determinadas atuações da ditadura; e a direita radical mais europeizante, representada por Eduardo Aunós ou Ernesto Giménez Caballero, sem esquecer a contribuição de mauristas como Antonio Goicoechea ou Gabriel Maura, integrantes da Assembleia Nacional Consultiva criada pelo ditador em 1927 para elaborar um novo texto constitucional autoritário e corporativo.

O que ligava esses grupos era o antiliberalismo, o catolicismo, o corporativismo e a defesa de um regime ditatorial autoritário, oposto

OS INTELECTUAIS DO ANTILIBERALISMO

tanto ao liberalismo democrático quanto às ideologias, consideradas estrangeiras e antinacionais, do socialismo, comunismo e anarquismo.

Os três grupos deixavam para trás o conservadorismo liberal clássico e se uniam na pretensão de construir um novo regime político e social renovando seu discurso e suas colocações políticas, aos quais, além dos elementos ideológicos arcaizantes procedentes do pensamento tradicionalista espanhol, incluíam outros que refletiam a influência da direita radical europeia na Espanha.

Entre esses elementos podemos destacar: a defesa da desigualdade humana e o repúdio à democracia; o repúdio às ideologias consideradas estrangeiras e antinacionais, como o socialismo, o anarquismo e o comunismo; a concepção de um Estado forte apoiado na tradição monárquica; o catolicismo como coluna vertebral do país; e um nacionalismo integral expansionista organizado, com um partido único de massas integrado pelas classes médias, nem de direita nem de esquerda, intermediário entre as massas e o líder providencial.

Eduardo Aunós (1894-1967) foi um dos protagonistas mais destacados da ditadura de Primo de Rivera como político — foi subsecretário do Trabalho e, mais tarde, ministro do Trabalho até o fim do período ditatorial — e ideólogo do novo pensamento antiliberal e corporativo que se inicia na ditadura e tem continuidade durante o franquismo, daí que Aunós tenha sido conselheiro da Falange, o partido único de Franco, ministro da Justiça (1943-1945), embaixador na Argentina e presidente do Conselho de Estado. Sua ideologia política oscilou do tradicionalismo e do regionalismo conservador até a defesa de soluções autoritárias e ditatoriais antiliberais próximas do modelo fascista.

Em sua vida caberia destacar a influência do conservadorismo familiar; a adesão ao corporativismo krausista na Universidade de Madri; sua amizade com o notável escritor Rafael Sánchez Maças, fundador do partido fascista Falange Espanhola, que o incentivou no caminho da literatura e da política e imprimiu um tom elitista e aristocratizante a suas concepções políticas — muito próximas dos novos discursos europeus do início do século XX; sua admiração pela formação de um modelo

O PENSAMENTO ANTILIBERAL ESPANHOL

autoritário e corporativo fascista na Itália; e seu apoio incondicional aos projetos contrarrevolucionários da Segunda República, que culmina com sua adesão ao golpe militar de 1936.

Aunós fará durante a ditadura de Primo de Rivera um destacado trabalho com a criação de um sistema corporativo tanto na indústria quanto na agricultura, um primeiro passo para forjar um novo Estado antiliberal e autoritário, que casava muito bem com a formação do modelo fascista italiano, do qual foi simpatizante ferveroso desde a primeira viagem à Itália, em 1924, e da amizade com um dos ideólogos mais importantes do corporativismo fascista, G. Bottai.

O novo modelo antiliberal e corporativo da ditadura pretendia um corporativismo integral, não a partir dos sindicatos, mas do Comitê Paritário, um organismo permanente de conciliação e arbitragem obrigatória do corporativismo espanhol.

Esse Comitê Paritário — formado por operários, empresários e representantes do Estado — fixava os pactos coletivos de trabalho de um setor determinado da produção que sujeitavam, como se fosse lei de Estado, todos os trabalhadores e empresários do setor, estivessem ou não representados nesse comitê misto.

Esse pacto coletivo supôs um passo fundamental na legislação trabalhista espanhola, que se encaminhou para um novo direito, o direito do trabalho; por outro lado, esses pactos coletivos, que substituem os acordos individuais entre trabalhador e empresário, tiveram continuidade na República, no franquismo e no presente democrático — em que os acordos estatais entre sindicatos e associações empresariais têm validade legal para todos os trabalhadores e empresários, estejam ou não sindicalizados ou associados.

A originalidade do Comitê Paritário não residia tanto em ser uma instituição de conciliação e arbitragem permanente, mas em ser um organismo público não sindical, reconhecido pelo Estado — cujos representantes presidiam os comitês paritários — e que reunia em seu seio a tripla capacidade legislativa, executiva e judiciária.

O Comitê Paritário era a base de um organismo piramidal integrado por uma série de agrupamentos mistos de patrões e operários, Comitê

OS INTELECTUAIS DO ANTILIBERALISMO

Paritário, comissões mistas de trabalho, conselhos de corporação e Comissão Delegada de Conselhos de Corporação, que culminava no próprio ministro do Trabalho, e refletia uma nova concepção do Estado, que descentralizava suas funções de intervenção no campo social por meio do organograma corporativo.

A proposta de Eduardo Aunós não era apenas social, mas o primeiro passo para conseguir um Estado de novo tipo: corporativo, nem socialista nem burguês, um novo Estado-nação que se definia fundamentalmente pelo trabalho e pela produção; para isso, afirmava, deveriam ser constituídos com o tempo dois tipos de corporação: de trabalho (industriais e agrárias) e intelectuais, que formariam um parlamento corporativo que se converteria no máximo organismo legislativo do país, funcionando igualmente como Conselho Superior de Corporações e Conselho Superior de Economia Nacional.

Esse novo Estado se caracterizava pela defesa do intervencionismo no campo econômico (nacionalismo econômico) e político-social (organicismo e corporativismo), e também por seu "sentido ético", ou seja, a subordinação dos interesses individuais aos coletivos mediante a disciplina social, a hierarquia social e a sujeição de todos os organismos ao Estado.

Especulou-se muito sobre a influência social-católica na estrutura corporativa espanhola a partir das próprias declarações de Eduardo Aunós sobre as contribuições do social-catolicismo francês e espanhol ao seu projeto; inclusive se relacionou esse fato com as evidentes simpatias da elite social-católica espanhola a partir de seu órgão de expressão, *El Debate*, pela alternativa corporativa da ditadura. Mas um estudo completo tanto dos textos escritos por irmãos Aunós, de sua práxis, bem como de suas relações pessoais e da trajetória posterior na República e no franquismo, não nos permite afirmar o caráter social-católico do corporativismo. Na verdade, suas leituras de cabeceira desde há tempos eram, sobretudo, pensadores radicais europeus, entre os quais se destacavam os italianos D'Annunzio, Alfredo Rocco, G. Bottai, Carlo Costamagna ou Ugo Spirito, os franceses Drieu da Rochelle e Charles Maurras, o líder da Ação Francesa,

O PENSAMENTO ANTILIBERAL ESPANHOL

os alemães Othmar Spann e Otto Gierke, o romeno Mihail Manoilesco etc., sem contar suas traduções para o espanhol de G. Bottai, o ideólogo do corporativismo italiano.

Como defendemos em outros ensaios, o projeto corporativista da ditadura obedecia a outros supostos ideológicos diferentes do social-catolicismo e do tradicionalismo espanhol; isso é assim porque o conceito de corporativismo do catolicismo não era estatista, ao contrário, insistia no princípio básico da subsidiariedade do Estado; já o modelo primorriverista apoiava-se na preeminência do Estado na vida social e econômica. "Corresponde ao Estado", dizia Aunós, "uma função ética em que o moderno Estado social tende a superar os supostos do Estado liberal e abstencionista."

Esse Estado corporativo requer três condições essenciais: o sentido da disciplina imposto por um governo forte, a hierarquia tanto em nível individual quanto social e a intervenção e coordenação do Estado no campo econômico e social a partir do princípio da subordinação dos interesses individuais aos coletivos. Tudo isso reflete um tipo de Estado intervencionista e organicista em que "nada daquilo que tenha trascendência na vida social e afete o interesse coletivo fique à margem (do Estado)".

A queda da ditadura levou Eduardo Aunós ao exílio parisiense, em companhia de seu amigo José Calvo Sotelo, ex-ministro da Fazenda, e ali, por meio de colaborações jornalísticas, vai acentuando seu perfil fascista, despojando-se de anteriores colocações tradicionalistas; ele mesmo comentou, em um livro publicado em 1935, durante a Segunda República: "Naquela Espanha de 1926, uma estrutura corporativa totalitária teria se chocado com os preconceitos liberais da burguesia, inimiga de qualquer disciplina coletiva e das classes operárias desorganizadas e submetidas à vassalagem de ideologias antinacionais."

Suas colaborações mais destacadas se produziram na revista *Acción Española*, que nasceu em 1933 por obra de um grupo de integrantes da ditadura de Primo de Rivera que, além de refletir sobre o fracasso da ditadura, se dedicará à crítica sistemática das propostas republicanas a partir de posições fortemente autoritárias e de extrema direita.

OS INTELECTUAIS DO ANTILIBERALISMO

A opinião majoritária dos participantes da *Acción Española* era que não souberam prescindir do liberalismo decadente a tempo, porque "não existia na Espanha nenhum dos elementos que tornaram possível o fascismo italiano. Nada parecido com um partido precedeu nem apoiou o gesto do ditador e, portanto, faltava um ideário apto para conciliar vontades"; nesse sentido, a lição da ditadura era a necessidade de uma ruptura ideológica radical com o passado e a proposta de um novo Estado nacional autoritário.

O segundo aspecto ideológico que se consolida na ditadura de Primo de Rivera é a noção de nacional-catolicismo desenvolvida naqueles anos, entre outros, por José Pemartín.

Para numerosos autores, os princípios políticos do nacional-catolicismo franquista foram formulados durante a ditadura de Primo de Rivera a partir de uma combinação dos postulados da direita radical europeia da época com o tradicionalismo espanhol decimonônico.

José Pemartín e seu primo José María Pemán, ideólogo da União Patriótica, constituem uma referência obrigatória na hora de analisar os pressupostos ideológicos da ditadura de Primo e sua, até certo ponto, continuidade na ditadura de Franco.

José Pemartín (1888-1954), o homem que recuperou as ideias nacional-católicas do século XIX e as fundiu com um novo conceito de Estado-nação, que bebe nas fontes da direita radical europeia, foi um filho de latifundiários gaditanos que recebeu esmerada educação na Espanha e na França, onde obteve o diploma de engenheiro metalúrgico. Na ditadura começa a adquirir notoriedade política ao fazer parte da União Patriótica de Sevilha e integrar-se, em 1927, por indicação de Primo de Rivera, à Assembleia Nacional Consultiva, sem deixar de usar seu cargo de diretor do jornal *El Correo de Andalucía* e suas colaborações no jornal do regime, *La Nación,* para difundir as mensagens da ditadura.

As intervenções de Pemartín partem, como não podia ser de outra maneira, do discurso católico tradicionalista com referências a Juan Vázquez de Mella, Balmes ou Menéndez Pelayo, sem no entanto renunciar a autores como Bergson, Spengler ou os escritores do nacionalismo integral francês, como Barrés.

O PENSAMENTO ANTILIBERAL ESPANHOL

Em seu conceito de nação domina uma visão historicista essencialista da Espanha que o leva a concluir que os três elementos da história da Espanha são a religião, a monarquia e a pátria. Para ele, seguindo as colocações tradicionalistas de Vázquez de Mella, que considerava que a formação das nacionalidades estava determinada pelo vínculo religioso, o fator religioso é fundamental na formação de todas as nações. No caso espanhol, isso significava que a nação era uma criação do cristianismo. "Acima de todos os fatores geográficos", dizia Pemartín, "étnicos, filosóficos e históricos, é preciso uma unidade moral que os unifique. Sem ela é absurdo procurar o conceito de nação pátria."

Como comenta o professor Quiroga, especialista na obra de Pemartín, sacraliza-se o discurso nacionalista e, nesse sentido, o nacional-catolicismo pemartiano coincide com o fascismo na construção de uma religião da pátria, na qual a nação é considerada uma divindade suprema.

Com a religião, a monarquia adquire em seu pensamento um papel especial como forma de governo que se justifica por ser o vínculo com as gerações passadas e por ser a criadora da "nacionalidade espanhola" com os reis católicos. A partir daí, Pemartín interpreta a evolução histórica da Espanha em termos de nacionalização e desnacionalização; ou seja, a desintegração nacional da Espanha foi importante no primeiro terço do século XIX, quando se estendem "novidades exóticas, estrangeiras" e europeizantes, e no período de 1893 a 1923, quando se pretendia impor as doutrinas democráticas, socialistas e separatistas.

Seu conceito de nação se liga igualmente ao nacionalismo germânico, ao afirmar que a nação espanhola está acima dos indivíduos e "não há possibilidade de separar-se, os vínculos nacionais não dependem da vontade humana, e são superiores em parte à vontade coletiva de algumas gerações. Nesse sentido, o separatismo é um disparate". Esses argumentos enfatizam sua oposição aos nacionalismos basco e catalão, tendo em conta que, segundo ele, Catalunha e País Basco eram parte indissolúvel da Espanha por laços geográficos, históricos e espirituais.

Mas a nação assim definida está submetida ao combate com ideologias estrangeiras que pretendem arruinar a Espanha, enquanto o espanhol se relaciona com a tradição, o liberalismo se relaciona com a Europa e o

OS INTELECTUAIS DO ANTILIBERALISMO

estrangeirizante que deve ser extirpado por antiespanhol, com o socialismo e o comunismo, seus herdeiros; só o Exército se manifesta como um organismo descontaminado da política liberal e o único que pode, junto ao líder providencial Primo de Rivera, regenerar a Espanha; esse raciocínio de Pemartín foi utilizado anos depois pelos responsáveis pelo golpe militar de 1936 contra a República democrática.

A regeneração da Espanha significava para Pemartín acabar definitivamente com as ideologias antinacionais (liberalismo, comunismo, democracia, maçonaria e judaísmo) por meio da criação de um Estado novo hierarquizado de tipo corporativo com um partido único, mobilizador social das massas e comandado pelas elites dirigentes do país.

Depois da queda da ditadura, seu tom político fica mais apocalíptico e antirrevolucionário a partir da sua militância no partido ultradireitista Renovación Española, suas colaborações na revista *Acción Española* e sua estreita relação com o filho do ditador, José Antonio Primo de Rivera, fundador do partido fascista Falange Espanhola — o futuro partido único do regime de Franco.

Pemartín insistirá na ideia de superação do pensamento racionalista, na incompatibilidade entre catolicismo e parlamentarismo democrático, na exaltação da nação como valor político supremo, na leitura providencialista da História, e alternará isso com louvores a Mussolini e Hitler, salvadores da pátria, e a menção à necessidade de um fascismo católico espanhol, pois, afirmava, "o fascismo é uma concepção ética e totalitária que tem, e sobretudo na Espanha deve ter, um fundamento espiritual. É indispensável, no espiritual, pôr os meios eficazes para voltar a constituir a unidade religiosa, moral e histórica da Espanha".

Em resumo, o pensamento nacional-católico de Pemartín anteciparia alguns elementos do franquismo, como a unidade nacional, o catolicismo como parte constitutiva da nação, a nação como integradora e superadora da luta de classes, o desprezo pelo pensamento racionalista ilustrado e liberal-democrático, a ideia de um partido nacional único, nem de direita nem de esquerda, que una a cidadania patriótica e o mito da conjuração judaico-maçônica-bolchevique como ameaça constante da pátria.

O PENSAMENTO ANTILIBERAL ESPANHOL

Como comenta o professor Quiroga, o pensamento político de Pemartín gerou um discurso nacional-católico que supunha a superação dos postulados do tradicionalismo e, ao mesmo tempo, um repúdio ao conservadorismo dos social-católicos. Sobre uma combinação de arcaísmo e modernidade, incorpora elementos da direita radical europeia; tratava-se, por assim dizer, de uma alternativa tradicionalista ao fascismo.

Iniciada a guerra civil, Pemartín ocupará cargos destacados no franquismo dentro do Ministério de Educação Nacional de Ibáñez Martín, colaborando na formação de um sistema educativo estatal apoiado no nacional-catolicismo que teve ampla vigência até o desaparecimento do franquismo.

Outra construção ideológica da ditadura, como a colocação corporativa social e o conceito de Estado nacional-católico, foi a noção de pan-hispanismo — obra de intelectuais *primorriveristas* como Ramiro de Maeztu e Ernesto Giménez Caballero, muito ligada a uma interpretação sobre a Espanha e a Nação espanhola de extração católica.

Ramiro de Maeztu (1874-1936) é provavelmente um dos escritores menos conhecidos da Geração de 98 que se dedicou fundamentalmente ao jornalismo político, gênero no qual escreveu numeroso artigos; entre suas obras destacaríamos quatro livros: *Hacia otra España,* de 1899, *La crisis del Humanismo*, de 1919, *Don Quijote, Don Juan y La Celestina,* de 1926, e *Defensa de la Hispanidad,* escrito em 1934.

A evolução do núcleo primitivo de 1898, Unamuno, Azorín e Baroja, de suas posições iniciais liberais, anarquistas ou socialistas para um conceito da Espanha colorido de essencialismo, que se aproximará progressivamente do discurso nacionalista conservador, é significativa de uma mudança de rumo de parte da intelectualidade espanhola, em linha com as novas colocações que se fazem na Europa no primeiro terço do século XX: o repúdio ao liberalismo tradicional por caciquista, a defesa do aumento de poder do Estado, que se apresenta como parte essencial da vida pública; a questão social como fundamento de uma nova reflexão sobre o corporativismo social e político; o medo da "rebelião das massas" e da revolução social, agitada por anarquistas e socialistas etc.

OS INTELECTUAIS DO ANTILIBERALISMO

Podemos apontar três etapas na evolução ideológica de Ramiro de Maeztu: a primeira iria de 1894 a 1905; nessa, ele se mostra como um defensor radical do indivíduo, capaz de regenerar a Espanha com o único esforço de sua vontade. A influência do filósofo alemão Nietzsche é muito marcada.

Em seu primeiro livro, *Hacia otra España*, enfatizava precisamente essas origens ideológicas ao confessar que "Max Stirnes, Schopenhauer, Etievant e, sobretudo, Friedrich Nietzsche, dirigindo suas lógicas ao instinto, ensinaram-nos o caminho".

A segunda etapa se inicia em 1905 e dura até 1919. Coincide com sua estada como correspondente em Londres, sua ligação com o socialismo reformista fabiano, de influência corporativista, e seus contatos com a obra do contrarrevolucionário Burke, que o aproximarão de posições conservadoras, ao mesmo tempo que frequenta a Sociedade para o Estudo da Religião de Londres, na qual se discutiam assuntos teológicos.

Essa etapa foi importante tanto pela iniciação no corporativismo quanto pela defesa que faz do papel da tradição católica. Dessas reflexões resultou o livro *La crisis del humanismo,* publicado em 1919 e que mostra uma importante reviravolta ideológica com relação ao período anterior. O livro supõe uma valoração positiva do religioso e do sentido do sacrifício pessoal em consagração a um ideal. O homem se caracteriza por sua função na sociedade e deve sacrificar sua personalidade a valores objetivos: o poder, a verdade, a justiça e o amor; entre eles, porém, o poder se converte em essencial — a inspiração do pensamento nietzschiano da vontade de poder é evidente —, mas os tempos do individualismo radical de sua anterior etapa foram superados.

A terceira etapa se inaugura em 1920 e dura até sua morte, em 1936. Supõe um repúdio ao europeísmo de épocas anteriores e a defesa dos valores tradicionais espanhóis ligados à concepção nacionalista de raiz católica e aos pensadores tradicionalistas.

Nessa terceira etapa, produz-se seu apoio total à ditadura de Primo de Rivera: "o regime cansado", escreveu em um de seus artigos no final de 1923,

O PENSAMENTO ANTILIBERAL ESPANHOL

caracterizava-se por ser uma variedade de agrupamentos chamados de políticos que, ao receber o poder público, viam-se na necessidade de ganhar eleições; se o general Martínez Campos tivesse percebido em 1874 que a corrupção do sufrágio implicava a do Estado e a da Nação, jamais teria permitido a dom António Canovas fazer as eleições por meio do partido do porrete.

No ano seguinte (maio de 1924), no jornal de Ortega y Gasset, *El Sol* — no qual escrevia habitualmente até sua transferência em 1927 para o jornal do regime, *La Nación* —, comentava sua admiração pelo fascismo italiano do qual dizia:

> a generalidade da burguesia desorientada ou simpática ao fascismo percebe que o liberalismo democrático não é programa que possa lhe convir. Também começa a ver claramente que o liberalismo não é instrumento adequado para fazer frente a uma revolução terrorista.

Seu apoio à ditadura frente a outros intelectuais, como Miguel de Unamuno, acre crítico do ditador, implicou seu envio como embaixador à Argentina em 1928, onde alguns autores afirmam que se forjou sua ideia da hispanidade.

A proclamação da Segunda República levou Maeztu a participar com o grupo de ideólogos primorriveristas da *Acción Española*, revista considerada como a origem ideológica do franquismo pelo professor Raúl Morodo.

Durante esses anos, além de combater as propostas reformistas dos republicanos, publica *Defensa de la Hispanidad*, livro-chave para a compreensão do pan-hispanismo, embora o pensamento pan-hispanista tenha sido elaborado nos círculos católicos e conservadores pelo menos desde o primeiro decênio do século XX.

Maeztu parte da ideia de que cada povo dispõe de um "espírito de povo" que informa toda a vida espiritual dos homens; esse peculiar espírito, no caso espanhol, é a hispanidade, na qual se reúnem a vigência da expansão espanhola na América do século XVI e o catolicismo inseparável da vida dos espanhóis. "O importante", afirmava, era "confrontar a crise da cultura ocidental com os remédios do catolicismo e do sentido espiritual da vida humana."

O pan-hispanismo pode ser definido em função de três parâmetros conceituais: a defesa da religião católica; a reivindicação do passado colonial espanhol despojado daquilo que se denominou a lenda negra; e a defesa de uma ordem social conservadora e hierarquizada. Esses três elementos respondiam às questões centrais da ideologia pan-hispanista: a necessidade da retomada espiritual da América pela Espanha e o estabelecimento de uma hegemonia moral da Espanha sobre suas antigas colônias, consideradas como filhas da Espanha, a mãe-pátria.

Como comenta o professor Isidro Sepúlveda,

> no debate interno do nacionalismo espanhol, a direita tradicional e a reação contrária ao estado liberal acabaram enfatizando o componente vocacional para a América como parte inseparável da identidade nacional espanhola, principalmente quando essa estava sendo questionada pelo surgimento dos nacionalismos periféricos.

Na verdade, a América interessava enquanto mantivesse a herança colonial, enquanto aceitasse o destino protagonista da Espanha como criadora da civilização cristã. Escritores como Juan Vázquez de Mella, o paladino do tradicionalismo, o protofascista Ernesto Giménez Caballero e o catalão Eugenio D'Ors são partícipes e defensores dessa visão da América que reflete, de certo modo, o peso de um espírito imperialista, mais ligado ao imperialismo europeu do fim do século XIX e início do século XX do que à colonização do século XVI.

Como produto do pan-hispanismo católico se desenvolverá o conceito de hispanidade como comunidade cultural de Ibero-América e Espanha, instituindo-se desde 1918 o 12 de outubro como Dia da Raça, com caráter de feriado nacional na Espanha e em alguns países americanos.

O conceito de hispanidade supõe uma evolução bem-sucedida do pan-hispanismo conservador, que se define como um pensamento filosófico e religioso que põe ênfase na religião como elemento nuclear da comunidade hispânica, imbuída na hispanidade de religiosidade e identificada com espanholidade; Maeztu acaba fundindo pátria com catolicidade.

Durante a ditadura de Miguel Primo de Rivera, o impulso à política externa espanhola na América Latina por parte do ditador foi muito importante; tratava-se de obter para a Espanha um posto permanente no Conselho da Sociedade de Nações e isso passava necessariamente pela intensificação das relações diplomáticas com os países hispano-americanos, com a perspectiva de criar um bloco de países liderados pela Espanha. O ministro de Estado, Yanguas Messía, defendia a tese de que as relações hispano-americanas deviam manter como elo a irmandade racial, entendida como "a comunhão de sua mentalidade, sua cultura, sua fé, sua arte".

Desse modo, os intercâmbios comerciais eram apresentados como uma consequência da política cultural vista como potenciadora dos laços tradicionais com a América. O resultado foi que se criou uma seção específica da América no Ministério de Estado e uma Junta de Relações Culturais cujo objetivo prioritário foi revitalizar as pontes culturais entre a América Hispânica e a Espanha, culminando com a Exposição Ibero-Americana de Sevilha de 1929.

O elemento central na tese pan-hispânica, além do conceito romântico do "espírito do povo" — o *volkgeist* alemão —, foi a fusão da religião católica com um conceito essencialista e imóvel de nação espanhola e com uma ideia de civilização hispânica de tipo imperialista organizada em torno do catolicismo e do idioma castelhano.

O clero se transforma assim num agente de pan-hispanismo que combinava bem com os interesses dos políticos conservadores latino-americanos, e é obvio que também com a própria Igreja latino-americana, já que dessa maneira a Igreja voltava a recuperar a influência social que tinha sido questionada pelo primeiro liberalismo americano.

Como apontou José María Pemán, ideólogo do partido União Patriótica da ditadura de Primo de Rivera, "a raça hispânica era a maior reser-

OS INTELECTUAIS DO ANTILIBERALISMO

va de recursos espirituais do mundo e a encarregada de ajudar o mundo a avançar rumo a uma nova ordem internacional apoiada na paz, na justiça e na moralidade cristã".

E, nessa mesma linha, dizia o próprio Ramiro de Maeztu:

> Saturados de leituras estrangeiras, voltamos a olhar com olhos novos a obra da Hispanidade. Ao descobrir as rotas marítimas do Oriente e Ocidente, fez a unidade física do mundo; ao fazer prevalecer o dogma em Trento, constituiu a unidade de medida necessária para que se possa falar da unidade moral do gênero humano. Por conseguinte, a Hispanidade criou a história universal e não há outra, fora do cristianismo, comparável à sua.

BIBLIOGRAFIA

Abellán, José Luis. *Historia crítica del pensamiento español*. T. 5. II. Madri: Ed. Espasa Calpe, 1989.

CAMPOMAR FORNIELLES, Marta. *La cuestión religiosa en la Restauración*: Historia de los heterodoxos españoles. Santander: Ed. Sociedad Menéndez Pelayo, 1984.

FERNÁNDEZ DE LA MORA, Gonzalo. *Los teóricos izquierdistas de la democracia orgánica*. Barcelona: Plaza y Janés, 1985.

GARCÍA QUEIPO DE LLANO, Genoveva. *Los intelectuales y la Dictadura de Primo de Rivera*. Madri: Alianza Editorial, 1988.

GONZÁLEZ CALLEJA, Eduardo. *La España de Primo de Rivera*. La modernización autoritaria 1923-1930. Madri: Alianza Editorial, 2005.

GONZÁLEZ CUEVAS, Pedro C. *El pensamiento político de la derecha española en el siglo XX*. Madri: Ed. Tecnos, 2005.

_____. *Ramiro de Maeztu*. Biografía de una nacionalista español. Madri: Ed. Marcial Pons, 2003.

QUIROGA FERNÁNDEZ DE SOTO, Alejandro. *Los orígenes del nacional-catolicismo*. José Pemartín y la Dictadura de Primo de Rivera. Granada: Ed. Comares, 2007.

MAIER, Charles. *La refundación de la Europa Burguesa*. Estabilización en Francia, Alemania e Italia en la década posterior a la I Guerra Mundial. Madri: Ed. Ministerio de Trabajo, 1988.

MAINER, José Carlos. *Ernesto Jiménez Caballero*. Casticismo, Nacionalismo y Vanguardia. Madri: Ed. Fundación Santander Central Hispano, 2005.

PECHARROMÁN, Julio G. *Conservadores subversivos*. La derecha autoritaria alfonsina 1913-1936. Madri: Ed. Tecnos, 1994.

PERFECTO GARCÍA, Miguel: "Regeneracionismo y corporativismo en la dictadura de Primo de Rivera". *In:* Tusell, Javier; Montero, Feliciano; MARÍN, José María (Eds.). *Las derechas en la España contemporánea*, p. 177-197. Barcelona: Anthropos, 1997.

_____. "El corporativismo en España: desde los orígenes a la década de 1930". *Pasado y Memoria*, Alicante, nº 5, p. 185-218, 2006.

PERFECTO GARCÍA, Miguel; Martínez Quinteiro, E. "Los orígenes de la contrarrevolución contemporánea en España". Samaniego Boneu, Mercedes; Del Arco Sánchez, Valentín (Eds.). *Historia, literatura, pensamiento*. Estudios en homenaje a María Dolores Gómez Molleda. T. II, p. 133-175. Salamanca: Universidad de Salamanca, 1990.

RODRÍGUEZ JIMÉNEZ, José Luis. *La extrema derecha española en el siglo XX*. Madri: Alianza Editorial, 1997.

RODRÍGUEZ LABANDEIRA, José. *España antes del odio*. Calvo Sotelo en la política de la época (1902-1931). Madri: Ed. Claudia, 2007.

URIGUEN, Begoña: *Orígenes y evolución de la derecha española*: El neo-catolicismo. Madri: Ed. Consejo Superior de Investigaciones Cientificas, 1986.

Fontes Primárias

AUNÓS, Eduardo. *La reforma corporativa del Estado*. Madri: Ed. M. Aguiar, 1935.

_____. *Calvo Sotelo y la política de su tiempo*. Madri: Sied, 1941.

CALVO SOTELO, José. *Mis servicios al Estado*. Madri: Instituto de Administracion Local, 1974.

_____. *El Estado que queremos*. Madri: Ed. Rialp, 1958.

GIMÉNEZ CABALLERO, Ernesto. *La nueva catolicidad*. Teoría general sobre el fascismo en Europa en España. Madri: Ediciones de la Gaceta Literaria, 1933.

_____. "Antología de Enrique Selva Roca." *Suplementos Anthropos*, nº 7. Barcelona: Anthropos, 1988.

MAEZTU, Ramiro de. *Hacia otra España*. (Prólogo de Javier Varela). Madri: Ed. Biblioteca Nueva Madrid, 2007.

_____. *Defensa de la hispanidad*. (Prólogo de Federico Suárez). Madri: Homo Legens, 2006.

PEMARTÍN, José. *Los valores históricos en la dictadura española*. Madri: Arte y Ciencia, s.d.

VÁZQUEZ DE MELLA, Juan. *El tradicionalismo español. Ideario social y político*. (Estudio de Rafael Gambra). Buenos Aires: Ed. Dicto, 1980.

CAPÍTULO 15 Uniformismo político e diversidade ideológica no regime franquista*

*Glicerio Sánchez Recio***

---

* Texto traduzido do espanhol por Maria Alzira Brum Lemos.
** Catedático de História Contemporânea na Universidade de Alicante, Espanha.

Pretende-se com este trabalho analisar dois dos elementos fundamentais que configuram o regime franquista: o *uniformismo político*, que se manifesta através do partido único — FET e das Jons (Falange Espanhola Tradicionalista e das Juntas de Ofensiva Nacional-Sindicalista)* — de tipo fascista, e a *diversidade ideológica*, característica dos diferentes grupos políticos que se integram ao partido único durante todo o regime, estimulada pelos dirigentes máximos do franquismo.

Para compreender melhor essas realidades, assim como o conceito de partido único, usa-se o de "coalizão reacionária", que ajudará a explicar a compatibilidade dos dois elementos e a entender melhor as relações entre os grupos políticos diferentes integrados na FET.

REGIME FRANQUISTA

O regime franquista, em primeiro lugar, configura-se como uma *ditadura de base militar com importantes colaborações civis*, na qual o general Franco (*Generalíssimo* e *caudilho*) recebe os máximos poderes militares e políticos, dando-se, desse modo, a concentração mais alta de poder produzida na Espanha contemporânea; com isso, a situação política na Espanha retroagiu à de um Estado pré-liberal.[1]

---

* Doravante citada como FET (*N. dos Orgs.*).

OS INTELECTUAIS DO ANTILIBERALISMO

O general Franco subiu ao poder durante uma guerra civil que começou com uma rebelião militar contra o governo da Segunda República. Esse general, como consequência de sua trajetória militar, dos resultados obtidos nos dois primeiros meses da guerra e de ter conseguido a ajuda e, portanto, o reconhecimento das potências fascistas europeias, a Itália de Mussolini e a Alemanha de Hitler, foi eleito pelos componentes da rebelde Junta de Defesa Nacional chefe dos exércitos — de terra, mar e ar — (Generalíssimo) e chefe de governo do *Novo Estado*, acumulando todos os poderes. No entanto, essa concessão, outorgada em circunstâncias extraordinárias, como lembraram reiteradamente algum dos generais de máxima patente entre 1940 e 1943 — e que, portanto, deveria ser considerada temporária, embora o decreto de nomeação de 1º de outubro de 1936 não estabelecesse nenhum limite —, foi imposta pelo general Franco como vitalícia. Ele obteve o referendo dessa imposição mediante a Lei de Sucessão, de julho de 1947, na qual definia seu regime como "monarquia tradicional, católica, social e representativa" e se dava a faculdade de nomear como sucessor, no devido tempo, "a título de rei", a quem considerasse oportuno. Essa previsão se cumpriu em julho de 1969 com a designação de Juan Carlos de Borbón como sucessor; mas o general Franco exerceu o poder até sua morte sem referente monárquico, como se essa instituição fosse uma ficção.

O poderoso general Franco, por eficácia militar e política, cria a FET, partido único ou Movimento Nacional, aos quais delegará muitas das funções políticas que correspondiam ao Estado cumprir ou administrar. A FET se formou a partir da união dos falangistas-jonsistas (FE e das Jons) e tradicionalistas (Comunhão Tradicionalista), mas incluiu também militantes da Renovação Espanhola (Partido Monárquico) e outros grupos da extrema direita antirrepublicana. No entanto, apesar da diversidade de seus componentes, impôs-se a esse partido o ideário de um deles, o do grupo falangista, de marcada tendência fascista, o que seria causa de dissensões e enfrentamentos entre os grupos nele integrados.

Nessa organização teriam futuro todas aquelas pessoas e grupos que, com um aspecto conservador, estivessem dispostas a professar *lealdade*

UNIFORMISMO POLÍTICO E DIVERSIDADE IDEOLÓGICA NO REGIME FRANQUISTA

ao general Franco e ao seu regime;[2] ela foi também o mecanismo exclusivo, além da vontade do ditador, para participar da atividade política do regime. Dadas as características do regime franquista e do partido único/ Movimento Nacional, esse se transformou, segundo expressão dos próprios dirigentes no início dos anos 1940, em uma organização política "de aluvião".[3] Assim, a militância na FET era um requisito virtualmente necessário para participar da política e acessar os benefícios que essa proporcionava. A incorporação à FET se efetuava diretamente, mediante o procedimento normal de filiação, ou indiretamente, pela designação para ocupar cargos políticos ou sindicais que exigissem o pertencimento àquela organização política franquista.

Dessa forma, o general Franco estava configurando um regime político antidemocrático, servindo-se, além do Exército, de um partido único que cumpriria funções afins às desenvolvidas por seus homólogos nos regimes fascista e nazista. Disso se depreende que, pelo menos na superfície, o Generalíssimo estava seguindo um processo mimético com relação aos regimes políticos da Itália e da Alemanha, que tinham atuado como seus principais protetores internacionais desde as primeiras semanas da rebelião militar.[4]

Mas um regime de ditadura, imposto pela força, não se consolida ou dificilmente cria um amplo consenso em torno dele só com procedimentos políticos; por isso tem que buscar outro tipo de argumentos e procurar o convencimento por meio do jogo de interesses; mas isso não é contraditório com a existência de organizações e ideologias antidemocráticas, fascistas ou que antepõem aos direitos fundamentais das pessoas princípios ou valores que colocam no nível mais alto, como o Estado ou a divindade. Por isso os membros desses grupos ou coletivos não apenas foram os primeiros a se incorporar ao regime franquista como foram, desse modo, os primeiros a obter benefícios por sua proximidade com o poder, no exercício da política, da atividade econômica ou da elaboração ideológica. Dessa forma os militantes da FET, independentemente de sua procedência, incorporaram-se desde o começo à gestão política, sindical e administrativa do *Novo Estado*, considerando que o regime franquista era um prodigioso engenho, de cujas rendas eram eles os primeiros beneficiários.

Quanto à relação da hierarquia eclesiástica com o regime franquista, deve-se ter em conta, em primeiro lugar, que os bispos espanhóis tinham mantido em sua maioria uma atitude antirrepublicana muito intensa, porque a Constituição de 1931 tinha estabelecido a completa separação do Estado e da Igreja e o governo da conjunção republicana socialista tinha favorecido a laicização da sociedade e das instituições, o que supunha a perda dos privilégios que historicamente a Igreja tivera na Espanha. Por isso, a hierarquia eclesiástica apoiou a rebelião militar, justificou-a doutrinariamente, atualizando e desenvolvendo o conceito de cruzada como "guerra santa", apresentando o general Franco como um homem enviado pela Providência e qualificando os mortos do lado franquista como "mártires e heróis".[5] A Igreja sofreu forte repressão no lado republicano, muitos religiosos e alguns laicos foram assassinados, mais por razões políticas e de caráter simbólico — por ser antirrepublicanos e profundamente conservadores — do que por motivações estritamente religiosas. No fim da Segunda Guerra Mundial, defendeu o franquismo dos ataques que recebia em nível internacional como regime fascista ou "estatismo moderno", segundo sua terminologia, ao mesmo tempo que proclamava as liberdades das quais a Igreja desfrutava naquele regime. Mais recentemente, sob uma perspectiva distinta, o historiador Juan José Ruiz Rico estudou as relações entre o Estado franquista e a Igreja, além das conotações ideológicas, como um *do ut des*, de maneira que as estreitas relações existentes entre ambas as instituições se fundamentavam nos serviços que se prestavam mutuamente.[6] Esse é o fundamento do chamado nacional-catolicismo, termo com o qual foram qualificadas as estreitas relações entre o regime franquista e a hierarquia eclesiástica que marcaram profundamente a sociedade espanhola nos campos da educação, da cultura, da pesquisa científica e humanística e da moral pública. O nacional-catolicismo, portanto, não consistia apenas na concordância quanto aos princípios ideológicos e nas prestações mútuas que se podiam fazer nesse campo ambas as instituições, como disseram alguns autores,[7] mas se estendeu também a outras áreas, às quais se deve acrescentar, a partir de 1945, a das relações internacionais.

O PARTIDO ÚNICO E A COALIZÃO REACIONÁRIA

Com esses dois conceitos, trata-se, em primeiro lugar, de buscar a precisão terminológica; no entanto, eles têm ao mesmo tempo caráter instrumental, já que se tenta elucidar qual dos dois é o mais adequado para denominar ou definir a organização política criada por Franco para destiná-la à gestão e ao controle político da sociedade espanhola.

Mas, do mesmo modo, deve-se dizer que não há uma contradição necessária entre os dois termos, já que um "partido único" pode albergar vários grupos que compartilham afinidades muito marcadas e configurar, de fato ou de direito, uma "coalizão (reacionária)". Do ponto de vista teórico, pode ser prioritário um ou outro aspecto; ou seja, o partido que se organiza como coalizão ou a coalizão de grupos políticos que se transformam em partido. No caso que nos ocupa, o general Franco criou uma entidade política nova — partido — com caráter de exclusividade — único. Pode-se falar também de um terceiro, não aludido no decreto de unificação: Renovação Espanhola (RE), ao qual se unirão mais tarde outros grupos. A essa entidade política será incorporado o ideário falangista de caráter fascista; assim, esse grupo se verá mais potencializado do que outros na nova organização política.

É preciso também ter em conta que o termo partido político não aparece no texto institucional de 19 de abril de 1937, em plena guerra civil, mas sim o de Movimento Nacional, denominação mais imprecisa, que poderia integrar diversos grupos, aos quais se impôs, não nos esqueçamos, o ideário falangista. Isso daria lugar ao enfrentamento entre o grupo de procedência falangista, que se sentia privilegiado na nova organização, e o de origem tradicionalista (carlista), que resistia a assumir tal ideário e a denominação de partido político, preferindo a de Movimento Nacional. Por outro lado, os falangistas se inclinavam pela opção contrária, pelo menos nos primeiros anos.

Esse mesmo enfrentamento se reproduziu mais tarde, cada vez que se incorporava à FET um novo grupo com identidade política, como aconteceu em 1945 com a presença no governo de pessoas procedentes da Ação Católica (AC) — algumas das quais, como Alberto Martín Artajo, exerceram funções importantes no regime franquista — e em 1957, quando os tecnocratas da Opus Dei entraram no governo para se encarregar da política econômica. Nesses dois casos deu-se um intenso debate dentro do governo e dos organismos do Movimento Nacional, porque o grupo de ascendência falangista resistia a perder influência em importantes áreas do governo, como as da política interior (institucional) e exterior, no fim da Segunda Guerra Mundial, e no da política econômica, na segunda metade dos anos 1950, quando a Espanha estava passando por uma aguda crise econômica como consequência do prolongamento da política autárquica.

A FET foi criada pelo general Franco como partido único à semelhança do Nacional Fascista italiano, do Nacional-Socialista Alemão dos Trabalhadores e da Aliança Nacional portuguesa, partidos no poder nos respectivos países e que constituíam o aval internacional de Franco desde os primeiros dias da rebelião militar, e como esses exerceu as funções que lhe encomendaram seus dirigentes.

Um partido único, em primeiro lugar, só alcança sua configuração completa quando assume o exercício de todos os poderes e faculdades do Estado e, mais ainda, quando ajusta sua própria estrutura à do Estado, chegando, inclusive, a confundi-la com a desse. Assim, o partido único exerce, por um lado, todos os poderes do Estado e, por outro, invade todos os campos da atividade social, com uma clara intencionalidade totalitária, para configurar a sociedade de acordo com seus princípios e impedir e controlar qualquer tentativa de dissidência.[8] Esse partido transforma os poderes do Estado e, portanto, as relações que o regime liberal estabeleceu entre eles: em primeiro lugar, instala nas principais magistraturas do Estado — a chefia do Estado e a presidência do poder executivo — o chefe do partido, a quem rende um intenso culto à personalidade. Ao se eliminarem outros partidos políticos, desaparecem as faculdades tradicionais do Parlamento, com o que esse se transforma numa espécie de câmara paralela da junta política do próprio partido, outorgando, em consequência, ao chefe político, de fato e de direito, a faculdade de legislar mediante decretos-leis; desaparece, desse modo, a independência do Poder Judiciário. Com tudo isso, o Poder Executi-

UNIFORMISMO POLÍTICO E DIVERSIDADE IDEOLÓGICA NO REGIME FRANQUISTA

vo, e particularmente o chefe político do partido único, se encontrará investido de todos os poderes do Estado, aplicará na política e na administração a mesma cadeia de mando que usa no partido e exercerá o poder de maneira absoluta e, consequentemente, arbitrária.

O partido único mostra também um especial interesse pela burocracia através da qual o Estado torna efetivo seu poder desde as instituições mais altas até os municípios mais afastados; e, além disso, a burocracia, à margem de qualquer mudança e ideologia política, mantém a continuidade da administração e, em uma situação de uniformidade política, devidamente imposta e controlada, pode se apresentar como representação genuína do Estado.[9] Em consequência, o partido único se proporá como objetivo prioritário a intervenção e o controle da burocracia por meio da condução política, da ocupação de postos importantes e da nomeação de inspetores políticos.

Por último, o partido único é intervencionista por natureza, exercendo essa função principalmente por meio da política econômica e social e da educação, das quais o regime franquista se serviu para configurar importantes redes de interesses que utilizou como apoios sociais[10] e para difundir os conteúdos teóricos e doutrinais de seu programa. Isso explica o esforço propagandístico do regime e o interesse pela educação dos jovens e pelas organizações juvenis nas quais se completava a educação política iniciada nas escolas.

Houve, no entanto, duas instituições na Espanha franquista que se livraram do controle do partido único: o Exército, que conduziu a iniciativa na sublevação contra o governo republicano, manteve a relação direta com o Generalíssimo e deu apoio a suas decisões sem intermediários de qualquer tipo; e a hierarquia eclesiástica, que, embora identificada com os princípios e objetivos do franquismo, protegeu a autonomia de suas organizações. Isso não impede que tanto na cúpula militar quanto entre os integrantes do clero houvesse simpatizantes da ideologia e das práticas da FET.

Assim, apesar do ideário falangista com o qual se dotou a FET e da atividade política que exerceu como partido único, conviveram no seu interior grupos políticos de diferentes procedências, que buscaram man-

OS INTELECTUAIS DO ANTILIBERALISMO

ter suas identidades e foram incentivados pelo chefe de Estado e do Movimento Nacional na sucessiva partilha do poder que promoveu entre os diferentes grupos ao longo da ditadura. A FET, portanto, nunca foi um partido único homogêneo e coeso, esteve sempre ao serviço de seu fundador e chefe nacional, que permitiu a divisão interna. Por isso, nos casos de conflito, pôde exercer a arbitragem, como indicou Javier Tusell,[11] ao mesmo tempo que limitava a força dos diferentes grupos e reforçava sua chefia pessoal.

Essa última questão nos leva a tratar da coalizão reacionária como conceito mais adequado para analisar as relações que se deram entre os diferentes grupos dentro do partido único, entendendo, é claro, que esses grupos políticos não tinham uma organização autônoma e, portanto, o conceito é usado mais por analogia e por suas possibilidades de interpretação. O conceito de coalizão reacionária sua origem teve um conteúdo de classe, ao mesmo tempo em que enfatizava seu significado ideológico e político. Nesse sentido, seu uso parece mais adequado, pelas afinidades ideológicas que existem entre os grupos que intervieram na coalizão.[12] Assim, nem a coalizão reacionária nem o próprio partido único se comportaram realmente como tais, mas sim como uma estrutura mutável e regulável na qual o general Franco se apoiou e com a qual também rebatia o excessivo poder do Exército. Como já se disse, na coalizão se integraram depois integrantes de outros grupos — da AC e da Opus Dei — que exerceram ali sua parte de poder em detrimento dos detentores anteriores, o que exigia uma acomodação contínua dentro dela, motivou enfrentamentos e lutas políticas entre uns e outros grupos e necessariamente se refletia na evolução do regime.

A DIVERSIDADE IDEOLÓGICA: GRUPOS E ENFRENTAMENTOS ENTRE ELES

A questão da diversidade ideológica e política se apresenta a partir de abril de 1937, quando os dois partidos políticos principais que aderiram à rebelião militar, e cujas tropas estavam colaborando com o exército de Franco na guerra civil, são obrigados a se integrar à nova

UNIFORMISMO POLÍTICO E DIVERSIDADE IDEOLÓGICA NO REGIME FRANQUISTA

organização — FET— e submeter-se à autoridade exclusiva do Generalíssimo. Mas as divergências ideológicas tiveram uma razão mais fundamental para se manifestar, como já se disse, com a imposição do ideário falangista, que colocava esse setor em posição privilegiada e obrigava os carlistas a acatá-la.

O programa falangista era similar ao dos partidos fascistas que tinham chegado ao poder na Itália e na Alemanha. Nele se proclamava que todo o poder residia no Estado e que só a partir dele se podiam tomar as medidas de todo tipo de que a sociedade espanhola necessitava. A Falange Espanhola (FE), portanto, tinha um claro objetivo de exclusividade política e aspirava a ocupar o poder do Estado e eliminar qualquer outra organização política. Além do mais, a FE pretendia fundir sua estrutura interna com a do Estado. Assim, esse partido era profundamente antiliberal e antidemocrático. Os objetivos da política econômica falangista pressupunham uma forte intervenção do Estado; e quanto à política social, a FE procurava implantar a harmonia social por meio da intervenção estatal e da arbitragem.[13] Além disso, a FE era, em princípio, tão antiliberal quanto anticomunista, devido à desagregação política e à inibição social que implicavam o liberalismo, o internacionalismo e o proletarismo comunista, que alteravam completamente o rumo da civilização ocidental, embora mais tarde o anticomunismo falangista tenha se imposto ao antiliberalismo e a política econômica inspirada pelos falangistas tenha se transformado na defensora dos objetivos do capitalismo e posto a serviço desse a política social e a própria estrutura do Estado.[14]

Os tradicionalistas, por outro lado, não tinham um programa tão elaborado. Seus antecedentes remontavam às velhas colocações do partido carlista, que tinha sido o trasmissor, além da reivindicação dinástica, de fórmulas antiliberais, nem tanto por oposição ao regime liberal e mais pela defesa de princípios e organizações procedentes do Antigo Regime. Daí que caiba ao tradicionalismo, em boa medida, o qualificativo de pré-liberal. Os tradicionalistas eram antiparlamentaristas, pelo menos no sentido que os regimes democráticos dão a esse termo; tinham um conceito organicista de sociedade, segundo o qual deveriam ser adotadas na

OS INTELECTUAIS DO ANTILIBERALISMO

sociedade moderna as organizações intermediárias — corporativas, de velho conteúdo pré-liberal — para manter a harmonia social; e incluíam também certa descentralização política e administrativa, como defensores dos foros históricos das províncias bascas e de Navarra, no norte da Espanha, onde estavam implantados principalmente.[15] Por último, os tradicionalistas eram defensores da confessionalidade do Estado e da devolução à Igreja dos privilégios de que tinha desfrutado durante o Antigo Regime. Definitivamente, os carlistas tinham assumido o pensamento político que os papas tinham difundido nos tempos de Leão XIII.[16]

Assim, os pontos comuns de ambos os programas eram virtualmente inexistentes, com a exceção do antiparlamentarismo e de um certo organicismo social, entendidos de diferentes maneiras por uns e por outros; e, além disso, estavam claramente enfrentados em relação à concepção do Estado e às relações desse com a Igreja. Portanto, como acontece em todo sincretismo,[17] a interpretação do programa falangista da FET requeria o uso de bom número de termos com significação imprecisa, que só a tolerância e a debilidade política da Comunhão Tradicionalista impediram de chegar a uma situação de ruptura entre as duas organizações.

O Foro do Trabalho, de 9 de março de 1938,[18] pode ser considerado um texto exemplar desse sincretismo doutrinal. Nele se juntam os princípios do tradicionalismo com os do falangismo para projetá-los sobre os problemas que a sociedade espanhola do momento apresentava — a revolução pendente —, tal como expressa o primeiro parágrafo do preâmbulo:

> Renovando a tradição católica, de justiça social e alto sentido humano, que informou nossa legislação do Império, o Estado nacional, enquanto instrumento totalitário a serviço da integridade pátria e sindicalista e que representa uma reação contra o capitalismo liberal e o materialismo marxista, empreende a tarefa de realizar — com ar militar, construtivo e gravemente religioso — a revolução que a Espanha tem pendente e que deve devolver aos espanhóis, de uma vez por todas, a pátria, o pão e a justiça.

UNIFORMISMO POLÍTICO E DIVERSIDADE IDEOLÓGICA NO REGIME FRANQUISTA

Continuando, nos distintos pontos do foro se expõem os princípios que configurariam a política social e econômica do governo franquista. Dessa forma, proclama-se que o trabalho é um prolongamento da personalidade humana e, por conseguinte, "não pode ser reduzido a um conceito material de mercadoria nem ser objeto de transação" (I). O trabalhador tem que ser protegido e, em relação a isso, o Estado "manterá o descanso dominical" e o "das festividades religiosas que as tradições impõem"(II). Reconhece e protege o direito de propriedade privada e "a família como célula primária natural e fundamento da sociedade" (XII). O salário tem que chegar a ser o mínimo "suficiente para proporcionar ao trabalhador e à sua família uma vida moral e digna", pelo qual o Estado regulará as relações entre os trabalhadores e os empresários, que têm que abranger "a prestação do trabalho e da sua remuneração" e os deveres recíprocos de "lealdade, assistência e proteção", por parte dos empresários, e de "fidelidade e subordinação", do lado dos trabalhadores (III). Elogia-se a atividade artesanal, "como herança viva de um glorioso passado corporativo" (IV). O trabalho agrícola é equiparado aos outros setores produtivos; mas o problema da propriedade da terra é reduzido à pretensão de "dotar cada família camponesa de uma pequena parcela, ou horta familiar, que lhe sirva para atender a suas necessidades elementares e ocupar sua atividade nos dias de parada" (V e IX). Hierarquiza-se o destino dos benefícios das empresas da seguinte maneira: "Aplicar-se-á com preferência na formação das reservas necessárias para sua estabilidade, ao aperfeiçoamento da produção e no melhoramento das condições de trabalho e vida dos trabalhadores" (VIII). Mas, como contraponto de tudo isso, domina sobre o Foro do Trabalho uma concepção *nacional-sindicalista do Estado*, que se inspira nos princípios de "Unidade, Totalidade e Hierarquia" [*sic*], e, dentro dela, a organização de um sindicato único e vertical, que integrará todos os elementos que intervêm no processo da produção (XIII); de maneira que toda a produção nacional constitua "uma unidade econômica a serviço da pátria" (XI).

Nesse enunciado amalgamam-se as colocações da doutrina social e econômica dos tradicionalistas com alguns dos princípios expostos pelo

OS INTELECTUAIS DO ANTILIBERALISMO

magistério social da Igreja e os do intervencionismo e da verticalidade dos falangistas; ou seja, praticamente os das duas primeiras organizações se submetiam à concepção política da última, tendo em conta, além disso, a clara vantagem e a maioria que a FE tinha na FET.

O acordo básico — a fórmula sincrética — que se deu nos setores dirigentes do partido único e do Estado não ficou interdito em nenhum momento, apesar das discrepâncias ideológicas e da concepção distinta sobre a ação política; daí que a incorporação posterior de outros grupos políticos à coalizão reacionária, embora tenha aumentando a divergência, não colocou em perigo a continuidade do partido único.

O primeiro grupo a se incorporar foi o dos militantes católicos, procedentes da AC e Associação Católica Nacional de Propagandistas (ACNP),[19] que o fizeram em julho de 1945, no fim da Segunda Guerra Mundial, quando as potências fascistas, Alemanha e Itália, tinham sido vencidas e seus regimes políticos destruídos e o regime franquista temia por sua continuidade. Era possível, inclusive, que os aliados interviessem na Espanha para derrubar Franco; mas, caso não ocorresse a intervenção, nos meios políticos internacionais não apareciam sinais favoráveis para o regime franquista, como aconteceu com a imediata declaração da ONU de isolamento internacional, seguida pela retirada de embaixadores de Madri. Naquelas circunstâncias de desaparecimento dos regimes e partidos fascistas, Franco tentou manter seu regime de ditadura, introduzindo uma ligeira modificação, a incorporação daqueles "políticos católicos", que já tinham colaborado com o partido único, mas agora com a agregação de integrantes da AC e em relação com os bispos.

Dado o marcado componente fascista da FET, seus militantes em 1945 não estavam capacitados para representar a Espanha no exterior nem para defender seus interesses nos foros internacionais; daí que não deixa de ser uma saída engenhosa recorrer aos "militantes católicos" para que realizassem essa tarefa, nomeando como ministro dos Assuntos Exteriores Alberto Martín Artajo, então presidente da AC e, portanto, em relação direta com o cardeal primado monsenhor Pla y Deniel, Arcebispo de Toledo. Esperava-se que o novo ministro, por sua condição de militante católico, fosse aceito internacionalmente naquelas circunstâncias em que os partidos democrata-cristãos ocupavam importantes áreas de poder nos governos da Europa ocidental.

A presença de Martín Artajo e sua equipe no Ministério de Assuntos Exteriores, em 1945, e de Joaquín Ruiz-Giménez na Educação Nacional, em 1951, representou apenas certa renovação do pessoal político do franquismo, porque alguns deles já estavam instalados no Movimento Nacional. O que mudava era sua filiação especificamente católica dentro da organização política franquista. Mas a incorporação desse grupo à coalizão reacionária produziu alguns receios e conflitos, porque significava, definitivamente, uma certa perda de poder do grupo falangista. De fato, na remodelação do governo de julho de 1945, o Ministério da Secretaria Geral do Movimento desapareceu.

O fundamento teórico dessas organizações católicas era a manutenção das propostas doutrinais do magistério social e político da Igreja, das quais se devem destacar o respeito aos direitos humanos (da pessoa, segundo a terminologia pontifícia), a participação dos cidadãos (dos católicos) na atividade política, a independência da Igreja, a autonomia das organizações eclesiásticas e a subsidiariedade do Estado nas questões relativas à política social e econômica.[20]

O simples enunciado desses capítulos da doutrina política e social da Igreja é muito importante, mas é inevitável fazer a análise de seu significado e dos condicionamentos a que estavam submetidos. Em primeiro lugar, a Igreja é concebida como uma sociedade perfeitamente hierarquizada,[21] cujo fundamento último se acha no Deus criador e redentor. Mas essa sociedade hierarquizada que impulsiona e defende o respeito dos direitos humanos não o faz pela própria dignidade e autonomia do homem, mas sim pela razão de que todos somos irmãos e filhos de Deus; ou seja, por motivações prioritariamente religiosas ou teológicas. Essa questão tem mais importância do que aparenta, já que ao situar na primeira ordem a relação do homem com Deus, em vez do homem por sua própria dignidade, abre-se a possibilidade de estreitar laços com sistemas políticos que não antepõem o homem a qualquer outra realidade, e sim o subjugam a outras instâncias superiores, como o Estado.

OS INTELECTUAIS DO ANTILIBERALISMO

A participação ativa dos cidadãos na vida política é outro dos princípios firmemente assentados na doutrina pontifícia dos tempos de Leão XIII e que tinha sido reforçada por Pio XI; mas a aplicação desse princípio estava também condicionada pelas concepções da sociedade e do Estado, o organicismo social e o funcionalismo que explicam a posição de cada um dos membros e instituições do corpo social,[22] de maneira que a função do Estado em relação aos organismos sociais — culturais, políticos, religiosos — seja a de coordenar, impulsionar e suprir quando esses organismos e instituições sejam incapazes de alcançar os objetivos propostos. Devido a essa concepção corporativa e hierarquizada da sociedade e do Estado, os políticos católicos aceitariam de bom grado a representação corporativa sem manifestar qualquer inclinação pela representação por sufrágio universal. Nessa colocação, os políticos católicos coincidiriam com a prática aplicada pelo regime franquista, embora os princípios dos quais esse partia fossem significativamente diferentes, porque a sociedade corporativa se subjugava totalmente ao Estado e esse invadia, não supria, todos os campos da atividade social.

Finalmente, a Igreja, como sociedade perfeita, proclama-se completamente independente da sociedade civil e do Estado e suas instituições e organismos devem gozar de total autonomia. No entanto, como os próprios membros pertencem a uma e outra sociedade segundo as categorias civil e religiosa, as relações entre ambas devem ser fixadas mediante acordos — *concordatas* — e, ao mesmo tempo, têm que ser fluidas, aplicando o princípio de subsidiariedade. Esse princípio, portanto, implica maior amplitude do que quando se atém apenas ao âmbito do social e econômico; ou seja, se o Estado, nesses dois últimos âmbitos, supre os organismos sociais, a Igreja pode também suprir o Estado em outros campos.[23]

Entre essas noções e as da FET era inevitável que surgissem conflitos, mas em nenhum momento os enfrentamentos extrapolaram os limites do debate ideológico, que a opacidade informativa do regime impediu que se difundissem. Além do mais, a autoridade do Generalíssimo e a lealdade que lhe prestavam todos os grupos impediram que surgisse algum obstáculo contra a manutenção da coalizão reacionária.

UNIFORMISMO POLÍTICO E DIVERSIDADE IDEOLÓGICA NO REGIME FRANQUISTA

O acordo programático não foi, no entanto, tão firme nos quadros intermediários da FET. Nas organizações locais e provinciais, os dirigentes, sempre de procedência falangista, tentaram assimilar os tradicionalistas, católicos e outros grupos afins e impor a eles o programa e a disciplina falangistas, contra aqueles que sempre manifestaram uma certa desconfiança, tal como pode se ver nos informes que os chefes locais e provinciais da FET emitiam sobre as pessoas e a gestão política e administrativa que realizavam, dirigidos aos organismos nacionais do partido.[24] Chamavam àqueles de "mornos", referindo-se à relação que mantinham com o regime e, ao mesmo tempo, transmitiam aos dirigentes informação sobre a existência de tendências dentro do Movimento, o que constatava a dispersão ideológica e programática.

A incorporação dos tecnocratas ocorreu em circunstâncias diferentes. Em 1957 o regime franquista já estava reconhecido internacionalmente, mas a política econômica autárquica se transformou em um autêntico obstáculo para o crescimento devido à política de obtenção de divisas por meio do Instituto Espanhol da Moeda Estrangeira e do controle das trocas comerciais com o exterior. De fato, essa política tinha gerado uma crise econômica que podia levar a uma situação de quebra na fazenda pública e virar-se, definitivamente, contra o próprio regime político. Diante dessa conjuntura, no interior do regime franquista se impôs uma mudança em relação à *fixação de seus objetivos prioritários*. Dado que já tinham sido alcançados os objetivos políticos — estabelecimento do regime e reconhecimento internacional —, passaram a primeiro plano os econômicos — crescimento e melhoria do nível de vida —, o que supunha a adoção de uma nova política econômica, função que foi encomendada aos tecnocratas.

Mas é preciso também elucidar quem eram os tecnocratas: nos governos anteriores de Franco, da mesma forma que católicos, tinha havido tecnocratas, e o mais significativo foi possivelmente José Larraz, ministro da Fazenda entre 1939 e 1941, que, além da lealdade a Franco, apresentava a dupla condição de tecnocrata e católico. No entanto, na junta de 1957, os tecnocratas que se incorporaram como grupo político ao regime compartilhavam três características: ser técnico em economia

OS INTELECTUAIS DO ANTILIBERALISMO

e direito administrativo, não ter veleidade de tipo político liberal e ser membro da organização religiosa Opus Dei. O indutor desse grupo na política do regime foi Laureano López Rodó, secretário-geral técnico do Ministério da Presidência do Governo, homem de confiança do ministro Luís Carrero Blanco e sobre quem exercia uma notável influência. Na junta econômica de 1957 Franco nomeou como ministros da Fazenda e do Comércio, respectivamente, dois técnicos, membros da Opus Dei, Mariano Navarro Rubio e Alberto Ullastres, que tomaram as primeiras medidas de saneamento da economia e de controle do orçamento e adotaram uma mudança realista da peseta em relação ao dólar. Essas medidas se sistematizaram no Plano de Estabilização de 1959.

A incorporação dos tecnocratas da Opus Dei trouxe outros elementos à divergência ideológica. Esses eram menos significativos em relação aos do grupo católico, pois também assumiam as colocações da doutrina social e política da Igreja, embora se desligassem da dependência da hierarquia eclesiástica; mas eram mais profundos com relação aos do setor falangista, porque, ao mudar as prioridades da ação política e colocar em primeiro lugar o crescimento econômico e a liberalização da política econômica, seria preciso introduzir mudanças na política social e institucional que estavam além das previsões da FET, tal como aconteceu em 1958 com as leis de Convênios Coletivos e dos Princípios do Movimento Nacional, o que não quer dizer que os tecnocratas levassem consigo um programa de liberalização política. O nível mais alto do enfrentamento político foi alcançado no verão (agosto) de 1969, quando na mesa do Conselho de Ministros estourou o "caso Matesa"*.

NOTAS

*Fraude e remessa ilegal de divisas pelas empresas Matesa e Rumasa que envolveram dirigentes franquistas, a Opus Dei e a própria Igreja. (*N. dos Orgs.*)

1. Sánchez Recio, Glicerio, Natureza e crise do franquismo. *In*: Morales Moya, Antonio (Coord.). *El difícil camino hacia la democracia*. Las llaves de la España del siglo XX. Madri, España Nuevo Milénio, 2001, p. 187-202.

UNIFORMISMO POLÍTICO E DIVERSIDADE IDEOLÓGICA NO REGIME FRANQUISTA

2. Ramírez, Manuel, *España, 1939-1975. Régimen político e ideologia*. Madri: Guadarrama, 1978, p. 39-40.

3. Essa situação era descrita pelo chefe provincial da FET de Zaragoza em uma carta ao ministro vice-secretário-geral do Movimento, d. Pedro Gamero do Castelo, em 10 de janeiro de 1940, advertindo-o sobre os efeitos negativos que teria sobre o partido (A.G.A. Presidencia SGM, Caja 47).

4. Sánchez Recio, Glicerio, "La polisemia de los conceptos historiográficos: los análises sobre el fascismo y el franquismo", *Bulletin d'Histoire Contemporaine de l'Espagne. España, Europa y el Mediterráneo*, CNRS, Université do Provence, 1998, n° 27, p. 181-196.

5. Sanchez Recio, Glicerio, *De las duas ciudades a la ressurrección de España. Magistério pastoral y pensamiento político de Enrique Pla y Deniel*. Valladolid, Ámbito, 1995, p. 106-109.

6. Ruiz Rico, Juan J., *El papel político de la Iglesia Católica en la España de Franco (1936-1971)*. Madri, Tecnos, 1977.

7. Botti, Alfonso, *Cielo y dinero. El nacionalcatolicismo en España (1881-1975)*. Madri, Aliança Editorial, 1992.

8. Hannah Arendt fala da duplicidade (e confusão) do poder e o regime totalitário: o do Estado e o do partido único. (*Los orígenes do totalitarismo*, Madri, Taurus, 1974, pp. 483-ss.).

9. No juízo de Max Weber, a burocracia é a forma mais racional de organização administrativa que corresponde ao tipo de dominação legal (Max: *Qué burocracia?*, Pléyade, Buenos Aires, 1977). José Antonio Olmeda Gomez (*Las fuerzas armadas en el Estado franquista. Participación política, influencia presupuestaria y profesionalización, 1939-1975*, El Arquero, Madri, 1988, p. 31-35), não está de acordo com a definição anterior, mas sim a *concebe* como "uma realidade de poder *consolidada* com o Estado administrativo cristalizado depois da Segunda Guerra Mundial, mas cujos traços básicos seguem o desenvolvimento contraditório da estrutura político-administrativa do Estado liberal e de suas alternativas políticas" (p. 32). De outro ponto de vista, Barrington Moore fala da importante função que corresponde à burocracia nos regimes fascistas (*Los orígenes sociales de la ditadura e la democracia*, Península, Barcelona, 1973, p. 357); e Sigmund Neumann define a burocratização como "a arma organizadora das ditaduras modernas" (*Partidos políticos modernos. Iniciación al estudio comparativo de los sistemas políticos*, Tecnos, Madri, 1965, p. 613).

OS INTELECTUAIS DO ANTILIBERALISMO

10. Sánchez Recio, Glicerio, El franquismo como red de interesses, em Sánchez Recio, Glicerio Salto Fernández, Julio (Eds.), *Los empresários de Franco. Política y economia en España (1936-1957)*, Barcelona, Crítica, 2003, p. 13-22.

11. Tusell, Javier. *La dictadura de Franco*. Madri: Alianza Editorial, 1988, p. 150-160.

12. Moore, Barrington, *Los orígenes sociales de la dictadura...*, p. 351-366; e com esse significado recuperaram o tema Eduardo Sevilha-Guzman, Manuel Perez Yruela e Salvador Giner, alguns anos mais tarde ("Despotismo moderno y dominación de clase. Para una sociología del régimen franquista". *Papers. Revista de sociologia (Nº 8): El régimen franquista.* Barcelona, 1978, p. 103-141.) Escrevem esses autores que as afinidades entre os grupos supõem "um substrato ideológico sincrético, embora se deem certas concomitâncias entre os distintos elementos ideológicos que o sustentam, já que todos eles têm um claro conteúdo ultraconservador" (p. 113). O termo é utilizado no mesmo sentido por José Antonio Olmeda Gomez (*op. cit.*, p. 102); e, a partir de uma perspectiva contrária, refere-se a essa mesma questão Santos Juliá, "Orígenes sociales de la democracia en Espanha", *Ayer*, nº 15, 1994, p. 165-170, Marcial Pons, Madri.

13. Ver os pontos programáticos de Falange Espanhola, nᵒˢ 9-22, e o Foro do Trabalho, pontos XI e XIII, em Primo De Rivera, José Antonio. *Obras completas*. Madri, Vicesecretaría de Educación Popular, 1945, p. 521-525; e em *Fundamentos del Nuevo Estado*. Madri: Vicesecretaría de Educación Popular, 1943, p. 173-182.

14. Para isso os falangistas se serviram do Estado da Organização Sindical e da política econômica autárquica. Moreno Fonseret, Torre. *La autarquia en Alicante* (1939-1952). Escasez de recursos y acumulación de benefícios, Alicante, Generalitat Valenciana/Instituto de Cultura Juan Gil-Albert, 1995, p. 79-91.

15. A Catalunha e a região valenciana contavam também com importantes núcleos carlistas. Clemente, Carles, El carlismo. Historia de una desidencia social (1833-1976). Barcelona, Ariel, 1990; Canal, Jordi, *El carlismo. Dos séculos de contra-contrarrevolución en España*, Madri, Aliança, 2004; e Blinkhorn, Martin: *Carlismo y contrarrevolución en España, 1931-1939.* Barcelona, Crítica, 1979.

16. Dezesseis políticos da sociedade moderna. Lembrar a respeito as encíclicas *Inmortale Dei* de 1885, sobre a participação dos católicos na política, e *Rerum Novarum* de 1891, sobre a doutrina social da Igreja; alguns anos mais tarde, o papa Pio XI daria um novo impulso a essa atividade pontifícia. Gutierrez García, José Luís. *Doctrina Pontifícia II*. Documentos Políticos. Estudo introdutório de Alberto Martin Artajo, Madri, BAC 1958, p. 19-38.

UNIFORMISMO POLÍTICO E DIVERSIDADE IDEOLÓGICA NO REGIME FRANQUISTA

17. Entende-se por *sincretismo*, de acordo com o Dicionário da Real Academia Espanhola, "o sistema filosófico que tenta conciliar doutrinas diferentes".
18. BOE, do dia 10. Ver, do mesmo modo, *Fundamentos del nuevo Estado*, p. 173-182.
19. Tusell, Javier. *Franco y los católicos. La política interior española entre 1945 y 1957*. Madri: Alianza Universidad, 1984; Montero, Feliciano, *El movimiento católico en España*. Madri, Eudema, 1993, p. 78-84.
20. Martin Artajo, Alberto, *Doctrina social católica de Leon XIII y Pio XI*. Prólogo de A. Herrera. 2ª ed., Barcelona, Trabajo, 1939.
21. Ver a carta pastoral do Monsenhor Pla y Deniel, fiel intérprete do pensamento pontifício, *La realeza de Cristo e los engaños del laicismo*, escrita em 1926. *In*: Pla y Deniel, E., *Escritos pastorales*. V. I. Madri, Edicciones Acción Católica Española, 1946, p. 238-249; e Sánchez Recio, Glicerio, *De las dos ciudades a la ressurrección de España...*, p. 50-59.
22. Sobre os conteúdos da doutrina social: Martin Artajo, Alberto, *Doctrina social católica de Leon XIII y Pio XI*, p. 137-141 e 186-187. Ver também os verbetes *corporativismo*. *In*: Bobbio, Norberto, *Diccionario de Política*. Madri, Século XXI, 1982, p. 431-438; e *análise funcional*, em Sills, David L. *Enciclopedia Internacional de las ciências sociales*. Vol. I, Madri, Aguilar, 1976, p. 303-304.
23. Ver Sánchez Recio, G., "Los católicos e el franquismo: fidelidad a la Iglesia y lealtad a Franco". *Bulletin d'Histoire Contemporaine d'Espagne. España, anos 30 e 40*, CNRS, Talence, nº 19, juin 1994, p. 97-98.
24. Nos informes insistia-se na não militância e na lealdade ao caudilho, como se pode observar nos que foram emitidos sobre os procuradores nas Cortes da província da Ávila; assim dizia do prefeito de Ávila, antigo militante da Ceda (Confederação Espanhola das Direitas Antônomas): "Sem pertencer ao Movimento, aceita sua disciplina e conteúdo, com uma leal submissão ao caudilho". Ver *Ficherio de los Procuradores* de 1946. Província de Ávila, no AGA Presidência SGM, Caixa 200.

BIBLIOGRAFIA

ARENDT, Hannah. *Los orígenes del totalitarismo*, Madri: Taurus, 1974.
BLINKHORN, Martin. *Carlismo y contrarrevolución en España, 1931-1939*, Barcelona: Crítica, 1979.

BOBBIO, Norberto. *Diccionario de Política*. Madri: Siglo XXI, 1982.

BOTTI, Alfonso. *Cielo y dinero. El nacionalcatolicismo en España* (1881-1975). Madri: Alianza Editorial, 1992.

CANAL, Jordi. *El carlismo. Dos siglos de contrarrevolución en España*. Madri: Alianza, 2004.

CLEMENTE, Carles. *El carlismo. Historia de una desidencia social (1833-1976)*. Barcelona: Ariel, 1990.

GUTIERREZ GARCIA, José Luís. *Doctrina Pontificia II. Documentos Políticos*. Estudio Introductorio de Alberto Martin Artajo. Madri: B.A.C., 1958.

JULIÁ, Santos. Orígenes sociales de la democracia en España. *Ayer*. Madri: Marcial Pons, nº 15, p. 165-170, 1994.

MARTIN ARTAJO, Alberto. *Doctrina social católica de León XIII y Pío XI*. Prólogo de A. Herrera. 2ª ed., Barcelona: Labor, 1939.

MONTERO, Feliciano. *El movimiento católico en España*, Madri: Eudema, 1993.

MOORE, Barrington. *Los orígenes sociales de la dictadura y la democracia*. Barcelona: Península, 1973.

MORENO FONSERET, Roque. *La autarquía en Alicante* (1939-1952). *Escasez de recursos y acumulación de beneficios*. Alicante: Generalitat Valenciana/Instituto de Cultura Juan Gil-Albert, 1995.

NEUMANN, Sigmund. *Partidos políticos modernos*. Iniciación al estudio comparativo de los sistemas políticos. Madri: Tecnos, 1965.

OLMEDA GOMEZ, José Antonio. *Las fuerzas armadas en el Estado franquista*. Participación política, influencia presupuestaria y profesionalización, 1939-1975. Madri: El Arquero, 1988.

PLA Y DENIEL, E. *Escritos pastorales*. V. I. Madri: Ediciones Acción Católica Española, 1946.

PRIMO DE RIVERA, José Antonio. *Obras completas*. Madri: Vicesecretaría de Educación Popular, 1945.

_____. *Fundamentos del Nuevo Estado*. Madri: Vicesecretaría de Educación Popular, 1943.

RAMÍREZ, Manuel. *España, 1939-1975*. Régimen político e ideología. Madri: Guadarrama, 1978.

RUIZ RICO, Juan J. *El papel político de la Iglesia Católica en la España de Franco* (1936-1971). Madri: Tecnos, 1977.

SÁNCHEZ RECIO, Glicerio. El franquismo como red de intereses. *In:* SÁNCHEZ RECIO, Glicerio; TACÓN FERNÁNDEZ, Julio (Eds.). *Los empresarios de*

Franco. Política y economía en España (1936-1957). Barcelona: Crítica, 2003, p. 13-22.

_____. Naturaleza y crisis del franquismo. *In:* MORALES MOYA, Antonio (Co-ord.). *El difícil camino a la democracia. Las claves de la España del siglo XX.* Madri: España Nuevo Milenio, 2001, p. 187-202.

_____. La polisemia de los conceptos historiográficos: los análisis sobre el fascismo y el franquismo. *In: Bulletin d'Histoire Contemporaine de l'Espagne. España, Europa y el Mediterráneo.* CNRS, Université de Provence, 1998, n° 27, p. 181-196.

_____. *De las dos ciudades a la resurrección de España. Magisterio pastoral y pensamiento político de Enrique Pla y Deniel.* Valladolid: Ámbito, 1995, p. 106-109.

_____. Los católicos y el franquismo: fidelidad a la Iglesia y lealtad a Franco. *In: Bulletin d'Histoire Contemporaine d'Espagne. España, años 30 y 40.* CNRS, Talence, n° 19, juin 1994, p. 97-98.

SEVILLA-GUZMAN, Eduardo, PEREZ YRUELA Manuel; GINER, Salvador. "Despotismo moderno y dominación de clase. Para una sociología del régimen franquista". *In: Papers. Revista de sociología. El régimen franquista.* Barcelona, 1978, n° 8, p. 103-141.

SILLS, David L. *Enciclopedia Internacional de las ciencias sociales.* V. I. Madri: Aguilar, 1976.

TUSELL, Javier. *La dictadura de Franco.* Madri: Alianza Editorial, 1988.

_____. *Franco y los católicos.* La política interior española entre 1945 y 1957 Madri: Alianza Universidad, 1984.

WEBER, Max. *¿Qué es la burocracia?.* Buenos Aires: Pléyade, 1977.

CAPÍTULO 16 # Liberalismo e contratação do trabalho nos Estados Unidos da Era Progressista

Flávio Limoncic*

---

* Professor do Departamento de História e do Programa de Pós-Graduação em História das Instituições da Universidade Federal do Estado do Rio de Janeiro (Unirio).

INTRODUÇÃO

Cada classe ou segmento da nação está se tornando consciente da oposição entre seus padrões e as atividades e tendências de alguma outra classe menos desenvolvida. O Sul tem o seu negro, a cidade tem suas favelas, o trabalho organizado tem o seu fura-greve, o movimento pela temperança tem o seu beberrão e o dono do *saloon*. Os amigos das instituições americanas temem o imigrante ignorante e os trabalhadores rejeitam os chineses. Todos estão começando a fazer distinções entre aqueles com qualificações para a cidadania daqueles de alguma classe, ou classes, que desejaria constranger ou excluir da sociedade.[1]

A virada do século XIX para o XX marcou um momento em que a conhecida expressão de Karl Marx, tudo que é sólido desmancha no ar, parecia dolorosamente real a um conjunto significativo de norte-americanos. Até então convencidos da excepcionalidade histórica dos Estados Unidos, que os teria livrado dos conflitos sociais e políticos característicos da Europa, tais norte-americanos se perguntavam o que estaria acontecendo com seu país.[2] A sociedade, até então percebida como aberta ao talento individual e ao desenvolvimento da economia de mercado, dado que livre das amarras do feudalismo, da concentração fundiária e de classes sociais parasitárias e rentistas, parecia, por assim dizer, europeizar-se.

Sucessivos e violentos movimentos grevistas atestavam tal europeização. Em 1877, a primeira grande greve ferroviária do país havia resul-

OS INTELECTUAIS DO ANTILIBERALISMO

tado em mais de 100 mortos, ao passo que 16 pessoas perderam a vida na greve da Homestead Works, Pittsburgh, em 1892. Pouco antes, em maio de 1886, o massacre de Haymarket, Chicago — origem do Primeiro de Maio —, resultou em 14 trabalhadores, em luta pela jornada de trabalho de oito horas, mortos. Chicago seria ainda sacudida por outro grande movimento de trabalhadores em 1894, a greve da Pullman Palace Car Company, em que 13 pessoas morreram em razão da repressão por forças federais.

Tais conflitos inseriam-se em um contexto de profundas transformações em curso na sociedade e na economia. Ao sonho jeffersoniano, por muitos ainda então acalentado, de uma democracia agrária baseada no pequeno produtor rural, no igualitarismo social e no individualismo, contrapunha-se a construção de uma sociedade urbana, profundamente heterogênea em termos étnicos, marcada por relações de trabalho assalariadas e crescentes desigualdades de renda e riqueza. Em 1910, quase 15% dos residentes nos Estados Unidos haviam nascido no estrangeiro, contribuindo para que a população urbana passasse de 40% para 56% do total entre 1900 e 1930, ocasionando graves problemas sanitários e habitacionais nos novos bairros operários. O país consolidava-se como a maior economia industrial do mundo, desenvolvendo não apenas novos produtos e processos, como também formas de gestão e propriedade do capital, como as corporações. Era como se, em um período de apenas 40 anos, entre o fim da Guerra Civil e o início do século XX, a República abandonasse os seus fundamentos agrários para dar lugar a um mundo novo e desconhecido, da fábrica e da cidade, da corporação e do cortiço, do sindicato e de associações de ajuda mútua com nomes impronunciáveis em iídiche, húngaro, italiano e línguas eslavas.

Esse mundo novo foi sentido de formas contraditórias por tais norte-americanos. Henry Ford, o pai da produção em massa de automóveis, sentia sua criação como uma ameaça à pureza da América rural e, como uma ode ao pioneiro da cabana de troncos, criou, nos arredores de suas fábricas em Dearborn, Michigan, a aldeia-museu de Greenfield Village, onde automóveis não poderiam circular. Muito embora Greenfield possa ser creditado ao rol das excentricidades de Ford, ela bem

LIBERALISMO E CONTRATAÇÃO DO TRABALHO NOS ESTADOS UNIDOS

expressava a combinação de fascínio e mal-estar proporcionada pela era da máquina ou pelo que muitos definiam, então, como o *industrialismo*. Um mundo de promessas de abundância e conforto parecia aberto, mas, contraditoriamente, tais promessas permaneciam irrealizadas pela conjuntura do conflito social, pela solidão das relações impessoais da cidade grande e da grande indústria, da miséria urbana e branca e dos conflitos étnicos. Como, então, na nova realidade urbano-industrial, recuperar a perdida harmonia e reconstruir os laços de coesão social que, na visão de tais americanos, tão fortemente distinguiam os Estados Unidos da Europa?

Esse o desafio do Movimento Progressista, que encerrava uma dimensão essencialmente conservadora, buscando construir um grande consenso ordenador capaz de construir laços de coesão social em uma sociedade tida como fraturada pelas grandes transformações então em curso.

No complexo emaranhado de agendas progressistas, podem ser identificados ao menos dois grandes grupos, com diagnósticos e receituários próprios. De um lado, aqueles que creditavam a perda da harmonia social a uma crise dos chamados valores americanos, ocasionada tanto pela imigração quanto pela cidade grande. De outro, os que entendiam a crise como resultado da inadequação dos princípios do liberalismo, tanto econômico quanto político, à nova realidade da economia oligopolizada, da grande indústria e da organização científica do trabalho.

Os primeiros — líderes religiosos, jornalistas, pequenos negociantes, advogados, associações femininas, militantes da eugenia — olhavam com profunda preocupação as transformações então em curso, que pareciam tirar os Estados Unidos de seu caminho natural, o mundo da cidade pequena e do pequeno proprietário branco, anglo-saxão e protestante. Nesse sentido, buscavam resgatar ao menos alguns dos fundamentos do que entendiam ser a ordem republicana original, combatendo os principais adversários dessa: os imigrantes — em sua maioria com pele, cabelos e olhos escuros demais, asiáticos, católicos e judeus do sul e do leste europeus, desconhecedores das virtudes do trabalho árduo e do consumo parcimonioso — e a cidade grande. Defendiam, portanto, a americanização dos imigrantes, as virtudes da família e a frequência aos templos

OS INTELECTUAIS DO ANTILIBERALISMO

religiosos, a proibição do álcool, o combate aos sindicatos — antiamericanos por sua defesa da ação coletiva, e não do trabalho árduo, como instrumento de ascensão social — e à prostituição e, frequentemente informados pela eugenia, defendiam a reforma dos cortiços e a luta sem trégua contra as chamadas doenças morais, como a sífilis e a tuberculose. A partir da tradição evangélica, entendiam a reforma social como fruto da reforma individual, da aplicação rigorosa da moral puritana sobre imigrantes dados ao jogo, à bebida, aos sindicatos e ao crime. Para os inassimiláveis, anarquistas, socialistas e outros coletivistas irremediavelmente antiamericanos, a solução seria a repressão, a prisão, a expulsão e, no limite, a execução. No longo prazo, a restrição à imigração surgia como indispensável para a proteção do corpo sadio da nação.

Já os segundos — advogados trabalhistas, líderes empresariais e sindicais, professores universitários, funcionários do Estado —, a partir do diagnóstico de que a crise americana era menos de valores do que de adaptação a uma nova realidade econômico-social, menos de reforma individual do que social, propunham a construção de novas formas de regulação da vida econômica e social. À visão de que o mercado autorregulável tornara-se uma ficção diante do poder da grande corporação, frente à incapacidade do liberalismo de reproduzir uma sociedade liberal — ou seja, quando a livre empresa transformou-se em oligopólio e os indivíduos viram sua capacidade de ação transformar-se em farsa diante do poder das grandes corporações —, tais progressistas passaram a atribuir papéis ao Estado, aos sindicatos e à promoção da contratação coletiva do trabalho como forma de reconstruir as bases da coesão social. No vocabulário político norte-americano, passaram a ser conhecidos como *liberais*, por perceber o Estado como o fiador da liberdade e da dignidade do indivíduo diante da corporação e do oligopólio. A partir de então, o *liberalismo* norte-americano seria marcado pela defesa da regulação estatal na vida econômica e social dos Estados Unidos.[4]

Os progressistas *liberais*, portanto, muito embora compartilhassem com aqueles progressistas preocupados com o tema da reforma moral as questões relativas à coesão social, e com eles dividissem as ideias fundamentais do excepcionalismo americano, deles distancia-

LIBERALISMO E CONTRATAÇÃO DO TRABALHO NOS ESTADOS UNIDOS

vam-se pela recusa a entender a solução para os problemas então enfrentados pelos Estados Unidos em uma utopia restitucionista, na qual cidadãos virtuosos seriam o pilar do funcionamento da República. Pelo contrário, para problemas modernos sugeriam soluções modernas. Para utilizar a terminologia durkheimiana, os progressistas *liberais* entendiam que a sociedade americana anômica de virada do século XIX para o XX, profundamente diferenciada em todos os campos da vida social, inclusive o religioso, mas também em termos da divisão social do trabalho, de etnia e de distribuição da renda e da riqueza, não poderia reconstruir laços de coesão social concebidos a partir de valores relativos à solidariedade mecânica, mas a um novo tipo de solidariedade, orgânica.

ESTADO, SINDICATO E CONTRATAÇÃO DO TRABALHO: DO DIAGNÓSTICO *LIBERAL* À VOLTA DA *NORMALIDADE*

A defesa da participação do Estado na promoção do crescimento e na regulação da economia não começou, evidentemente, na era progressista. Desde Filadélfia, os federalistas defendiam uma maior intervenção estatal de modo a criar as bases materiais da República. Alexander Hamilton, quando secretário do Tesouro, na década de 1790, adotou um programa econômico que buscava favorecer os interesses comerciais e manufatureiros e mesmo Thomas Jefferson, quando presidente, comprou a Louisiana francesa, de forma a possibilitar a formação de sua república agrária.

Com o advento do Movimento Progressista, o papel do Estado seria de novo colocado na ordem do dia, ainda que inexistisse consenso a respeito de quais seriam as formas mais eficazes, e mesmo o sentido, de sua intervenção. De um lado, havia aqueles que, a partir da tradição jeffersoniana, defendiam a intervenção do Estado no sentido de reconstruir o mundo dos pequenos negócios, combatendo as corporações a partir da perspectiva de que essas, ao limitar a concorrência, concentravam renda e riqueza, levando à estagnação da economia

OS INTELECTUAIS DO ANTILIBERALISMO

e ameaçando a liberdade dos indivíduos. De outro, havia aqueles que tinham uma percepção positiva da corporação, por possibilitar a inversão de grandes capitais, organizar a concorrência, injetar racionalidade administrativa, proporcionar aumento de produtividade e consequen te queda dos preços. Para esses, o Estado deveria intervir na economia apenas para impedir a formação de trustes, como a Lei Sherman, de 1890, propunha. Nas eleições presidenciais de 1912, a Nova Liberdade, de Woodrow Wilson, do Partido Democrata, apresentava ao eleitorado uma perspectiva jeffersoniana, ao passo que o Novo Nacionalismo, de Theodore Roosevelt, do então recém-formado Partido Progressista, defendia a existência dos conglomerados, cabendo ao Estado o papel de regulá-los.

No debate teórico-político então travado a respeito da natureza da intervenção do Estado, uma figura ocupava lugar central: Herbert Croly. Teórico do Novo Nacionalismo de Theodore Roosevelt, Croly defendia uma profunda reestruturação do Estado americano, de modo a torná-lo promotor da *sociedade justa*. Tal visão não era inédita no debate pro gressista. Antes que Croly publicasse seu *The promise of American life*, em 1909, Henry Demarest Lloyd havia já lançado *Man, the social creator*, em que defendia a construção de uma nova ordem social cooperativa e fraternal regulada pelo Estado, tornada possível pela riqueza gerada pela grande indústria. A partir do diagnóstico da incapacidade do liberalismo em articular autointeresse e bem comum, *The promise of American life* propunha a construção de um Estado que, simultaneamente, extraísse as potencialidades positivas do *industrialismo* e restituísse a harmonia social à América. O Estado deveria redesenhar a sociedade americana, redistribuindo renda e riqueza e combatendo o individualismo caótico, resultando em uma sociedade moralmente aceitável, em bases organicistas e comunitárias, em que o individualismo e o egoísmo fossem suplantados pela cooperação e a solidariedade e na qual cada indivíduo encontrasse sua função na construção do projeto nacional.

A visão de que o Estado deveria contribuir para a construção do bem comum, tão estranha à tradição liberal, institucionalizou-se na criação, em 1913, do Departamento do Trabalho, cujo objetivo era o de "esti-

LIBERALISMO E CONTRATAÇÃO DO TRABALHO NOS ESTADOS UNIDOS

mular, promover e desenvolver o bem-estar dos trabalhadores assalariados dos Estados Unidos, melhorar suas condições de trabalho, assim como suas oportunidades de um emprego lucrativo". Localizava-se aí a gênese da ideia, tão cara a gerações de reformadores sociais americanos, de um salário justo, socialmente aceito e, portanto, não definido pelo mercado. A Lei Clayton, de 1914, expressava juridicamente tal ideia, ao afirmar que o trabalho humano não constituía uma mercadoria e que, portanto, os salários não deviam ser determinados apenas por contratos individuais de trabalho.

Mas Croly não propunha apenas um novo papel para o Estado. Em 1917, escreveria:

> Democracias, sobretudo a americana, têm quase que selvagemente evitado o crescimento, dentro da nação, de instituições corporativas cuja competição o governo temesse. Sua filosofia política, herdada de Rousseau, tem sido uma contraditória combinação de individualismo e indivisibilidade, que as persuadiu a discriminar centros alternativos de lealdade. Seus líderes têm falhado em compreender em que extensão uma organização nacional forte e coerente deve ser o reflexo não apenas da independência de caráter dos cidadãos individuais, mas também da genuína independência da parte daquelas associações que representam suas atividades industriais e sociais fundamentais. O reconhecimento legal dessas associações constitui a melhor garantia possível contra a arrogância e o abuso tanto do poder estatal quanto do poder de qualquer associação profissional ou comercial. À medida que a essas associações é permitido seu florescimento e sua plena capacidade, elas necessitarão do Estado como uma agência correspondentemente forte de coordenação; e por essa mesma razão o Estado deveria buscar fortalecê-las quando estiverem fracas, e dessa forma obter uma fundação segura para a legitimidade de sua própria autoridade e para a lealdade de seus cidadãos.[5]

À visão liberal de que o indivíduo era a matriz básica de organização da sociedade, Croly propunha, ao contrário, que essa era organizada por

OS INTELECTUAIS DO ANTILIBERALISMO

grupos de interesse, e que tais grupos mediavam as relações entre o indivíduo, o Estado e o mercado. Portanto, os grupos de interesse dos trabalhadores, os sindicatos, eram percebidos por Croly não apenas como legítimos, mas como socialmente necessários. A rigor, Croly defendia a construção de um novo equilíbrio de forças na sociedade e na economia americana, na qual, sob a arbitragem estatal, as grandes corporações e os sindicatos construíssem, por meio de contratos coletivos de trabalho, as bases de um concerto social harmônico e orgânico. Em tal concerto, os trabalhadores receberiam salários mais elevados e, em contrapartida, os sindicatos disciplinariam os trabalhadores das categorias que representassem, de modo a contribuir para a maximização da eficiência da economia e, portanto, para o bem-comum.

Aprofundando sua crítica ao liberalismo, Croly afirmava que o Estado não deveria garantir igualdade de direitos a todos os cidadãos ou grupos de interesse. Tal igualdade, em sua visão, seria uma ficção liberal, dado que a sociedade cria, permanentemente, desigualdades. Para combatê-las, o Estado deveria estabelecer *discriminações construtivas* àqueles grupos de interesse, como os *bons* sindicatos, que contribuíssem para a construção do bem comum, identificado com a superação do conflito social, e punissem os *maus*. A rigor, a quebra da harmonia social se devia, justamente, ao fato de que tanto as corporações quanto os sindicatos teriam agido, até então, de forma egoísta e particularista. Caberia ao Estado, atribuindo reconhecimento legal aos sindicatos, premiar os *bons*, os que agissem de acordo com o interesse nacional, e reprimir os *maus*, os que insistissem em agir segundo reivindicações classistas.

A crítica ao liberalismo, embora a partir de perspectiva diferente, seria elemento central das reflexões de John Commons, outro importante intelectual e militante progressista. Para Commons, ao contrário do que pensavam os economistas políticos, a economia não seria um fenômeno individual, que encontraria seu equilíbrio por meio dos mecanismos de mercado, mas coletivo, realizado por grupos de interesse, necessitando de mecanismos que ajustassem e conciliassem os diferentes interesses. Commons chegaria mesmo a defender a representação classista no Congresso, única forma de injetar *expertise* no processo decisó-

LIBERALISMO E CONTRATAÇÃO DO TRABALHO NOS ESTADOS UNIDOS

rio e substituir interesses particularistas e egoístas, representados pelos partidos tradicionais. Dadas as novas características da sociedade e da economia americanas, a representação dos interesses não deveria ser deixada a cargo, exclusivamente, dos políticos, mas de organizações patronais e de trabalhadores, cujos líderes poderiam chegar a acordos e fazê-los cumprir.

Dentre os mecanismos de conciliação de interesses apontados por Commons, centrais para reconstruir a perdida harmonia social, por ensejar uma melhor distribuição da renda e da riqueza, estavam as negociações coletivas e os contratos coletivos de trabalho entre sindicatos e corporações. No entanto, para Commons, ao contrário do que queria Croly, as organizações de trabalhadores não deveriam sofrer qualquer tipo de regulação estatal. Entendidas como associações voluntárias e privadas, deveriam permanecer autonomamente organizadas, cabendo ao Estado apenas supervisionar o cumprimento dos contratos por elas celebrados.

A ênfase dada por Croly e Commons à contratação coletiva do trabalho como forma de redistribuição da renda e da riqueza questionava tanto uma tradição política, cultural e legal profundamente estabelecida quanto uma realidade econômica extremamente competitiva, ambas resultando na contratação individual como formato básico de contratação do trabalho. E não, é importante frisar, por falta de esforços associativos dos trabalhadores norte-americanos. Ao longo do século XIX e primeiras décadas do XX, inúmeras associações e sindicatos foram constituídos para contratar coletivamente as condições de trabalho e remuneração, sendo sistematicamente combatidos pelo patronato e pelo Poder Judiciário.

Ao contrário do que ocorreu em países europeus, onde coube aos legislativos regular as novas relações de assalariamento em construção ao longo do século XIX, nos Estados Unidos foi o Poder Judiciário que criou as normas básicas de contratação do trabalho assalariado, consagrando a contratação individual como o formato básico de relações entre patrões e empregados. Entendida como elemento de uma sociedade liberal e democrática, dado que realizada por partes livres e iguais para celebrar entre si o contrato que desejassem, a contratação individual

OS INTELECTUAIS DO ANTILIBERALISMO

opunha-se à ideia de coerção do trabalho, presente na escravidão, e ancorava-se na visão de que a matriz básica de organização da sociedade era o indivíduo. A existência de corpos intermediários entre o indivíduo e o Estado — ou o mercado —, pensada desde Montesquieu e retomada por Croly, era percebida como elemento da velha ordem colonial dos privilégios corporativos. Na visão dos tribunais, se uma ordem republicana baseada na liberdade deveria ser fundada, o contrato individual surgia como expressão da liberdade individual.

No século XIX, os trabalhadores tinham, de modo geral, compreensão diferente da liberdade. Os *Knights of Labor*, a primeira central sindical norte-americana de massas, fundada em 1869, afirmava, em sua Constituição, que os Estados Unidos deveriam optar entre o sistema de trabalho assalariado ou o sistema republicano de governo. O assalariamento significava a transformação da força de trabalho em mercadoria, resultando na perda de autonomia do sujeito do trabalho, que era também, simultaneamente, um cidadão da República. Em uma cultura política que erigia a liberdade como um de seus valores fundamentais, ainda que em disputa sobre seu significado, e em que a escravidão era uma realidade recente e ainda tangível, a relação de assalariamento era sentida por muitos trabalhadores como perda de liberdade, levando à escravidão.

O embate entre trabalhadores e patrões era, portanto, inevitável e, como arena da disputa entre ambos, o Poder Judiciário construiu uma série de mecanismos para impedir que a ação coletiva dos trabalhadores interferisse na contratação do trabalho. Em 1806, um tribunal federal adotou pela primeira vez a doutrina da conspiração, que afirmava que a negociação coletiva do trabalho representava uma conspiração contra a operação natural do mercado, por elevar artificialmente os salários e destruir a competitividade. A partir de 1877, tribunais passaram a utilizar *labor injunctions* — ordens emitidas por um juiz em disputas trabalhistas sem a realização prévia de julgamento. Eugene Debs, preso por desobediência a uma *labor injunction* durante a greve da Pullman Car Company, após cumprir pena de seis meses, fundaria o Partido Socialista da América (PSA) e afirmaria: "...não foi o Exército [nem] outro poder qualquer, mas simplesmente os tribunais dos Estados Unidos que

LIBERALISMO E CONTRATAÇÃO DO TRABALHO NOS ESTADOS UNIDOS

acabaram com a greve". A partir da década de 1890, os tribunais passaram a decretar a ilegalidade das organizações operárias também a partir da Lei Sherman Antitruste.

Se, na visão do Judiciário, a manutenção da contratação individual era fundamental para a construção de uma ordem democrática, para as corporações ela surgia como elemento de suas estratégias competitivas. Ainda que o processo de consolidação tivesse freado a competição em vários setores da economia, por serem empregadoras de grandes contingentes operários, as corporações buscavam minimizar seus custos com o trabalho em uma moldura regulatória extremamente frágil. Pela interpretação então corrente da Constituição, cabia sobretudo aos governos estaduais regular horas máximas e salários mínimos, e poucos o faziam. Em 1913, apenas 13 estados tinham limites de horas para algumas categorias, em 1933 apenas 16 possuíam leis de salários mínimos para mulheres e crianças e oito não tinham qualquer tipo de limite para a jornada de trabalho. A definição de horas e salários era deixada a cargo, portanto, dos contratos de trabalho. Nesse cenário, as corporações lutavam ferozmente para diminuir seus custos de produção, utilizando a contratação individual como estratégia para redução dos custos da mão de obra.

Commons e Croly entendiam a contratação coletiva do trabalho como forma de regular a competição entre as empresas, permitindo a elevação dos salários, de modo a proporcionar maior consumo aos trabalhadores e, portanto, reconstruir as bases da harmonia social. Este ponto é importante: Croly e Commons, como de resto os *liberais* progressistas, não faziam uma crítica à relação de assalariamento em si, mas defendiam a tese de que uma maior parcela da renda nacional fosse apropriada pelos salários. A crítica ao salário não fazia parte do vocabulário progressista, mas do PSA e do *Industrial Workers of the Wold* (IWW), que, a partir da tradição radical americana, tal qual os *Knights of Labor*, opunham irremediavelmente o capitalismo à República.

A visão da contratação coletiva como elemento de regulação do mercado de trabalho encontrava ecos em setores do empresariado e do trabalho organizado. Até 1915, as reflexões e propostas da Taylor Socie-

OS INTELECTUAIS DO ANTILIBERALISMO

ty, que reunia simpatizantes e estudiosos de técnicas científicas de organização do trabalho, relativas às relações entre trabalhadores e direções corporativas, revelavam uma visão gerencial profundamente autoritária. Com a morte de Frederick Taylor, a Sociedade sofreu uma inflexão política e alguns de seus membros, como William Leiserson — que teria grande influência na política sindical do New Deal, nos anos 1930 —, perceberam que os chamados métodos prussianos na indústria haviam chegado ao fim. Para eles, a autoridade patronal deveria repousar no consentimento dos trabalhadores, gerando mais eficiência. Da mesma forma, líderes sindicais, como Sidney Hillman, do *Amalgamated Clothing Workers of America* (ACWA) — também influente durante o New Deal —, passaram a articular gestão científica da produção com mecanismos de controle dos trabalhadores sobre o processo de trabalho. Em colaboração com membros da Taylor Society, Hillman buscou introduzir uma ordem coletivamente contratada das relações entre trabalhadores e gerência. Nas duas primeiras décadas do século XX ocorreu, portanto, um processo de afinidade de estratégias de reformadores sociais e líderes empresariais e sindicais no sentido de transformar os sindicatos em elementos de regulação da concorrência inter-capitalista e de disciplinarização da força de trabalho, em troca de maior autonomia no local de trabalho e salários mais altos. Membros da Taylor Society chegaram mesmo a defender a criação de sindicatos nacionais, de forma a regular a economia americana como um todo.

A maior parte dos líderes empresariais, no entanto, permanecia contrária à contratação coletiva do trabalho. Ford, mais uma vez, expressa bem essa posição. Muito embora considerado um dos principais líderes empresariais progressistas, entendia que a satisfação operária e a reconstrução da harmonia social estavam menos ligadas à ação reguladora do sindicato do que à benevolência de patrões, como ele próprio. Em 1914, instituiu para seus trabalhadores não qualificados o Dia de Cinco Dólares, o dobro do que então ganhava um trabalhador qualificado. Pôde fazê-lo porque não tinha, então, competidores. No entanto, em razão da inflação da Grande Guerra, o poder de compra dos US$ 5 havia se reduzido, em 1918, ao equivalente a US$ 2,14 de

1914, não tendo sido reajustado justamente porque, no pós-Guerra, a General Motors Corporation e a Chrysler Corporation já haviam começado a competir com a Ford.

Em meio a tais debates, a Grande Guerra impôs ao governo americano a necessidade de garantir a continuidade da produção bélica, de gerenciar fluxos de matérias-primas e, não menos importante, de evitar que greves obstaculizassem o esforço de guerra. Consequentemente, o presidente Wilson acabaria por fazer um governo de contornos muito mais próximos ao Novo Nacionalismo, de Theodore Roosevelt, do que à sua Nova Liberdade. Várias agências administrativas para regular setores da economia, reunindo funções executivas, legislativas e judiciais por delegação do Congresso, foram criadas, levando a uma grande expansão das capacidades do governo. No que se refere à contratação do trabalho, Wilson criaria a *National War Labor Board* (NWLB), agência tripartite envolvendo representantes do empresariado, do movimento sindical e do Estado, com o objetivo de dirimir os conflitos entre os primeiros e impedir que greves obstaculizassem o esforço de guerra. A NWLB reforçou o processo, que se iniciara em 1914, com a Lei Clayton — que limitava o poder das *labor injunctions* contra o movimento sindical — de transição do Judiciário para o Legislativo e Executivo como poderes reguladores da vida sindical. Tal processo ganharia impulso em 1935, com a aprovação da *National Labor Relations Act* (NLRA), por muitos considerada a mais importante, e radical, legislação do New Deal. De outro, deu início a uma inédita aproximação entre o movimento sindical, representado pela *American Federation of Labor* (AFL) e o Estado — até então percebido, em razão da ação do Poder Judiciário, como agente sistemático de desarticulação dos esforços associativos dos trabalhadores —, processo que também se aprofundaria durante o New Deal (no caso, porém, não mais em relação à AFL, mas ao *Congress of Industrial Organizations* (CIO).

A unir a NWLB e a AFL, o discurso da democracia industrial, velha bandeira do movimento sindical que seria, pela primeira vez, incorporada ao discurso oficial. Conceito polissêmico, democracia industrial sinalizava, para o governo Wilson, uma ordem coletivamente contratada de

OS INTELECTUAIS DO ANTILIBERALISMO

relações de trabalho, de modo a criar um clima de entendimento entre patrões e trabalhadores e a continuidade do processo de produção; para a AFL, revelava-se um instrumento para atacar a autoridade patronal no local de trabalho. Usando o linguajar da propaganda de guerra, a AFL afirmava que as corporações que se opunham à contratação coletiva do trabalho obstaculizavam o esforço de guerra, revelando sua natureza despótica e autocrática. Urgia, portanto, *deskaizerisar* a indústria americana, retirando o ranço prussiano dos administradores corporativos. A AFL, percebendo-se como agente da democracia industrial, fazia, da sindicalização, um ato patriótico.

A aproximação entre a AFL e o governo Wilson representou um custo elevado para outras organizações de trabalhadores. No que poderia ser considerado um conjunto de *discriminações positivas* ao *bom* sindicalismo da AFL, ao mesmo tempo em que abrigava a AFL na NWLB, e *discriminações negativas* aos *maus* sindicatos, anarquistas e socialistas, o governo Wilson fez sentir sua mão pesada sobre o IWW e o PSA. Com a aprovação, pelo Congresso, do *Espionage Act*, de 1917, logo suplementado pelo *Sedition Act*, de 1918, todos os movimentos e partidos considerados politicamente radicais, dentre os quais os dois citados, foram sistematicamente reprimidos pelo governo.

O impulso regulador de Wilson iria sofrer, no entanto, uma série de constrangimentos políticos, institucionais e legais. Os limites constitucionais ao poder da União, expresso em um forte federalismo, uma cultura política que tradicionalmente desconfiava da centralização do poder e a quase inexistência prévia de burocracias estáveis e experientes fragilizaram o poder e a legitimidade de ação do governo federal. Entendido como uma necessidade excepcional diante da guerra, o Estado administrativo montado por Wilson deu lugar à defesa da volta à *normalidade*, ao *business as usual*, o fim da ingerência estatal sobre a economia, bandeira do candidato republicano à presidência da República em 1920, Warren Harding. As agências administrativas passaram a ser criticadas por não terem conseguido representar o Estado arbitral diante do universo dos interesses privados, tendo sido capturadas pelos setores econômicos que deveriam, justamente, regular. A *National Association of*

LIBERALISMO E CONTRATAÇÃO DO TRABALHO NOS ESTADOS UNIDOS

Manufacturers (NAM), em particular, assim como empresários como Ford, criticavam, sobretudo, a filosofia da NWLB, que tornava a contratação coletiva do trabalho um instrumento de política pública.

A defesa da volta à *normalidade* coincidiu, não por acaso, com o grande Medo Vermelho de 1919, ocasião em que 4.160.348 homens, ou 20% da força de trabalho dos Estados Unidos, cruzaram seus braços em 3.630 greves, em face da inflação então em curso. A tais greves, e aos atentados então cometidos contra empresários e funcionários públicos, seguiu-se um violento movimento de repressão visando à deportação de trabalhadores estrangeiros tidos como radicais. A partir da visão de que o conflito social era obra de elementos antiamericanos no seio do movimento sindical, e informado pelos acontecimentos revolucionários da Rússia soviética e da Alemanha de Weimar, o governo desferiu uma série de ataques contra líderes operários, que passaram a ser conhecidos como *Palmer Raids*, em razão de seu mentor, o advogado-geral da União, A. Mitchel Palmer. Em novembro de 1919, 250 membros da União dos Trabalhadores Russos foram presos e, em dezembro, 249, sobre os quais não pesava qualquer acusação formal, foram deportados para a Rússia, inclusive a líder anarquista Emma Goldman. Em janeiro de 1920, em uma única noite, 4 mil trabalhadores supostamente comunistas foram presos em 33 cidades, a maioria sem mandado judicial, sendo-lhes negados direitos constitucionais básicos: foram mantidos incomunicáveis, interrogados com violência e, em algumas cidades, submetidos a tratamento público humilhante. Ao todo, algo em torno de 600 pessoas foram deportadas no período, que deixou como principais símbolos os anarquistas Sacco e Vanzetti, presos em 1920 e executados em 1927.

A defesa da volta à *normalidade* coincidiu também com a retomada do Poder Judiciário como elemento de desarticulação do movimento sindical. O *United Mine Workers* (UMW) recebeu na década de 1920 sentenças condenatórias em todo o repertório legal desenvolvido pelos tribunais ao longo do século XIX. Em 1921, foi condenado por conspiração pela Suprema Corte dos Estados Unidos em uma ação movida por operadores de minas de West Virginia. No mesmo ano, sofreu várias *labor injuctions* em Indianápolis e, mais uma vez, West Virginia. Em Arkansas, os embates entre o UMW e a Coronado Company resultaram em uma condenação pela Suprema Corte dos Estados Unidos, tendo como base a Lei Sherman.

Mas a crise do *liberalismo* e a vitória da *normalidade*, consagrada pela eleição de Harding em 1920, não resultariam apenas da ofensiva republicana, judicial e patronal, mas também de um refluxo da vitalidade dos intelectuais *liberais* progressistas. Muitos deles ficariam chocados com o *Espionage Act*, o *Sedition Act* e, principalmente, os *Palmer Raids*. O Estado, até então percebido como agente civilizatório, havia se revelado instrumento da barbárie, violador de direitos civis e políticos, vocalizando mais o nacionalismo e a ordem autoritária do que a reforma social. Mas não ficaram menos chocados com o Medo Vermelho, momento em que a ação sindical foi por muitos percebida menos como referente à construção de uma regulação eficaz da economia, com vistas à harmonia social, do que como expressão de interesses de classe, combustível do conflito social. O Estado, os sindicatos e as grandes corporações, que deveriam ser construtores de uma ordem social solidária e harmoniosa, revelavam-se presas de seus próprios interesses, caso de corporações e sindicatos, ou apenas interessado em acumular recursos de poder, caso do Estado. O dinamismo do debate da década de 1910 deu lugar ao pessimismo e, em alguns casos, à confusão ideológica. Croly e o historiador Charles Beard chegariam a flertar com o fascismo, modelo de organização política capaz de superar o individualismo e o atomismo do liberalismo, considerando um erro julgá-lo pelas declarações extravagantes de Benito Mussolini.

Se os *liberais* progressistas entraram em recesso político e intelectual no pós-guerra e a volta à *normalidade* consolidou-se como política de governo, os progressistas identificados com a reforma individual ganharam força. O ano de 1919 marcou a aprovação da Lei Seca, talvez a mais intrusiva legislação sobre os hábitos dos cidadãos, e, em 1922 e 1924, o Congresso aprovaria leis de restrição à imigração, virtualmente eliminando a entrada de estrangeiros nos Estados Unidos. É importante salientar que tal peça legislativa teve o decisivo apoio da AFL, por entender que a entrada de imigrantes, ávidos por trabalho e frequentemente aceitando salários e condições de trabalho inferiores, fragilizava seus esforços organizacionais. É importante salientar também que, muito embora tendo criticado várias das ações sindicais durante o Medo Vermelho, a AFL seria alvo da ação patronal e judicial, tendo seus recursos fragilizados nos anos 1920.

Seria incorreto afirmar que a agenda *liberal* progressista não tenha deixado marcas nos anos 1920, tampouco que as relações de trabalho tenham então voltado ao patamar de puro arbítrio, característico do período até a Grande Guerra. Se a política de *open-shop*, a repressão patronal aos sindicatos e a contratação individual do trabalho ainda eram a regra no mercado de trabalho, algumas corporações começaram a desenvolver programas de *welfare capitalism*, a busca de construção do consentimento operário por meio de benefícios indiretos, como programas de saúde, aposentadoria e esportes, assim como planos de representação de trabalhadores nos locais de trabalho. No entanto, a rigor, o *welfare capitalism* era uma estratégia para o *open-shop*, significando uma alternativa à efetiva contratação coletiva do trabalho. Os *company unions*, sindicatos de trabalhadores controlados pelas direções corporativas no âmbito do *welfare capitalism*, logo se tornariam os principais adversários dos sindicatos independentes, que continuaram a ser alvo da repressão das grandes corporações. Ainda na década de 1930, a General Motors, que tinha desenvolvido programas de *welfare capitalism*, empregava espiões para denunciar organizadores sindicais em suas linhas de montagem. Da mesma forma, Henry Ford, após o abandono do projeto do Dia de Cinco Dólares, deixou de lado qualquer tentativa de construir um espaço de consenso com seus trabalhadores, substituindo-o pela violência aberta contra os sindicatos como forma de manutenção da ordem fabril. Não admira, pois, que na década de 1930 ele viesse a ser conhecido como o Mussolini de Detroit, muito embora fosse admirador confesso de Adolf Hitler, e não do *Duce*. Admiração, aliás, recíproca.

OS INTELECTUAIS DO ANTILIBERALISMO

REPUBLICANOS, DEMOCRATAS E A TRADIÇÃO PROGRESSISTA

O progressivismo, tanto em sua dimensão *liberal* quanto na relativa à reforma moral, produziu experiências e reflexões que seriam incorporadas tanto pelo Partido Democrata quanto pelo Republicano nas décadas seguintes.

A partir do New Deal, o pensamento *liberal* progressista contribuiu decisivamente para a agenda do Partido Democrata, particularmente a visão da necessidade de um novo equilíbrio de forças entre as grandes corporações, o trabalho organizado e o Estado. Ao contrário do debate da era progressista, no entanto, a promoção da contratação coletiva era entendida pelos *new dealers* menos como uma forma de reconstruir a perdida harmonia social da América do que de combater a irresponsabilidade das gerências corporativas, incapazes de estabelecer mecanismos voluntários de ação coletiva que regulassem a concorrência entre elas. Em outras palavras, a contratação individual do trabalho não era mais percebida como um problema social, de perda de harmonia e coesão social, mas econômico, por impossibilitar o consumo operário, uma das causas da Grande Depressão.

A experiência das agências administrativas da Grande Guerra, por outro lado, contribuiria para a expansão das capacidades do Estado nos anos 1930, ainda constrangido pela forte oposição republicana e democrata sulista, pela interpretação da Suprema Corte do federalismo americano, que reservava poderes regulatórios às unidades da federação, e pela oposição patronal. A NWLB, em particular, estaria na base das reflexões que deram origem a uma das principais agências administrativas do New Deal, a *National Labor Relations Board* (NLRB), criada em 1935. Ao contrário da NWLB, a NLRB não tinha estrutura tripartite, mas dentre seus objetivos declarados estava o de substituir a greve pela contratação coletiva do trabalho como norma das relações entre trabalhadores e empregadores. Por outro lado, a visão do sindicato e da contratação coletiva como elementos de regulação da concorrência intercapitalista — entendida como um dos fatores de acionamento da crise, por deprimir os salários operários em uma economia oligopolizada voltada para a produção em

LIBERALISMO E CONTRATAÇÃO DO TRABALHO NOS ESTADOS UNIDOS

massa de bens de consumo durável —, seria, também, elemento central da estratégia de regulação econômica do New Deal.

O debate entre as concepções de Croly e Commons a respeito das relações entre Estado e movimento sindical seria também retomado durante o governo Roosevelt, principalmente em razão da NLRB. Dado que os *new dealers* diagnosticavam a Depressão como uma crise de subconsumo, a NLRB tornava política pública a promoção da contratação coletiva do trabalho, entendida como instrumento de elevação da massa salarial e da capacidade de consumo da classe trabalhadora. Portanto, a ação sindical deveria estar subordinada a um ideal de bem comum, o combate à Depressão, definido pela própria NLRB. O sindicato se tornava, ele próprio, agente do bem comum, e não apenas representante dos interesses privados de seus membros. Nesse cenário, a NLRB deveria ou não regular a vida dos sindicatos? A resposta dos pluralistas industriais da AFL, assim como de especialistas em relações de trabalho, como William Leiserson, derivava das ideias de Commons. O Estado deveria limitar-se a garantir o cumprimento dos contratos coletivos firmados, a partir da visão de que os grupos de interesse eram privados. Nessa perspectiva, à NLRB caberia apenas proporcionar recursos legais aos sindicatos, de modo a que se tornassem aptos a contratar coletivamente as condições de trabalho e remuneração. Já os realistas legais, advogados que percebiam o Estado não apenas como um recebedor de *inputs* da sociedade, mas como agente do aperfeiçoamento desta, possuíam afinidades com o pensamento de Croly, defendendo a participação estatal na configuração e legitimação dos grupos de interesse. Para eles, assim como para o CIO, o Estado deveria estimular os sindicatos julgados mais aptos a realizar a contratação coletiva mais eficaz. Sindicatos industriais filiados ao CIO deveriam receber *discriminações construtivas* por parte da NLRB, em detrimento dos sindicatos profissionais da AFL. A NLRB seria a agência central do embate entre as duas concepções e, não por acaso, seria também um dos elementos de maior tensão política dentro da coalizão do New Deal.

A partir do New Deal, o Partido Democrata — em articulação com diversos segmentos e grupos de interesse, como os sindicatos e corpora-

OS INTELECTUAIS DO ANTILIBERALISMO

ções ligadas à expansão do mercado doméstico, os movimentos pelos direitos civis de negros, mulheres, minorias étnicas etc. —, estaria associado a reformas na sociedade americana, como a promoção da igualdade racial e o combate à pobreza, com a utilização, mais uma vez, da ideia de *discriminações construtivas* para focalizar políticas públicas em grupos historicamente colocados em situação de subalternidade social. Assim, por exemplo, as políticas de ação afirmativa (*affirmative action*) tratavam desigualmente os cidadãos de modo a corrigir desigualdades socialmente construídas. As políticas sociais focais da tradição *liberal* diferenciam-se, portanto, das políticas sociais focais da tradição liberal por não se dirigirem a grupos em situação de risco social imediato, tornando-os aptos a voltar ao mercado de trabalho — ou a ingressar nele — no espaço de tempo mais curto possível, mas a grupos que, em razão da própria história dos Estados Unidos, foram colocados em situação de desvantagem social. A ação do Estado se dá, portanto, no sentido de aperfeiçoar a sociedade, corrigindo as desigualdades por ela construídas. Por outro lado, as políticas focais *liberais* vão também em direção diferente das políticas sociais universalistas de tradição social-democrata, por estarem mais preocupadas em garantir igualdade de condições para o ingresso no mercado de trabalho do que em garantir níveis de igualdade a partir da provisão social pelo Estado.

Em contrapartida à regulação estatal da economia, o Partido Democrata passou, também a partir do New Deal, a minimizar a ênfase progressista na reforma moral e, portanto, a regulação estatal sobre hábitos individuais. Um dos primeiros atos de Roosevelt quando assumiu o poder, em 1933, foi o de propor a revogação da Lei Seca, tanto porque ele próprio era um apreciador de drinques, quanto porque estava interessado na arrecadação, pelo Estado, de impostos proporcionados pela produção e venda das bebidas alcoólicas. O *liberalismo* democrata encontraria seu último grande alento na década de 1960, com a Grande Sociedade de Lyndon Johnson e sua guerra à pobreza e à discriminação racial. No entanto, mesmo no governo Bill Clinton, já na década de 1990, ele pode ser percebido no plano de universalização da saúde pública. Na campanha presidencial de 2008, os dois principais candidatos democratas à presidência da República, uma

LIBERALISMO E CONTRATAÇÃO DO TRABALHO NOS ESTADOS UNIDOS

mulher e um negro, explicitaram a agenda socialmente incorporadora democrata. Por outro lado, o Caso Monica Lewinsky, que teve Bill Clinton como protagonista, evidenciaria a tradicional desvinculação democrata entre moralidade pública e conduta privada.

Já o Partido Republicano acabaria por encarnar a dimensão de reforma moral do progressivismo, ao mesmo tempo em que rejeitaria suas teses relativas à regulação dos mercados e à contratação coletiva do trabalho. Identificado, no seu nascedouro na década de 1850, com a reforma social e o combate à escravidão, o Partido Republicano encampou o progressivismo *liberal* até a primeira década do século XX, sob a liderança de Theodore Roosevelt. As eleições de 1912, no entanto, marcaram o fortalecimento da ala republicana conservadora, quando William Howard Taft ganhou a indicação partidária para concorrer à presidência, levando a que Theodore Roosevelt abandonasse o partido para fundar o Partido Progressista, de vida curta. A partir da década de 1920, com a volta à *normalidade*, de Harding, os republicanos consolidaram sua visão das virtudes do mercado autorregulável e a rejeição à contratação coletiva ao trabalho. Por outro lado, principalmente a partir dos anos 1960, foram cada vez mais se identificando com a visão de reforma moral do progressivismo, passando a defender a regulação, pelo Estado, de comportamentos individuais, como o combate à homossexualidade ou a promoção de valores familiares e religiosos. Nos anos 1980, Ronald Reagan, por muitos considerado o mais importante presidente republicano do século XX, comandou a ofensiva neoliberal contra os últimos vestígios da coalizão do New Deal, liderando um combate feroz contra os sindicatos e cortando fundos públicos para programas sociais. Por outro lado, a coalizão que levou Goerge W. Bush ao governo, na primeira década do século XXI, apoiado pela direita cristã e pelos chamados neoconservadores, liderou uma grande ofensiva contra o aborto e a união civil entre pessoas do mesmo sexo, ao mesmo tempo em que cortava gastos sociais em saúde e educação. Tal coalizão, é importante lembrar, agiu fortemente durante o Caso Lewinsky, fazendo da suposta imoralidade da vida pessoal do presidente Clinton debate da agenda pública. Adicionalmente,

OS INTELECTUAIS DO ANTILIBERALISMO

os republicanos retomaram com vigor a discussão anti-imigrantista como defesa dos valores tradicionais americanos.

Por cima das divergências entre democratas e republicanos repousa, no entanto, um consenso maior, tributário da tradicional visão do excepcionalismo americano. Ainda que com interpretações diversas sobre seu significado, ambos buscam manter e ampliar as bases do que Croly chamava de a promessa da vida americana, uma experiência histórica excepcional de liberdade, igualdade e abundância.

NOTAS

1. Simon Patten. "The theory of social forces". *In*: AAAPSS, 7, jan. 1896, p. 143. *Apud* Dorothy Ross. *The origins of American social science*, Cambridge, Cambridge University Press, 1991, p. 148.

2. A ideia do excepcionalismo americano, construída a partir da Revolução Americana, está associada à visão de que os Estados Unidos conheceram uma experiência histórica única, e superior, à dos demais países, o que lhes emprestaria uma missão civilizatória para o mundo. Nascidos de um ideal de liberdade e igualdade, expresso na Declaração de Independência, contando com uma fronteira, tanto física quanto social, aberta ao talento individual, destituídos das diferenças de classe, *status* social e riqueza características dos países europeus, e ainda, nas versões alimentadas pela tradição evangélica, percebidos como dotados da bênção divina, os Estados Unidos surgem nessa visão como um país único, destinado a realizar um projeto de liberdade, individualismo, igualdade e abundância. A tradição do excepcionalismo está na base, inclusive, da ideia de um *american way of life*, um modo próprio de viver dos americanos. Para uma análise da importância da fronteira na construção da noção de excepcionalismo americano, cf. Richard Slotkin, *Gunfighter nation. The myth of the frontier in the twentieth century America*, Nova York, Harper Perennial, 1993.

3. O Movimento Progressista constitui tema clássico da historiografia norte-americana. As principais correntes interpretativas entendem-no ora como um movimento reativo e moralista, formado por membros da velha classe média — jornalistas, ministros de igrejas e pequenos proprietários — temerosos da

LIBERALISMO E CONTRATAÇÃO DO TRABALHO NOS ESTADOS UNIDOS

perda de seu *status* social, ora como formado, pelo contrário, pela nova classe média oriunda do processo de industrialização — engenheiros, administradores e especialistas em relações de trabalho —, que buscava aplicar na esfera pública os métodos organizacionais oriundos do mundo empresarial. Uma terceira corrente percebe o progressivismo como uma estratégia das grandes corporações que teriam buscado, por meio da expansão das capacidades administrativas do Estado, construir um ambiente institucional adequado à expansão capitalista; ao passo que uma quarta nega a própria existência do Movimento, pela ausência por ele evidenciada de um programa consistente, de uma base social identificável e de uma agenda de reformas coerente. De fato, é complexa a natureza de um movimento capaz de propor e produzir reformas aparentemente tão diferentes, como a introdução de mecanismos de democracia direta, como o referendo e o *recall* em alguns estados, e o aprofundamento do sistema Jim Crow de segregação racial. Cf. Richard Hofstadter, *The age of reform*, Nova York, Vintage Books, 1955; Robert Wiebe, *The search for order, 1877-1920*. Nova York, Hill and Wang, 1999 (a primeira edição é de 1967); Gabriel Kolko, *The triumph of conservatism: a re-interpretation of American history, 1900-1916*. Chicago: Quadrangle Books, 1963; Peter Filene, "An obituary for 'The Progressive Movement'", *American Quartely*, n° 22 (1970), p. 20-34; Eileen McDonagh, "The 'Welfare Rights State' and the 'Civil Rights State': policy paradox and state building in the Progressive Era", *Studies in American Political Development*, n° 7 (outono de 1993), p. 225-274; Arthur Link e Richard McCormick, *Progressivism*, Arlington Heights, Harlan Davidson, Inc., 1983.

4. Em nome da clareza da exposição, o liberalismo em seu sentido americano será sempre grafado em itálico, *liberalismo*. Da mesma forma, o vocabulário teórico progressista, como *discriminações positivas*, *bons* e *maus* sindicatos, assim como o vocabulário da luta político-partidária, como *normalidade*.

5. Herbert Croly. "The future of the state", *The New Republic*, sept. 15, 1917, p. 182, 183.

BIBLIOGRAFIA

ERNST, Daniel. "Common laborers? Industrial pluralists, legal realists, and the law of industrial disputes, 1915-1943. *Legal History Review*. V. 11, n° 1 (primavera de 1993), p. 59-100.

FILENE, Peter. "An obituary for 'The Progressive Movement'". *American Quartely*. N° 22 (1970), p. 20-34.

FORBATH, William. *Law and the shaping of the American labor movement*. Cambridge e Londres: Harvard University Press, 1991.

GERSTLE, Gary. "The Protean character of American liberalism". *The American Historical Review*. V. 99, n° 4 (outubro de 1994), p. 1.043-1.073.

HAWLEY, Ellis. *The Great War and the search for a modern order*. Prospect Heights: Waveland Press, 1997.

HOFSTADTER, Richard. *The age of reform*. Nova York: Vintage Books, 1955.

KOLKO, Gabriel. *The triumph of conservatism: a re-interpretation of American history, 1900-1916*. Chicago: Quadrangle Books, 1963.

LICHTENSTEIN, Nelson; HARRIS, Howell. *Industrial democracy in America. The ambiguous promise*. Nova York e Cambridge: Cambridge University Press e Woodrow Wilson Center Press, 1993.

LINK, Arthur; McCORMICK, Richard. *Progressivism*. Arlington Heights: Harlan Davidson, Inc., 1983.

McCARTIN, Joseph. *Labor's Great War*. The struggle for industrial democracy and the origins of modern American labor relations, 1912-1921. Chapell Hill e Londres: The University of North Carolina Press, 1997.

McDONAGH, Eileen. "The 'Welfare Rights State' and the 'Civil Rights State': policy paradox and state building in the Progressive Era". *Studies in American Political Development*. N° 7 (outono de 1993), p. 225-274.

MONTGOMERY, David. *Citizen worker. The experience of workers in the United States with democracy and the free market during the nineteenth century*. Cambridge: Cambridge University Press, 1995.

ROSS, Dorothy. *The origins of American social science*. Cambridge: Cambridge University Press, 1991.

SCHNEIROV, Richard; STROMQUIST, Shelton; SALVATORE, Nick (Orgs.). *The Pullman strike and the crisis of the 1890s*. Urbana e Chicago: University of Illinois Press, 1999.

SKOWRONEK, Stephen. *Building a new American state*. The expansion of national administrative capacities, 1877-1920. Cambridge: Cambridge University Press, 1997.

SLOTKIN, Richard. *Gunfighter nation. The myth of the frontier in the twentieth century America*. Nova York: HarperPerennial, 1993.

TOMLINS, Christopher. *The state and the unions. Labor relations, law, and the organized labor movement in America,* 1880-1960. Cambridge: Cambridge University Press, 1995.

WIEBE, Robert. *The search for order,* 1877-1920. Nova York: Hill and Wang, 1999.

Fontes

COMMONS, John. *Industrial goodwill.* Nova York: McGraw-Hill, 1919.

CROLY, Herbert. *The promise of American life.* Boston: Northeastern University Press, 1989 (a 1ª ed. é de 1909).

_____. "The future of the state". *The New Republic*, sept. 15, 1917, p. 182-183.

FORD, Henry. *Ford Motor Company. Forty years, 1903-1943.* Detroit: Ford Motor Company, 1943.

_____. *The Ford plan. A human document. Report of the testimony of Henry Ford before the Federal Commission on Industrial Relations, January 22, 1915.* Nova York: John Anderson Co., 1915.

UNITED STATES OF AMERICA. NATIONAL LABOR RELATIONS BOARD. DIVISION OF ECONOMIC RESEARCH. *Outline of materials gathered for the bargaining unit study.* Washington: Jan., 19, 1940. National Archives and Records Administration. Records 25. Records relating to the Smith Committee Investigation. Records of the Assistant General Counsel. Records of the Attorneys assisting General Counsel. Entry 38, 43, 07, 02. Box 3.

UNITED STATES OF AMERICA. NATIONAL LABOR RELATIONS BOARD. *Legislative History of the National Labor Relations Act. V. 1.* Washington: United States Government Printing Office, 1985.

CAPÍTULO 17 # A direita nacionalista na América Latina: personagens, práticas e ideologia*

*José Luis Bendicho Beired***

---

* Este trabalho contou com o apoio da Fundação de Amparo à Pesquisa do Estado de São Paulo (Fapesp) e do Conselho Nacional de Desenvolvimento Científico e Tecnológico (CNPq).

** Departamento de História da Universidade Estadual Paulista, *campus* de Assis.

Não por acaso a Primeira Guerra Mundial foi definida por Eric Hobsbawm como o marco inicial do século XX.[1] Ela abalou por completo os fundamentos da era liberal e desencadeou a emergência de inúmeros movimentos políticos e culturais que, sob novas perspectivas de direita e de esquerda, pretendiam instaurar uma "nova ordem". A inflexão do quadro político, ideológico e cultural não apenas incidiu na Europa, mas também teve profundas e duradouras consequências no espaço latino-americano.

Na América Latina, a ordem liberal-oligárquica passou a ser questionada por novos movimentos políticos, sociais e culturais, pelo fantasma da revolução de esquerda e, no final dos anos 1920, pela crise do modelo econômico agroexportador. A eleição de Hipólito Yrigoyen, pela União Cívica Radical, e o movimento pela Reforma Universitária na Argentina; a trajetória da Revolução Mexicana; as revoltas tenentistas no Brasil; a criação da Ação Popular Revolucionaria Americana (Apra), no Peru; e a fundação de partidos comunistas em diversos países foram alguns dos exemplos mais eloquentes das transformações em curso. Tais fenômenos políticos conjugaram sob diferentes maneiras a crítica ao liberalismo, quer sob bandeiras reformistas quer em nome da revolução, merecendo uma grande atenção dos historiadores.

Neste ensaio vamos nos debruçar sobre a direita antiliberal latino-americana, cuja relevância histórica tem sido subestimada, mesmo na academia. Buscaremos analisar aspectos tais como suas condições de emergência, manifestações políticas, conformação ideológica e significado histórico.

OS INTELECTUAIS DO ANTILIBERALISMO

Como de costume para os estudiosos da história latino-americana, a abordagem do tema é um desafio em vista da dificuldade de conjugar uma visão de conjunto com a amplitude das experiências nacionais. É o que tentaremos fazer, tomando não todos os países, mas alguns representativos da força e da variedade das correntes da direita antiliberal.

Consideramos que se tratou de uma *nova direita*, embora tal expressão tenha ganho evidência apenas na década de 1980, para qualificar exatamente uma ideologia oposta, o neoconservadorismo, que defendia uma concepção radical do livre mercado. A direita antiliberal era nova por representar uma ruptura com a direita tradicional que preexistia nos vários países do subcontinente, na medida em que passou a empunhar bandeiras tais como antiliberalismo, nacionalismo, estatismo e corporativismo, às quais frequentemente somou o anti-imperialismo, o catolicismo e a defesa das tradições hispânicas.[2] Essa direita diferenciou-se da direita tradicional por recusar de forma integral os princípios e as regras do liberalismo. Contra os princípios de soberania popular, de liberdade e de igualdade — definidas como abstrações subversivas — privilegiou os conceitos de bem comum, autoridade, hierarquia e obediência. Crítica em relação à modernidade, encarou como ameaças as mudanças políticas e sociais, defendendo a não contaminação das tradições nacionais por culturas estrangeiras.

A partir da Primeira Guerra, o nacionalismo latino-americano abandonou seu caráter puramente literário, reivindicatório e cultural e passou a adquirir um *caráter militante,* que se traduziu na elaboração de programas políticos, na criação de organizações e na fundação de jornais e revistas para difundir as suas propostas na opinião pública.[3] Um lugar importante coube aos intelectuais, decisivos tanto na gestação quanto no desenvolvimento dessa nova direita, fornecendo os seus principais líderes políticos e ideológicos. Uma hipótese sugere que os intelectuais teriam sido os primeiros a assimilar e a desenvolver uma nova sensibilidade orientada na direção dos novos valores de direita que se impunham em escala mundial.[4] Como exemplo do papel dos intelectuais podemos citar a organização do laicato católico argentino em torno da revista *Critério* e dos Centros de Cultura Cultura Católica; a formação de grupos de

A DIREITA NACIONALISTA NA AMÉRICA LATINA

extrema direita na Argentina contrários aos governos da União Cívica Radical nos anos 1920, tais como a Liga Patriótica Argentina, a Liga Republicana e o jornal *La Nueva República*; a fundação do movimento Ação Social Nacionalista e as publicações *Brazilea* e *Gil Blas*. Na década de 1930, os movimentos nacionalistas multiplicaram-se, assistindo-se ao aparecimento de movimentos políticos de massa de extrema direita em vários países latino-americanos. Dentre eles merecem ser assinalados o *Integralismo* brasileiro, o *Movimento Nacional Socialista* chileno e a organização de *Los Dourados* e do *Sinarquismo* no México.

De toda forma, entendemos que a direita nacionalista na América Latina integrava um processo mais amplo de reação ao sistema liberal, ao mesmo tempo em que constituía uma reação aos processos de democratização e de secularização política em curso nos diversos países da região. O crescimento econômico das primeiras décadas do século produziu uma modernização que se traduziu na emergência de novos movimentos sociais, na criação de partidos reformistas e revolucionários; e na emergência daquilo que Beatriz Sarlo denominou como uma "modernidade periférica",[5] baseada no crescimento urbano, do mercado de bens culturais e na disseminação social de novos valores comportamentais. As correntes da direita nacionalista baseavam-se no diagnóstico de que a direita tradicional era incapaz de reproduzir a ordem social nos marcos do sistema liberal-oligárquico. Impunha-se lançar mão de uma nova alternativa política, capaz de imprimir uma nova direção pautada pelas ideias da extrema direita, cuja ascensão na Europa do pós-guerra apenas endossava as certezas da nova direita latino-americana. Entre seus principais objetos de admiração figuravam a doutrina social católica, o fascismo italiano, o integralismo português, a ditadura de Miguel Primo de Rivera na Espanha, o falangismo espanhol e o nacional-socialismo alemão.

EXPERIÊNCIAS NACIONAIS

Ao mesmo tempo que compartilhava elementos em comum, as correntes da direita nacionalista manifestaram-se em cada país de forma va-

OS INTELECTUAIS DO ANTILIBERALISMO

riada, tanto na sua expressão ideológica quanto política, tanto em função das diferentes histórias nacionais como dos problemas e conflitos que presidiram as conjunturas nacionais da primeira metade do século XX. Optamos por estabelecer as principais vertentes da direita nacionalista em determinados países onde foi mais representativa, embora tenha se feito presente em praticamente todos os países da região. O Brasil contou com correntes da direita nacionalista que tiveram intensa presença no debate político e intelectual, entre as décadas de 1920 e 1940, cujas ideias e iniciativas tiveram papel decisivo na esfera do Estado e da sociedade. Por economia de espaço, vamos nos concentrar na área hispano-americana, fazendo referências ao Brasil quando for oportuno, pois a comparação é fundamental para a compreensão da história da América Latina.[6]

Argentina

Com o Brasil e o Chile, a Argentina constitui o país latino-americano em que a direita nacionalista obteve maior repercussão. Essa corrente ganhou vida durante a década de 1920, em meio às reações políticas contra os governos da União Cívica Radical, em especial do presidente Hipólito Yrigoyen. Reeleito em 1928, depois de cumprir um mandato entre 1916 e 1922, sua gestão contou com a oposição ferrenha dos setores conservadores, que acabaram por retornar ao poder depois da derrubada de Yrigoyen por um golpe militar, em 1930. Os intelectuais tiveram um papel muito importante na oposição ao radicalismo, na formulação de um pensamento nacionalista e na criação de grupos militantes em favor da construção de uma ordem autoritária. No futuro, a força do nacionalismo gestado nos anos 1920 se desenvolveria por caminhos variados — da direita à esquerda — que encontrariam um formidável e contraditório desaguadouro no peronismo.

O poeta e escritor Leopoldo Lugones, um dos grandes homens de letras que a Argentina já teve, foi uma das figuras pioneiras da reação antiliberal. Passou do anarquismo, na juventude, à identificação com o fascismo italiano na década de 1920, quando começou a defender um ideário social-darwinista, nacionalista, militarista, corporativista e xenófobo em relação aos imigrantes, por ele tidos como responsáveis pela subversão política na Argentina. Figura ao mesmo tempo refinada, polêmica e extravagante, marcou as várias correntes autoritárias argentinas com as suas ideias, apesar da discrepância do seu ateísmo em relação ao catolicismo predominante no restante da direita. Via no Exército a "última aristocracia" capaz de estabelecer uma organização hierárquica diante da dissolução demagógica representada pelos governos radicais e pela participação política das massas. Coerente com o seu pensamento, foi um dos principais articuladores do golpe que derrubou o governo Yrigoyen e esteve à frente das milícias de inspiração fascista dos anos 1930. No livro *La Grande Argentina* (1930), afirmava que o país encontrava-se em um "estado colonial" com relação aos países industrializados e que a soberania argentina encontrava-se ameaçada. Para reverter o quadro, clamava por um novo regime que transformasse o país em uma potência econômica e militar que pudesse se impor sobre os demais países sul-americanos.

A direita nacionalista argentina organizou-se entre dois polos ideológicos, o católico e o fascista. As posições dos seus integrantes ou encontravam-se nas extremidades desse espaço, coincidindo com os próprios pólos, ou situavam-se em algum ponto entre os dois extremos, situação na qual se mesclavam elementos ideológicos fascistas e católicos. Sem conseguir se estruturar sob um grande partido ou organização de massas, a direita antiliberal limitou sua atuação a uma miríade de pequenas organizações políticas e à edição de numerosas publicações.[7] Jornais e revistas funcionaram na prática como estruturas de organização da própria direita, operando na prática, como lembra Antonio Gramsci, como partidos, na medida em que permitiam a aglutinação de pessoas em torno de um programa e buscavam conquistar parcelas maiores da opinião pública.

Dois órgãos foram fundamentais para a formação do pensamento da direita nacionalista argentina: o jornal *La Nueva Republica* (1927) e a revista *Critério* (1928). Sob a direção de Rodolfo Irazusta e Ernesto Palácio, *La Nueva Republica* procurava emular o papel do jornal *L'Action*

OS INTELECTUAIS DO ANTILIBERALISMO

Française enquanto organizador da reação de direita e foi uma publicação marcada pelo elevado nível intelectual dos colaboradores, que iam desde posições católico-conservadoras até fascistas. Com o seu braço político, a *Liga Republicana*, reuniu a maioria dos principais ideólogos e líderes da direita antiliberal: Lepoldo Lugones, Manuel Gálvez, Julio Irazusta, Julio Meinvielle, Juan Carulla, Tomás Casares, Carlos Ibarguren, Alejandro Ruiz-Guiñazu, Marcelo Sanchez Sorondo, César Pico e Alberto Ezcurra Medrano. As suas principais referências intelectuais europeias eram o alemão Oswald Spengler, os franceses Charles Maurras e Hillaire Belloc, o russo Nicolai Berdiaeff e o escritor espanhol Ramiro de Maeztu, embaixador da Espanha em Buenos Aires (1928-1930), que, ao retornar à Espanha, fundou o movimento direitista *Acción Española*. Dentre as ideias difundidas pelo jornal destacavam-se o antiliberalismo econômico, a recusa ao sistema político representativo, a aversão aos partidos políticos, a defesa da destruição da democracia liberal mediante o uso da força, o corporativismo, a aliança entre Estado e Igreja, o antissemitismo e o vitalismo.

A perspectiva católica teve na revista *Critério* a sua mais qualificada defensora, guardando muitas analogias com o papel desempenhado no Brasil pela revista *A Ordem*. Foi criada como desdobramento dos Cursos de Cultura Católica e, vinculada à Ação Católica argentina, constituiu-se no principal porta-voz do laicato. Os setores católicos execraram os governos de Yrigoyen, contra o qual apoiaram explicitamente o golpe de Estado. Em contrapartida, apoiaram os vários governos conservadores dos anos 1930 e reivindicaram, com sucesso, medidas para ampliar a atuação da Igreja no ensino, combater o comunismo e restringir a liberdade de opinião. Por sua vez, as posições mais extremas, diga-se fascistas e protofascistas, foram sustentadas por organizações integradas por milícias que regularmente desfilavam pelas ruas de Buenos Aires e se enfrentavam com os opositores de esquerda nas ruas: *Legión Cívica Argentina, Legión de Mayo, Guardia Argentina, Alianza Nacionalista Argentina* e *Partido Fascista de Córdoba*; e por jornais tais como *Bandera Argentina, Crisol* e *Pampero*, esse subvencionado pela embaixada alemã e editado com grande tiragem durante a Segunda Guerra.

A visão de mundo de tais correntes baseava-se na reação aos fenômenos típicos do mundo contemporâneo: individualismo, secularismo, mobilidade social, democracia de massas, auto-organização da sociedade, entre outros. A visão decadentista da história foi um dos seus pilares ideológicos: o fim da Idade Média teria aberto uma era de decadência histórica e espiritual cujos momentos principais eram a Reforma protestante, a Revolução Francesa e o comunismo. No caso da Argentina, dever-se-iam buscar as tradições herdadas da metrópole para a reorganização da sociedade de acordo com os postulados da tradição monárquica espanhola: primazia dos princípios de ordem, autoridade e hierarquia, sintetizados no catolicismo. Em vista da nostalgia de um passado idealizado, tais tendências acabaram por ser definidas como "nacionalismo restaurador" pelo historiador Cristian Buchrucker.[8] Outra importante representação da ideologia autoritária foi a crença na existência de uma conspiração universal contra a Argentina, sintetizada no mito da hidra tricefálica — cujas cabeças eram a maçonaria, o judaísmo e a finança internacional, tendo como corpo o Império Britânico — disposta a impedir a independência econômica e a ascensão, como potência, de um país católico como a Argentina.

A influência da direita argentina foi muito reduzida em termos do apoio da população em vista do elitismo dos seus líderes, da sua rejeição à mobilização das massas e ao desenvolvimento de partidos políticos. Sua influência manifestou-se principalmente sobre os grupos dirigentes — políticos, militares e eclesiásticos — e sobre os setores médios, de onde provinha a maioria dos seus membros. A Guerra Civil Espanhola e a Segunda Guerra foram objeto de debates apaixonados e tomadas de posição em favor dos nacionalistas espanhóis e do Eixo. As relações com o Brasil também foram incluídas, sempre tomando a Argentina como uma vítima histórica prejudicada pela rapacidade dos governos brasileiros. O conflito mundial foi visto como a oportunidade para a realização do projeto da Grande Argentina, mediante ações militares na América do Sul para a retomada dos territórios perdidos no século XIX, e dessa forma garantir a hegemonia no subcontinente.[9]

A interpretação do passado nacional constituiu um dos aspectos mais significativos da direita nacionalista. Seus fundamentos foram lan-

OS INTELECTUAIS DO ANTILIBERALISMO

çados nos anos 1930 por meio dos escritos de Ernesto Palácio[10] e dos irmãos Julio e Rodolfo Irazusta.[11] O liberalismo e os interesses britânicos foram apontados como os principais fatores dos problemas argentinos desde o século XIX, ao desenvolverem uma suposta conspiração externa para submeter a Argentina. No plano interno, a expressão "oligarquia" serviu para designar aqueles que, aliados aos ingleses, teriam colaborado para a submissão e a manutenção da condição colonial do país. Essa interpretação era uma resposta ao cânone liberal dos vencedores políticos do século XIX que derrotaram os caudilhos federalistas, e por isso recebeu o nome de "revisionismo histórico". Juan Manuel de Rosas, caudilho que governara por duas décadas a província de Buenos Aires com mão de ferro até sua derrota na Batalha de Caseros (1852), era execrado pela historiografia liberal. Em contraponto, os revisionistas o elegeram como o modelo ideal de conduta política e definiram o seu governo como uma espécie de "era de ouro" da história argentina. Essa interpretação sintetizou as tendências preexistentes de reavaliação do passado nacional com uma concepção instrumental da análise histórica baseada em Charles Maurras, para quem a finalidade da história política deveria ser julgar para agir no presente.[12] Apoiada na crítica antiliberal, a interpretação revisionista justificava os regimes fortes e expressava o anseio de que um líder carismático recolocasse a Argentina na correta trajetória histórica da qual ela teria sido desviada. Embora criticada pelos historiadores profissionais, as teses revisionistas foram incorporadas pelo conjunto da direita nacionalista e tiveram grande repercussão na opinião pública, produzindo efeitos na memória social que seriam instrumentalizados pelo peronismo. Ao mesmo tempo em que Perón se apropriou da linguagem revisionista, ele também foi visto pela direita nacionalista como a encarnação do homem providencial simbolizado por Rosas. A maioria das correntes autoritárias granjeou apoio a Perón em vista da sua capacidade de liderança e do perfil militar, assim como do conjunto das suas concepções, baseadas no antiliberalismo, no nacionalismo, na valorização das corporações, no estatismo, na adesão à doutrina social católica, ao lado da simpatia pelos regimes autoritários europeus.

Embora a direita nacionalista não tenha liderado movimentos de massa na Argentina, ela teve uma constante e incisiva atuação, entre o fim dos anos 1920 e a Segunda Guerra. Os seus membros se impuseram no cenário político e cultural por meio da introdução de novas questões, temas e abordagens que influenciaram a formação de uma nova cultura política em amplos segmentos políticos, militares e sociais. Sua história não se limitou aos anos de glória do período entreguerras, projetando-se sobre governos, intelectuais, Forças Armadas e Igreja Católica, até a década de 1980, quando veio abaixo o último regime militar argentino.

Chile

O Chile contou não apenas com inúmeros movimentos políticos radicais de direita, mas também com intelectuais de renome, revistas e jornais, os quais contribuíram para a conformação de uma opinião pública favorável ao antiliberalismo. Diversos estudiosos convergem ao estabelecer relações estreitas entre a direita nacionalista chilena e a ditadura estabelecida pelo General Augusto Pinochet em 1973.[13] Os fundamentos ideológicos desse regime autoritário estariam ancorados nos pressupostos do debate anterior da direita nacionalista, que encontraram uma nova síntese mediante a fusão das duas vertentes conservadoras chilenas: o nacionalismo e o corporativismo expressos nas obras de Jaimc Eyzaguirre, Alberto Edwards e Francisco Antonio Encina.

Os movimentos políticos da direita antiliberal chilena ganharam vida nos anos 1930, depois de dois acontecimentos políticos protagonizados pelas forças de esquerda: a proclamação de uma republica socialista no Chile, que durou 12 dias, em 1932, e a vitória eleitoral da Frente Popular, congregando os partidos Radical, Socialista e Comunista, em 1938. Como reação ao ocorrido em 1932, nesse mesmo ano foi fundado o Movimento Nacional Socialista Chileno (MNSC). Sob a liderança do advogado Jorge González Von Marées, identificava-se com o nazismo alemão, embora se referisse a si mesmo como *nacista*, usando essa grafia para assinalar o caráter chileno do movimento. O MNSC

OS INTELECTUAIS DO ANTILIBERALISMO

possuía um caráter vitalista, irracionalista, elitista e militarista, além de também sustentar posições hispanistas, antioligárquicas, anticonservadoras e anti-imperialistas. Defensor da ação direta e da violência política, o MNSC fez uso constante de tropas de assalto que protegiam seus militantes nas manifestações de rua, além de atacar seus inimigos políticos em outras ocasiões. Três características eram fundamentais no MNSC: o nacionalismo antiliberal e anticomunista; a primazia da política; e o projeto de implantar uma economia dirigida pelo Estado. Na sua autojustificação, afirmava rejeitar tanto a esquerda quanto a direita, em nome de uma terceira via típica dos fascismos europeus.[14] No entanto, ocupava o lugar mais extremo do espectro da direita, propondo um projeto revolucionário e totalitário, mais próximo, portanto, do fascismo italiano e do nazismo alemão do que da extema direita ibérica e da maioria dos países latino-americanos. Segundo o historiador Mário Sznajder, a ideologia do nazismo chileno estava longe de ser reacionária, uma vez que se pautava pela transformação global da sociedade. Seus líderes não queriam que o Chile retornasse às práticas do século XIX, mas adaptar o espírito do modelo que impulsionara o crescimento chileno à realidade socioeconômica do século XX. Nesse sentido, os "nacistas" defendiam as raízes nacionais do seu movimento mediante a evocação de políticos conservadores do século XIX, tais como Diego Portales, Manuel Montt e José Manuel Balmaceda.[15]

Em 1938, os "nacistas" fizeram uma tentativa frustrada de golpe contra o governo de Arturo Alessandri, o qual, em represália, proscreveu o movimento e executou 63 militantes. Com a convocação de eleições para esse ano, paradoxalmente os nacistas resolveram apoiar o maior inimigo do governo, a Frente Popular. Essa coalizão antifascista acabou vitoriosa graças aos votos dos nazistas chilenos e tornou-se a única experiência do gênero vitoriosa fora da Europa. O presidente eleito foi Pedro Aguirre Cerda, do Partido Radical, em aliança com o Partido Socialista e o Comunista. O MNSC acabou por dissolver-se em 1942. Ele carecia de suficiente originalidade ideológica e suas concepções ditatoriais minaram suas bases sociais.[16] Além disso, não havia no Chile as condições que tornaram o nazismo alemão poderoso: o território não

A DIREITA NACIONALISTA NA AMÉRICA LATINA

estava dividido, não havia sérios problemas de fronteira, a população não possuía sentimentos imperialistas, além de que não houvera uma forte crise similar à dos anos 1920 e 1930 na Alemanha.

O vácuo produzido pelo desaparecimento do MNSC e o novo quadro político de hegemonia da centro-esquerda produziram a recomposição dos grupos de extrema direita, cuja dinâmica pode ser subdividida em três fases, até 1952.[17] Entre 1938 e 1941, tais movimentos assumiram uma posição nacionalista sob a influência do fascismo europeu; o período de 1942 a 1945 representou uma fase de transição no sentido da autonomização em relação às experiências europeias e de maior ênfase nos elementos nativos; e a terceira fase, de 1945 a 1952, foi marcada pela busca de novas raízes culturais e a construção de um novo modelo de democracia funcional.

Assim, a partir de 1938 assiste-se à formação de um conjunto de novas forças políticas de extrema direita. Uma delas trazia no próprio nome o seu caráter militarizado, a *Milícia Republicana*; ela possuía um ideário similar ao do nazismo chileno, como, por exemplo, a crença na existência de um quadro de decadência do ser nacional, de predomínio dos valores materiais e de desmoralização do povo. Contra isso, defendia o fortalecimento do espírito patriótico do povo pelo estímulo ao sacrifício, ao orgulho nacional e às virtudes heroicas. Como os "nacistas", também idealizou a figura de Diego Portales[18] e a era dos governos conservadores da chamada "república autoritária" (1831-1861), embora esse aspecto não fosse totalmente original, pois tal idealização vinha sendo elaborada desde o início do século XX pelos intelectuais antiliberais.

O MNSC fracionou-se em três grupos: o *Partido Nacional Fascista* (1938-1942), a *Frente Nacional Chilena* (1938-1941) e o *Movimiento Nacionalista de Chile* (1940-1942). Enquanto o *Partido Nacional Fascista* era marcado pelo fascismo, como o próprio nome assinalava, a *Frente* enfatizava o corporativismo e o *Movimiento Nacionalista de Chile* estava vinculado ao Exército.[19] A morte do presidente da República, Pedro Aguirre Cerda, em 1941, precipitou a reorganização política do país. Os liberais e os conservadores uniram-se em torno do ex-presiden-

OS INTELECTUAIS DO ANTILIBERALISMO

te Carlos Ibañez,[20] de modo a fazer uma oposição mais ampla à coalizão de esquerda que governava o país. Os três grupos em que o MNSC se dividira tornaram a se reaglutinar em torno de um novo partido, *Unión Nacionalista*. Ideologicamente, esse partido realizou a fusão das propostas anteriores, propondo o catolicismo enquanto elemento central da identidade chilena e a necessidade de forjar uma consciência nacional. Como novo elemento ideológico, de influência crescente no futuro, o hispanismo passou a ganhar destaque, em substituição à influência germânica, predominante até então em amplas parcelas das organizações políticas da direita autoritária chilena. Estreitamente ligada às ambições eleitorais do general e ex-presidente Carlos Ibañez, a *Unión* acabou por ser dissolvida em 1944, em favor da formação de um *Movimiento Nacional Ibañista*.

Na terceira fase, imediatamente posterior ao fim da Segunda Guerra, assiste-se à hegemonia internacional das teses democráticas e ao recuo defensivo das forças de extrema direita. No Chile, ocorre uma nova reorganização da direita, agora sob uma nova força, o *Partido Agrário Laborista* (1945-1965), que se transformou em um dos pilares da atuação do general Ibañez quando presidente da República entre 1952 e 1958.

Qualquer análise sobre a direita nacionalista chilena não pode ignorar seus agentes intelectuais, que, individualmente ou participando de círculos mais amplos — frequentemente em torno de revistas e jornais — desenvolveram as bases teóricas do autoritarismo. O semanário *Estanquero*, publicado entre 1946 e 1953, tornou-se uma referência ideológica para o conjunto dessa corrente no Chile. Consistia em um órgão antimarxista, nacionalista, católico e hispanista. No plano econômico, destacava a vocação agrária chilena e, politicamente, defendia a revitalização do papel das Forças Armadas como coluna vertebral da nação. O jornal retomava a figura de Diego Portales, seguindo os passos de dois dos principais ideólogos da direita, os historiadores Alberto Edwards e Francisco Encina. O problema do presente era construir um portalianismo contemporâneo, cujos traços principais deveriam ser: exercício da máxima autoridade, independentemente das massas e dos

A DIREITA NACIONALISTA NA AMÉRICA LATINA

setores financeiros; defesa das tradições, isto é, da herança cultural espanhola e ocidental; não ser de direita nem de esquerda, pois o grupo dirigente deveria emancipar-se da sua classe de origem na busca do bem comum; defender a soberania econômica e política nacional e a integração com os demais países latino-americanos. A revista elogiava — e se espelhava nelas — as experiências políticas da Espanha franquista e do peronismo, uma vez que simbolizavam a vitalidade e a pujança nacional. Mais uma vez, o hispanismo, ao qual já nos referimos anteriormente e ao qual voltaremos adiante, fazia-se presente. Para o jornal, o 12 de outubro de 1942 significava a união da América "bárbara" à cultura ocidental europeia, quando o descobrimento permitiu a ampliação da língua e da religião espanholas e do sentido espanhol de vida.[21]

Com a publicação do livro *Bosquejo historico de los partidos políticos chilenos* (1903), Alberto Edwards estabeleceu o ponto de partida para a formação de um complexo de ideias conservadoras que foi se desenvolvendo nos anos seguintes. Constituiu a primeira reflexão profunda contra o sistema liberal, considerado responsável pela crise chilena de então, assinalando uma linha interpretativa que será seguida no futuro por Francisco Antonio Encina, Jaime Eyzaguirre e Osvaldo Lira. Tais autores podem ser divididos em duas grandes linhagens[22] — nacionalista (defensora da *thèse royaliste*, ou seja de concentração do poder no Executivo) e corporativista (partidária da *thèse nobiliare*, isto é, de partilha do poder entre os corpos intermediários) — que se fundiriam durante a ditadura de Augusto Pinochet, a demonstrar a profundidade e a longevidade da produção ideológica desses autores. Tanto Edwards quanto Encina se notabilizaram por reabilitar a figura de Diego Portales, ditador chileno cujo regime autoritário era contraposto ao liberalismo.

Edwards ocupou os cargos de ministro da Fazenda (1926-1927) e da Educação (1930-1931), esse último sob o governo do general Carlos Ibañez, ou seja, de uma das figuras mais emblemáticas da direita nacionalista chilena. Edwards representou a primeira tentativa de fundar um pensamento conservador não só completamente divorciado da tradição liberal, mas também disposto a enfrentá-la. Dentre os temas do seu revisionismo conservador, podemos citar: a tentativa de refun-

OS INTELECTUAIS DO ANTILIBERALISMO

dar o "peluconismo"[23] da época da "república autoritária"; o ataque ao parlamentarismo e ao liberalismo; a crítica aos partidos e à atividade política em geral; e a adoção do realismo político. No livro *La fronda aristocrática em Chile* (1928), sua obra mais importante, desenvolveu uma análise decadentista da história nacional, cujo declínio teria sido iniciado com a implantação do regime parlamentarista, em 1891. Essa decadência é associada à ascensão das classes médias e do proletariado (setores considerados sem grandeza histórica, além de venais, manipuláveis e corrompidos), paralelamente à derrota das elites tradicionais conservadoras e do Estado autoritário. Encontrava-se em perigo a "existência na sociedade de sentimentos hereditários, de forças espirituais superiores que constituem o Estado em um ser orgânico vivo, dotado de uma alma coletiva".[24]

Sob o impacto da derrota da experiência autoritária de Ibañez, foi criada a revista *Estudios*, sob a direção de Jaime Eizaguirre, em 1932. A revista conferiu atenção ao corporativismo como fórmula política capaz de manter intacto o domínio oligárquico tradicional, assim como a incorporação das classes médias. O grupo da revista foi fortemente influenciado pela doutrina social da Igreja Católica e pelas experiências corporativistas europeias, principalmente da Espanha, de Portugal e da Áustria. Compartilhando uma atitude crítica em relação ao poder totalitário do Estado, a revista desenvolveu um conceito de economia dirigida baseado na prática adotada pelos regimes autoritários dos três países citados, entendendo que, entre o Estado e o indivíduo, havia corpos intermediários ou comunidades naturais (família, município e corporação) cujos fins próprios deveriam ser consoantes aos fins do bem comum de toda a sociedade.[25]

Com a vitória da Frente Popular chilena, em 1938, e a derrota do Eixo na Europa, abriu-se um período da biografia de Eyzaguirre em que ele se transformou num historiador de relevo. Sua interpretação pode ser definida como uma projeção do ideal político do corporativismo ibérico para o contexto histórico do Chile. Uma vez mais a decadência e o hispanismo se encontraram quando Eyzaguirre desenvolveu uma interpretação da história chilena como um longo processo de decadência que teria começado com a traição das lutas de independência: a rejeição da identidade hispânica e autoritária, em favor das utopias liberais e democráticas, levada a cabo por influências que ele considerava exógenas. Entre a identidade postulada pelos indigenistas e a defendida pelos pan-americanistas, o autor buscava uma perspectiva interpretativa intermediária, que, longe de ser neutra, estava repleta de implicações políticas e ideológicas. Era, curiosamente, um percurso que seria traçado por muitas outras correntes da direita latino-americana, desde o México até a Argentina, país onde essa reinterpretação do passado recebera a rubrica de "revisionismo histórico".

México

Apesar de os governos revolucionários terem dominado a cena política mexicana entre as duas guerras mundiais, a direita nacionalista se fez presente por meio de intelectuais, movimentos políticos e órgãos de imprensa. A adoção de posições autoritárias foi acompanhada pela oposição aos governos revolucionários, pela aliança com a Igreja e pela adesão às ideias hispanistas.

Nos anos 1920, intelectuais tais como Carlos Pereyra e Francisco Bulnes desempenharam um importante papel na defesa de posições hispanistas e conservadoras por meio da imprensa e da publicação de livros. Os hispanistas mexicanos defenderam com paixão as suas ideias, em meio a um debate em que a política e a cultura se entrecruzavam. O que estava em jogo eram o presente e o futuro do México, conforme o sugestivo título do livro do jornalista José Elguero, *España en los destinos de México,* cujo objetivo era responder ao conteúdo hispanófobo de outro livro publicado pela Secretaria de Educação Publica.[26] A mensagem hispanista conservadora não podia ser mais explícita no contexto em que a Espanha era governada pelo ditador Miguel Primo de Rivera:

1) À Espanha devemos os mexicanos o caráter e a personalidade; 2) Durante o período colonial formou-se a nação mexicana; 3) Estados Unidos nos causaram danos gravíssimos — a perda de mais da metade

OS INTELECTUAIS DO ANTILIBERALISMO

do nosso território; 4) A expansão dos Estados Unidos é um perigo para nossa nacionalidade; 5) A única defesa que temos reside em revigorar nossa cultura espanhola.[27]

Para surpresa de muitos, tais ideias seriam compartilhadas por José Vasconcellos nos anos 1930. Mais conhecido pelo famoso livro *La raza cósmica* (1926) e por sua passagem pelo Ministério da Educação, quando sustentava posições centristas, ignora-se em geral a sua posterior adesão à extrema direita. Desde a metade de 1936 e ao longo dos anos 1940, Vasconcellos publicou inúmeros artigos na imprensa mexicana defendendo a Espanha franquista sob a ótica do hispanismo conservador. Considerando que o conflito espanhol era o mesmo vivido no México, seus artigos também carregavam críticas aos governos mexicanos, comparando-os com os governos republicanos e a esquerda espanhola. A conversão ao conservadorismo católico ocorreu durante a sua estada na Espanha, entre 1929 e 1936, suscitada pela sua derrota na campanha presidencial contra o candidato governista, então apoiado pelo presidente Plutarco Elias Calles. Encoberta inicialmente, a sua nova posição tornou-se pública só a partir de 1936, não casualmente o ano da eclosão da Guerra Civil, com a edição do livro *Qué és el comunismo?*.[28]

A classe média foi a principal base social de oposição ao governo de Cárdenas, mediante a fundação da Confederação da Classe Média, em 1936. Contrária ao suposto comunismo de Cárdenas, à educação socialista e à politização do sindicalismo, a Confederação tomava como exemplo a Espanha Nacional (sob controle dos rebeldes de direita), com a qual mantinha relações por meio de representantes. Chegou até a enviar uma carta ao general Francisco Franco manifestando sua adesão aos nacionalistas, com base nos princípios do hispanismo: "Nosso desejo ao nos dirigirmos a Vossa Excelência é apenas um, que na Espanha se saiba o clamor do México consciente que aplaude com júbilo a vitória da hispanidade." E, da mesma forma que os nacionalistas argentinos, a Confederação declarou abraçar a causa dos rebeldes como sua:

A DIREITA NACIONALISTA NA AMÉRICA LATINA

O movimento de libertação da Espanha é nosso na mesma proporção que nós temos sangue espanhol (...) Fazemos votos pelo triunfo da vossa causa, que é nossa, e nos propomos, se a oportunidade chegasse, a seguir o exemplo, a coragem, a decisão, a valentia na reconquista da pátria imortal (...)[29]

Outros dois movimentos políticos de classe média catalisaram o apoio da extrema direita mexicana e contaram com a simpatia da imprensa direitista mexicana[30] e das autoridades espanholas:[31] a *Acción Revolucionária Mexicanista* (1934-1936) e a *Unión Sinarquista Nacional* (1937-1949). A primeira, também chamada *Camisas Doradas*, ou simplesmente *Los Dorados*, foi organizada por ex-generais villistas e tinha uma milícia com vistas a perseguir seus opositores. Com inspiração fascista, *Los Dorados* levantavam como bandeiras o nacionalismo, o anticomunismo e o antissemitismo. Durante a Guerra Civil Espanhola, o apoio aos rebeldes direitistas foi acompanhado de acusações — muitas delas infundadas — contra os grupos de esquerda peninsulares, ao mesmo tempo em que aproveitavam para denunciar a simpatia do governo mexicano pela causa republicana.[32] Sob pressão organizada dos grupos progressistas mexicanos, a organização acabou por ser dissolvida por ordem do governo cardenista.

Por sua vez, a *Unión Sinarquista Nacional*, ou simplesmente sinarquismo, apareceu em 1937 a partir de grupos — "legiões" — egressos da Liga Nacional de Defesa da Liberdade Religiosa, organização de apoio à revolta dos *Cristeros* (1926-1929). O seu programa previa a salvação do México por meio do fortalecimento do catolicismo, das tradições hispânicas, da família, de uma ordem política cristã e de uma economia baseada no bem comum. Aderindo ao falangismo, o número de militantes sinarquistas passou de 90 mil para 560 mil, entre 1939 e 1943, tornando-se a maior organização mexicana de extrema direita.

Os movimentos de apoio à causa da Espanha Nacional foram reforçados com a instalação no México de uma delegação da FET e das Jons,[33] em 1937. Tratava-se de um dos braços do Serviço Exterior da Falange, criado pelo franquismo para operar em todos os países onde a

Espanha país tivesse representação diplomática, com o fim de atrair simpatizantes e desenvolver propaganda. No fim da guerra civil, a Falange tinha conseguido organizar partidos falangistas em quase todos os países latino-americanos e chegou a publicar mais de 15 revistas, além de cartazes, postais, folhetos, boletins de imprensa e fotografias. Apesar do seu relativo sucesso, tal empreitada foi objeto de vasta crítica da opinião interna dos países latino-americanos, assim como alvo das pressões dos Estados Unidos em favor da unidade continental em prol dos Aliados, obrigando o governo espanhol a determinar o encerramento das atividades falangistas, a partir da segunda metade de 1941.

CONSIDERAÇÕES FINAIS

Nesta aproximação com a história da direita nacionalista latino-americana procuramos delinear os principais agentes características e circunstâncias que permitem tornar inteligível essa ampla corrente política, ideológica e, por que não, cultural na vida pública. Muitos países ficaram de fora, tais como Porto Rico, com seu Partido Nacionalista, que sustentava posições ultracatólicas e hispanistas e lutou pela independência em relação aos Estados Unidos; a Bolívia, com os setores de ultradireita do Movimento Nacionalista Revolucionário e da Falange Socialista Boliviana; a Colômbia, com os grupos que gravitaram em torno do Partido Conservador; e o Peru dos anos 1930, com a experiência do partido *Unión Revolucionária*. Esperamos, no entanto, ter oferecido alguns elementos para a compreensão das condições de emergência dessa corrente, dos seus protagonistas e das questões que presidiram a sua história.

A comparação entre os países permite vislumbrar a existência de um conjunto de elementos comuns no âmbito da direita nacionalista, o que revela a existência de referências ideológicas comuns tomadas das direitas europeias, assim como a presença de problemas similares nos diferentes espaços nacionais do subcontinente. Em quase todos os países latino-americanos, as correntes da direita nacionalista mantiveram

A DIREITA NACIONALISTA NA AMÉRICA LATINA

estreitos vínculos com os setores mais conservadores da Igreja, das Forças Armadas e da burguesia. O compromisso com o catolicismo contribuiu para mitigar as tendências fascistas em favor de um autoritarismo que reconhecia a autonomia de certas esferas da sociedade em relação ao Estado. Em geral, foram privilegiados os princípios de ordem e de hierarquia segundo um modelo orgânico de sociedade, cujo modelo político era o Estado corporativo, em detrimento da mobilização política e do totalitarismo defendidos pelo nazismo e o fascismo italiano. Esses movimentos europeus tinham um fundo ideológico revolucionário, anti-*status quo* e totalitário que foi assumido apenas por poucas organizações na América Latina — os integralistas e os nazistas chilenos foram os mais notórios.

A reivindicação das raízes espanholas, por meio do hispanismo, foi outro componente predominante nas várias tendências, com a exceção do Brasil. Embora o hispanismo tenha sido sustentado também por personagens de posições liberais, durante o período entreguerras ele foi incorporado como um elemento central da direita antiliberal, tanto na Espanha quanto na América Espanhola. Entre outras coisas teve como função afirmar uma identidade ancorada no passado cristão e medieval, assim como serviu para demarcar uma identidade contraposta ao pan-americanismo promovido pelos Estados Unidos. Não esqueçamos que a identificação com o hispanismo contou ao longo do tempo com a simpatia dos governos conservadores e das direitas da Espanha, que, por sua vez, apostaram no desenvolvimento das correntes autoritárias latino-americanas.

A despeito da relativa unidade da direita nacionalista, as diferenças se fizeram presentes. Na Argentina tivemos uma vaga direitista composta por um numeroso caudal de intelectuais, organizações e órgãos de imprensa, cuja atuação encontrou um ambiente bastante propício, sendo tolerados, quando não estimulados, pelo Estado e pelos grupos dirigentes. Em contraposição, no México os governos revolucionários não se mostraram dispostos a aceitar o desenvolvimento dos grupos de direita, reprimindo-os e colocando-os na ilegalidade. Em cada país, as correntes de direita também divergiam e

OS INTELECTUAIS DO ANTILIBERALISMO

polemizavam entre si, como, por exemplo, em torno da função do Estado, do papel do catolicismo e do modelo de organização da economia. As concepções totalitárias — sintetizadas na extrema rigidez ideológica, na mobilização política sob a direção de partido único e no poder ilimitado do Estado — também foram objeto de polêmica, sendo rejeitadas pela maioria das correntes de direita.

Nos anos 1930 e 1940, as correntes da direita nacionalista emprestaram o seu apoio aos regimes europeus de extrema direita, chocando-se com a diplomacia norte-americana e os grupos latino-americanos favoráveis aos Aliados. A derrota do fascismo contribuiu em muito para o desprestígio das posições de extrema direita na América Latina, cujos grupos, entretanto, não desapareceram completamente, subsistindo ao longo das décadas seguintes. No Brasil, a corrente católica pendeu para o centro e os integralistas criaram o Partido de Representação Popular, de modesto caudal eleitoral. Mas houve ainda uma corrente ideológica autoritária laica[34] sem paralelo nos países hispano-americanos, com influência durante a primeira Era Vargas, cujas ideias foram incorporadas e mantidas, depois de 1945, pela estrutura estatal e no plano de políticas públicas: corporativismo sindical, conselhos técnicos, industrialização, centralização e planejamento.[35] É realmente interessante como, no contexto latino-americano, apenas no Brasil existiu uma corrente autoritária laica, ao lado da fascista e católica; ao passo que nos demais países as posições ideológicas situaram-se entre o catolicismo e o fascismo.

A despeito das diferenças entre as correntes, consideramos que, se houve um legado comum da direita nacionalista, esse foi representado pela persistência de práticas repressivas, de intolerância política, de desrespeito aos direitos civis e de censura cultural, que se tornaram mais visíveis durante os regimes de exceção vividos na região. Não é possível compreender os regimes militares como se fossem meramente guiados pelos programas de contrainsurgência ditados pelos Estados Unidos sem relacioná-los com as ideias e práticas aqui examinadas, as quais permaneceram vivas em amplos segmentos dos setores dirigentes latino-americanos. Esse foi, certamente, o mais perverso legado da direita nacionalista da América Latina.

NOTAS

1. Eric Hobsbawm, *A era dos extremos*, São Paulo, Companhia das Letras, 1995.
2. José Luis Bendicho Beired, *Sob o signo da nova ordem. Intelectuais autoritários no Brasil e na Argentina* (1914-1945), São Paulo, Loyola, 1999, p. 17-21.
3. Sobre a mutação do nacionalismo, ver David Rock. *La Argentina autoritária. Los nacionalistas, su historia y su influencia en la vida pública*, Buenos Aires, Ariel, 1993, p. 100; Lucia Lippi de Oliveira. *A questão nacional na Primeira República*, São Paulo, Ática, 1990, p. 149-157.
4. Ilan Rachun, "Intellectuals and the emergence of the latin american political right. 1917-1936". *In: European Review of Latin American Studies* (54), june 1993, p. 96.
5. Beatriz Sarlo, *Una modernidad periferica. Buenos Aires* (1920 y 1930), Buenos Aires, Nueva Visión, 1988.
6. Desenvolvemos a comparação entre as correntes brasileiras e argentinas de direita em J. L. B. Beired, *op. cit.*
7. Existiram em torno de 13 organizações principais e 16 agrupamentos menores; e 22 jornais e revistas entre o fim dos anos 1920 e início dos anos 1940.
8. C. Buchrucker, *Nacionalismo y peronismo. La Argentina en la crisis ideologica mundial (1927-1955)*, Buenos Aires, Sudamericana, 1987.
9. J. L. B. Beired, "A Grande Argentina: um sonho nacionalista para a construção de uma potência na América Latina". *Revista Brasileira de História*, São Paulo, Anpuh, (21) 2001, p. 303-322.
10. Ernesto Palacio, *La historia falsificada*, Buenos Aires, Difusion, 1939.
11. Rodolfo e Julio Irazusta, *La Argentina y el imperialismo británico*. Buenos Aires, Condor, 1933.
12. Chales Maurras, "Histoire". *In: Dictionnaire politique e critique*, Paris, A la Cité des Livres, 1932, t. II, p. 227-238.
13. Carlos Ruiz; Renato Cristi, *El pensamiento conservador en Chile. Seis ensayos*, Santiago, Editorial Universitaria, 1992, p. 103-139.
14. Mário Sznadjer. "A case of non-european fascism: Chilean National Socialism in the 1930s". *Journal of Contemporary History*, Londres, 28 (1993), p. 273.
15. Mário Sznadjer, *op. cit.*, p. 277.
16. Jaime Antonio Etchepare; Hamish Stewart. "Nazis in Chile: a particular type of fascism in South America". *Journal of Contemporary History*, Londres, 30 (1995), p. 577-605.

OS INTELECTUAIS DO ANTILIBERALISMO

17. Essa hipótese foi desenvolvida por Verónica Ortiz de Zárate, *El nacionalismo chileno en los años del Frente Popular (1938-1952)*, Santiago, Universidad Católica Blas Cañas, Serie Investigaciones, nº 3, 1995, p. 6.

18. Diego Portales (1793-1837) iniciou carreira política depois de seu destacado papel na guerra civil de 1829, entre liberais e conservadores. Recusou a presidência, mas ocupou diversos ministérios até sua morte, em 1837. Essa fase é conhecida como "era de Portales", por ter exercido suas funções com grandes poderes no contexto de uma ditadura civilista.

19. Sobre aspectos ideológicos desses grupos, ver Verónica Ortiz de Zárate, *op. cit.*, p. 14-22.

20. Ibáñez governou entre abril e julho de 1927, sendo eleito em seguida sem concorrentes, e renunciou em 26 de julho de 1931, em função da crise econômica e da oposição da opinião pública democrática.

21. Verónica Ortiz de Zárate, *op. cit.*, p. 36.

22. Carlos Ruiz; Renato Cristi, *op. cit.*, p. 122.

23. Termo do Oitocentos para designar a corrente conservadora.

24. A. Edwards, *La Fronda Aristocratica en Chile*, Santiago, Editorial Universitaria, 1982, p. 77.

25. Carlos Ruiz; Renato Cristi, *op. cit.*, p. 132-133.

26. O livro, publicado em 1929, denominava-se *Los gobernantes de México desde Agustín de Ituride hasta el general D. Plutarco Elias Calles*.

27. José Elguero, *España en los destinos de México*, México, s/n, 1929, p. 63.

28. Illan Rachum. "Intellectuals and the Emergence of Latin American Political Rigth, 1917-1936". *European Review of Latin American and Caribbean Studies*, 54, june, 1993, p. 105.

29. *Apud* R. Pérez Montfort, *op. cit.*, pp. 131-132.

30. Dois grandes jornais mexicanos — *Excelsior* e *El Universal* — apoiavam a Espanha Nacional e defendiam o hispanismo conservador, seguidos por publicações menores, tais como os jornais *Hombre Libre* e *Omega*, as revistas *Firmes!*, *La Antorcha*, *La Semana* e órgãos de difusão da colônia espanhola — *Vida Española* e *El Diário Español*. Dos grandes jornais, só *El Nacional*, pró-governista, apoiava os republicanos, além de outros jornais menores, *El Popular*, *El Machete* e *La Gaceta Española*.

31. Os jornais *ABC* e *El Debate*, os maiores da Espanha nos anos 1920 e 1930, além de *El Siglo Futuro*, que também era de grande porte, foram acirrados defensores do hispanismo e das correntes de direita na Espanha e América Latina.

32. O México chegou a acolher 500 crianças espanholas enviadas pelos republicanos para preservar suas vidas.
33. Sigla da *Falange Española Tradicionalista y de las Juntas de Ofensiva Nacional Sindicalista*. Resultava da fusão das diversas organizações que emprestavam apoio ao franquismo.
34. Composta por figuras tais como Oliveira Vianna e Azevedo Amaral.
35. Beired, *op. cit.*, e Boris Fausto. *O pensamento nacionalista autoritário*, Rio de Janeiro, Jorge Zahar, 2001.

BIBLIOGRAFIA

BEIRED, José Luis Bendicho. *Sob o signo da nova ordem*. Intelectuais autoritários no Brasil e na Argentina (1914-1945). São Paulo: Loyola, 1999.

_____. A Grande Argentina: um sonho nacionalista para a construção de uma potência na América Latina. *Revista Brasileira de História*, São Paulo: ANPUH, (21) 2001, p. 303-322.

BUCHRUCKER, C. *Nacionalismo y peronismo*. La Argentina en la crisis ideologica mundial (1927-1955). Buenos Aires: Sudamericana, 1987.

EDWARDS, A. *La Fronda Aristocratica en Chile*. Santiago: Editorial Universitaria, 1982.

ELGUERO, José. *España en los destinos de México*. México: s/n., 1929.

ETCHEPARE, Jaime Antonio; STEWART, Hamish. Nazis in Chile: a particular type of fascism in South America. *Journal of Contemporary History*. Londres: 30 (1995), p. 577-605.

HOBSBAWM, Eric. *A era dos extremos*. São Paulo: Companhia das Letras, 1995.

IRAZUSTA, Rodolfo e Julio. *La Argentina y el imperialismo británico*. Buenos Aires: Condor, 1933.

MAURRAS, Chales. Histoire. *In*: *Dictionnaire politique e critique*. Paris: A la Cité des Livres, 1932, t. II, p. 227-238.

OLIVEIRA, Lucia Lippi de. *A questão nacional na Primeira República*. São Paulo: Ática, 1990.

PALACIO, Ernesto. *La historia falsificada*. Buenos Aires: Difusion, 1939.

RACHUM, Illan. Intellectuals and the Emergence of Latin American Polítical Rigth, 1917-1936. In *European Review of Latin American and Caribbean Studies*, 54, june, 1993.

ROCK, David. *La Argentina Autoritária. Los nacionalistas, su historia y su influencia en la vida pública*. Buenos Aires: Ariel, 1993.

RUIZ, Carlos; CRISTI, Renato. *El pensamiento conservador en Chile. Seis ensayos*. Santiago: Editorial Universitaria, 1992.

SARLO, Beatriz. *Una modernidad periferica. Buenos Aires (1920 y 1930)*. Buenos Aires: Nueva Visión, 1988.

SZNADJER, Mário. A case of non-european fascism: Chilean National Socialism in the 1930s. *Journal of Contemporary History*. Londres, 28 (1993).

ZÁRATE, Verónica Ortiz de. *El nacionalismo chileno en los años del Frente Popular (1938-1952)*. Santiago: Universidad Católica Blas Cañas, Serie Investigaciones nº 3, 1995.

O texto deste livro foi composto em Sabon,
desenho tipográfico de Jan Tschichold de 1964,
baseado nos estudos de Claude Garamond e
Jacques Sabon no século XVI, em corpo 11/15.
Para títulos e destaques,
foi utilizada a tipografia Frutiger, desenhada
por Adrian Frutiger, em 1975.

A impressão se deu sobre papel off-white
80g/m² pelo Sistema Cameron da
Divisão Gráfica da Distribuidora Record.